权威·前沿·原创

皮书系列为
"十二五""十三五""十四五"时期国家重点出版物出版专项规划项目

B

BLUE BOOK

智 库 成 果 出 版 与 传 播 平 台

中共中央党校（国家行政学院）国家高端智库皮书

行政改革蓝皮书
BLUE BOOK OF
PUBLIC ADMINISTRATIVE REFORM

中国行政体制改革报告（2023）*No.9*

ANNUAL REPORT ON CHINA'S ADMINISTRATIVE SYSTEM REFORM (2023) No.9

主　编／魏礼群
副主编／邓文奎　王满传　孙文营

社会科学文献出版社
SOCIAL SCIENCES ACADEMIC PRESS (CHINA)

图书在版编目（CIP）数据

中国行政体制改革报告 . 2023. No. 9 / 魏礼群主编；
邓文奎，王满传，孙文营副主编 . --北京：社会科学文
献出版社，2023.12
　（行政改革蓝皮书）
　ISBN 978-7-5228-2631-8

　Ⅰ.①中⋯　Ⅱ.①魏⋯ ②邓⋯ ③王⋯ ④孙⋯　Ⅲ.
①行政管理-政治体制改革-研究报告-中国　Ⅳ.
①D63

中国国家版本馆 CIP 数据核字（2023）第 197396 号

行政改革蓝皮书
中国行政体制改革报告（2023）No. 9

主　　编 / 魏礼群
副 主 编 / 邓文奎　王满传　孙文营

出 版 人 / 冀祥德
组稿编辑 / 邓泳红
责任编辑 / 桂　芳
责任印制 / 王京美

出　　版 / 社会科学文献出版社 · 皮书出版分社（010）59367127
　　　　　　地址：北京市北三环中路甲 29 号院华龙大厦　邮编：100029
　　　　　　网址：www.ssap.com.cn
发　　行 / 社会科学文献出版社（010）59367028
印　　装 / 天津千鹤文化传播有限公司

规　　格 / 开本：787mm×1092mm　1/16
　　　　　　印张：26.75　字数：402 千字
版　　次 / 2023 年 12 月第 1 版　2023 年 12 月第 1 次印刷
书　　号 / ISBN 978-7-5228-2631-8
定　　价 / 178.00 元

读者服务电话：4008918866

本皮书出版得到中国行政体制改革研究会行政改革研究基金、中央党校（国家行政学院）国家高端智库共同资助。

编委会成员

主　任　魏礼群

副主任　邓文奎　王满传　孙文营

委　员　（以姓氏笔画为序）

丁文锋　丁茂战　王　露　王君琦　刘旭涛

安森东　祁述裕　许耀桐　杨开峰　汪玉凯

宋世明　张占斌　张述存　张定安　孟庆国

胡仙芝　鹿生伟　董克用　蒲　实

主要编撰者介绍

魏礼群 教授，博士生导师。先后担任原国家计委秘书长，中央财经领导小组办公室副主任，国务院研究室主任，原国家行政学院党委书记、常务副院长。中国行政体制改革研究会创会会长、学术委员会主任，现任中央马克思主义理论研究和建设工程咨询委员会委员、全国哲学社会科学规划领导小组应用经济组召集人。负责或参加过党中央、国务院大量重要文件起草工作，主持过 100 多项重大课题研究。出版过《中国经济发展与改革》《科学发展观和现代化建设》《魏礼群自选集》等个人专著 20 多部；主持编写或参与编写《建设服务型政府：中国行政体制改革 40 年》《回顾与前瞻：中国行政管理体制改革 30 年》《新中国：行政管理体制 60 年》等著作 130 多部。

邓文奎 中国行政体制改革研究会常务副会长，国务院参事室特约研究员，高级经济师。国家电力投资集团公司原党组成员、纪检组长。曾任国务院推进职能转变协调小组专家组副组长。曾长期在国务院研究室工作，任社会发展研究司司长，参与党中央和国务院领导同志讲话等文稿起草和政策研究工作。参与过若干国务院组织的国家层面体制改革和战略研究工作及有关文件起草工作。

王满传 教授，博士生导师，中央党校（国家行政学院）公共管理教研部主任，中国行政体制改革研究会常务副会长兼秘书长，国际行政院校联合会副主席。主要研究领域为公共管理和公共政策，重点研究国家治理现代化、行政体制改革、公共政策制定与评估等问题。数次参加党中央、国务院重要文件和文稿起草；担任中央马克思主义理论研究和建设工程重大项目首席专家，主持过国家级、省部级科研课题 20 项；多次担任世界银行、联合国开发署等国际组织的咨询专家；出版个人专著、与人合著 20 余部，发表中英文学术论文 70 多篇；独立撰写或作为第一执笔人撰写的十多篇研究咨询报告获得党和国家领导人重要批示。

孙文营 中国行政体制改革研究会学术委员会秘书长、政府治理现代化研究中心主任，全国行政管理和服务标准化技术委员会政务服务分技术委员会委员、秘书长。参加马克思主义理论研究和建设工程项目、国家社科基金重大项目、中央党校（国家行政学院）高端智库项目、国家部委和地方政府委托决策咨询项目等各类重大理论和实践课题研究近百项。在《马克思主义研究》《世界社会主义研究》《中国行政管理》等期刊发文百余篇。

摘　要

2022 年，我国行政体制改革在转变政府职能、优化营商环境、加快数字政府建设、加强法治政府建设、推进廉洁政府建设等方面继续取得明显进展和成效。在转变政府职能方面，持续推进简政放权改革，推进市场监管现代化，持续优化政务服务。加快建设全国统一大市场，复制推广营商环境创新试点经验，推动营商环境便利化、法治化、国际化。市场活力持续释放，行政权力运行逐渐规范，政府效能得以提升。在数字政府建设方面，出台数字政府建设指导性文件，建成以国家政务服务平台为总枢纽的全国一体化政务服务平台，推动全国一体化政务大数据体系建设和政府数据开放共享，积极推动行政执法数字化改革和审批与监管一体化平台建设，加快构建数据基础制度体系。我国在全球电子政务中的排名进一步提升，一体化政务服务能力进一步增强。在法治政府建设方面，各地认真贯彻落实《法治政府建设实施纲要（2021—2025 年）》，废止、修订、制定一批行政法律法规，开展法治政府建设督察和法治政府示范创建活动，全面加强行政权力制约和监督，推进行政执法体制改革。在廉洁政府建设方面，通过"放管服"改革建设廉洁政府，加强反腐倡廉和廉洁文化建设，建设节约型机关，大力推进政务公开，政风持续好转。

从新时代新征程推进和拓展中国式现代化的实践要求看，我国现代化建设还面临不少体制机制性障碍，现行行政体制还存在短板、弱项，而且随着形势的发展和现代化进程的深化，一些体制机制必然难以适应发展要求。如，当前的政府职能转变还不到位，营商环境水平还有待于进一步提高；数字政府、法治政府建设还面临很多体制、技术、观念等方面的障碍，廉洁政府建设还面临很多风险和挑战；政府治理方式和效能还不完全适应更好满足中国式现代化对民主、法治、公平、正义、安全、环境等公共产品和公共服务的高水平需求。只有不断深化行政体制改革，才能补短板、强弱项、除障碍、破藩篱，为继续推进和拓展中国式现代化提供制度基础和强大动力。

关键词： 政府职能　营商环境　数字政府　法治政府　政务服务标准化

目 录 ⌐⅂

I 总报告

II 转变政府职能

Ⅲ　优化营商环境

Ⅳ　法治政府建设

Ⅴ　数字政府建设

Ⅵ　政务服务标准化

Ⅶ　基层行政改革与管理创新

皮书数据库阅读**使用指南**

总 报 告
General Report

B.1

2022年我国行政体制改革的
主要进展、成效和展望

中国行政体制改革研究会课题组*

摘　要： 2022年是党和国家历史上极为重要的一年。党的二十大胜利召
开，描绘了全面建设社会主义现代化国家的宏伟蓝图。中国行政
体制改革进一步取得显著进展：在转变政府职能方面，持续推进
简政放权改革，推进市场监管现代化，持续优化政务服务。在优
化营商环境方面，加快建设全国统一大市场，复制推广营商环境
创新试点经验，推动营商环境便利化、法治化、国际化。在数字
政府建设方面，出台数字政府建设指导性文件，推进电子证照互
通互认，建成以国家政务服务平台为总枢纽的全国一体化政务服
务平台，推动全国一体化政务大数据体系建设和政府数据开放共
享，积极推动行政执法数字化改革和审批与监管一体化平台建

---

* 执笔人：邓文奎，中国行政体制改革研究会常务副会长、执行局常务副主席；孙文营，中国
行政体制改革研究会学术委员会秘书长、政府治理现代化研究中心主任。

设，加快构建数据基础制度体系。在法治政府建设方面，各地认真贯彻落实《法治政府建设实施纲要（2021－2025年）》，废止、修订、制定一批行政法律法规，开展法治政府建设督察和法治政府示范创建活动，全面加强行政权力制约和监督，推进行政执法体制改革。在廉洁政府建设方面，通过"放管服"改革建设廉洁政府，加强反腐倡廉和廉洁文化建设，建设节约型机关，大力推进政务公开。

关键词： 政府职能　营商环境　数字政府　法治政府

2022年是党和国家历史上极为重要的一年。党的二十大胜利召开，描绘了全面建设社会主义现代化国家的宏伟蓝图。我国行政体制改革在转变政府职能、优化营商环境、加快数字政府建设、加强法治政府建设、推进廉洁政府建设等方面继续取得明显进展和成效。

一　推进转变政府职能

2022年，继续坚持以深化"放管服"改革破解发展难题、优化营商环境，用深化"放管服"改革增强发展的内生动力，通过与宏观政策的有效配合，推动经济持续发展。2022年8月，国务院召开第十次全国深化"放管服"改革电视电话会议，对继续深化"放管服"改革提出了明确要求。10月15日，国务院办公厅的《关于印发第十次全国深化"放管服"改革电视电话会议重点任务分工方案的通知》，进一步明确和细化了继续深化"放管服"改革的任务。

（一）持续深化简政放权改革

2022年，按照深化"放管服"改革的要求，在简政放权方面，持续深化行政审批制度改革，持续深化"证照分离"改革，大力推进减税降费改革，最大限度地减少政府对市场的干预。

一是全面实行行政许可事项清单管理。行政许可改革是深化"放管服"改革的重点。对行政许可事项全面实行清单管理是深化"放管服"改革的重要措施。2022年1月30日，国务院办公厅发布《关于全面实行行政许可事项清单管理的通知》（国办发〔2022〕2号），提出要全面实行行政许可事项清单管理，公布了《法律、行政法规、国务院决定设定的行政许可事项清单（2022年版）》，向全社会公布了国务院层面保留的996项行政许可事项。要求各省、市、县在2022年底前编制完成本级行政许可事项清单，确保"一单尽列、单外无单"。将全部行政许可事项纳入清单管理，体现了政府"法无授权不可为"的要求。"将行政许可事项全部纳入清单管理。多年来取消和下放行政许可事项1000多项，中央政府层面核准投资项目压减90%以上，工业产品生产许可证从60类减少到10类，工程建设项目全流程审批时间压缩到不超过120个工作日。"① 全面实行行政许可事项清单管理，是明晰权力边界、规范权力运行、建设公开公平市场环境的重要举措，是在全面取消非行政许可审批后，在行政审批制度改革方面推出的具有重要意义的改革举措。有助于规范政府权力，有助于创建透明、高效、公平、法治化的社会主义市场经济体制，也有助于解决各地执法标准不一和"隐性壁垒"等问题。

在中央政策文件的指导下，很多地方政府结合本地实际，也出台了依清单行政的相关政策规定。2022年4月，江苏省政府办公厅印发《江苏省行政权力事项清单管理办法》，通过立法的形式将行政权力事项清单确立下来，为行政清单的推行、行政权力运行的规范以及依法行政的推进奠定了法律基础。2022年7月，山东省政府印发了《山东省人民政府关于全面实行行政许可事项清单管理的通知》，从构建行政许可事项清单体系、加强行政许可事项清单管理运用、保障行政许可事项清单落实对全面实行行政许可事

---

① 《政府工作报告（2023视频图文版）》，人民出版社，2023，第26页。

项清单管理工作作出了明确规定。2022年8月，内蒙古自治区人民政府办公厅印发了《内蒙古自治区投资负面清单（2022年版）》。2022年9月，北京市发布了《北京市人民政府办公厅关于全面实行行政许可事项清单管理的通知》，其中重点提出了"科学制定行政许可实施规范""全面加强事前事中事后监管""做好行政许可事项清单实施保障"等六项具体措施。

二是推广行政备案试点经验。按照《国务院办公厅关于同意河北、浙江、湖北省开展行政备案规范管理改革试点的复函》（国办函〔2021〕68号），自2021年7月起，河北、浙江、湖北三省开展为期一年的行政备案规范管理改革试点。三个省制定行政备案管理办法，全面梳理、分类规范行政备案事项，大力推进行政备案网上可办、"一网通办"，有效提升了行政备案标准化、规范化、便利化水平。河北省以分类管理为重点，大力推动了行政备案规范运行；浙江省以精细管理、数字赋能为核心，全力推进了行政备案规范管理；湖北省以利企便民为方向，不断推动行政备案制度走深走实。为进一步深化行政许可制度改革、持续优化营商环境，国务院决定进一步推广改革试点经验。2022年11月18日，《国务院办公厅关于推广行政备案规范管理改革试点经验的通知》（国办函〔2022〕110号）要求，各地区各部门要高度重视行政备案规范管理工作，加强行政备案规范化、法治化建设。对行政备案事项，不得规定经行政机关审查同意，企业和群众方可从事相关特定活动；能够通过政府内部信息共享、涉企电子证照库等渠道获取有关信息的，一般不得设定行政备案。加大监督检查力度，坚决纠正以备案之名行许可之实。充分运用备案信息提升政府监管效能和政务服务水平，不断降低制度性交易成本，努力为市场主体发展营造更好的营商环境。

（二）推进市场监管现代化

为建设科学高效的市场监管体系、全面提高市场综合监管效能、更大力度激发各类市场主体活力、持续优化营商环境，根据《中华人民共和国国民经济和社会发展第十四个五年规划和2035年远景目标纲要》，国务院编制了《"十四五"市场监管现代化规划》。2021年12月14日，国务院印发了

《国务院关于印发"十四五"市场监管现代化规划的通知》（国发〔2021〕30 号）。

一是提出了市场监管现代化的总体要求、重点任务和创新点。国发〔2021〕30 号文提出市场监管现代化的总体要求是：以习近平新时代中国特色社会主义思想为指导，围绕"大市场、大质量、大监管"一体推进市场监管体系完善和效能提升，推进市场监管现代化。提出坚持以人民为中心、坚持改革创新提升效能、坚持有效市场有为政府、坚持依法行政公正监管、坚持系统观念统筹施策等 5 条基本原则，并明确了"十四五"时期市场监管工作的主要目标是营商环境持续优化、市场运行更加规范、市场循环充分畅通、消费安全保障有力、质量水平显著提升、监管效能全面提高。国发〔2021〕30 号文提出市场监管现代化的重点任务包括 6 个方面：持续优化营商环境，充分激发市场主体活力；加强市场秩序综合治理，营造公平竞争市场环境；维护和完善国内统一市场，促进市场循环充分畅通；完善质量政策和技术体系，服务高质量发展；坚守安全底线，强化消费者权益保护；构建现代化市场监管体系，全面提高市场综合监管效能。国发〔2021〕30 号文提出推进市场监管现代化的创新点主要有 5 个方面：一是完善市场监管基础制度。提出健全市场监管法律体系，加快推动新经济监管等领域立法，健全完善公平竞争制度、知识产权保护制度、市场主体信用监管制度、市场交易监管规则、产品质量安全监管制度等。二是完善市场监管体制机制。提出优化监管事项层级配置，强化跨部门综合监管，深化综合执法改革，建立横向协同、纵向联动的执法办案机制。三是创新丰富市场监管工具。提出完善针对不同违法倾向、违法阶段和违法程度的阶梯式监管工具，建立完善针对市场违法苗头性问题的提醒告诫制度，进一步创新引导市场主体自我规范的监管方式。四是健全信用监管长效机制。提出完善信息归集公示机制、信用约束激励机制、信用风险分类管理机制。五是增强市场监管基础能力。提出加快推进智慧监管，加强科技支撑体系建设、基层基础能力建设、人才队伍建设，尤其要加快市场监管所条例立法工作，不断提升基层监管现代化水平。

二是各地区出台市场监管现代化的文件。2021 年 12 月，广东省市场监管局印发的《广东省市场监管现代化"十四五"规划》提出，到 2025 年，广东省市场监管目标是实现市场准入更加便利、市场竞争更加公平、消费环境更加放心、安全监管形势更加稳定、质量供给更加高效、创新发展动能更加强劲、市场监管法治体系更加健全。2022 年 7 月，青海省政府印发《青海省"十四五"市场监管现代化规划》，确定了 14 项主要指标，各项指标经过了反复论证和测算，既适当超前又留有余地，商标注册量、每万人口发明专利拥有量、社会公用计量标准等指标增幅较大。山东省市场监督管理局对《山东省市场监管系统"双随机、一公开"监管工作细则》进行了评估，决定对部分内容进行修订，进一步完善了市场监管现代化的具体行为依据，为提升山东省市场综合监管效能提供了法律保障。天津市人民政府采取了加强组织协调、强化评估考核、注重宣传引导等方式为市场监管现代化改革提供了坚实的保障基础。

三是推出市场监管现代化的创新性举措。2022 年 7 月 19 日，市场监管总局召开《"十四五"市场监管现代化规划》实施推进电视电话会议。会议要求，要紧扣构建现代化市场监管体系这个任务，加快推动市场监管制度机制不断成熟定型；要紧扣提升市场监管基础能力这个重点，进一步强化市场监管信息化、科技、人才等支撑体系。2022 年监管创新性举措主要有：一是加强信用监管。2022 年 3 月，中共中央办公厅、国务院办公厅印发了《关于推进社会信用体系建设高质量发展　促进形成新发展格局的意见》，明确了我国社会信用体系建设的基调。围绕这一文件，中央与地方各级政府积极推进社会信用体系建设。为加大信用培育力度、加快信用环境塑造、提升市场主体诚信意识和信用合规能力、形成守信重信的市场氛围，国家市场监管总局以开展信用提升行动为切入点，出台一揽子政策措施，支持市场主体纾困解难，推动经济社会高质量发展。2022 年 11 月，国家市场监管总局印发《关于开展信用提升行动　助力市场主体纾困解难的意见》。2022 年，一些地方政府也就社会信用体系建设出台了相关政策文件，也为本地区内社会信用体系建设作出了诸多努力。如，黑龙江省以推动社会信用体系高质量发展，充分发挥信用对提高资源配置效率、降低制度性交易成本、防范化解风险的重要作用为主要目标，要求在 2022 年 12 月底前完成纳税申报信用承诺制建设、在 2025 年 12 月底前完成龙江品牌信用建设等。河南省通过信用基础设施数智化工程、信用助力精准化监管工程、信用赋能高质量发展工程等，扎实推进河南省社会信用建设进程。二是推进市场监管综合执法改革。2022 年 9 月，《国务院办公厅关于市场监督管理综合行政执法有关事项的通知》（国办函〔2022〕94 号）原则同意市场监管总局 2022 年版《市场监督管理综合行政执法事项指导目录》，要求国家市场监管总局根据通知精神印发该指导目录。该通知强调，要切实加强对市场监管领域行政处罚和行政强制事项的源头治理，稳定市场预期，激发市场主体活力。凡没有法律法规规章依据的行政执法事项一律取消。对列入指导目录的行政执法事项，要按照减少执法层级、推动执法力量下沉的要求，区分不同事项和不同管理体制，结合实际明确第一责任主体，把查处违法行为的责任压实。2022 年 11 月，国家市场监管总局印发了《市场监督管理综合行政执法事项指导目录（2022 年版）》。

（三）持续优化政务服务

一是出台推进政务服务标准化规范化便利化的指导意见。2021 年底，中共中央、国务院就印发了《国家标准化发展纲要》，为我国标准化建设指明了方向。2022 年，我国各级政府在《国家标准化发展纲要》的指导下，统筹推进以政务服务标准化为代表的各行业、各领域的标准化建设工作，有力地实现了优化政务服务、提升政务服务规范化水平的目标。2022 年 3 月 1 日，《国务院关于加快推进政务服务标准化规范化便利化的指导意见》（国发〔2022〕5 号）发布。在政务服务标准化建设方面，主要采取了政务服务事项标准化、政务服务事项实施清单标准化、政务服务体系标准化等措施，不断提升政务服务标准化水平。在政务服务规范化层面，主要通过规范审批服务、规范政务服务场所办事服务、规范网上办事服务、规范开展政务服务评估评价等方式不断推进政务服务规范化。在政务服务便利化方面，主要采取了政务服务事项集成办、免证办、就近办、网上办、掌上办，同时提供精准化、智慧化、个性化服务等方式，不断提升政务服务便利化水平。我国各级政府积极开展政务标准化建设，不断推进政务服务标准化、规范化、便利化。国发〔2022〕5号文件颁布以来，很多省份都出台了本省份落实指导意见的实施方案，截至2023年1月，福建、黑龙江、江苏、内蒙古、青海等省份已经出台实施方案。

二是推动政务服务热线与110报警电话协调联动。2022年5月发布的《国务院办公厅关于推动12345政务服务便民热线与110报警服务台高效对接联动的意见》（国办发〔2022〕12号），明确指出当前的实践中12345热线与110报警电话的联动效率不高，普遍存在非警务警情占用警力资源的情况。对此，国务院以12345热线与110报警电话的对接联动机制流畅运行为基本目标，不断推进12345热线与110报警电话的联动对接机制建设，进一步提升了政府的政务服务水平，大大增强了人民群众对于"放管服"改革的获得感、幸福感、安全感、体验感。

三是深化"一件事一次办"改革。近年来，在深入推进政务服务"一网、一门、一次"改革、"互联网+政务服务"的基础上，一些地区进一步加大改革创新力度，将多个部门相关联的"单项事"整合为企业和群众视角的"一件事"，推行集成化办理，实现"一件事一次办"，大幅减少办事环节、申请材料、办理时间和跑动次数，得到企业和群众的普遍认可。但各地区在实施过程中还存在系统对接深度不够，数据共享难，不同地区集成化办理服务的名称、标准、规则不一致等问题，制约了"一件事一次办"推广。为加快推进"一件事一次办"，打造政务服务升级版，提升政务服务标准化、规范化、便利化水平，更好地满足企业和群众办事需求，经国务院同意，2022年10月3日，《国务院办公厅关于加快推进"一件事一次办"打造政务服务升级版的指导意见》（国办发〔2022〕32号）出台，进一步加大了"一件事一次办"改革的力度与强度。通过科学设计流程、简化申报方式、统一受理方式、建立联办机制、提高出件效率、加强综合监管等六方面的措施有效优化了"一件事一次办"的服务模式。

四是扩大政务服务事项跨省通办范围。为满足跨省办事需求，2020年9

月，国务院办公厅印发《关于加快推进政务服务"跨省通办"的指导意见》。"跨省通办"有利于加快形成全国统一大市场，有利于降低制度性交易成本，促进资本、人才等要素自由流动。沪苏浙皖在推进长三角三省一市通办的过程中，出台了首个跨省域人才规划，推出职称联合评审等政策，破除人才流动的障碍，促进区域经济发展。[①] 2022 年 10 月 5 日，国务院办公厅印发《关于扩大政务服务"跨省通办"范围进一步提升服务效能的意见》（国办发〔2022〕34 号）。扩大"跨省通办"事项范围，新增一批高频政务服务"跨省通办"事项。医保跨省异地就医直接结算范围进一步扩大。截至 2022 年 11 月底，全国住院费用跨省联网定点医疗机构数量为 6.39 万家；全国住院费用跨省直接结算 525.64 万人次，基金支付 700.83 亿元。门诊费用跨省直接结算范围进一步扩大，2022 年前 11 个月，全国门诊费用跨省直接结算 2794.29 万人次，基金支付 40.48 亿元。[②]

二 持续优化营商环境

党的二十大报告提出："完善产权保护、市场准入、公平竞争、社会信用等市场经济基础制度，优化营商环境。"2022 年 8 月 29 日，国务院第十次全国深化"放管服"改革电视电话会议强调，不断打造市场化法治化国际化营商环境。

（一）加快建设全国统一大市场

党中央、国务院十分重视全国统一大市场的建设工作。2022 年 3 月，出台了《中共中央 国务院关于加快建设全国统一大市场的意见》，通过多方面措施推进全国统一大市场建设。一是通过完善统一的产权保护制度、实行统一的市场准入制度、维护统一的公平竞争制度、健全统一的社会信用制度等四项重要措施强化市场基础制度规则统一。二是以建设现代流通网络、

---

① 《推动跨省通办更快更便捷》，《经济日报》2022 年 10 月 12 日。
② 《医保跨省异地就医直接结算进一步扩大》，《人民日报》（海外版）2022 年 12 月 30 日。

完善市场信息交互渠道、推动交易平台优化升级三项措施推进市场设施高标准连通。三是推进城乡统一的土地和劳动力市场、统一的资本市场、统一的技术和数据市场，以及全国统一的能源市场、全国统一的生态环境市场等五个重要的市场领域的统一建设，打造统一的要素和资源市场。四是通过健全商品质量体系、完善标准和计量体系、全面提升消费服务质量等三个方面改革推进商品和服务市场高水平统一。五是从市场监管规则、市场监管执法、市场监管能力三个方面推进市场监管公平统一。六是通过强化反垄断与反不正当竞争力度、打破地方保护和消除区域壁垒、持续清理不正当招投标行为等进一步规范不当市场竞争和市场干预行为。

为贯彻执行《中共中央　国务院关于加快建设全国统一大市场的意见》，2022年3月，天津市政府办公厅印发了《天津市对标国务院营商环境创新试点工作　持续优化营商环境若干措施》，提出了更大力度培育和激发市场主体活力、持续打造市场化法治化国际化一流营商环境的工作目标，进一步破除了区域分割和地方保护等不合理限制，进一步完善了更加开放透明、规范高效的市场主体准入和退出机制，进一步加大了各类市场主体产权和合法权益的保护力度，有效提升了营商环境的市场化、法治化程度。2022年3月30日，福建省人大常委会通过了《福建省优化营商环境条例》，为优化营商环境工作提供了明确的法律依据，也从法治建设层面为全国统一大市场建设作出了贡献。

（二）保护和促进民营经济健康发展，推进营商环境便利化

党的二十大提出："坚持和完善社会主义基本经济制度，毫不动摇巩固和发展公有制经济，毫不动摇鼓励、支持、引导非公有制经济发展，充分发挥市场在资源配置中的决定性作用，更好发挥政府作用。"2022年，国家在鼓励、支持、引导非公有制经济发展方面出台了很多举措。

一是支持个体经济发展。个体经济是中国产业链供应链的"毛细血管"和市场的"神经末梢"，在稳增长、促就业、惠民生等方面发挥着重要作用。2022年底，个体工商户超过1.1亿户，占市场主体总量（1.64亿户）

的2/3，是十年前的3倍，带动就业近3亿人，发展内生动力明显增强。①为鼓励、支持和引导个体经济健康发展，2022年9月，国务院常务会议通过了《促进个体工商户发展条例》，自2022年11月1日起施行。该条例规定：县级以上地方人民政府应将促进个体工商户发展纳入本级国民经济和社会发展规划；将个体工商户变更经营者的方式由"先注销、后成立"改为"直接申请办理变更登记"，便利了经营权转让；任何单位和个人不得违反法律法规和国家有关规定向个体工商户收费或者变相收费，不得擅自扩大收费范围或者提高收费标准。

二是密集出台民营企业纾困政策。各地区、各部门争当改革实干家，打通堵点、清除卡点、疏导痛点，千方百计地为市场主体保驾护航。2022年9月15日，《国务院办公厅关于进一步优化营商环境、降低市场主体制度性交易成本的意见》（国办发〔2022〕30号）提出推动降低市场主体准入成本、经营负担、办事成本，稳定市场主体政策预期。2022年11月，江苏省人民政府、海南省人民政府分别发布了关于进一步优化营商环境、降低市场主体制度性交易成本的相关通知，就降低市场主体的准入成本、经营成本、办事成本，以及权益保障、政策预期等问题作出了详细规定。2022年11月，上海市人民政府办公厅印发《关于进一步降低制度性交易成本 更大激发市场主体活力的若干措施》（沪府办发〔2022〕22号），出台落实市场准入负面清单管理、加强项目资源要素保障等23条措施，对因受疫情影响未能按时完成年报的企业，免于行政处罚，审慎列入经营异常名录。2022年12月，北京市人民政府办公厅印发《北京市积极应对疫情影响助企纾困的若干措施》（京政办发〔2022〕30号），从进一步降低企业经营成本、加大金融支持力度、稳定产业链供应链、加力稳就业保民生等四个方面提出了12条措施。2022年11月，人民银行、银保监会、财政部、发展改革委、工业和信息化部、市场监管总局等六部门联合印发《关于进一步加大对小微

---

① 《新发布的〈促进个体工商户发展条例〉开始施行——精准呵护1亿个体户》，中国政府网，2022年12月16日；《政府工作报告（2023视频图文版）》，2023，第28页。

企业贷款延期还本付息支持力度的通知》（银发〔2022〕252号），对于2022年第四季度到期的小微企业贷款，鼓励银行业金融机构按市场化原则与企业共同协商延期还本付息。2022年前10个月，金融机构累计为332万户中小微企业和个体工商户的到期贷款办理了延期。在加大纾困力度的同时，针对小规模纳税人阶段性免征增值税；将"六税两费"减免适用范围扩大至小型微利企业和个体工商户等；对符合要求的新发放贷款减息等实施一系列政策，进一步为小微企业减轻负担。此外，各地也积极为小微企业提供低成本的信贷资金保障。①

三是减税降费、整治乱收费。2022年，党中央、国务院决定实施新的组合式税费支持政策、稳经济一揽子政策和接续措施，减税降费、退税缓税缓费并举，增强市场主体活力。据统计，截至2022年11月10日，全国税务系统合计办理新增减税降费及退税缓税缓费超3.7万亿元。其中，已退到纳税人账户的增值税留抵退税款达23097亿元，超过上年全年退税规模的3.5倍；新增减税降费7896亿元；累计办理缓税缓费6797亿元。②。一系列税费支持政策，既发挥了助企纾困稳经济的作用，也有力提振了企业信心、助力企业转型。2022年8月12日，《国务院关于取消和调整一批罚款事项的决定》（国发〔2022〕15号）出台，为进一步推进"放管服"改革、优化营商环境，国务院开展了清理行政法规和规章中不合理罚款规定工作。经清理，决定取消公安、交通运输、市场监管领域29个罚款事项，调整交通运输、市场监管领域24个罚款事项。市场监管部门深化涉企违规收费专项整治，2022年全年为市场主体减负27.9亿元。③

（三）推动营商环境法治化

一是完善市场监管法治。2022年3月，国家市场监督管理总局发布了

---

① 央视网，2022年12月24日。

② 《截至11月10日，全国税务系统——合计办理新增减税降费及退税缓税缓费超3.7万亿元》，《人民日报》2022年11月17日。

③ 《2022年整治违规收费为市场主体减负27.9亿元》，《人民日报》（海外版）2023年1月14日。

《中华人民共和国市场主体登记管理条例实施细则》（国家市场监督管理总局令第 52 号），为市场监管活动提供了更加细致、明确的法律依据。2022年 5 月，国务院公布了《国务院关于修改和废止部分行政法规的决定》，决定修改《外商投资电信企业管理规定》等 14 部行政法规，废止《工业产品质量责任条例》等 6 部行政法规。2022 年 7 月，国务院开展了清理行政法规和规章中不合理罚款规定工作，决定取消公安、交通运输、市场监管领域29 个罚款事项，调整交通运输、市场监管领域 24 个罚款事项，进一步推进了法治化营商环境建设。2022 年 9 月，中国银保监会对《中国银保监会中资商业银行行政许可事项实施办法》等多部银行保险相关的行政许可规章进行修改，进一步优化了银行业市场准入工作程序。

二是修改《反垄断法》。2022 年 6 月，全国人大常委会通过了关于修改《中华人民共和国反垄断法》的决定。新的《反垄断法》强化竞争政策基础地位，引入公平竞争审查制度，强调数字经济反垄断，提出禁止经营者利用数据和算法、技术、资本优势以及平台规则等从事该法禁止的垄断行为，并引入"安全港"制度，加大对违法行为的处罚力度。本次《反垄断法》修改还直接剑指行政性、政策性垄断，如防止利用合作协议等方式实施行政性垄断，保障市场公平；在招投标等经营性活动中强调公平竞争。新的《反垄断法》还确立了反垄断民事检察公益诉讼制度，维护社会公共利益。

三是强化反垄断执法。为维护公平竞争环境，2022 年伊始，国家市场监管总局公布对腾讯、阿里巴巴、哔哩哔哩等互联网企业作出的 13 份行政处罚决定，彰显了监管层强化反垄断执法的决心。2022 年底，国家市场监管总局依据新的《反垄断法》对知网涉嫌实施滥用市场支配地位行为作出行政处罚决定，责令知网停止违法行为，并处以 8760 万元的罚款。2022年，市场监管部门共查办滥用行政权力排除、限制竞争案件结集报 699 件，调查处罚 85 起未依法申报集中案件，有力维护了市场的公平竞争秩序[1]。国家市场监管总局还组织开展了对 12 个重点行业领域市场竞争状况的评估，

---

[1] 《市场"青山在"源头活水来》，《中国质量报》2023 年 1 月 6 日。

强化了对垄断风险的预警。

江苏省制订《江苏省优化营商环境行动计划》，出台《江苏省打造公正透明的法治环境实施方案（2022—2024年）》，落实国家试点改革事项清单和自主改革事项清单，构建"1+5+13"优化营商环境政策体系。

（四）推动营商环境国际化

一是实施新版外商投资产业目录。国家发展改革委、商务部2022年10月28日发布《鼓励外商投资产业目录（2022年版）》，在保持已有鼓励政策基本稳定的基础上，按照"总量增加、结构优化"原则，进一步扩大鼓励外商投资范围。鼓励目录包括"全国鼓励外商投资产业目录"和"中西部地区外商投资优势产业目录"。全国目录在增加条目数量、优化目录结构的基础上，聚焦制造业高质量发展，加快促进技术迭代升级；中西部目录在因地制宜、统筹考虑各地方资源禀赋和产业条件的基础上，新增或扩展了有关条目，进一步优化外资区域布局。2020年前10个月，全国实际使用外资金额10898.6亿元，同比增长14.4%。[①]

二是设立跨境电子商务综合试验区。2022年11月24日，发布《国务院关于同意在廊坊等33个城市和地区设立跨境电子商务综合试验区的批复》（国函〔2022〕126号）。

三是加入国际知识产权协定。为提升工业品外观设计创新能力、方便申请人在若干个缔约方获得工业品外观设计保护，2022年初，我国加入《工业品外观设计国际注册海牙协定》（《海牙协定》）。《海牙协定》是适用于工业设计领域的国际知识产权协定。为做好中国加入《海牙协定》后外观设计审查工作的衔接，国家知识产权局加快修改《专利法实施细则》和《专利审查指南》，具体规定了中国企业提出国际申请以及外国申请进入中国的相关程序事项。

[①] 《改革开放，中国经济活力足——行稳致远·2022年终经济观察》，《人民日报》2022年12月21日。

（五）复制推广营商环境创新试点经验

2021年，国务院部署在北京、上海、重庆、杭州、广州、深圳6个城市开展营商环境创新试点。相关地方和部门认真落实各项试点改革任务，积极探索创新，着力为市场主体减负担、破堵点、解难题，取得明显成效，形成了一批可复制、可推广的试点经验。2022年10月31日，国办发布《国务院办公厅关于复制推广营商环境创新试点改革举措的通知》（国办发〔2022〕35号），推出了九大类50项创新试点改革经验（见表1）。

表1　创新试点改革经验

类别	具体措施
进一步破除区域分割和地方保护等不合理限制	开展"一照多址"改革；便利企业分支机构、连锁门店信息变更；清除招投标和政府采购领域对外地企业设置的隐性门槛和壁垒；推进客货运输电子证照跨区域互认与核验
健全更加开放透明、规范高效的市场主体准入和退出机制	拓展企业开办"一网通办"业务范围；进一步便利企业开立银行账户；优化律师事务所核名管理；企业住所（经营场所）标准化登记；推行企业登记信息变更网上办理；推行企业年度报告"多报合一"改革；探索建立市场主体除名制度；进一步便利破产管理人查询破产企业财产信息；进一步完善破产管理人选任制度
持续提升投资和建设便利度	推进社会投资项目"用地清单制"改革；分阶段整合相关测绘测量事项；推行水电气暖等市政接入工程涉及的行政审批在线并联办理；开展联合验收"一口受理"；进一步优化工程建设项目联合验收方式；简化实行联合验收的工程建设项目竣工验收备案手续；对已满足使用功能的单位工程开展单独竣工验收
更好地支持市场主体创新发展	健全知识产权质押融资风险分担机制和质物处置机制；优化科技企业孵化器及众创空间信息变更管理模式
持续提升跨境贸易便利化水平	优化进出口货物查询服务；加强铁路信息系统与海关信息系统的数据交换共享；推进水铁空公多式联运信息共享；进一步深化进出口货物"提前申报""两步申报""船边直提""抵港直装"等改革；探索开展科研设备、耗材跨境自由流动，简化研发用途设备和样本样品进出口手续
维护公平竞争秩序	清理设置非必要条件排斥潜在竞争者行为；推进招投标全流程电子化改革；优化水利工程招投标手续

续表

类别	具体措施
进一步加强和创新监管	在部分领域建立完善综合监管机制；建立市场主体全生命周期监管链；在部分重点领域建立事前事中事后全流程监管机制；在税务监管领域建立"信用+风险"监管体系；实行特种设备作业人员证书电子化管理
依法保护各类市场主体产权和合法权益	建立健全政务诚信诉讼执行协调机制；畅通知识产权领域信息交换渠道
优化经常性涉企服务	简化检验检测机构人员信息变更办理程序；简化不动产非公证继承手续；对个人存量房交易开放电子发票功能；实施不动产登记、交易和缴纳税费"一网通办"；开展不动产登记信息及地籍图可视化查询；推行非接触式发放税务 UKey；深化"多税合一"申报改革；推行全国车船税缴纳信息联网查询与核验；进一步拓展企业涉税数据开放维度；对代征税款试行实时电子缴税入库的开具电子完税证明；推行公安服务"一窗通办"；推行企业办事"一照通办"；进一步扩大电子证照、电子签章等应用范围

三 加快数字政府建设

自互联网与大数据技术快速兴起以来，我国数字化政府进程大大加快。2022 年，党和国家加强数字政府建设顶层设计和全面部署，加快了数字化政府的建设步伐。

（一）出台数字政府建设指导性文件

2022 年 4 月 19 日，习近平总书记主持召开中央全面深化改革委员会第二十五次会议时强调，要把数字技术广泛应用于政府管理服务，推动政府数字化、智能化运行，为推进国家治理体系和治理能力现代化提供有力支撑。为了贯彻和落实习近平总书记的指示和党中央、国务院关于数字政府建设的重大决策与部署，2022 年 6 月，国务院办公厅发布了《国务院关于加强数字政府建设的指导意见》（国发〔2022〕14 号）（简称《指导意见》）。《指导意见》明确指出了我国数字政府建设面临的困境与问题，例如顶层设计不足、体制机制不够健全、存在数据壁垒、网络安全保障体系还有不少突出短板等。针对这些问题，《指导意见》提出要坚持以党的领导、改革引领、数据赋能、整体协同、安全可控为基本指导原则，从七个方面不断推进我国数字政府建设，要求到 2025 年，与政府治理能力现代化相适应的数字政府顶层设计更加完善、统筹协调机制更加健全，政府数字化履职能力、安全保障、制度规则、数据资源、平台支撑等数字政府体系框架基本形成。《指导意见》是贯彻落实党中央、国务院关于加强数字政府建设重大决策部署的具有里程碑意义的指导性文件，对于进一步推进和全面开创数字政府建设新局面具有重要意义。

习近平总书记要求要大力提升数字经济治理能力，完善数字经济治理方式。近年来，我国数字经济发展势头强劲。数字经济规模连续多年稳居世界第二，电商交易额、移动支付交易规模全球第一，数字产业化基础更加坚实，产业数字化步伐持续加快。2022 年 1 月，国务院印发《"十四五"数字经济发展规划》，各地相继出台了"十四五"时期数字经济的发展规划或行动计划，相关部门有力指导推进实施落地。2022 年 7 月，国家成立了以国家发展改革委为牵头单位、20 个部门组成的数字经济发展部际联席会议。此外，中央还提出要大力实施文化数字化战略。2022 年 5 月，中共中央办公厅、国务院办公厅印发了《关于推进实施国家文化数字化战略的意见》，实施国家文化数字化战略。

（二）积极开展电子证照改革，推进电子证照互通互认

2022 年，我国政府积极开展电子证照改革，大力推进电子证照互通互认，不断扩大电子证照的应用领域，有效提升了电子证照的使用体验。在中央层面上，2022 年 2 月，国办发布《国务院办公厅关于加快推进电子证照扩大应用领域和全国互通互认的意见》（国办发〔2022〕3 号），要求通过扩大电子证照应用领域、推动电子证照全国互通互认、全面提升电子证照应用支撑能力等措施，从国家层面解决电子证照标准规范不健全、互通互认机制不完善、共享服务体系不完备、应用场景不丰富等问题。

（三）建成以国家政务服务平台为总枢纽的全国一体化政务服务平台

《国务院关于加强数字政府建设的指导意见》（国发〔2022〕14 号）提出，充分发挥全国一体化政务服务平台"一网通办"枢纽作用，推动政务服务线上线下标准统一、全面融合、服务同质，构建全时在线、渠道多元、全国通办的一体化政务服务体系。2022 年底，建成了全国一体化政务服务平台，该平台覆盖 31 个省区市和新疆生产建设兵团，以及 46 个国务院部门，实名用户超过 10 亿人。除法律法规另有规定或涉及国家秘密外，按照"应进必进"原则，将政务服务事项全部纳入平台办理，全面实现"一网通办"。联合国有关机构发布的报告显示，我国数字政府和电子政务发展指数十年来一直上升，从 2012 年的 0.5359 上升到 2022 年的 0.8119。2022 年我国电子政务发展指数全球排名第 43 名，与 2012 年相比提高 35 名，电子政务水平进入第一梯队。国务院还推动政务服务移动终端建设，推动各省（自治区、直辖市）和国务院部门移动政务服务应用与国家政务服务平台移动端对接，实现政务服务在线办理。

（四）推动全国一体化政务大数据体系建设和政府数据开放共享

为解决"信息孤岛""数据烟囱"问题，政府大力推进数据汇聚融合、共享开放和开发利用，促进数据依法有序流动，充分发挥政务数据在提升政府履职能力中的重要作用，2022 年 10 月 28 日国务院办公厅印发《全国一体化政务大数据体系建设指南》。该指南要求整合构建标准统一、布局合理、管理协同、安全可靠的全国一体化政务大数据体系，推进政务数据有效利用。2023 年底前，全国一体化政务大数据体系初步形成，基本具备数据目录管理、数据归集、数据治理等能力，数据共享和开放能力显著增强。到 2025 年，政务数据资源实现有序流通、高效配置，数据安全保障体系进一步完善。

（五）积极推动行政执法数字化改革和审批与监管一体化平台建设

针对当前"放管服"改革中的审批、监管、执法相互脱节问题，国务院办公厅于 2022 年 9 月出台的《国务院办公厅关于进一步优化营商环境降低市场主体制度性交易成本的意见》（国办发〔2022〕30 号）提出在部分地区探索开展审管联动试点，强化事前事中事后全链条监管。国务院办公厅于 2022 年 11 月下发《关于市场监督管理综合行政执法有关事项的通知》，提出将市场监管综合行政执法事项纳入地方综合行政执法指挥调度平台统一管理，积极推行"互联网+统一指挥+综合执法"，加强部门联动和协调配合。近年来，一些地方也进行了积极探索，推动审批、监管、执法工作的联动，并尝试开展行政审批与监管一体化平台建设。广东省将 2019 年启动的行政执法"两平台"迭代升级为"标准化数字执法平台"，实现了业务全闭环管理，避免了数据重复录入，提高了案件处理效率。浙江省积极落实《浙江省综合行政执法条例》，推动执法数字化改革。江苏省建成了市场监管数智化平台。

（六）加快构建数据基础制度体系

在信息化时代，数据是新型生产要素，对传统产权、流通、分配、治理等制度提出挑战。为解决数据要素化进程中的现实困境，2022 年 12 月，《中共中央 国务院关于构建数据基础制度更好发挥数据要素作用的意见》（以下简称《数据二十条》）发布了。《数据二十条》提出了要建立保障权益、合规使用的数据产权制度，建立合规高效、场内外结合的数据要素流通和交易制度，建立体现效率、促进公平的数据要素收益分配制度，建立安全可控、弹性包容的数据要素治理制度。

四　加强法治政府建设

习近平总书记在党的二十大上将"社会主义法治国家建设深入推进"列为新时代十年伟大变革的一项重要内容，并且把法治政府建设作为全面依法治国的重点任务和主体工程，对扎实推进依法行政、深化行政执法体制改革、强化行政执法监督机制和能力建设等作出重点部署、提出明确要求，为新时代法治政府建设提供了根本遵循。2022年，各级政府依法规范行政决策和行政执法行为，中央开展法治政府示范创建活动，有效推动了法治政府建设。

（一）认真贯彻落实《法治政府建设实施纲要（2021-2025年）》

2021年8月，《法治政府建设实施纲要（2021—2025年）》颁布实施，确立了"十四五"时期法治政府建设的施工图、路线图。围绕简政放权、放管结合、优化服务改革、综合行政执法体制改革、行政复议体制改革等出台一系列基础性制度文件，法治政府建设的"四梁八柱"越来越完善。① 2022年，各地各级政府、各部门认真贯彻执行《法治政府建设实施纲要（2021—2025年）》，推动依法行政水平不断提升，法治政府建设取得新进展。一些地区和部门制定了贯彻落实《法治政府建设实施纲要（2021—2025年）》配套方案或意见，并且进行了年度法治政府建设总结。如2022年1月，江苏省委、省政府印发《江苏省贯彻落实〈法治政府建设实施纲要（2021—2025年）〉实施方案》，就在新发展阶段持续全面深入推进法治政府建设，加快构建职责明确、依法行政的政府治理体系作出部署。2023年3月，江苏省发布了《江苏省2022年度法治政府建设情况报告》，从学习贯彻党的二十大精神和习近平法治思想、加快转变政府职能、高质量立法制规、提升行政执法监督能力、加强行政复议应诉工作、加强法治政府建设法治保障等方面做了工作总结。2023年3月，广东省发布了《广东省2022年度法治政府建设情况的报告》，从学习贯彻党的二十大精神和习近平法治思想、优化法治要素供给、提高立法质量和效率、强化决策程序刚性约束、创新执法监管方式、推进基层治理法治化、加强行政权力制约和监督等方面概括了法治政府建设的主要做法和成效。

---

① 张维：《法治政府建设迈入全面推进新阶段》，《法治日报》2023年3月13日，第1版。

（二）废止、修订、制定一批行政法律法规

2022年是现行宪法公布实施40周年，全国人大常委会、国务院严格按照立法计划规定的内容，有序推动法律、行政法规的制定、修改、废止和解释工作。2022年，全国人大及其常委会制定法律6部，修改或修订法律10部，作出有关法律问题和重大问题的决定7件，作出法律解释1件；国务院制定行政法规2件，修改行政法规16件，废止行政法规7件。截至2022年12月31日，现行有效的法律总数为295部。①

2022年3月29日，国务院总理令发布《国务院关于修改和废止部分行政法规的决定》，自2022年5月1日起施行。其中，废止的行政法规有：《国务院关于通用航空管理的暂行规定》《工业产品质量责任条例》《水路货物运输合同实施细则》《铁路货物运输合同实施细则》《国有企业监事会暂行条例》《信访条例》。修订的行政法规有：《地名管理条例》《进出口商品检验法实施条例》《道路运输条例》《旅馆业治安管理办法》《放射性药品管理办法》《海关统计条例》《医疗机构管理条例》《海关行政处罚实施条例》《计量法实施细则》《农药管理条例》《外商投资电信企业管理规定》《保安服务管理条例》《海关稽查条例》《母婴保健法实施办法》《互联网上网服务营业场所管理条例》《水下文物保护管理条例》。新制定了《缔结条约管理办法》（2022年10月16日公布，2023年1月1日施行）、《促进个体工商户发展条例》（2022年10月1日公布，2022年11月1日施行，废止了《个体工商户条例》）。2022年3月，全国人大第六次修订了《地方各级人民代表大会和地方各级人民政府组织法》，2022年3月11日公布，2022年3月12日施行。两次修改行政处罚法，将推进执法重心向市、县两级政府下移的相关改革成果及时体现到立法中。

加强重点领域、新兴领域、涉外领域立法。持续推进党的领导入法入

---

① 莫纪宏、田禾主编《中国法治发展报告 NO.21（2023）》，社会科学文献出版社，2023，第2页。

规，拟订并落实国务院 2022 年度立法工作计划，全年完成立法项目 39 件（法律 17 件、行政法规 16 件、联合规章等其他项目 6 件）。推动制定修改黄河保护法、金融稳定法、缔结条约管理办法、促进个体工商户发展条例等一批重要法律法规。着力推动高水平对外开放，开拓合作共赢新局面，审核完成 17 件国际条约。

数字立法不断推进。为推进数字经济与实体经济融合发展，各地加快数字立法步伐，出台数字经济促进条例、大数据条例、数据条例等，为数字经济发展提供法治保障。截至 2022 年 12 月 31 日，全国有 21 个省份颁布了 25 件数据相关条例，地方数字立法省级覆盖率达到 67.74%，其中 2022 年进行数字立法的有 12 个省份：2022 年有 11 个省份，除山西省、浙江省外，有 9 个省份是首次进行数字立法。除了省级人大常委会之外，地市级立法机关也探索进行数字立法，截至 2022 年 12 月 31 日，贵阳、深圳、广州、厦门、南昌 5 个城市出台了数据条例。①

积极开展专项清理和备案审查工作。持续推进"证照分离"改革、取消不合理罚款规定、计划生育政策调整涉及的行政法规一揽子修改和废止工作，修改 14 部、废止 6 部行政法规。认真做好调法调规情况中期评估和我国授权立法制度与实践后评估工作。扎实开展法规规章备案审查，全年接收并逐件审查各地方、各部门报送的法规规章备案报告 1900 余件。

推动完善行政规范性文件合法性审核机制。开展行政规范性文件合法性审核机制落实情况专项监督工作，组织各地区各部门围绕制度建设、审核范围、审核标准、审核程序等开展自查整改和专项监督。组织开展全国行政规范性文件合法性审核工作指导性案例征集和评选工作。②

（三）开展法治政府建设督察和法治政府示范创建活动

自 2019 年 5 月中共中央办公厅、国务院办公厅印发《法治政府建设与

---

① 莫纪宏、田禾主编《中国法治发展报告 NO. 21（2023）》，社会科学文献出版社，2023，第 37 页。
② 《司法部 2022 年法治政府建设年度报告》，2023 年 3 月 22 日，来源：司法部网站。

责任落实督察工作规定》以来，中央依法治国办连续部署开展法治政府建设督察，实现省级层面全覆盖。2022年，司法部组织开展法治建设督察。认真开展市县法治建设督察，组织8个督察组，分赴山西、辽宁等8省份开展实地督察，总结典型经验16条，发现各类问题200余项。探索开展重大法治事件督察，关注并推动涉及权力滥用、执法不规范等30余件重大法治事件处理，以点带面推动依法行政、依法决策。①

2022年司法部组织开展第二批全国法治政府建设示范创建活动。对各地区推荐的87个综合候选地区和149个单项候选项目开展评估测评，经过书面评审、实地评估、人民群众满意度测评、社会公示等环节，最终确定50个综合示范地区和59个单项示范项目。活动中，先后组织协调50多家单位的130多人次专家学者参与第三方评审评估，人民群众满意度测评电话访问量超过1100万人。②通过两批全国法治政府建设示范创建活动，共计有90个市县政府、83个项目获得示范命名，树立起一批批新时代法治政府建设标杆典范，有力推动全国法治政府建设整体发展。各省级政府也根据实际需要，普遍组织开展本地区法治政府建设责任督察和示范创建活动。

（四）全面加强行政权力制约和监督

一是加强行政监督，推动地方政府依法履职。根据《政府督查工作条例》的规定，政府督查作为行政监督手段，对贯彻落实中共中央、国务院决策部署，保障政令畅通，促进政府全面依法履职，发挥了重要作用。2022年，国务院开展第九次大督查，向全国19个省份和新疆生产建设兵团派出督查组，结合国务院"互联网+督查"平台反映的问题线索，对地方明察暗访。经过大督查发现，地方行政执法存在"处罚名目数量庞大""过罚不当""类案不同罚"等问题，县区级行政执法部门是"重灾区"。督查组认为，在经历三年疫情、大量实体经济经营困难的情况下，市场处罚方式从严

① 《司法部2022年法治政府建设年度报告》，2023年3月22日，来源：司法部网站。
② 《司法部2022年法治政府建设年度报告》，2023年3月22日，来源：司法部网站。

从重不但不利于营造良好的营商环境，也在一定程度上抵消了国家助企纾困的效果。针对一些地方出现以教育信息化为名乱收费现象，全国治理教育乱收费部际联席会议办公室也进行了专项督办。

二是全面深化行政复议体制改革。行政复议作为政府部门内部纠错机制，具有公正高效、便民为民的制度优势。为进一步优化行政复议的监督和化解纠纷功能，2021 年《行政复议体制改革方案》出台，全面开启行政复议体制改革。2022 年，各地积极出台行政复议体制改革实施方案，全面或阶段性完成了行政复议集中管辖改革。2022 年 11 月，上海市司法局发布《上海市法治蓝皮书·中国法治行政复议体制改革一周年白皮书》，集中梳理了 2021 年 8 月 1 日上海正式启动行政复议案件集中管辖之后取得的改革成效。白皮书显示，2021 年 8 月 1 日至 2022 年 7 月 31 日，市、区两级政府行政复议机关共办理行政复议申请案件 11533 件，增长 108%，调解数较上年同期上升 276%，极大地节省了行政复议资源，避免了程序空转。为做好政府信息公开行政复议案件审理工作，国务院办公厅转发了司法部《关于审理政府信息公开行政复议案件若干问题的指导意见》，规范了政府信息公开案件处理标准，强化了行政复议机关对被申请人、上级行政复议机关对下级行政复议机关的监督责任。①

（五）推进行政执法体制改革

一是推进综合执法试点。2022 年 1 月，浙江成为全国唯一的"大综合一体化"行政执法改革国家试点，并出台《浙江省综合行政执法条例》，在县级层面进一步精简执法队伍，形成"综合执法+专业执法+联合执法"，并将执法职权逐步划转到综合行政执法局；建立行政执法指挥中心，实现对执法的协调统一管理；通过对执法职权的评估与协调，更大范围下沉执法权限和执法力量，在乡镇（街道）组建统一的综合行政执法队伍，实现"一支

---

① 莫纪宏、田禾主编《中国法治发展报告 NO.21（2023）》，社会科学文献出版社，2023，第 33~34 页。

队伍管执法"；围绕执法事项的"一件事"与"综合查一次"打破原有按照领域执法与监管的困境。试点一年多来，浙江省逐渐走出了一条"一张清单、一支队伍、一个平台、一套机制"系统推进的改革之路。

二是严格规范公正文明执法。司法部组织开展省、市、县、乡四级行政执法协调监督工作体系建设试点，深入推进行政执法规范化、标准化、信息化建设，规范行政裁量权基准制定和管理，完善重大行政执法案事件督办工作机制，首次表彰 200 个全国行政执法先进集体、400 名先进个人，推动行政执法质量稳步提升。加快推进全国行政执法人员培训标准化体系建设，推进行政执法文书、执法装备配备、执法证件、执法服装等管理工作。[1]

三是推进行政裁量制度建设，不断细化行政裁量基准。规范行政裁量权基准制定和管理，对保障法律、法规、规章有效实施，规范行政执法行为，维护社会公平正义具有重要意义。针对行政裁量权基准制定主体不明确、制定程序不规范、裁量幅度不合理等问题，以及行政执法该严不严、该宽不宽、畸轻畸重、类案不同罚等现象，2022 年 8 月 17 日，国办发布《国务院办公厅关于进一步规范行政裁量权基准制定和管理工作的意见》（国办发〔2022〕27 号），明确行政裁量权基准制定职责权限，对行政裁量权基准的制定职责与制定权限作出了严格规定，进一步优化了行政裁量基准的设定，有效提升了行政裁量基准的科学性、合理性与实用性。探索推行轻微违法不罚、减轻处罚、首次违法免罚清单制度，让执法既有力度又有温度。

四是加强对行政执法的全过程监督。2021 年底，司法部办公厅印发《关于开展省市县乡四级行政执法协调监督工作体系建设试点工作的通知》（司办通〔2021〕84 号），组织开展"省市县乡四级行政执法协调监督工作体系建设试点"工作。2022 年，各地以开展"省市县乡四级行政执法协调监督工作体系建设试点"工作为契机，通过统一体制、健全机制、拓展渠道、丰富手段等举措，构建起标准化执法监督体制机制，实现执法质量和群众满意度"双提升"。

---

[1] 《司法部 2022 年法治政府建设年度报告》，2023 年 3 月 22 日，来源：司法部网站。

五 推进廉洁政府建设

面对新形势新任务，各地区各部门把全面从严治党要求贯穿于政府工作和自身建设各个方面，完善机制、狠抓落实，推动党风廉政建设和反腐败工作不断取得新成效。

（一）通过"放管服"改革建设廉洁政府

以深化"放管服"改革促进政府职能转变，持续简除烦苛，从源头上压缩权力寻租空间。大力推进"放管服"改革，构建市场化法治化国际化营商环境，就是以敬民之心行简政之道，给权力安上"紧箍咒"，让权力不再"任性"。这既激发了市场活力和社会创造力，也成为预防腐败的釜底抽薪之举。"放管服"改革是以壮士断腕的决心削权限权，是刀刃向内的自我革命，从源头筑起了预防腐败的"防火墙"，减轻了政府工作人员的"权力负担"。

（二）加强反腐倡廉和廉洁文化建设

国务院每年召开廉政工作会议，学习贯彻习近平总书记在中央纪委全会上的重要讲话精神，对政府系统党风廉政建设和反腐败工作进行部署。2022年4月，国务院召开第五次廉政工作会议，强调要做好政府系统党风廉政建设和反腐败工作。

政府各部门积极支持纪检监察组发挥作用，自觉接受派驻监督，聚焦权力集中、资金集中、资源富集的重点领域，严查重处违法违规行为。政府工作人员严格执行廉洁自律准则，自觉接受法律监督、监察监督和人民监督。过去五年，全国共审计44万多个单位，向纪检监察等部门移送重大问题线索3.8万多件，涉及9200多亿元、5.1万多人；促进增收节支和挽回损失2万多亿元，健全完善规章制度5.8万多项。①

---

① 《锤炼"看家本领"，更好发挥"经济体检"独特作用——2023年全国审计工作会议观察》，新华社，2023-01-21。

重视廉洁文化建设，强调反对腐败、建设廉洁政治，是我们党一贯坚持的鲜明政治立场。2022年2月，中共中央办公厅印发《关于加强新时代廉洁文化建设的意见》，强调必须站在勇于自我革命、保持党的先进性和纯洁性的高度，把加强廉洁文化建设作为一体推进不敢腐、不能腐、不想腐的基础性工程抓紧抓实抓好。各级政府按照《关于加强新时代廉洁文化建设的意见》要求，认真学习贯彻党的十九大和十九届历次全会精神，增强"四个意识"、坚定"四个自信"、做到"两个维护"，以理想信念强基固本，以先进文化启智润心，有效推动廉洁文化建设，不断实现干部清正、政府清廉、政治清明、社会清朗。

（三）大力推进政务公开

政务公开是推动政府职能转变、使政府管理服务更加透明规范的有效手段。党的十八大以来，政务公开工作取得新成效，政务公开的广度深度稳步拓展、制度体系日趋完备、功能作用不断增强。过去五年，政务公开贯穿政务运行全过程，权力运行到哪里，公开和监督就延伸到哪里。国务院有关部门编制完成本领域基层政务公开标准指引，教育、卫生健康、供水、供电、供气、供热、环境保护、公共交通等领域还出台了公共企事业单位信息公开规定。全国年均办理政府信息公开申请超过40万件。财政信息公开内容进一步细化至部门所属单位预算、决算及相关报表，地方各级部门所属单位预算和决算公开率达到90%以上，惠民惠农政策补贴和资金发放等信息公开向村和社区延伸，给人民群众晒出"明白账"。[①]

2022年4月，《国务院办公厅关于印发2022年政务公开工作要点的通知》（国办发〔2022〕8号）提出，要通过加强涉及市场主体的信息公开、加强涉及减税降费的信息公开、加强涉及扩大有效投资的信息公开助力经济平稳健康发展；强化稳就业保就业信息公开、推进公共企事业单位信息公

---

① 国务院研究室编写组：《政府工作报告辅导读本》，人民出版社，中国言实出版社，2023，第259页。

开，助力保持社会和谐稳定；通过深化行政法规和规章集中公开、开展行政规范性文件集中公开、加强政策集中公开成果运用、优化政策咨询服务，提高政策公开质量。提出要做好规范执行政府信息公开制度、科学合理确定公开方式、加强公开平台建设、扎实推进基层政务公开等基础性工作。

加大预算公开力度，提高财政透明度，是加强对权力运行制约监督的有效方式。持续完善预算公开范围、内容和方式，提升公开信息的及时性、完整性、规范性和可获得性。截至 2022 年，共有 102 个中央部门（单位）公开预算，公开范围从一般公共预算扩大到政府性基金预算和国有资本经营预算项目支出。同时，加大绩效管理信息公开力度，提高财政资源配置效率和资金使用效益，向人民群众交出政府花钱的"明白账"和"成绩单"。

（四）大力建设节约型机关

过去五年，各级政府持之以恒纠治"四风"，重点纠治形式主义、官僚主义。大力精简雷同或相近会议、培训等公务活动，国务院和国务院办公厅主办的发文数量主动压减近 2/3。各级政府发扬艰苦奋斗、勤俭节约优良作风，过去五年中央本级"三公"经费财政款预算大幅压减，用自身经费的"减法"助力经济社会发展和民生福祉做"加法"。严厉惩处违规建设楼堂馆所和偷税漏税等行为，制止餐饮浪费，推进节约型机关创建行动。截至 2022 年 6 月，有 35% 左右的县级及以上党政机关建成第二批节约型机关，累计全国 70% 县级及以上党政机关建成节约型机关，其中 3800 余家中央和国家机关本级及垂直管理、派出机构达到节约型机关创建要求，提前完成国家《绿色生活创建行动总体方案》设定的目标任务。①

廉洁政府建设成效得到社会公认，政府公信力进一步增强。全球最大独立公关咨询公司爱德曼公司发布的 2022 年度爱德曼信任度晴雨表报告显示，中国民众对本国政府的信任度达到了创纪录的 91%，位列全球第一。

---

① 《全国 70% 县级及以上党政机关建成节约型机关》，中国政府网，2022 年 11 月 2 日。

六　推进重点行业和领域行政管理体制改革

2022年，我国进一步完善医药卫生体制，调整了国家卫生健康委的职能配置、内设机构，提出了医药卫生体制改革的重点任务。进一步推进省级以下财政管理体制改革，更好发挥财政在国家治理中的作用。

（一）进一步理顺医药卫生管理体制

2022年1月，中共中央办公厅、国务院办公厅印发《调整国家卫生健康委员会职能配置、内设机构和人员编制的通知》，国家卫生健康委员会负责管理副部级的国家疾病预防控制局，将下述职责划入国家疾病预防控制局：制定并组织落实传染病预防控制规划、国家免疫规划以及严重危害人民健康公共卫生问题的干预措施，制定检疫、监测传染病目录；组织指导传染病疫情预防控制，编制专项预案并组织实施，指导监督预案演练，发布传染病疫情信息，指导开展寄生虫病与地方病防控工作；负责职责范围内的职业卫生、放射卫生、环境卫生、学校卫生、公共场所卫生、饮用水卫生等公共卫生的监督管理，负责传染病防治监督，健全卫生健康综合监督体系；制定传染病医疗机构管理办法并监督实施。2022年2月，国家公布了国家疾病预防控制局"三定方案"，明确中国疾病预防控制中心由国家卫生健康委直属划转国家疾病预防控制局管理。

2022年5月，《国务院办公厅关于印发深化医药卫生体制改革2022年重点工作任务的通知》（国办发〔2022〕14号）发布，提出要发挥国家医学中心、国家区域医疗中心的引领辐射作用，发挥省级高水平医院的辐射带动作用，增强市县级医院服务能力，提升基层医疗卫生服务水平，持续推进分级诊疗和优化就医秩序，加快构建有序的就医和诊疗新格局。提出要深入推广"三明医改"经验，开展药品耗材集中带量采购工作，推进医疗服务价格改革，推进医保支付方式改革，深化公立医院人事薪酬制度改革等，持续推动从以治病为中心转变为以人民健康为中心，持续推进解决看病难、看病贵问题。

2022 年 1 月，国家卫生健康委印发《医疗机构设置规划指导原则（2021—2025 年）》，进一步优化医疗卫生资源配置。2022 年，国家区域医疗中心项目实现省级全覆盖，推动优质医疗资源均衡分布。为贯彻落实"以基层为重点"，2022 年国家卫生健康委出台了《关于印发卫生健康系统贯彻落实以基层为重点的新时代党的卫生与健康工作方针若干要求的通知》（国卫基层发〔2022〕20 号），推动医疗卫生工作重心下移、资源下沉，把更好的人才、技术、管理、机制引向基层，不断夯实基层基础，加快推进基层卫生健康高质量发展。

（二）推进省级以下财政管理体制改革

为更好地发挥财政在国家治理中的基础和重要支柱作用、健全省以下财政体制、增强基层公共服务保障能力，2022 年 6 月 13 日，《国务院办公厅关于进一步推进省以下财政体制改革工作的指导意见》（国办发〔2022〕20 号）印发。

《指导意见》提出，要合理划分省以下各级财政事权和支出责任。强化省级对教育、科技研发、企业职工基本养老保险、城乡居民基本医疗保险、粮食安全、跨市县重大基础设施规划建设、重点区域（流域）生态环境保护与治理、国土空间规划及用途管制、防范和督促化解地方政府债务风险等方面的财政事权。强化市县级对提供社会治安、市政交通、城乡建设、农村公路、公共设施管理等基本公共服务方面的财政事权。省级财政事权由省级政府承担支出责任，市县级财政支出责任根据其履行的财政事权确定。共同财政事权要按照减轻基层负担、体现区域差别的原则，合理划分省、市、县各级支出责任。

《指导意见》提出，要推进省直管县财政改革。因地制宜逐步调整优化省直管县财政改革实施范围和方式：对区位优势不明显、经济发展潜力有限、财政较为困难的县，可纳入省直管范围或参照直管方式管理，加强省级对县级的财力支持；对由市级管理更有利于加强区域统筹规划、增强发展活力的县，适度强化市级的财政管理职责。

七　以党的二十大精神为指导深化新时代新征程行政体制改革

2022 年 10 月 16 日，中国共产党第二十次全国代表大会在北京胜利召开。党的二十大是在全党全国各族人民迈上全面建设社会主义现代化国家新征程、向第二个百年奋斗目标进军的关键时刻召开的一次具有重要里程碑意义的大会。习近平总书记在党的二十大提出，从现在起，党的中心任务是以中国式现代化推进中华民族伟大复兴。我们必须坚持以习近平新时代中国特色社会主义思想和党的二十大精神为指导深化新时代新征程行政体制改革，使行政体制发挥其推进中国式现代化的重要作用。

（一）行政体制改革对推进和拓展中国式现代化具有重大意义

行政体制改革对于推进和拓展中国式现代化具有重大意义。中国特色社会主义行政体制是中国特色社会主义制度和国家治理体系的重要组成部分，不断深化改革、完善和发展中国特色社会主义行政体制，是推进和拓展中国式现代化的题中应有之义，是推进和拓展中国式现代化不可或缺的重要内容。行政体制建设和改革贯穿在中国特色社会主义制度建设全过程，贯穿在我们党领导推进中国式现代化的全过程。特别是党的十八大以来，以习近平同志为核心的党中央全面深化行政体制改革，着力完善和发展中国特色社会主义行政体制，为推进和拓展中国式现代化，推动党和国家事业取得历史性成就发挥着重要作用。新时代新征程推进和拓展中国式现代化还面临不少体制机制性障碍，现行行政体制还存在短板弱项，随着形势的发展和现代化进程的深入，一些体制机制必然难以适应，只有不断深化行政体制改革才能补短板、强弱项、除障碍、破难题，为继续推进和拓展中国式现代化提供制度基础和强大动力。

（二）党的二十大对新时代新征程深化行政体制改革的总体要求

党的二十大围绕新时代新征程党和国家中心任务，对推动党和世界发展的各个方面做出全方位的战略部署，落实党的二十大战略部署对行政体制改革提出了新要求。

一要坚持以习近平新时代中国特色社会主义思想为指导。新中国 70 多年的实践证明，党领导行政体制建设和改革之所以能够找到正确的方向和道路并取得重大成就，根本在于坚持以马克思主义及其中国化成果为指导。习近平新时代中国特色社会主义思想是马克思主义中国化时代化的最新成果，是指导新时代党和国家一切事业、一切工作的科学理论。在新征程上推进行政体制改革，必须坚持以习近平新时代中国特色社会主义思想为指导和根本遵循，才能确保宗旨不变、方向不偏、目标不移、原则不失、方法不误。

二要服务于中国式现代化的总方向、总目标。中国式现代化是社会主义的现代化，中国特色社会主义行政体制是中国特色社会主义制度的重要内容，是国家制度体系的重要组成部分，深化行政改革必须服务于中国式现代化的总目标：行政体制改革方向的确定、改革路径的选择、改革方案的设计和实施，都必须在坚持社会主义方向的前提下，服务于完善和发展中国特色社会主义制度，服务于建设人民满意的服务型政府，服务于推进国家治理体系和治理能力现代化，服务于以中国式现代化推进中华民族伟大复兴的历史进程。

三要服务于提升政府治理效能、国家治理效能。行政体制改革是贯穿经济体制、政治体制、文化体制、社会体制、生态文明体制改革的关节点。只有深化行政体制改革，才能更好地发挥政府的多方面职能，才能提升政府治理效能。政府治理是国家治理的第一线，政府治理效能是国家治理效能的重要组成部分。提升国家治理效能是"十四五"规划确定的我国经济社会发展的主要目标之一，也是推进和拓展中国式现代化的基础。要提升国家治理效能，关键就是要通过行政体制改革提升政府治理效能。

四要服务于各方面现代化建设战略部署的完成。党的二十大对经济建设、政治建设、文化建设、社会建设、生态文明建设、教育科技人才建设等方面都提出了现代化建设的战略部署。要完成好这些方面的现代化建设任务，离不开行政体制改革。在经济建设方面，我们要加快构建新发展格局，着力推动高质量发展，构建高水平社会主义市场经济体制，就需要深化简政放权、放管结合、优化服务改革，深化政府职能转变，推进有效市场和有为政府更好结合，进一步优化营商环境。在社会建设方面，要增进民生福祉、提高人民生活品质，就需要通过深化行政体制改革，建立有利于促进共同富裕的制度体系。在科技教育方面，要实施科教兴国战略，强化现代化建设的人才支撑，就需要深化教育体制、科技体制和人才发展体制改革。在文化建设方面，要推进文化自信自强，铸就社会主义文化新辉煌，就需要深化文化体制改革。在公共卫生方面，要推进健康中国建设，就需要深化医药卫生体制改革，创新医防协同、医防融合机制，促进医保、医疗、医药协同发展和治理。所以说，适应全面建设社会主义现代化国家要求的行政体制改革的任务是多方面的、艰巨的。只有深化各方面各领域行政体制改革，才能为推进和拓展中国式现代化增添充足的动力。

五要坚持立足中国国情和新时代中国特色社会主义实际。推进新时代新征程行政体制改革，必须立足我国国情、立足新时代中国特色社会主义实际，不迷信、不照搬他国行政体制模式，不盲从、不沿袭他国行政体制建设道路，坚持走中国特色行政改革之路，不断完善和发展中国特色社会主义行政体制。

（三）新时代新征程推进行政体制改革的主要任务

一要继续转变政府职能，优化政府职责体系。要围绕优化营商环境进一步简政放权，创新监管，优化服务，把不该管的坚决放给市场、放给社会，把该管的管到位，管出效率和公平，提高服务的精准性、便利性、规范性，要确保实现经济发展目标和安全，完善宏观调控，健全调控的机制和政策。

二要持续深化党和国家机构改革。要适应中国式现代化不断向前推进、国家治理体系和治理能力现代化不断向前推进的要求，从有利于加强党的全面集中统一领导、有利于实现新时代新征程发展目标出发，按照优化协同高效的原则，继续深化政府机构改革、调整优化政府机构设置和职能配置。

三要加快法治政府建设，扎实推进依法行政。党的二十大报告强调，法治政府建设是全面依法治国的重点任务和主体工程。要按照党的二十大的部署和要求，坚持以习近平法治思想为指导，充分发挥法治对转变政府职能的引导和规范作用。要积极推进机构、职能、权限、程序、责任法定化，依法全面规范行政权力运行。要加快行政法律制度建设，推进政府高质量立法。要强化各级政府及其工作人员运用法治思维和依法行政能力。要深化行政执法体制改革，全面推进严格规范公正文明执法，完善行政执法的实施、评价、问责等机制，严格落实行政执法责任制和责任追究制度。

四要健全行政运行机制，提高行政效率和公信力。进一步健全科学、民主、依法决策机制，全面落实重大决策程序制度，切实提高决策的质量和效率，完善行政权力的制约与监督体系，将行政体系的制约和监督纳入党和国家监督体系中，从全局进行谋划。突出党内监督的主导地位，按照党中央关于自我革命的部署要求，进一步强化廉政建设和政风建设，完善反腐倡廉的长效机制，激励担当作为，控制行政成本，防范和惩处腐败。

五要加快推进数字政府建设。信息技术的快速进步、数字经济和数字社会的迅猛发展，给政府治理带来机遇，也提出挑战。为落实党的二十大关于建设数字中国的战略部署，适应数字时代政府治理要求，要大力推进互联网、大数据、人工智能等信息技术在政府系统的应用，以数字技术重塑政府组织形态、重构政府职责体系、创新行政管理和服务方式手段、再造行政管理和服务业务流程。要构建信息共享、系统互联机制，破除信息壁垒，进一步完善全国一体化政务信息平台，增强跨层级、跨地域、跨系统、跨部门、跨业务协同。要推进政府数据资源开放，改善数据资源管理，最大限度地释放数据要素的生产力。同时，要完善信息安全体制机制。

六要提高创造性执行效能。提高创造性执行效能是贯彻党中央决策部署的重要环节，是实现高质量发展、提升中国式现代化能力的要求。提高创造性执行效能，需要构建有利于提高创造性执行效能的政府职责体系，完善绩效管理指标体系，健全激励机制，完善调研督查机制，探索建立容错机制，完善数字赋能机制，夯实干部能力提升机制。

七要推进基层治理现代化。基层治理是国家治理的基础，是社会治理的主战场，是政府治理的底座。要进一步加强党对基层治理的全面领导，赋能基层政权治理能力建设，着力建立充满活力的基层群众自治制度，以党建引领共建共治共享。

转变政府职能

To Transform Government Functions

B.2
持续深化"放管服"改革，
推进政府职能深刻转变

樊继达　王艺潼*

摘　要： 2022年，通过持续深化"放管服"改革，全链条优化审批，全过程公正监管，全周期优化服务，营造公平竞争市场环境，市场活力持续释放，行政权力运行逐渐规范，政府效能得以提升，企业群众满意感和获得感增强了。当前的政府职能转变还不到位，主要是：放权接不住与放权不到位并存；监管力度有待增强；审批监管执法协同机制尚未畅通；政务数据壁垒尚未打通。面向中国式现代化的"放管服"改革，需要重视已下放权力的规范化科学化运行，强化改革的系统性和协同性，重点解决长期存在的堵点和难点问题，加快营造公平透明稳定可预期的营商环境。

---

* 樊继达，中央党校（国家行政学院）研究生院副院长，教授；王艺潼，中央党校（国家行政学院）公共管理教研部，讲师，博士。

关键词： 政府职能　简政放权　市场监管　政务服务　营商环境

2022 年，在以习近平同志为核心的党中央坚强领导下，各级政府始终抓住深化"放管服"改革这个牛鼻子，全链条优化审批、全过程公正监管、全周期优化服务，有效激发了市场活力，显著提升了企业群众满意度，形成了促进经济稳中向好的关键一招。党的二十大报告指出，转变政府职能，优化政府职责体系和组织结构，推进机构、职能、权限、程序、责任法定化，提高行政效率和公信力。这是党中央作出的重大战略部署，也是全面深化改革的重要组成部分。"放管服"改革是一场刀刃向内的政府自身革命，对于国家长期健康稳定发展有着非常重要的意义，也对构建新发展格局有着至关重要的价值。针对放权接不住、监管不到位、流程不闭合、数据难共享等问题，必须以习近平新时代中国特色社会主义思想为指导，完整、准确、全面贯彻新发展理念，以全面深化"放管服"改革推进中国式现代化，重视已下放权力的规范化科学化运行，强化改革的系统性和协同性，重点解决长期存在的堵点、难点问题，加快营造公平透明稳定可预期的营商环境，更大力度地激发市场活力、增强内生动力、释放内需潜力。

一　2022年政府职能转变的新进展

过去一年来，在习近平新时代中国特色社会主义思想指导下，按照党的二十大精神指引与党中央、国务院的决策部署，各级政府和各行政部门持续发力，多举措推进"放管服"向纵深发展，全链条优化审批、全过程公正监管、全周期提升服务，加快转变政府职能，稳步提升政府效能，不断促进经济社会高质量发展。

（一）全链条优化审批，有效激发市场活力

2022 年，各级各地坚持目标导向和问题导向，以多种措施持续推进简

政放权，进一步厘清政府与市场边界，降低制度性交易成本，加快释放改革红利，激发市场活力。

1. 全面实行行政许可事项清单管理，进一步明确行政许可权力边界

全面实施市场准入负面清单制度，清单管理措施比制度建立之初压减64%，将行政许可事项全部纳入清单管理。多年来取消和下放行政许可事项1000多项，中央政府层面核准投资项目压减90%以上，工业产品生产许可证从60类减少到10类。2022年1月，《国务院办公厅关于全面实行行政许可事项清单管理的通知》下发，向全社会公布了国务院层面保留的996项行政许可事项，规定清单之外一律不得违法实施行政许可，确保"一单尽列、单外无单"，并首次对变相许可作出明确界定，以备案、证明、目录、认证、年检等名义要求行政主体经审批后从事特定活动的行为被纳入清查整治范围。2022年底，全国各省、市、县逐级完成清单编制，并就许可名称、许可条件、申请材料、审批时限等事项细化实施规范，力图解决以往行政许可实施标准模糊、区域差异大等问题，有力地推动了行政许可权力运行的标准化、规范化与便利化。在此基础上，将国家、省、市、县级行政许可事项清单全部纳入系统管理，推进全国行政许可系统与一体化政务服务平台深度对接，加快实现数据共享、集成办理、一网通办、跨省通办。

2. 深化项目审批改革创新，推动重点项目加快落地实施

在持续减少行政审批事项基础上，各级各地积极创新审批方式，通过容缺审批、告知承诺制、并联审批、多评合一、设立"独任审批员"等方式减少申报材料，精简审批环节，压缩审批时限，提高审批效率，推动重点投资项目尽快落地。例如，一些地方在市场准入、投资项目等高频审批事项中推行"容缺+承诺+信用"制改革，将信用情况作为企业是否可以享受容缺、承诺的重要依据。同时，持续细化信用承诺、容缺办理的适用范围，力争实现"信用越好，审批越快"的极简审批模式，实现"有地即承诺，拿地即开工，建成即投产"，工程建设项目全流程审批时间压缩到不超过120个工作日。还有地方探索在工程项目等更多领域推行"多评合一"改革，通过项目统一论证、报告统一编制、事项统一审批的"三统一"措施，切实优

化审批流程。此外，还有一些地区推行"独任制审批"，由一名审批员独立负责受理、审查、核准、发照等全部审批环节，推进"审核合一"，实现"一人通办""即来即办""急件秒批"，行政审批效率进一步提升。

3. 深化商事制度改革，持续提升市场主体准入准营准出便利度

一方面，加强市场准入和市场退出的制度供给，健全完善与市场准入负面清单制度相适应的激励惩戒机制和登记制度。一是建立违背市场准入负面清单案例归集和通报制度，推动进一步完善市场准入效能评估指标体系，建立清理规范带有市场准入限制的显性和隐性壁垒的长效机制。二是全面施行《中华人民共和国市场主体登记管理条例》。在市场准入方面，确立了形式审查制度，市场准入更加宽松便利。在市场退出方面，将简易注销上升为法律制度，并创设了歇业制度，允许企业在自然灾害、公共卫生事件等情形下，可最多暂停经营活动3年，实现"停机保号"，为中小企业提供了缓冲性制度选择，有利于中小企业的持续经营。① 另一方面，深化"证照分离""一照多址""一证多址"改革，企业开办时间从一个月以上压缩到目前的平均4个工作日以内，并为企业跨区经营和扩大生产规模提供便利。此外，部分地区还探索开展"跨区域企业迁徙一件事"改革，将既有的"迁入、迁出、调档、交接、变更"5个环节优化为一个环节办理，切实解决企业迁徙"两头跑"问题。

4. 大力实施减税降费、金融普惠等政策

一方面，2022年中央和地方纷纷出台相关政策进一步减税降费。据统计，2022年新增减税降费及退税缓税缓费超过4.2万亿元；其中，小微企业和个体工商户金额超1.7万亿元，近八成个体工商户在2022年无须缴纳税款，成为减税降费政策的主要受益群体。税务总局对重点税源企业调查显示，2022年企业税费负担下降2.7%，其中交通运输业和住宿餐饮业负担分

---

① 《中华人民共和国市场主体登记管理条例》，https：//flk. npc. gov. cn/detail2. html？ZmY4MDgx ODE3YjYzYjY3OTAxN2I3YjIwODU5NTM2MDc。

别下降 15.4% 和 14.2%，有力地帮助相关企业渡过难关。① 另一方面，各地还纷纷鼓励引导金融机构让利给实体经济，加强对中小微企业、个体工商户的普惠金融支持。2022 年，新发放企业贷款加权平均利率为 4.17%，与 2021 年相比下降了 34 个基点，企业综合融资成本显著下降。

（二）全过程优化监管，营造公平竞争市场环境

2022 年，各级各地持续完善以"双随机、一公开"监管和"互联网+"监管为手段，以重点监管为补充，以信用监管为基础的新型监管体制，创新监管模式，优化监管手段，努力提高政府监管的科学性、公平性、有效性，营造公平有序的市场竞争环境。

1. 完善监管体制机制

一是推动建设审管执联动机制。一些地方着力打造审批、管理、执法协同工作机制，发挥行业管理部门"一肩挑两边"的协调作用，打通审管执各环节，建立健全"一方吹哨、多方联动"的工作机制。例如，上海在文化领域建立了由审批处室、执法总队、投诉处理单位等参加的"文旅市场闭环管理工作机制"，并特别规定了审批处室每月向执法总队抄告"不予许可、要求整改、补正材料、主动撤销许可申请"等方面情况，提高事中事后监管的针对性。另外，对于与社会治理密切相关、时效性要求较高的事项，相关地区和部门探索通过"两网融合"加强审管衔接，提高监管工作效率。例如，上海长宁区将垃圾清运申报端信息通过数据调用，接入城运系统，经过派单系统后，属地监管人员在政务微信上就可以完成审批。将清运公司接单处置、属地人员常态化巡查和部门联合事中事后监管、抽查等，形成全流程电子监管台账。二是持续推行跨部门综合监管机制。各地试点将多个监管事项整合为综合监管"一件事"，实施多部门一次检查、联动执法、联合惩戒。对于涉及监管领域多、检查频次高的重点行业，坚持跨部门综合

---

① 国家税务总局：《2022 年全国新增减税降费及退税缓税缓费超 4.2 万亿元》，http://www.chinatax.gov.cn/chinatax/n810214/n810641/n2985871/n2985918/c101807/c5183935/content.html。

监管，极特殊情况下采取部门单独检查。三是建立健全跨区域协同监管机制。例如，四川和重庆两地建立互转工单跟踪催办机制，共享监管信息，共建信用体系，在医疗器械生产领域开启两地药监部门跨省市协同监管的新机制，既节约了监管资源，又避免了重复监管，更打破了区域监管执法壁垒，有利于监管效能的提升。四是改进行政执法监督机制。2022年11月，市场监管总局印发《市场监督管理综合行政执法事项指导目录（2022年版）》，梳理规范市场监管领域的行政处罚事项861项，其中，行政处罚830项、行政强制31项。同时明确法定实施主体。规定列入《指导目录》的行政执法事项以市场监督管理部门名义统一执法；对涉及药品、医疗器械、化妆品等行政执法事项的以药品监督管理部门名义统一执法。① 同时，2022年7月，国务院常务会议审议通过《国务院办公厅关于进一步规范行政裁量权基准制定和管理工作的意见》，规范执法，推动制定各地区各领域行政裁量权基准，建立行政裁量权基准动态调整机制，制定完善执法工作指引和标准化检查表单，推进行政执法标准化建设，规范处罚裁量权，避免出现畸轻畸重执法、"一刀切"执法和"运动式"执法现象。② 五是持续推动监管力量向基层下沉。例如，浙江以"金字塔"形布局分配监管力量，2022年基层市场监管所执法力量增强，监管基础进一步夯实。

2. 完善阶梯式监管模式

一是强化以风险为导向的差异化监管。依托行政许可事项清单，对事项进行充分评估，科学划分风险等级，明确监管重点环节。针对不同的违法情节情形，选用不同的监管工具，采取不同的监管方式，提升监管精准性和有效性。一方面，对公共安全活动和疫苗、食品药品、特种设施等潜在风险大、社会风险高的重点领域施行全主体、全链条监管。另一方面，对平台经济、智能配送、在线医疗等新业态新产业新模式实行包容审慎监管。部分地

---

① 《市场监督管理综合行政执法事项指导目录（2022年版）》（国市监稽发〔2022〕99号），http：//www.gov.cn/zhengce/zhengceku/2022-11/18/content_5727702.htm。

② 《国务院办公厅关于进一步规范行政裁量权基准制定和管理工作的意见》（国办发〔2022〕27号），http：//www.gov.cn/zhengce/zhengceku/2022-08/17/content_5705729.htm。

区探索推行首违不罚事项清单和不予行政强制措施事项清单，对不涉及人民健康安全、社会危害不大的行为实行行政建议、提示、约谈等柔性执法方式，最大限度地减少对市场主体生产经营活动的影响。二是强化以信用为导向的差异化监管。一方面，各地在食品安全、工程建设、医疗卫生、生态环保等众多重点监管领域推进信用监管，依托省、市社会信用平台对监管对象进行公共信用综合评价，并根据评价结果将监管对象分级分类，科学降低对诚信守法企业的抽检频率，实现对诚信守法企业"无事不扰"，对失信违法企业"无处不在"。另一方面，各地重视信用修复管理工作，为失信主体退出惩戒措施提供制度保障，推动信用监管系统化、规范化。同时，积极推动信用修复便利化，建立市场主体信用修复提醒机制，推动信用修复全流程线上办理。

3.完善多样化监管手段

一是充分运用现代信息技术，深入推进在食品安全、生态环境、安全生产、交通运输等领域运用"互联网+监管"、大数据监管、智能监管等非现场监管手段。积极探索在高危行业、重点工程等领域应用物联网、视联网等方式实现远程监管。同时，引导各地各部门将自建监管系统全面接入统一监管系统，汇集关键性监管数据，将重点监管事项和现场监管事项纳入"互联网+监管"系统，并进行动态调整，切实提高监管的智能化和精准化水平，最大限度地减少对市场主体的非必要干扰。

二是完善市场化社会化监管工具，推动形成多方协同的监管格局。一方面运用市场机制推动市场主体落实主体责任和监督责任。引导市场基于企业信用情况评估交易风险。另一方面在重点领域强化举报制度，落实内部举报人奖励政策，发挥行业协会和商会的专业优势，加强行业自律。同时，强化舆情监测，争取将风险化解在苗头阶段。

（三）全周期优化服务，提升企业群众满意度、获得感

2022年，各级各地多举措完善政务服务体系，创新政务服务模式，拓宽政务服务内容，加快推进政务服务标准化、规范化、便利化，企业和群众满意度、获得感不断提升。

1. 以国家政务服务平台为总枢纽的全国一体化政务服务平台初步建成

截至 2022 年底，全国一体化政务服务平台覆盖 31 个省区市和新疆生产建设兵团，以及 46 个国务院部门，实名用户超过 10 亿人。按照"应进必进"原则推动政务服务事项全部纳入一体化政务服务平台管理，汇聚 1 万多项高频应用标准化服务，网上审批和"零跑动"比例达 56.36%，90.5% 的事项实现网上受理，同时加大对政务服务事项"明进暗不进"问题的查处力度。据报告，2022 年我国电子政务发展指数全球排名为第 43 名，与 2012 年相比提高 35 名（见图 1），电子政务水平进入第一梯队，企业、群众办事更加便捷高效。

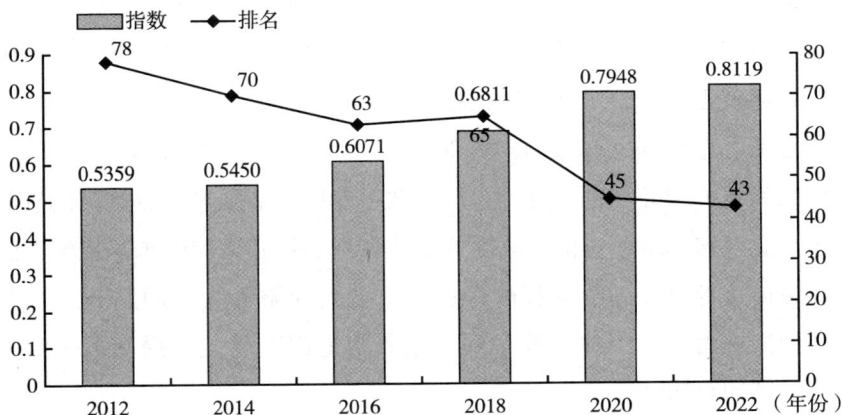

图 1 2012~2022 年中国电子政务发展指数

资料来源：2012~2022 年《联合国电子政务调查报告》。

2. 全国一体化政务数据资源体系基本形成，政务数据基础设施基本建成

目前，全国 26 个省级政府、257 个市级政府、355 个县级政府已建成政务数据平台，各地各部门汇聚编制政务数据目录 300 多万条，信息项超 2000 万个。医疗健康、生态环保、信用体系等领域主题库建设正在稳步推进。此外，电子政务外网基础能力不断提升，实现县级以上全覆盖，乡镇覆盖率 96.1%。全国 31 个省区市和新疆生产建设兵团云基础设施基本完成。全国一体化政务数据共享枢纽初步建成，接入各级政务部门近 6000 个，发布 53 个国务院部门的数据资源 1.35 万个。

3. 政务服务模式不断创新，企业群众办事效率持续提升

一是推进政务服务事项集成化办理。各地围绕企业从设立到注销、个人从出生到身后的全生命周期，加强政府跨部门、跨层级协同，打通业务系统，推动关联性强、需求性大的政务服务事项"一次性"办理，全面提高线下"一窗综办"和线上"一网通办"水平。

二是推进政务服务事项跨区域办理。加快构建全国统一的电子证照库，扩展电子证照应用场景，推动电子证照跨地区、跨部门互信互认。

三是推进办税缴费"无纸化"改革。各级各地全面推行非税收入全领域电子缴纳，出口退税全流程无纸化，不断拓展"非接触式"办税缴费范围。截至 2022 年底，96.68% 的税费服务事项实现网上办理，电子发票服务平台用户突破千万级，实现无纸化报销、入账、存储。

四是推进惠企利民政策直达。2022 年底，全国县级以上政府及部门在门户网站和政务服务平台设置惠企利民政策专区，加强对惠企利民信息的共享归集，通过移动端、短信、电话等形式创新提供政策应享未享提醒和防疫检查、疫苗接种等关键节点提醒等服务，变被动服务为主动服务与提前服务，加快推进由"上门找政策"到"政策找上门"转变，提高惠企利民政策的匹配度和直达性。

五是推进优化政务服务质量反馈机制。通过开展 12345 热线运行效能评估，设立 12345 热线企业服务专席，定期开展"亲清会客"活动，开设"办不成事"反映窗口等方式，形成评价、整改、反馈、监督全流程衔接的政务服务评价机制，进一步提升政务服务质量。

4. 政务服务内容不断拓宽，企业群众满意度获得感明显提高

一是积极优化跨境贸易服务。一方面，深化通关便利化改革，提升港口集疏运水平，畅通外贸供应链。依托国际贸易"单一窗口"平台的"通关+物流""外贸+金融"等功能，对进口关税配额联网核查及相应业务无纸化通关业务进行试点，国内主要口岸实现通关业务网上办理。另一方面，部分地区积极搭建跨境电商一站式服务平台，为企业跨境业务铺桥搭路。

二是推动知识产权运用转化。四川为相关企业提供"一站式"政策咨询、融资对接、交易鉴证等一系列支撑性服务，资助企业因知识产权质押融资产生的费用，切实分担企业融资风险，支持市场主体将"知产"转化为"资产"。

三是持续优化服务为企业吸引人才。各地积极实施人才计划，支持重点单位"带政策""附指标"吸引人才。同时，加快建设人才服务平台，推动从"人才找政策"向"政策招人才"转变。在人才职业资格认可方面，成都探索建立跨区域资格互认机制，并在自贸区建立境外执业资格认可清单，吸引外籍"高精尖缺"人才到本地创业就业。

四是积极推行行政许可中介服务"网上超市"服务。将强制性中介服务事项全部纳入"网上超市"统一管理，出台平台运行管理办法，规范中介服务。此外，各地还积极推动更多便民措施落地，并向基层下沉。鼓励政务服务中心进行延时、错峰服务，推动医疗、卫生、教育、养老、就业等群众办理的高频事项向基层便民服务中心转移。在推动智能化便民服务的同时，重视延续对老年人和特殊群体的传统服务方式，切实解决相关群体智能技术使用难的问题。

通过推动政府职能转变，市场活力持续释放，行政权力运行逐渐规范，政府效能得以提升，切实做到了用政府权力的"减法"换取市场活力的"加法"。

首先，市场主体数量不断扩大，创新能力不断增强。2022年我国市场主体数量达到1.69亿户，是2012年的3倍多（见图2），企业和个体工商户分别跃上5000万户和1亿户台阶。市场主体的蓬勃发展为稳增长、稳就业提供了重要支撑，也为经济高质量发展奠定了坚实基础。

同时，市场创新创业活力不断增强。2022年我国全社会研发经费首次超过3万亿元，比2021年提高10.4%，经费投入强度达到2.55%（见图3）。此外，截至2022年底，我国国内拥有有效发明专利的企业达35.5万家，2022年我国企业有效发明专利产业化率为48.1%，与2021年相比提高

1.3 个百分点。同时，新能源汽车、光伏、云计算、人工智能等部分战略性新兴行业企业新增数量同比分别增加 40.6%、34.6%、24.1% 和 17.9%。

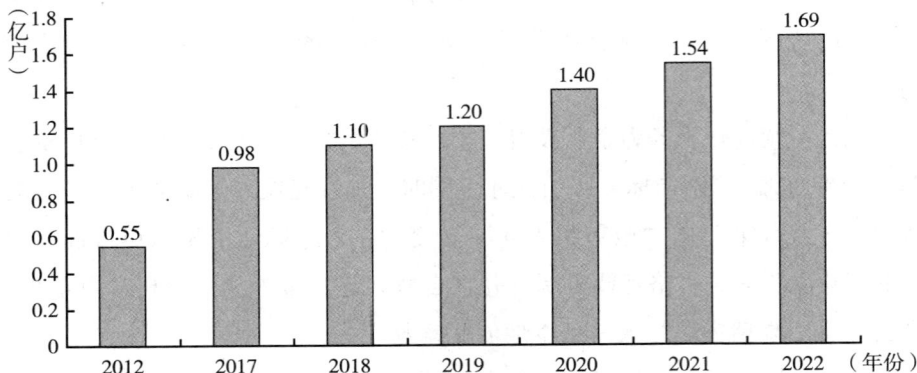

图 2　2012~2022 年市场主体数量

资料来源：历年国民经济和社会发展统计公报。

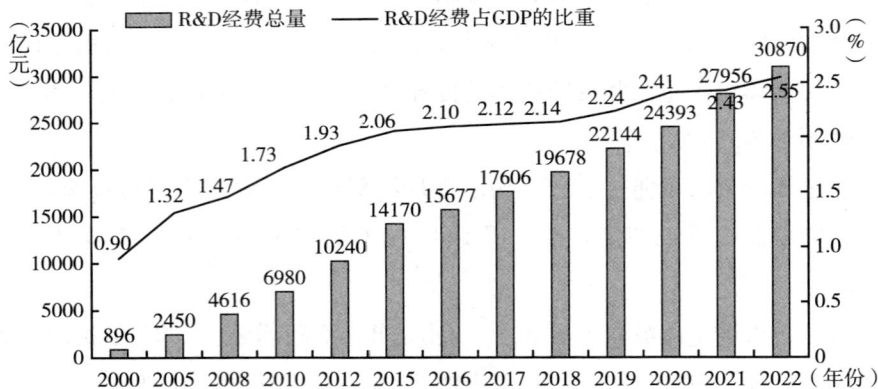

图 3　2000~2022 年 R&D 经费及其占 GDP 的比重

资料来源：历年统计年鉴。

其次，政府运行更加规范高效，治理水平和治理能力得以提高。通过简政放权、创新管理方式、重塑政务服务模式，进一步明晰了政府和市场、政府和社会的职能边界，优化了行政权力结构，规范了行政权力运行，增进了层级间、部门间业务协同，强化了政府工作人员勤政为民理念，减少了行政机关和人员自由裁量权空间，明确了行政责任和法纪要求，推动转职能转方式转作风，显著提升了政府治理现代化水平。

二 改革存在的主要问题

近年来，以深化"放管服"改革为抓手，政府职能转变取得了显著成效，但还存在一些问题。

（一）放权存在"重放权、轻确权"，"重内放、轻外放"现象，导致"放权接不住"与"放权不到位"问题并存

在行政审批权从中央下放到地方、从高层级政府下放到基层政府过程中，由于对各级政府应掌握的行政审批权限缺少明确规划和科学评估，因此一些地方既没做到深入研究，也没出台落实举措，如完成任务般下放权力，放权重量不重质，存在较大随意性和本位性。在权力供给过快，而基层承接需求、承接意愿和承接能力不足的情况下，审批权力"自由落体"接不住现象频频发生。例如，在部分地区，超过半数的行政审批事项下放到基层后，数年内事项办理量为0，这表明下放的权力中有较大比例是基层不需要的权力。同时，囿于资金、人员、问责等方面压力，基层各部门对下放的审批权力互相推诿，不愿承接。例如，在为下放事项逐一明确承接部门时，某地21个行政部门回复的26条意见均是建议将原本要求本部门承接的审批事项划转至其他业务部门。此外，出于历史原因，许多完整的权力被分割到不同部门，在部门本位性考虑下，出现了部分权力下放、部分权力未下放的现象，权力下放不完整进一步加剧了层级政府及部门间的职责交叉。最后，从放权的方向上看，仍存在向下级政府放权多、向市场和社会放权少的问题。一方面，这与政府放权不到位有关，另一方面也与市场竞争不充分、社会力量不成熟等问题相关。

（二）"重审批、轻监管"问题仍然存在，监管力度有待增强

随着"放管服"改革的深入推进，加强事中事后监管逐渐成为重点，但与简政放权方面的改革相比，监管领域改革还具有较大的提升空间，不愿管、不会管、管不好现象普遍存在。

首先，由于综合性监管部门与行业主管部门之间的监管职责不清，推诿扯皮现象时有发生，部分监管事项存在表面上"齐抓共管"，实际上"无人监管"问题。例如，在侵犯著作权与非法出版物竞合问题上，市场监管部门与文化主管部门依然存在职责交叉。另外，政策法律跟不上，导致部门事项处在监管真空地带。例如，电子商务中销售假冒伪劣产品，属地管辖与跨地域和跨境监管之间存在矛盾，电商所在地监管部门无力监管，生产销售违法者所在地监管部门不作为，甚至地方保护。

其次，信用监管跟不上，告知承诺制落实难。信用监管是推动"宽进严管"的重要机制，但目前面临法律制度不健全、信用分级分类难、信用修复机制不完善等问题。一是信用承诺的具体内容和条款不具体、不规范，缺乏充分的法律依据对失信市场主体实施惩戒；二是由于国家尚未出台统一的公共信用综合评价办法，各行业部门也未出台本行业的信用监管办法，因此对同一市场主体的信用评价结果可能存在差异，依据信用评价的分级分类监管措施也尚未明确；三是当前仅可对行政处罚的信用进行修复，修复范围尚未覆盖其他失信行为，且不同网站、机构之间的信用修复结果还无法同步，企业存在同一处罚需多地修复的情况。

最后，执法力量尚难适应监管职能需求。执法力量是保障监管效能的基础，但目前执法人员数量、执法人员能力、执法保障不充分等问题阻碍了监管效能的提升，这些问题在基层表现得更为明显。一是执法力量配备与日益增加的监管任务之间矛盾凸显。例如，福州市 5 个市辖区市场监管局行政执法大队实际在岗执法人员分别为 6 人、5 人、5 人、8 人、5 人，对应的已登记经济户口数分别为 10.9 万户、7.8 万户、10.8 万户、8.3 万户和 3.2 万户。二是技术性较强的专业领域存在执法空白。由于横向上执法领域扩展、

执法事项增多，在执法力量一定的情况下，执法深度受到影响；纵向上对应市级多个业务指导部门，各行业指导标准不统一，执法要求难以有效落实。三是部分地区装备、技术和业务培训保障不足，尚不能实现远程监管、电子取证等"非接触式"监管方式。

（三）审批监管执法协同机制尚未畅通，改革总体成效受到影响

虽然推行相对集中行政许可权改革的地方将原本分散在多个部门的行政审批权集中到一个行政审批部门行使，提高了审批效率。但这也导致了审批环节被碎片化切割，行政审批部门存在"小马拉大车"问题，形成审批"两头够不着"局面。一方面，审批难以得到前端全面有效的"规划决策支撑"，行业主管部门涉及行政审批的相关政策信息可能存在推送不到位、不及时的现象；另一方面，审批后也难以得到末端及时有效的事中事后监管和执法处罚的兜底支援，"审管执"衔接机制尚未完善。

审管协同方面，审批和监管部门间的信息推送反馈还不够及时和完善，包括技术审查、现场踏勘、告知承诺制事中事后核查等方面尚未形成高效的协同机制，监管部门对审批工作提供的技术支持还比较有限。管执衔接方面，监管部门与执法部门在部署各类专项检查、执法行动、线索交办核查、后续处置、案例报送、统计分析、行政裁决等方面尚未形成科学有效的工作机制，日常监管与行政处罚"两张皮"的现象仍不同程度存在。"审管执"衔接方面，"审管执"分离后，各部门根据职责相对独立开展工作，各部门各环节标准尚未统一，政策信息及工作成果难以实时共享，针对市场主体的答复口径和处理结果也有偏差，容易让企业陷入"东奔西跑""左右为难"的处境。

此外，跨层级跨区域"审管执"协同联动难度大、沟通成本高。不同层级、不同地区的审批、监管、执法机构设置和管理模式存在较大差异，客观上增加了纵向与横向衔接沟通成本。一方面，跨层级对接成本高。目前行政审批局改革仅在市、县（区）层级开展，省级以上单位未成立行政审批局。这导致市、县（区）行政审批局缺少职责同构的上级主管部门，在与

众多委办局协调时，面临"找不到门"或"不让进门"的困境，增加了协调和沟通成本。同时，在一些审批事项上，审批局仍需就政策尺度把握、专业标准认定、现场勘验等方面与原主管部门协商沟通，如果各项行业管理政策文件未能及时传达至"审、执"两端，行政效能会受到较大影响。另一方面，跨区域统筹难度高。这在功能区表现得尤为明显。例如，虽然北京经开区新扩区域的市场监管职责实现了全链条划转，但发改、住建、生态环境等领域多项审批事项对应的监管权和执法权仍由属地政府承担，导致审批、监管、执法主体不一致，不利于行政管理闭合运行，容易出现履职空白。

（四）政务数据壁垒尚未打通，数据应用成效尚待提高

数字化改革是推动政府职能转变的关键。然而，当前政务数据仍存在质量不高、共享不充分、应用成效不显著等问题。

首先，虽然国家层面已建立政务数据共享协调机制，但各地政务数据管理权责还未厘清，协调机制还未理顺。一方面，出于历史原因，政府信息化建设过程缺少统筹规划，各部门分散建设问题普遍存在，且各部门所选技术路径从基础架构到应用系统都是异构的，制约了政务数据的共享。另一方面，各部门专网尚未打通，数据烟囱问题依然存在，部分使用专网处理的业务无法与审批和监管系统共享数据，多套系统、多次录入、信息反馈缺失等问题普遍存在。例如，部分需要向全国开放查询功能的审批信息需要录入专网系统中，同时，为了使审批办结信息自动推送到对应业务主管部门，就需要在审批系统中再次录入相关信息。二次录入不仅增加了工作人员的负担，同时也降低了审批监管效率。另外，当前政务数据资源底数不清、目录不规范、来源不一致，由于各部门职责不同、对信息的关注点不同，因此各部门数据供需匹配性不强，存在大量共享数据无法使用的问题。

其次，部分地区依数据治理和依数据服务的能力不足，数据应用成效还未有效转化。数据共享是推动政府职能转变的关键一步，同时还需要共享的数据真正被利用起来。当前部分地区仅对数据进行了基础汇聚整合和简单的可视化操作，对大数据的深度挖掘分析能力程度低，尚不能获得"非线性"

和"创新性"分析结果，导致数据尚未能为政府决策提供科学化支撑，政府仍需凭借主观经验进行决策。

三 面向中国式现代化深化政府职能转变的新任务

为适应新时代新征程党和国家事业发展需要，必须贯彻落实党的二十大重大决策部署，进一步转变政府职能，优化政府职责体系，坚持以全面深化"放管服"改革推进中国式现代化。党的二十大报告中提出"六个坚持"，即坚持人民至上，坚持自信自立，坚持守正创新，坚持问题导向，坚持系统观念，坚持胸怀天下。"六个坚持"作为习近平新时代中国特色社会主义思想的世界观和方法论具有深刻的内涵，是推进政府职能转变和行政管理体制改革，构建适应中国式现代化要求的行政管理体制的根本遵循。这要求我们持续激发各类市场主体活力，建立激励相容的分配制度；统筹不同地区、不同群体的发展诉求；系统平衡有序推进各领域改革；综合考虑国内国际两个市场、两种资源，推动贸易和投资便利化，促进区域和多边合作，营造有利于发展的国际环境。①

（一）持续简政放权的同时，重视已下放权力的规范化科学化运行

随着改革的不断深入，简政放权已取得显著成效。未来改革不仅应注重权力在政府内部层级间的下放，还应将政府"不该管"和"管不好"的事项向市场和社会放权，真正减少政府对市场活动的直接干预。在此过程中，需要突破集权与放权的思维定式，重视通过"确权"明确各层级政府和各职能部门责任，正确处理"放权"与"确权"之间的关系，推动构建中国特色政府权责体系。一方面，对"职责同构"进行结构性调整，实现从"每一级政府都要管所有事项"向"只负责特定事项"转变。另一方面，统

---

① 江小涓：《立足中国式现代化新征程和高质量发展首要任务 不断深化政府职能转变与行政体制改革研究》，《中国行政管理》2022 年第 12 期，第 7~9+11 页。

一规范审批、监管、执法事项目录清单，实现五级政府的指导目录标准统一、职责明晰。对于难以由单一层级和单一行政部门完成的事项，应由跨层级和跨部门协同负责，但权责应清楚分配，各有侧重，提高权力行使标准化规范化水平，确保事事有人管，责任有人担，行政权力承接到位，实现权力下放"无缝衔接"。此外，还应健全事项划转的动态调整机制。在事项划转前，应进行充分调研论证。事项划转后，应建立定期评估机制，对经费、编制、办事效率等情况进行综合评估，根据评估结果适时调整事项清单，提高"放权"的精准性和适应性。

（二）持续深化各领域改革的同时，强化改革的系统性和协同性

随着相对集中审批制度改革的推进，审批与监管由以往在同一部门内循环，变为审批与监管两个部门间的循环，为破解改革出现的脱节问题，切实激发改革的整体成效，未来应坚持系统思维、整体思维，统筹推动审批、监管与执法的协同联动，探索构建"审管执"全流程链条式管理机制。

一是加强顶层设计，明确改革的总体方向和主要任务，按照国家统筹、省级组织的方式，统筹构建审批、监管、执法一盘棋推进机制，从审批与监管联动事项清单、办件、监管行为、企业信用评级信息等方面，制定审管联动标准规范。

二是完善审批、监管、执法信息联通机制。建立审批、监管、执法工作会商制度，以及行政审批与监管执法信息双向推送机制，做到审管同步、无缝衔接。

三是建立健全源头追溯、监测预警、线索移送、执法联动、执法互认等机制，深入推进部门联合"双随机、一公开"监管，引导支持条件较为成熟地区探索以社会信用赋能审批、监管、执法协同联动，实现"事前信用承诺，事中信用核查、预警，事后联合惩戒"的闭环管理。完善告知承诺和联合惩戒机制，审批部门、行业主管部门对违反告知承诺的许可事项作出予以退出或者惩戒的决定。

四是建立健全审批、监管、执法协同联动的监督考核机制。按照审批、

监管和执法部门职责分工，明确、细化、量化考核指标内容。将审批监管衔接机制落实情况纳入部门职能运行监管范围，对审管联动的衔接点、介入点及未履职、慢履职等情况开展专题监管。同时，对审管部门履职尽责情况加强日常监督检查，并纳入"放管服"综合绩效考核指标中统筹考虑，倒逼审管部门注重协同配合。综合运用意见收集、现场督导调研、工作进度全流程跟踪等方式，与政务服务、满意度调查、政务热线等深度融合，征询企业和群众对审批、监管、执法配合工作的意见建议，促进审批、监管、执法无缝衔接，让审批更规范、监管更有效、执法更准确。

（三）持续出台优惠政策的同时，重点解决长期存在的堵点和难点问题

作为一项复杂的系统工程，政府行政体制改革牵扯主体多、改革难度大，存在一些堵点、难点、痛点。未来应根据"放管服"改革后不同层级、不同部门职责调整的新情况，重点解决长期存在的"老大难"问题，稳步推进配套制度改革。

一是优化编制结构，适当增加监管部门的编制，充实基层监管执法力量。

二是推进省级以下财政制度改革，探索厘清省级以下各级政府的财政事权与支出责任清单，改变"一步到位、全面突破"的思路，分阶段、分步骤稳步推进。例如，可适度增加省级政府的直接支出责任，通过转移支付委托市、县（区）级政府实际承担委托事权和共同事权，明确支出责任的分担比例，实现政府间事权收益成本相匹配。

三是推进法治资源的综合化配置，以法律法规明确行政审批局的机构性质，赋予其相关权力。此外，鉴于目前信息化建设呈现国家、省市、区县三个层级倒挂的特点，即越到基层，信息化建设越早，导致在更高层级实现信息共享、互联互通的难度更大；因此，未来应自上而下优化信息化建设，并在系统开发时统筹考虑系统间对接问题，加快推动审批服务平台、互联网+监管平台、综合执法平台、公共信用信息平台的有序对接和数据共享。

（四）持续释放便民利企红利的同时，加快营造公平透明稳定可预期的营商环境

近年来，各级政府在行政许可事项上的简政放权取得了积极成效，但在行政许可之外事项上的改革力度尚显不足，且大部分精简环节和便捷服务主要面向企业和机构法人办理。未来应进一步释放便民利企红利，优化大量面向广大人民群众的公共服务事项，大力分类推进行政确认、行政裁决、行政给付、行政奖励、行政处罚、行政强制、行政监督检查等行政权力事项改革。

此外，尽管随着营商环境改革和"放管服"改革的深入推进，企业对政府服务便利性时效性的满意度不断提升，民营企业营商环境也有一定程度改善，但仍存在一定完善空间。未来应重视产权保护、要素资源获取、公平竞争等方面问题，形成可预期、能竞争的营商环境。一方面，加强政策制度供给，统一政策规则和服务标准，对民营企业给予与国企相同的政策，保持政策供给持续稳定，切实增强企业获得感。另一方面，加强政府自身建设，一是进一步提升政府审批、监管、执法行为的规范化、透明化，明确政府与企业交往红线与底线，杜绝"体外循环"和"隐形审批"，实现政府与企业之间"有交往而无交易"，构建亲清政商关系，依法保护企业家财产权和创新权益。通过制度和法治建设，开展专项整治，构建诚信政府，加快解决"新官不理旧账"问题，依法依规履行政府对企业及人民群众的承诺。二是强化政府间协同与政府市场社会协同理念。适度淡化上下级隶属关系及同级部门间过度竞争关系，突出协同合作的伙伴关系，促进纵向与横向政府间的有效分工和密切合作，强化资源依赖、信息互通、利益共享。同时，坚持多元参与的治理理念，充分利用不同主体的治理资源和治理能力，促进政府、市场、社会的良性互动，提高治理效率与服务质量。

参考文献

1. 朱光磊、黄雅卓：《"放管服"改革背景下的政府纵向间关系调整逻辑》，《行政论坛》2022 年第 5 期。
2. 张占斌、孙飞：《改革开放 40 年：中国"放管服"改革的理论逻辑与实践探索》，《中国行政管理》2019 年第 8 期。
3. 沈荣华：《推进"放管服"改革：内涵、作用和走向》，《中国行政管理》2019 年第 7 期。
4. 张定安：《关于深化"放管服"改革工作的几点思考》，《行政管理改革》2016 年第 7 期。
5. 江小涓：《立足中国式现代化新征程和高质量发展首要任务 不断深化政府职能转变与行政体制改革研究》，《中国行政管理》2022 年第 12 期。

B.3
打造政务服务新模式　提升市场主体和市民群众获得感

上海市行政改革和政府建设案例研究课题组 *

摘　要： 上海以市场主体和市民群众的感受度为标尺，以政府职能转变为核心，以"一网通办"为抓手，全面深化"放管服"改革，持续打造更加温暖、更加便捷、更加高效的政务服务新模式，努力为各类市场主体投资兴业营造稳定、公平、透明、可预期的发展环境，为市民群众工作生活提供优质、便利、高效的公共服务。2022年以来，上海继续践行"有求必应、无事不扰"的服务理念，聚焦"免申即享""高效办成一件事""轻微违法行为依法不予行政处罚"等市场主体和市民群众感受直接的改革举措，加快流程再造、降低办事成本，市场主体和市民群众的发展信心得到了有效提振。

关键词： 上海市　政务服务　市场活力　群众获得感

一　改革思路

（一）体现温度，回应人民关切，优化政策供给

党的二十大报告明确提出，"坚持以人民为中心的发展思想"，要求

---

* 参与课题组的部门有上海市人民政府发展研究中心改革研究处、上海市人民政府办公厅政务服务处和政府职能转变协调处、上海市司法局行政执法协调监督处、上海市发展和改革委员会营商环境建设处、上海市经济和信息化委员会政策研究和法规处。

"健全基本公共服务体系，提高公共服务水平，增强均衡性和可及性"。持续优化政务服务最主要的出发点就是利企便民，将规范化与便民化相融合，让政务服务更有温度。"免申即享""轻微违法行为依法不予行政处罚""高效办成一件事"等措施就是在这一背景下应运而生。通过转变管理视角，实现惠企利民政策服务从"被动服务"向"主动服务"整体性转变，推行"不予行政处罚并指导当事人改正"这一"有温度的执法"，围绕企业群众高频办事需求，将职能部门多个相关联的"单件事"整合成"一件事"集成化办理，在为企业群众增添便利的同时，减轻了企业负担，提升对小微企业、弱势群体等"沉默的少数"的政策可及性。

（二）注重调度，系统推进，强化机制保障

注重顶层设计，在明确职责分工的基础上，深化跨部门的系统集成和管理协同，从"各自为政"的部门转向塑造整体政府是政务服务优化措施有效直达的重要保障。如"高效办成一件事"，形成了一家牵头、多方协同的审批监管服务机制和"一次告知、一表申请、一口受理、一网通办、统一发证"的部门协作集成的全新流程；"免申即享"改革建立了市政府办公厅统筹，各区、各市级部门牵头推进本条线、本区域具体工作，市、区财政部门指导监督资金依法合规兑付的工作机制；"轻微违法行为依法不予行政处罚"在明确市司法局指导责任的基础上，建立了与其他相关部门以专题研究、共同调研、风险论证等多种形式进行工作协商的机制。

（三）提升速度，加大智慧赋能政务服务力度

"一网通办"是上海首创的政务服务品牌，有效打通了时间空间局限，提升了线上办事的速度，为相关便利举措创新提供了重要基础。加强整体设计，不断迭代升级，在以"一网通办"智慧平台的前端服务和后台数据为支撑的基础上，叠加一批公共服务标杆场景应用，可以促进政务服务更便捷、更精准、更高效。如聚焦"高效办成一件事"，"一网通办"近年来不断更新升级，通过促进跨部门数据共享、互联互通、流程再造，努力实现

"让企业和市民办事像网购一样方便";为保障"免申即享"工作,上海专门制定"一网通办"平台对接技术规范 5.0,并推进了业务部门建模和人工智能辅助,为精准匹配符合政策和服务条件的企业群众奠定了基础。

（四）提升精度,确保成效和防范风险并举

一方面,实行清单管理制度,保证政策精度。在实施环节,"免申即享""轻微违法行为依法不予行政处罚""高效办成一件事"等政策均采用了清单管理的方法,通过统一实施框架,分类遴选或细化制定清单项目并动态更新,可以使原则化、不易操作的制度,变为易操作的规则,进而能落地实施、惠及人民和社会。如执法条线结合职责领域制定不予处罚清单,并细化实施、监督、调整规定;"免申即享"聚焦重点梳理行政给付、资金补贴扶持和奖励、税费优惠等政策,形成各区、各条线惠企利民政策和服务清单并动态更新。另一方面,提升风险管理保障执行精度。在创新政策供给的同时,上海还特别注重风险防控,以确保严格按照法律规定开展政务服务改革,防止"包容"变为"纵容"、创新变为违规。如"免申即享"推行中建立了研判实施过程风险的机制,同时严格要求保护个人隐私和企业商业秘密;"轻微违法行为依法不予行政处罚"明确不予行政处罚制度需要在清单的基础上满足已经及时改正、没有造成危害后果等一系列条件。

（五）强调梯度,逐步扩大改革举措覆盖面

"小范围试点推进—不断拓展实施"是上海审慎稳妥推进政务服务改革的重点特色。如"高效办成一件事"改革先围绕小孩出生、新能源汽车专用牌照申领、居住证办理等"一件事"先行试点,每年不断新增上线新项目,2022 年新增了个人股权变更、多元化解矛盾纠纷服务、房屋买卖等集成难度更高的"9 件事"。再如"免申即享"和"轻微违法行为依法不予行政处罚"改革,2022 年分别推出 27 个市级"免申即享"项目和 3 份不予处罚清单后,涵盖事项计划继续扩容,以争取在更大范围、更宽领域、更深层次上拓展政务服务的创新红利覆盖面。

二　典型案例

（一）案例一：推进"免申即享"改革

为了积极贯彻"以人民为中心"的发展思想，深入推动政务服务的便民惠企，2022 年上海率先在全国省级层面全面探索推进"免申即享"试点。

1. 主要背景

2022 年 3 月，上海市出台了《依托"一网通办"加快推进惠企利民政策和服务"免申即享"工作方案》（沪府办字〔2022〕4 号）。要求政府部门转变传统行政视角，依托数字化变革，从价值、制度和技术三个层面进行政务服务创新，实现从"被动服务"向"主动服务"的整体性转变。通过数字技术手段，不断将"免申即享"机制广泛应用于政策普惠过程中，打通政策落地的"最后一公里"，更好地释放政策红利。

2. 主要做法

一是全面梳理惠企利民政策和服务。分层分级梳理各类惠企利民政策和服务，重点梳理行政给付、资金补贴扶持和奖励、税费优惠等政策。各区、各部门分别形成本区、本条线惠企利民政策和服务清单并动态更新，每年从清单中筛选条件成熟的政策和服务推进"免申即享"改革。对全市面上推进有难度的，先试点再推广，成熟一个上线一个。

二是革命性再造政策和服务兑现的业务流程。将原来政策和服务兑现的"企业和群众申请、部门受理、部门审核、部门兑现"4 个环节，优化为"企业和群众意愿确认、部门兑现"最多 2 个环节，企业和群众全程无须提出申请，无须填写申请表、提交申请材料，真正做到"零材料""零跑动"。同时保留兜底通道，对由于数据暂时归集不全，无法通过数据共享、大数据分析精准匹配的，企业和群众仍可按照原渠道申请办理。

三是明确"免申即享"的"三种方式"。第一种是"直接兑现，免于申请"。法律法规无明确要求的，且不对企业经营和个人生活产生不利影响的，对符合政策条件的企业和群众直接兑现有关政策，提供有关服务。第二种是"一键确认，免于填报"。法律法规有明确要求必须有申请环节的，自动生成申请表和申请材料，依托市民主页和企业专属网页，精准推送至符合条件的企业和群众。企业和群众确认申领意愿后，即可享受有关政策和服务，免去申请阶段的表格填报和材料提交环节。第三种是"扫码识别，个性服务"。依托"随申码"识别用户身份，推进老年人、残疾人、烈属、学生等群体在相关场景的优待"免申即享"。

四是明确"免申即享"基本流程的"十个环节"。依托"一网通办"推进"免申即享"的基本流程为"项目梳理—业务需求方案编写—需求分析—数据归集—数据建模—数据共享—精准告知—意愿确认反馈—兑现—信息查看"10个步骤。其中"意愿确认反馈、信息查看"步骤直接面向企业和群众，真正做到"过程无感、结果有感"。

五是强化"免申即享"风险管理。严格按照有关法律法规和政策规定开展工作，严格保护个人隐私和企业商业秘密，确保"免申即享"工作和资金兑现依法合规。推进"免申即享"与信用有效衔接，推行守信优先、失信受限。打通线上线下业务系统，实时更新有关数据，杜绝政策和服务兑现中出现重复、遗漏、延迟等情况。明确信息公示、异议处置、纠错救济等规则，确保政策和服务兑现全过程公开公平。定期组织绩效评估，持续优化业务规则和工作流程，确保财政资金安全高效使用。

3. 实践成效

2022年，"免申即享"机制经过各区、各相关部门分层分级梳理，已在超过120个事项上实施，直接受益群众近70万人次、企业超过6.8万家次，形成了良好的社会效应。

一是推动惠企政策精准"滴灌"，助力企业纾解困难。市人社局"吸纳重点群体就业的用人单位给予一次性吸纳就业补贴"政策，通过对失业人员或高校毕业生实际就业状态、企业用工登记情况以及是否按规定缴纳社会保险等信息进行系统比对，生成符合条件的拟补贴单位名单，由各区人社部门审核通过后即"免申即享"直接兑现。截至2022年底，全市已审核通过

1.99 万家单位，涉及补贴资金 1.28 亿元。市经信委"创新型企业专项金融支持"政策，依托"一网通办"企业专属网页精准推送，企业"一键确认"后即可与银行对接信贷额度，"免申即享"享受利率优惠。截至 2022 年底，已向符合条件的 10262 家企业发送"免申即享"提醒，2700 多家企业累计获得贷款 2540 亿元。临港管委会针对防疫复产推行"楼宇租金补贴"政策，通过大数据共享的方式归集信息并自动预填推送给企业，企业通过"一网通办"一键确认补贴意愿后，即可"免申即享"进入后续拨付环节。截至 2022 年底，临港管委会已向 185 家企业直接拨付补贴资金 2600 多万元。

二是推动利民政策无感快享，直接惠及市民群众。市残联"残疾人交通补贴"政策，通过调用人口库、残疾人基本信息库、残疾军人和伤残警察信息库等数据，精准匹配补贴对象，经业务部门确认后，"免申即享"直接由各区将补贴发放至补贴对象的社保卡。2022 年 11 月上线，首批惠及约 3500 人，今后每年将惠及残疾人群众约 2 万人。市总工会"在职职工住院医疗互助保障金"和"退休职工住院医疗互助保障金"政策，通过数据分析精准识别发生住院情形的参保人员，依据医保数据精准核算住院互助保障金后"免申即享"直接给付。2022 年，向 30.73 万人次在职职工直接给付 2.22 亿元、向 244.43 万人次退休职工直接给付 12.15 亿元住院医疗互助保障金。静安、宝山、崇明等区率先在全市推进医疗救助"免申即享"，打通医保、民政、教育、街镇等部门数据共享通道，按照政策算法自动核算数据，主动向符合条件的困难群众发放医疗救助款。仅崇明区2022 年已惠及特殊群体近 6 万名，救助 19.3 万人次，发放资金 8400 余万元。

三是覆盖"沉默的少数"，确保政策"应享尽享"。市住建委"离退休提取公积金"政策，通过与人社部门共享退休人员信息，精准匹配已经退休领取养老金 3 个月以上但还未办理提取住房公积金的退休人群，推送"免申即享"服务消息提醒。符合条件的退休缴存职工"一键确认"后，即可提取住房公积金。该服务于 2022 年 10 月底正式上线"一网通办"平台，

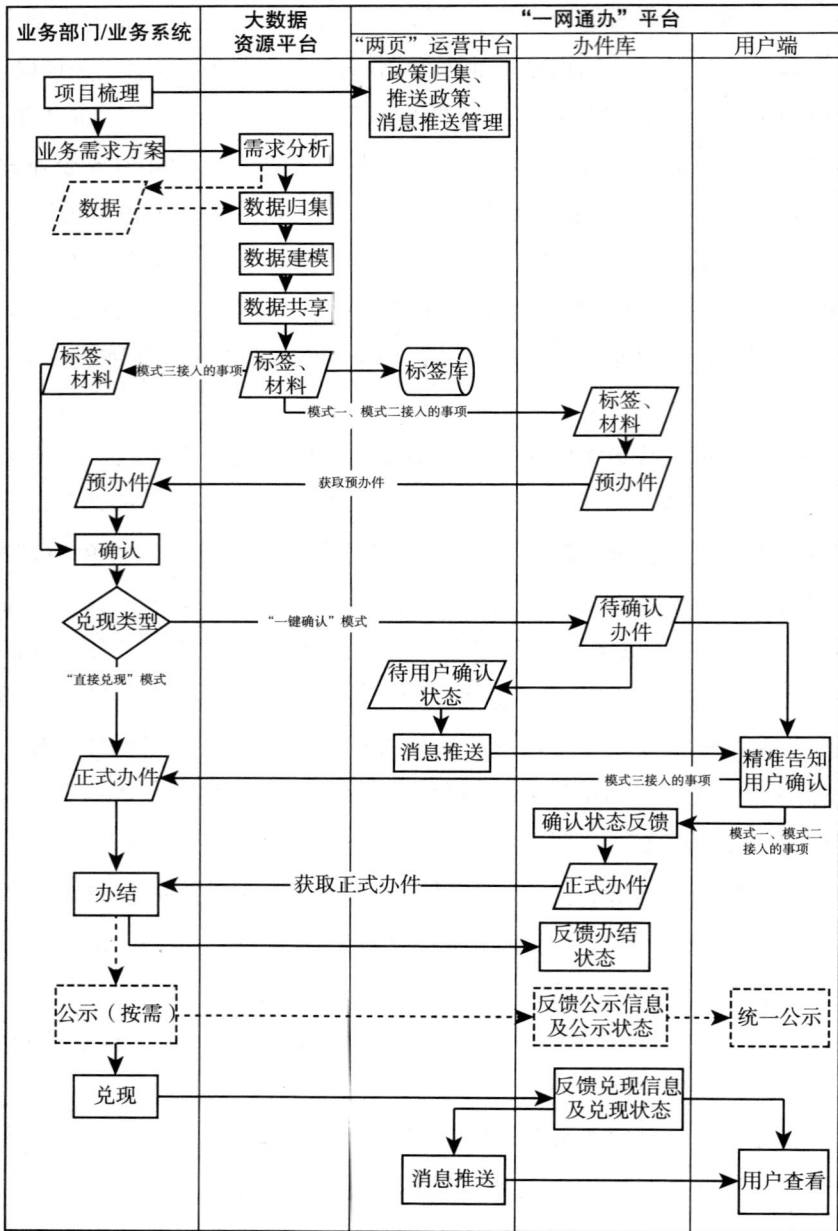

图1 "免申即享"基本流程

首批推送符合条件退休职工 34.39 万人。市教委"对学前教育、基础教育、普通高中、中职等教育阶段家庭经济困难学生实施资助"政策，通过共享民政部门信息，精准匹配符合条件的家庭，向家长推送信息，家长确认申领意愿后，即可享受资助，化解了不少学生或家长担心被歧视的担忧。2022年，长宁、静安、普陀、宝山、金山等试点区域已有 470 名家庭经济困难学生受益，资助资金 125.11 万元。市卫健委"给付农村部分计划生育家庭奖励扶助金"政策，通过大数据分析比对，发现尚有 17 位符合条件的人员并未申请，市卫生健康委即通知各区向相关人员发放了奖励扶助金，切实维护了群众利益。

四是依托"随申码"扫码识别，精准提供个性服务。市交通委牵头推进特殊群体依托"随申码"在交通出行场景的优待"免申即享"，完成残疾军人和残疾消防救援人员、伤残警察、烈士遗属、军休干部、消防救援人员、盲人、离休干部等 7.67 万人的数据标定和治理工作，使得特殊群体人

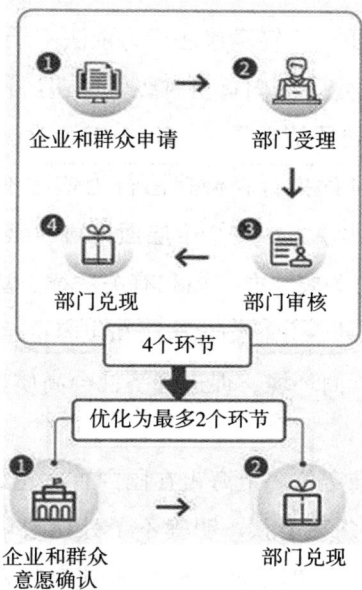

图2　"免申即享"对业务流程革命性再造示意

员在地铁、公交、轮渡直接扫"随申码"即可免费通行，免去以往需要携带相关证件并向工作人员出示的麻烦。普陀区针对网约车、快递、外卖等新就业形态的就业群体，推出扫"随申码"自动享优惠的"免申即享"举措。在指定园区，新就业群体通过参与学习、公益活动等方式换取相应积分，可兑换支付优惠券。在兑付过程中，只要用"随申码"授权认证，就可通过扫码确认新就业群体身份，无感拉起用户授权的支付方式，抵扣优惠券并支付，从而可以以更优惠的价格享受到园区超市、餐饮、茶饮、体育运动、充电等商家有偿服务。截至 2022 年底，该服务覆盖新就业群体超过 1000 人。

（二）案例二：推行轻微违法行为依法不予行政处罚

为进一步优化营商环境，2022 年上海在全市全面推行轻微违法行为依法不予行政处罚，积极探索深化精细化执法和包容审慎监管的新路径。

1. 主要背景

2019 年上海率先开展了"轻微违法行为依法不予行政处罚"（以下简称"轻微不罚"）探索，制定了国内首份省级轻微违法行为依法不予行政处罚清单（以下简称"不予处罚清单"）。2022 年 8 月，上海市在前期探索的基础上，出台了《关于全面推行轻微违法行为依法不予行政处罚的指导意见》（以下简称《指导意见》），在全市层面推行"轻微不罚"，推动本市具有行政处罚权的市政府有关委、办、局和有关法律、法规授权组织普遍制定不予行政处罚清单，进一步深化精细化执法和包容审慎监管，建设更加包容、更具活力、更有温度的营商环境，促进经济社会高质量发展。

2. 主要做法

一是明确依据，精准定位。上海市在国内首次正式明确轻微不罚的法律依据是行政处罚法第 33 条第 1 款，明确不予处罚清单均为依法不予行政处罚，并确立了"不予处罚清单是法定轻微不罚制度落地落实的具体规则"的定位，既促进法定轻微不罚制度落实，也有效控制法律风险。不予处罚清单架起了法定轻微不罚制度和执法实践之间的桥梁，使原则化、不易操作的制度，变为易操作的规则，进而能落地实施、惠及企业和社会。

二是目标导向，主动作为。制度与实施并重，不仅明确要求执法条线细化制定不予处罚清单，而且对不予处罚清单的实施、监督、动态调整等均作出了细化规定。自我加压、主动作为，在国家要求"十四五"期间全面推行轻微不罚基础上，上海市主动加压，明确 2023 年底前不予处罚清单全面覆盖各行政执法领域，推动制度更早建立健全、惠及更多相对人。

三是主体明确，步骤清晰。在不予处罚清单制定主体方面，除了与行政处罚裁量基准制定主体保持一致外，还明确了相对集中处罚权、处罚权下沉、委托执法等特殊情况的制定主体。在清单形成过程方面，不仅阐明了全面梳理处罚事项、重点筛选违法行为、逐项明确不予处罚情形 3 个步骤，而且细化了确定轻微不罚情形的具体考量因素，包括当事人主观状态、违法行为损害法益情况、手段方式、危害后果、改正情况等参考因素。在清单制定程序方面，强调不予处罚清单应当遵守《上海市行政规范性文件管理规定》各项程序，并对听取意见程序作出细化要求。

四是严格实施，规范程序。第一是明确要求执法单位严格实施行政处罚法和不予行政处罚清单规定，对清单尚未规定但符合法定轻微不罚制度要求的违法行为同样不予处罚，进一步明确适用范围，扩大受益面。第二是强调执法单位充分调查取证、制发不予行政处罚决定书以及教育指导当事人等程序要求，严格规范各级执法单位实施。轻微不罚并不代表当事人的任何违法行为都可以被容错，更不代表执法人员可以随意不罚。不予行政处罚仅适用于符合法定轻微不罚制度的违法行为，要同时满足已经及时改正、没有造成危害后果（或危害后果轻微）等一系列条件。

3. 实践成效

一是受益企业不断增加。据不完全统计，自 2019 年 3 月 15 日首份不予处罚清单实施，至 2022 年底，全市 6400 余家企业受益（见图 3）。以单行法罚则的最低罚款金额计算，减免罚款金额逾 6.62 亿元，有效减轻了疫情影响下小微企业的经济负担，避免了企业因轻微无心之失而承担连锁不良后果，受到企业、行业协会商会等的普遍欢迎（见图 4）。

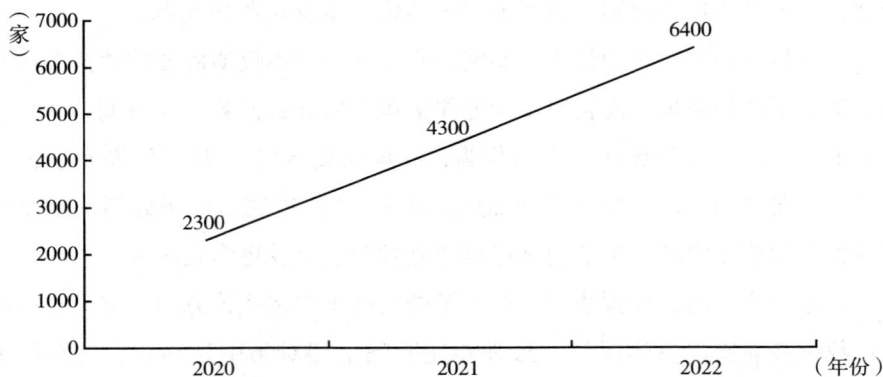

图3　2020~2022年上海市受益企业数量

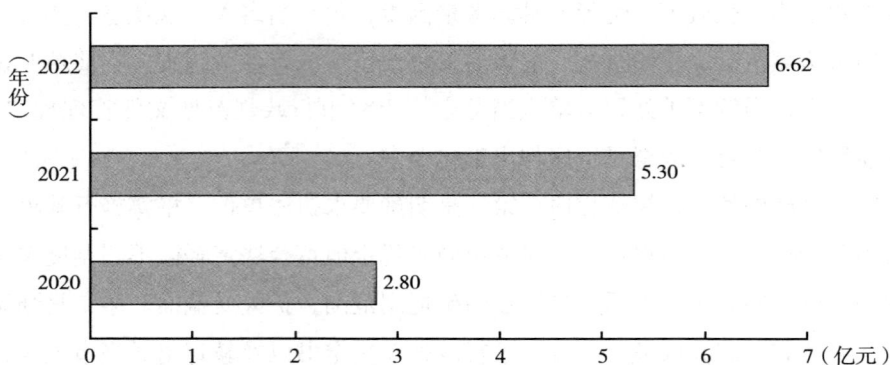

图4　2020~2022年以单行法罚则的最低罚款金额计算，减免罚款金额情况

二是覆盖领域不断拓展。截至2022年底，已推出19份清单，覆盖了15个领域，其中市场监管、文化市场、城市管理、规划资源、生态环境、民防、消防、气象等8个领域均为全国首份省级清单。此外，还有医保、公积金等众多领域已形成不予处罚清单草案，正在推进出台。

三是涵盖事项不断扩充。已推出不予处罚清单的执法领域都积极扩充、升级不予处罚清单。至2022年底，市场监管领域已先后推出3份不予处罚清单，文化市场、消防、水务领域都已升级至2.0版不予处罚清单，城市管理、生态环境领域2.0版不予处罚清单均已形成草案，不久将推出。

四是轻微不罚实施不断深化。市场监管、消防、文化旅游、生态环境等部门均制定了不予处罚清单实施指导文件，规范实施程序、细化具体要求。多数部门配套完善了执法办案系统，实现检查记录留痕、全市信息共享、不予行政处罚记录可查询等。

五是统一长三角轻微不罚标准取得突破。2022年初，上海市牵头，联合苏浙皖三省推出了长江三角洲区域文化市场、气象等领域2份不予处罚清单。这不仅是长三角地区首次推出统一的不予处罚清单，也是国内首次多省（市）统一轻微违法不予行政处罚的标准，有力提升了区域执法一体化、精细化水平。

（三）案例三：持续推进"高效办成一件事"改革

为了推动实现"一件事、一次办"，近年来上海围绕企业、群众高频办事需求，通过业务流程再造，将职能部门多个相关联的"单项事"整合为"一件事"集成化办理，受到了企业和群众的广泛好评。

1. 主要背景

自2018年起，上海持续推进"一网通办""一网统管"两张网建设，在政务服务更高效、更便捷、更精准上下功夫。2020年，市政府办公厅发布《上海市人民政府办公厅关于以企业和群众高效办成"一件事"为目标全面推进业务流程革命性再造的指导意见》（沪府办〔2020〕6号），强调以推进"一网通办"改革为抓手，优化办事流程整合，提升政务服务协同能力，让企业和群众高效办成"一件事"。2022年，上海进一步加快政务数据共享、业务流程再造、服务人性化升级，不断扩大"高效办成一件事"覆盖范围。

2. 主要做法

一是立足企业群众视角，梳理明确事项清单。围绕企业群众高频办事需求，整合跨部门、跨层级、跨区域多个事项，通过"一网通办"平台统一受理，推动实现"一件事、一次办"，为企业群众办事增添便利。遴选"一件事"清单，选好"点"。深入办件量大、涉及面广、参与部门多以及办理难度高的重点领域，通过广泛深入的问题梳理、数据分析、实地调研，梳理形成社会关注、群众期盼的 36 个高频重点"一件事"，找准业务流程再造的发力点和主攻方向。梳理涉及事项，连好"线"。分领域研究明确牵头单位、配合单位，梳理编制"一件事"所涉行政许可、行政给付、行政确认等依申请行政权力事项和公共服务事项，形成事项清单，并结合实施情况和改革进展，不断更新完善。如，涉外服务"一件事"梳理汇聚 30 个部门的 64 类高频涉外服务事项、236 项办理内容。公务员职业生涯全周期管理"一件事"全面覆盖公务员"进、管、出"的"15 个方面、13 项业务"，实现"一个平台"集成办理。市级支持资金申请"一件事"集成 9 个部门的 14 个资金项目、68 个具体支持方向，做到应归尽归。聚焦两个"全生命周期"，布好"面"。围绕企业从设立到注销、个人从出生到身后两个"全生命周期"中的重要阶段，逐年扩大"一件事"服务领域和事项覆盖范围，更好满足企业和群众的办事需求。强化项目攻坚推进，开好"局"。将推进"一件事"上升为"一网通办"改革的制度性安排，列入每年市委、市政府重点工作，由分管市领导顶格协调，牵头单位具体负责，组建专班集中攻坚，细化上线时间节点，并统筹安排相关区的落地试点工作，确保全面有力推进。

二是创新"六个一"模式，明确流程再造路径。印发《关于以企业和群众高效办成"一件事"为目标全面推进业务流程革命性再造的指导意见》，明确"六个再造"的改革标准，细化具体实施路径和工作要求。第一是再造申请条件，实施"一次告知"。通过递进式问卷等形式，实施智能导引，为申请人提供"36 件事"一次性告知服务，由"一证一次告知"向"一事一次告知"升级。第二是再造申报方式，实施"一表申请"。推行"多表合一、一表申报"，推动重叠数据自行复用、个性信息自主填报、申请表单自动生成；整合"一件事"所需申请材料，实现政府核发材料"免于提交"，申请人自备材料"一次提交、多次复用"。第三是再造受理模式，实施"一口受理"。线上通过"一件事"专栏入口，在"一网通办"平台实现统一受理；线下分类设置跨部门综合窗口，在一个窗口实现跨部门综合收件，特别是针对涉及群众个人的"一件事"，推出现场引导、帮办代办服务，更好地满足群众需求。第四是再造审核程序，实施"一网办理"。依托"一网通办"平台，加强部门协作，同步获取受理信息和相关前置部门的办理信息，实施行政协助、容缺审查、联合踏勘、同步审批。第五是再造发证方式，实施"统一发证"。整合优化发证环节，由发证窗口"一口发证"或以物流快递方式送达申请人。实现电子证照与实体证照同步发放、同步归集，推动电子证照逐步替代实体证照。第六是再造管理架构，实施"一体管理"。创新"一件事"管理模式，形成一家牵头、多方协同的审批监管服务机制，提升服务的合力。

三是围绕整体政府塑造，强化服务集成和管理协同。依托"一网通办"平台，将分散、独立的业务办理系统，整合为互联互通、业务协同、信息共享的"一体化系统"。系统重构流程。通过整体再造和系统重构减环节、减时间、减材料、减跑动，简化优化业务流程。强化数据互联。通过跨部门数据共享、互联互通，加强协同联动，赋能政府治理，进一步提升管理服务的整体效能。提升智能化服务能力。探索运用 AI 技术，系统集成申请条件预判、申请表格预填、申请材料预审等功能，探索政策找企（人）、精准匹配，优化企业群众办事体验。

3. 实践成效

2022 年，上海在原有基础上继续推出个人股权变更、多元化解矛盾纠纷服务、房屋买卖等领域实现政务服务"高效办成一件事"。目前已在 36 个领域实现"高效办成一件事"，实现平均减环节 70%、减时间 57%、减材料 75%、减跑动 80%，改革成效显著。

一是审核环节进一步压缩。如房屋买卖"一件事"整合二手房买卖双方从抵押注销到过户缴税领证全流程业务，打通登记、交易、税务、金融机构、公积金等多方系统，实现过户、缴税、领证一次完成。出生"一件事"将多个部门单独办理的 10 个事项整合成出生"一件事"主题办理模块，从 24 个环节减少至填表、缴费 2 个环节。

二是审核时间进一步缩短。如新能源汽车专用牌照申领通过"一件事"

改革实现审核时间缩短 70%，由一个半月减少至 7~14 个工作日。出生"一件事"累计办理时间由将近 100 个工作日减少至最多 25 个工作日。房屋买卖"一件事"时间、材料减幅均在 80% 以上。

三是线下"跑动"进一步减少。如出生"一件事"跑动次数由至少 16 次减少到"最多跑 1 次"，甚至"零跑动"。公民身故"一件事"构建全市统一的"身故人员主题库"，取消殡葬证纸质证明，身故人员信息实时推送至相关部门，实现自动注销身份证件，及时"自动封存"社保类账户，减少了亲属线下跑动。市级支持资金申请"一件事"，简化申报表格填写和重复材料准备，提高资金审批效率，与后端的市级扶持资金信息系统无缝联结。个人股权变更"一件事"自动衔接了税务、市场监管部门数据，实现个人股权变更完税凭证查验、内资公司变更登记等事项"零跑动"。

四是办理体验进一步优化。如残疾人保障金征缴"一件事"，通过归集市场监管局、民政局等 7 个委办局共 3.45 亿条残疾人相关数据，实现 1.5 万跨地区残疾人就业信息跨地域互信互认，并逐步拓展其他事项线上办理功能。居住证办理"一件事"提供居住证照片智能预检服务，完善数据复用和证照调用，实现多个事项"不见面"办理。企业招用员工（稳就业）"一件事"，通过系统内嵌互斥算法和自动融合匹配，实现创业补贴政策精准推送办理。

B.4
江苏省促进政务服务便利化改革与实践

江苏省促进政务服务便利化案例研究课题组*

摘　要： 江苏省在一体有效推进"放管服"改革、持续促进政务服务便利化等方面进行了积极探索：加快制度建设，初步形成促进政务服务便利化的体系；加强改革探索，不断积累促进政务服务便利化的经验；加速复制推广，创造更多促进政务服务便利化的成果。同时，制约政务服务便利化的难点、堵点、痛点依然不少，如：基层政务服务能力有待提升，政务服务配套措施不够全面，监管的精准性有效性尚存在短板。今后，要持续深化"放管服"改革、强化事中事后监管效能、提升便民惠民服务质量、加快推进数据共享应用，在深化改革中不断调整、充实、完善政务服务江苏模式。

关键词： 政务服务　"放管服"改革　营商环境

党的十八大以来，以习近平同志为核心的党中央高度重视深化"放管服"改革优化营商环境工作。习近平总书记强调，要运用现代信息技术，推进政务信息联通共用，提高政务服务信息化、智能化、精准化、便利化水平，让群众少跑腿。江苏省委、省政府围绕深化"放管服"改革和促进政务服务便利化，作出了一系列重要部署，取得了一系列重要成果，形成了重点突出、内容丰富、特色明显的政务服务江苏模式。

---

* 参与课题组的部门为江苏省政务服务管理办公室行政审批制度改革处。

一 改革的主要做法及取得的成效

（一）加快制度建设，初步形成促进政务服务便利化体系

2020 年 7 月 1 日，《江苏省促进政务服务便利化条例》（以下简称《条例》）正式施行。江苏省各地各部门加快制定出台配套政策，不断优化制度供给，全方位补齐政策制度短板，为促进政务服务便利化工作系统化设计、常态化推进提供体制机制保障。

1. 建立了政务服务五级体系

江苏省政府印发《关于大力推进标准化规范化便利化加快建设现代政务服务体系的实施意见》①，提出构建"三个体系、一个支撑保障"，进一步提升全省政务服务效能。省政务办制定《江苏省打造高效规范便利的一流政务环境实施方案（2022—2024 年）》②，全面推进 5 个专项行动 20 条措施，各设区市制定出台细化工作方案和任务清单，全省"一盘棋"，上下同向发力；制定《关于进一步加强五级政务服务体系建设的通知》③，推动政务服务向基层延伸，实现省市县政务服务中心、乡镇（街道）便民服务中心、村（社区）便民服务站全覆盖。宜兴市构建形成包含 1 个市政务服务中心、18 个镇（园区、街道）便民服务中心、3 个 24 小时智慧政务大厅、10 个政银合作网点、303 个村（社区）便民服务站、120 个政务服务驿站的政务服务矩阵，将政务服务从"窗口"前移至"家门口"。

2. 夯实了政务服务便利化基础

省政府办公厅印发《江苏省行政权力事项清单管理办法》④，建立健全

---

① 江苏省人民政府：《关于大力推进标准化规范化便利化加快建设现代政务服务体系的实施意见》（苏政发〔2022〕71 号），2022 年 7 月 24 日。
② 江苏省优化营商环境工作领导小组：《关于印发江苏省优化营商环境行动计划配套实施方案的通知》（苏营商发〔2022〕4 号），2022 年 5 月 16 日。
③ 江苏省政务服务管理办公室：《关于进一步加强五级政务服务体系建设的通知》（苏政办发〔2019〕44 号），2019 年 8 月 13 日。
④ 江苏省人民政府办公厅：《省政府办公厅关于印发江苏省行政权力事项清单管理办法的通知》（苏政办发〔2022〕22 号），2022 年 4 月 2 日。

政务服务事项动态管理机制。省协调办制定《江苏省政务服务事项下放承接管理办法（试行）》①，持续推进政务服务事项规范管理。省级全面建立与国家政务服务事项基本目录联动调整机制，实现同一事项名称、编码、依据、类型等基本要素在国家、省、市、县四级统一。张家港市对政务服务进行精细化治理，形成政务服务事项目录、业务项目录、材料目录、表单信息字段目录、证照信息字段目录等多张标准化清单，为保持数据同源、建立事项和数据间对应关系打牢基础。

3. 推进了一体化政务服务平台迭代升级

全省着力打造"苏服办"总门户，按照"一部门一系统""一市一平台"原则，13 个设区市和 32 个省级部门完成系统整合，加快实现政务服务系统整合、条块统合。制定《"苏服办"移动端标准应用清单》第一版和第二版、《长三角地区移动端政务服务标准应用清单》②，加强移动政务服务体系建设和服务应用统一接入、统一管理。昆山市推进"一网通办""昆如意"数字服务总入口整合建设，"昆如意"企业服务平台入驻国家政务服务平台移动端和网页端，成为全国首个登录的县级企业服务平台。

4. 整合了政务服务便民热线

省政府办公厅印发《关于进一步优化政务服务便民热线的实施意见》③《关于切实推进 12345 政务服务便民热线与 110 报警服务台高效对接联动的实施意见》④，完成 35 条热线归并优化工作，推动 12345 与 110 高效对接联动，实现政务服务便民热线"一号响应"。2022 年全省接收企业群众诉求约 3862 万件、办结率 90.7%，服务满意度始终保持在九成以上；全省 12345

---

① 江苏省政府推进政府职能转变和"放管服"改革协调小组办公室：《关于印发江苏省政务服务事项下放承接管理办法（试行）的通知》（苏协调办〔2022〕15 号），2022 年 12 月 30 日。

② 江苏省政务服务管理办公室、上海市大数据中心、浙江省大数据发展管理局、安徽省数据资源管理局：《关于印发长三角地区移动端政务服务标准应用清单的通知》（苏政务办发〔2022〕53 号），2022 年 6 月 24 日。

③ 江苏省人民政府办公厅：《省政府办公厅关于进一步优化政务服务便民热线的实施意见》（苏政办发〔2021〕81 号），2021 年 9 月 25 日。

④ 江苏省人民政府办公厅：《关于切实推进 12345 政务服务便民热线与 110 报警服务台高效对接联动的实施意见》（苏政办发〔2022〕79 号），2022 年 11 月 14 日。

政务服务便民热线与 110 报警服务平台互转相关涉稳、民生诉求共 27.7 万件，协同服务效能进一步提升。泰州市先后出台《热线平台运行管理实施办法》《效能督查督办实施办法》等文件，首创诉求处置"三方联办"机制，突出网格化管理与 12345 热线融合联动联治，切实提高群众诉求实际解决率和满意率。

5. 推进了数据资源整合共享

省政府制定并施行《江苏省公共数据管理办法》[①]，推动公共数据按需共享、有序开放。省政府办公厅印发《关于深入推进省级公共数据全流程标准化治理工作的通知》，编制《公共数据质量管理规范》《电子证照管理规范》等 13 个规范，建立数据治理标准体系、常态化汇聚治理和异议数据处理机制，标准库治理入库数据 142 亿条。优化完善五大基础数据库功能，累计入库数据 44.65 亿条。加强电子证照库建设应用，省电子证照库累计汇聚证照 898 类、证照总量达 5.4 亿个，与 13 个设区市证照平台实现互联互通。无锡市出台"一网通办"工作规范[②]，发布电子证照、电子印章、电子档案 3 个配套管理办法和若干标准，明确按照标准规范生成的电子证照与纸质证照、电子印章与实物印章具有同等法律效力。

6. 建成了"苏企通"服务平台

充分发挥"苏企通"平台惠企政策智能导航、匹配推送、兑现办理、咨询解答等综合功能。根据地区、规模、行业、类型、资质等 5 类基础信息，为省一体化政务服务平台近 400 万市场主体"画像"，精准匹配推送惠企政策，推动惠企政策早落地、早见效。截至 2022 年底，平台累计归集惠企政策 1.7 万余条，推送政策 3691 条，推送企业 8.2 亿次。淮安市探索开展全国首个全市域、全事项、全流程财政奖补集成服务改革，制度化推进奖补政策及时准确直抵企业、直达群众。截至 2022 年底，累计上线公示 263 项财政奖补政策，兑付奖补资金 32.6 亿元。

---

① 江苏省人民政府：《江苏省公共数据管理办法》（省政府令第 148 号），2021 年 12 月 18 日。
② 无锡市人民政府办公室：《市政府办公室关于印发无锡市政务服务"一网通办"工作规范的通知》（锡政办发〔2022〕70 号），2022 年 8 月 11 日。

（二）加强改革探索，不断积累促进政务服务便利化的经验

江苏省立足不断促进政务服务便利化，在融合线上线下服务，促进行政许可便利化、其他政务服务便利化、关联服务便利化和加强保障监管方面积极探索，积累了丰富的经验。

1. 全面优化线上线下政务服务

加快推进政务服务事项"应进必进"，在全省各级政务服务大厅深化"综合窗口"改革，省政务服务中心由原来的 210 个窗口压缩至目前 79 个窗口，压缩近 62%。搭建江苏政务服务网"一网四端"体系，制定多个标准规范，全面推进"苏服码"应用，加快实现全省"一人一码""一企一码"，累计对接 203 个应用系统，支撑 3 万余个政务服务事项扫码办理。设置"办不成事"反映等窗口，解决企业群众办事过程中遇到的疑难事项和复杂问题。全面落实政务服务"好差评"制度，健全服务评价体系，推动实现合理差评 100% 整改、实名差评 100% 回复。南京市江宁区率先试点部署"先解决问题再说"专窗，完善"屡办不成"诉求事项督查机制，针对企业反映的热点难点问题，实行"协同办理""双重派单"，推动简易问题立即办，疑难杂症会商办。盐城市大丰区拓展"苏服码"应用场景，率先在镇级实现"一码通办"，通过扫码完成身份核验自动取号，窗口扫码实现数据读取、调用及信息自动录入，有效减少企业群众提交材料件数，减轻工作人员重复录入工作量。

2. 着力促进行政许可便利化

全面实行行政许可事项清单管理制度，省政府公布《江苏省行政许可事项清单（2022 年版）》[①] 719 项，13 个设区市平均 422 项，95 个县（市、区）平均 236 项，加快编制实施规范，推动实现许可事项同要素管理、无差别受理、同标准办理。公布《省级以上设定依申请办理的公共服务事项

[①] 江苏省人民政府办公厅：《省政府办公厅关于公布江苏省行政许可事项清单的通知》（苏政办发〔2022〕57 号），2022 年 7 月 14 日。

清单（2022 年版）》① 283 项，规范服务对象、服务方式、受理条件、办结时限等内容，提升公共服务供给质量。组织开展依申请办理的政务服务事项实施清单及办事指南标准化建设，省、市、县三级政务服务部门编制依申请类政务服务事项办事指南 21 万项。句容市梳理公布行政许可、公共服务、"一窗通办"等事项清单，建立动态联动调整机制，厘清权责边界，给企业群众摆上"阳光账"。

3. 着力促进其他政务服务便利化

五年省政府累计取消、下放行政权力事项 433 项，省级核准事项压减至 2.26%。全省工程建设审批事项压减 62%，强化项目前期策划，推动实现"拿地即开工"，全省落地项目超 700 个。在全国率先对省政府部门行政审批中介服务事项进行梳理，省政府部门行政审批中介服务事项由最初 26 个部门 191 项，精简至 14 个部门 46 项，事项压减 76%。依托"苏企通"平台建设"网上中介超市"，目前，全省入驻中介服务机构 5846 家，发布中介服务事项 4828 项。扬州市公布了 2022 年扬州市行政审批中介服务事项清单，印发了《扬州市网上中介超市运行和管理办法》②，完善"网上中介超市"功能，构建全市统一的涉审中介平台，2022 年共有 394 家中介机构入驻网上中介超市，373 个项目通过网上中介超市委托办理。

4. 着力促进关联服务便利化

加快推进公共资源"不见面"交易标准化、常态化，在全省推行智能辅助评标，2022 年全省共完成公共资源交易项目 6.63 万宗，"不见面"交易占比 96.13%。加强和规范工程建设项目招标投标管理，每年可为市场主体节约资金 1 亿余元，2022 年减少企业资金占用约 420 亿元。优化升级省综合评标专家库系统，建立健全专家入库审查、岗前培训、继续教育、考核

---

① 江苏省政府推进政府职能转变和"放管服"改革协调小组办公室：《关于印发省级以上设定依申请办理的公共服务事项清单（2022 年版）的通知》（苏协调办〔2022〕4 号），2022 年 4 月 13 日。

② 扬州市人民政府：《市政府关于印发〈扬州市网上中介超市运行和管理办法〉的通知》（扬府规〔2022〕6 号），2022 年 11 月 30 日。

评价和廉洁教育等制度，加强专家"优进劣出"动态管理。宿迁市创建公共资源交易"综合监督+部门监管+行业自律"工作机制，实施公共资源交易领域各方市场主体多维监督，2022 年共发出行政监督、行政沟通、行政指导意见书 109 份，披露行业不良行为信息 29 条，维护公共资源交易统一大市场公平秩序。

（三）加速复制推广，创造更多促进政务服务便利化的成果

各地各部门对标对照国内一流，聚焦"少""简""快""通""管"，加快改革试点，加速复制推广，不断创造更多改革成果，进一步打造市场化法治化国际化一流营商环境。

1. 聚焦"少"，推行政务服务集成改革，实现"一件事一次办"，在减事项、减材料、减时间、减跑动等方面持续发力

《省政府办公厅关于加快推进"一件事一次办"打造政务服务升级版的实施意见》印发①，依托省数字政府政务中台建设，国家基础清单（13 个）和江苏省拓展的（共 26 个）"一件事"实现线上线下融合办理，减环节、减材料、减时限、减跑动达到 60% 以上。重点推进重大项目建设审批等"一件事"改革，开设线上专窗、开辟线下专区、开通热线专席，提升重大项目审批效率，推动项目早落地、早开工、早竣工、早达效。淮安市深入推进"淮上关爱一件事"改革，在自然人、创业和投资领域全面推进，全市域通办、一体化运行，实现 56 类"一件事一次办"，日均受理量 200 件左右，累计产生 18.5 万余个应用场景。

2. 聚焦"简"，着力深化网上办理、推进"证照分离"改革、实行告知承诺、深化区域评估等，进一步加快准入准营，降低市场主体制度性交易成本

一是深化网上办理。建设省、市、县三级 160 个综合服务旗舰店，实现镇村级站点全覆盖，注册用户 1.42 亿。"苏服办"移动端接入各级各类服

---

① 江苏省人民政府办公厅：《省政府办公厅关于加快推进"一件事一次办"打造政务服务升级版的实施意见》（苏政办发〔2022〕87 号），2022 年 12 月 22 日。

务应用 3410 个，平均月活跃用户 4520 万人，逐步成为企业群众掌上办事主渠道。

二是全面推进"证照分离"改革。按照 4 种改革方式，将中央层面设定的 523 项和江苏省 12 项涉企经营许可事项全部纳入清单管理。

三是探索推进"一业一证"改革。围绕药店、医疗器械、餐饮、娱乐场所等行业加大改革力度，推动实现"一次告知、一表申请、一站办理、一证准营、一体管理"，加快和便利市场主体准入准营。泰州市出台地方标准《"一业一证"行业综合执业服务规范》①，全市已实现 32 个行业综合执业证"一网通办"和 50 个"一件事"一次办理，颁发行业综合执业证2126 张。

四是深化区域评估。开展以"区域能评、环评+区块能耗、环境标准"取代项目单独能评、环评试点，制定年度区域评估工作要点，完善操作规范。南通市通过"两线工作并行、三方责任压实"等改革措施，推进全市区域评估和评估成果应用工作落实，2022 年全市区域评估成果应用共 647次，惠及项目 306 个。

3. 聚焦"快"，着力推进网上办、就近办、自助办、帮代办等，进一步提高审批服务效率

一是深化"跨省通办""省内通办"，便利异地办事。江苏省加快推进政务服务"省内通办""跨省通办"，累计完成"跨省通办"事项 160项，编制公布"省内通办"事项 200 项，通过同一事项省内同质通办、结果互认，打破事项属地办理限制。长三角地区三省一市线下开通 567个"一网通办"窗口，140 项政务服务事项或服务场景应用实现长三角"一网通办、异地可办、就近办理"，累计全程网办办件超 642 万件。南京市牵头淮安市、扬州市、镇江市等都市圈成员城市分两批发布《南京都市圈城市政务服务通办事项清单》99 项；徐州市与淮海经济区 10 个城

---

① 泰州市市场监督管理局：《"一业一证"行业综合执业服务规范》（DB3212/T 1109—2022），2022 年 10 月 10 日。

市签署《淮海经济区政务服务"跨省通办"一体化发展合作框架协议》，建立健全便民高效、标准统一、协同互信的政务服务"跨省通办"工作机制；苏州市吴江区与上海青浦区、浙江嘉善县联合发布首个示范区政务服务规范，明确"一网通办"专窗窗口设置、服务内容、人员要求等标准。

二是开展"政银合作"，实现服务延伸。全省依托银行网点布局，推动集成式自助服务向企业群众身边延伸，完成270项政务服务事项接入建行等银行自助终端，覆盖省内工农中建交五大行网点4623个、终端8775个，并同步输出至长三角两省一市五大行网点7546个、终端19603个，实现本地事项和精品事项异地可办、区域通办。依托建行普惠金融服务点，145项基层高频政务服务事项进驻建行"裕农通"平台，推动政务服务下沉至基层办理。

4. 聚焦"通"，加强数据治理，强化数据共享应用，不断提升数字化治理服务水平

一是开展数据汇聚治理攻坚行动，全面摸清94家省级部门系统和数据家底，实现省级部门数据全量汇聚，累计汇聚数据852.7亿条。

二是基础支撑能力持续加强。省政务云麒麟节点建成并投入使用，全面完成政务外网骨干网 IPv4/IPv6 双栈改造，制定江苏省政务"一朵云"建设总体方案，有序推动设区市政务云统一纳管。构建涵盖安全管理中心、区域边界、通信网络以及计算环境的"一个中心、三重防护"的安全防护体系，常态化开展主动监测与检查，提升政务外网网络安全管理与服务水平。

三是数据赋能发展不断彰显。上线省公共数据开放平台，注册开放目录862个，数据总量2683万条，访问101万次。编制形成四批数据共享清单，基本建成就业社保库、企业信用信息库、"一人一档""一企一档"等15个主专题库。省公共数据平台获得教育部、民政部等20个部委116个接口代理，接收235万条数据回流。"苏康码2.0"新增23类、77个功能点，对接各地场所码，实现群众快速通行、管理人员高效核验。

5. 聚焦"管",坚持放管结合、并重,探索跨部门综合监管,切实提升政府监管效能

一是不断完善监管机制。2022 年,在全国率先出台提高政府监管效能推动高质量发展的实施方案,推出 20 条 60 项措施,加快构建全方位多层次立体化监管体系。

二是推进跨部门综合监管。《省政府办公厅关于深入推进跨部门综合监管改革的实施意见》印发①,出台跨部门综合监管事项清单(第一批),对安全生产、生态环境、食品安全等 8 个领域 12 个事项实行跨部门综合监管,涉及 20 个监管部门 45 个检查事项,实现数据互联互通,同时赋数赋能智慧城市建设。连云港市加快推广"审管联动"闭合链管理模式,在公共场所卫生许可、建筑工程施工许可等 18 类事项中实现全流程应用,提升跨部门综合监管效能。

三是创新监管方式。在全国率先制定事中事后监管计划,统筹省、市、县三级随机监管、重点监管、专项监管等近 2300 项检查任务。开发上线双随机移动监管 App,实现"指尖管""掌上查"。建立信用分级分类监管机制,实行失信惩戒措施清单管理,推行包容审慎监管措施,在市场监管、交通运输等行业领域探索实施轻微违法免罚。苏州工业园区推进"审批—监管—执法—信用"闭环管理模式,梳理涉企经营许可"全链条"事项 587 项,以数据共享、系统集成、场景管理实现审管有效衔接和闭环管理。

四是强化监管数据汇聚与共享。省"互联网+监管"系统与省市场监管信息平台、省行政执法监督平台深度对接,初步实现"一套标准、一次录入、全省共享"。2022 年"互联网+监管"系统累计推送数据 2681.07 万条,为各级监管部门开展事中事后监管、提升监管效能提供支撑。

江苏省深化"放管服"改革和促进政务服务便利化等工作取得明显成

---

① 江苏省人民政府办公厅:《省政府办公厅关于深入推进跨部门综合监管改革的实施意见》(苏政办发〔2021〕86 号),2021 年 10 月 9 日。

效。在省级层面，李克强同志充分肯定江苏"放管服"改革工作，批示肯定江苏跨部门综合监管机制、全方位集成化推进重大项目加快建设等有关做法，称赞"不见面审批"已成为江苏的一张亮丽名片，是"放管服"改革的一大突破。中央党校（国家行政学院）发布的省级政府一体化政务服务能力调查评估报告中，江苏省多年名列前茅。在全国"万家民营企业评营商环境"调查中，江苏省连续 4 年位列"营商环境最佳口碑省份"。国务院第七次、第九次大督查分别对江苏省"公共资源'不见面'交易""建设'热线百科'平台助力政策透明直达"等典型经验做法予以通报表扬。国务院政府职能转变和"放管服"改革简报，多次向全国推广江苏省加快打造市场化法治化国际化营商环境让国企敢干民企敢闯外企敢投、"尚贤"人才服务热线等相关改革做法。

在设区的市级层面，南京市"宁企通"入选中央党校（国家行政学院）开展的省级政府一体化政务服务能力调查评估典型示范案例；无锡市"一网通办"等工作入选中央广播电视总台《城市营商环境创新报告》；徐州市"一件事一次办"改革得到央视新闻联播、人民网等媒体宣传推介；常州市开办企业、获得电力、登记财产等 3 个指标进入中国营商环境评价全国前 20 位；苏州市"融驿站"政务服务模式获评年度中国营商环境特色 50 强"亲清环境创新奖"；南通市"一套标准管审批引领政务服务高质量发展"获评全国首批社会管理和公共服务标准化试点典型案例；连云港市"审管联动"闭合链管理模式做法获国办电子政务办简报推广；淮安市财政奖补集成服务改革获国办职能转变办简报专题推介，上榜全国法治政府建设示范项目；盐城市建设不动产交易登记一体化数字平台改革做法被国办职能转变办简报专题推介；扬州市"建成'一网三端'总平台全面推进'两个免于提交'"改革做法，获评中国信息协会 2022 年数字政府创新成果与实践案例；镇江市开发的公共资源交易电子档案系统获国家级版权认证；泰州市率先完成地方政务服务便民热线归并任务，受到国办职能转变办简报专题推介；宿迁市深化商事制度改革获国务院督查激励通报表扬。

二 存在的问题和挑战

江苏省推进"放管服"改革优化营商环境取得了一定的成效，但制约政务服务便利化的难点、堵点、痛点依然不少，同时，通过深化"放管服"改革来培育壮大市场主体，激发市场活力，增强内生动力，保持经济长期行稳致远，也为政务服务工作带来了全新挑战。

（一）基层政务服务能力有待提升

对江苏省内企业群众和行政机关工作人员发放的 42559 份有效问卷的调查结果显示，56.55% 和 43.95% 的行政相对人分别在乡镇（街道）和村（社区）的便民服务中心（站）办理过业务（见表1）；28.23% 的行政机关工作人员认为应当加强政务服务向乡镇（街道）、村（社区）延伸，提升就近办理的能力。

表 1　政务服务机构办理业务情况

单位：份，%

政务服务机构	小计	比例
省政务服务中心	8332	19.58
市区的市政务服务中心	13522	31.77
县（市、区）政务服务中心	22237	52.25
乡镇（街道）便民服务中心	24067	56.55
村（社区）便民服务站	18704	43.95
开发区、新区、工业园区、自留试验区政务服务中心	5383	12.65

但部分乡镇（街道）便民服务中心和村（社区）便民服务站存在事项进驻不全、基础设施建设滞后、服务能力不足等问题，与"小事不出村、服务在身边"要求尚有距离。部分行业部门、垂直管理部门的政务服务场

所设置标准有差异，发展也不平衡，亟须加强行业和垂管部门在大厅管理、服务、标准等方面的规范建设。

（二）政务服务配套措施不够全面

在推进向县（市、区）、乡镇（街道）及相关功能区赋权工作中，赋权部门对基层的业务指导不到位，审批端口开放力度不够。简政放权不够精准，部门选择性放权和拆分式放权依然存在，对于专业性较强的审批事项，基层普遍反映不需要或"接不住、接不好"，基层审批自主性受到一定制约。各级制定出台了多项利企便民的改革政策和措施，但文件出台后，由于辅助性、配套性措施跟不上，一些政策难以落地。如，2021 年全国推行"证照分离"改革全覆盖[①]，涉企经营许可事项进"四扇门"的改革方式以国务院和省政府文件的形式固化下来，但一些改革事项的主管部门未能及时制定出台细化配套措施，基层在推进改革中缺乏规范指导，以致一些改革措施难以落地落实。

（三）监管的精准性有效性尚存在短板

实行相对集中行政许可权改革的地区，划转的行政许可等事项不统一，审管信息共享不及时，监管时效性有待强化。实地调研发现，个别地区部门"谁审批、谁监管"观念仍占主导地位，部分事项的审管职责划分不清。多地反映，2022 年 3 月 1 日施行的《中华人民共和国市场主体登记管理条例》第三十八条规定，"登记机关应当采取随机抽取检查对象、随机选派执法检查人员的方式，对市场主体登记事项进行监督检查，并及时向社会公开监督检查结果"。按照规定，在实行相对集中许可权改革的地区，行业主管部门与行政审批局难以划分市场主体登记的审管职责，给基层推进审批监管工作带来较大困扰。

---

① 国务院：《国务院关于深化"证照分离"改革进一步激发市场主体发展活力的通知》（国发〔2021〕7 号），2021 年 6 月 3 日。

（四）政务服务标准化建设有待不断强化

政务服务便利化要求同一事项实行无差别受理、同标准办理，但受制于地区间缺少统一规范或各地现有的实施依据不同，同一事项在不同地区办理还存在一定差异。以"关于临时占用城市绿化用地审批"为例，《城市绿化条例》和《江苏省城市绿化管理条例》均未规定办理临时用地手续所需材料。按照设区市地方性法规，有的地区需要提供 5 份材料，有的地区需要提供 3 份材料，有的地区需要提供 4 份材料。在上位法没有明确规定的情况下，"关于临时占用城市绿化用地审批"适用设区市地方性法规，出现同一事项有差别受理的情况。

（五）"一网通办"尚未达到好办、快办

问卷调查结果显示，超 90% 的企业群众使用江苏政务服务网和"苏服办"App 等"不见面"方式办理过政务服务事项（见图 1），采取"不见面"方式已成为办理政务服务的主要途径。

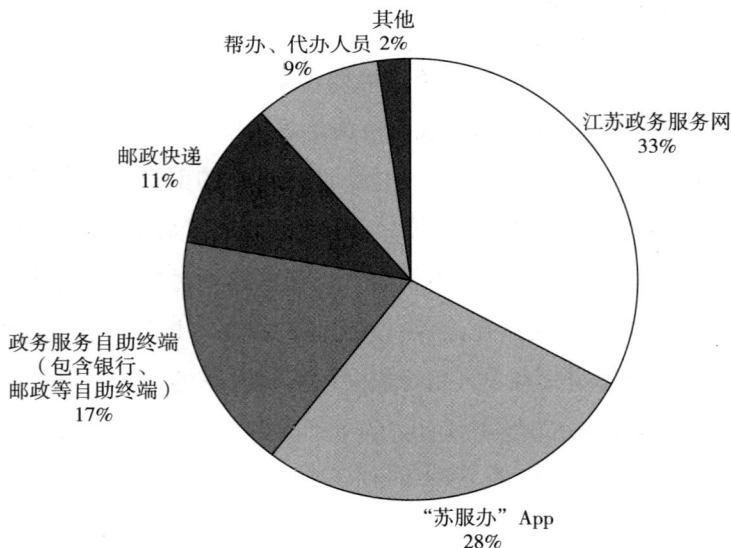

图 1　办理政务服务业务"不见面"方式统计

但是各地在推进"不见面"办理过程中，主要面临着数据共享不及时不充分，想要的数据找不到，找到的数据联不上，联上的数据不能用，能用的数据没更新等问题，很多事项线上申办停留在"能办"水平，距离"好办""易办"还存在一定差距，政务服务"不见面"办理还有较大的提升空间。以工程建设项目审批制度改革和"一件事"改革为例，各级在线下政务服务中心均设置了专区受理材料，但受系统分设、"数据烟囱"等因素影响，目前只能针对部分高频事项提供线上办理服务，不能做到审批全链条在线办理。有地区统计，市级部门办理的各类政务服务事项中，使用国家级业务系统45个、省级业务系统62个，这些系统开发权限在省级以上部门，短期内业务系统难以与一体化政务服务平台实现全面互联互通。

（六）政务服务数据共享支撑还不充分

基础设施建设统筹、集约建设水平有待进一步提高，移动端应用集成不充分，信息码建设较为分散，5G、人工智能、区块链等新技术应用深度广度还应提升，应用服务体系还不健全。公共数据资源底数有待进一步厘清，数据治理标准规范还不健全，部门间数据共享交换"体外循环"现象依然存在。数据属地回流机制有待进一步完善和健全，各业务条线，特别是办件量大的条线，往往都有独立的审批系统，部分业务条线甚至有多个审批系统，且一般都由国家、省主管部门开发建设，基层调用共享数据难度较大。对接国家级、省级业务系统，市级部门较难获得接口权限，向上协调也较为困难。有设区市统计，目前仍然有132个事项需要登录部门专网办理，占市本级事权的6.9%。

三 下一步工作思路和展望

党的二十大报告指出，我们要深入群众、深入基层，采取更多惠民生、暖民心举措，着力解决好人民群众急难愁盼问题，这为江苏省持续促进政务服务便利化工作指明了新的前进方向。需要全面贯彻党的二十大精神，认真落实习近平总书记对江苏工作重要指示批示要求和党中央、国务院关于深化"放管服"改革持续优化营商环境的决策部署，持续深化"放管服"改革、强化事中事后监管效能、提升便民惠民服务质量、加快推进数据共享应用，在深化改革中不断调整、充实、完善政务服务江苏模式。

（一）持续加大"放管服"改革力度

江苏省各地各部门应聚焦市场主体需求和经济运行堵点，把"放管服"改革作为破难题、育先机的关键一招，为企业群众提供高效便捷的政务服务，降低制度性交易成本。认真贯彻落实省委、省政府《江苏省优化营商环境行动计划》①，一体推进政策、市场、政务、法治、人文"五个环境"建设。省级部门要逐步推进"放管服"改革综合授权，借鉴北京、上海、重庆、杭州、广州、深圳等营商环境创新试点城市经验做法，鼓励有条件的地方先行先试，进一步发挥先进地区的典型引领和辐射带动作用。

（二）持续深化行政审批制度改革

江苏省各地各部门应全面实行行政许可清单管理制度，建立健全政务服务事项动态管理机制，积极开展行政备案规范管理改革，加快推进同一事项在不同地区和层级同要素管理、无差别受理、同标准办理。深入分析相对集中行政许可权改革在审管分离、条块管理、审批标准等方面存在的困境与局限，研究解决路径。持续深化涉企经营许可事项"证照分离"改革，大力推行告知承诺制。加大"一件事一次办"改革力度，推动线上线下融合办理，持续推进政务服务事项"跨省通办""省内通办""一网通办"。

（三）持续强化事中事后监管效能

江苏省各地各部门应认真落实提高政府监管效能推动高质量发展有关要

---

① 中共江苏省委、江苏省人民政府：《关于印发江苏省优化营商环境行动计划的通知》（苏发〔2022〕9号），2022年2月15日。

求，健全新型监管机制，全面公开监管规则、标准、过程、结果，提升监管透明度，稳定市场主体预期。加强审管联动，强化"互联网+监管"平台赋能应用，在更多领域开展跨部门综合监管，减少重复监管，减轻市场主体承担的监管负担和合规成本。加强重点领域监管，完善对新业态的包容审慎监管，运用信用监管，对市场主体采取差异化监管措施，提高监管精准性有效性。

（四）持续提升便民惠民服务质量

江苏省各地各部门应加快构建现代政务服务体系，强化"苏企通"服务平台应用，持续优化惠企政策直达服务机制。加强省一体化政务服务平台建设，推动更多高质量服务应用接入"苏服办"移动端。拓展政银、政邮合作，探索推动"政务+警务"合作模式，推动更多资源和服务向基层倾斜，加快打造城市"15分钟政务服务圈"。擦亮"一企来"企业服务、"尚贤"人才服务、"热线百科"政务信息公开和"政风热线"社会监督等品牌建设，畅通和规范群众诉求表达、利益协调、权益保障通道。

（五）持续加快推进数据共享应用

江苏省各地各部门应坚持系统观念，重点围绕"云、网、数、用、安"五大关键，构建支撑数字政府运行的"四梁八柱"，建好全省政务"一朵云""一张网"。加快建设一体化大数据体系，进一步健全政务数据共享协调机制，积极推进公共数据开发利用。扎实开展电子证照治理试点。优化升级五大基础数据库，建设一批高质量主题库专题库。全面应用省数字政府政务中台赋能政务服务场景应用。健全数据安全防控机制，守牢不发生重大安全风险底线。

（六）持续健全公共资源交易制度体系

江苏省各地各部门应全面推动交易方式从"电子化"向"智能化"转变，交易服务从"网上办"向"智能办"转变，交易监管从"被动防控"

向"数字治理"转变。推进公共资源交易法治化、市场化、标准化、数字化建设，动态清理公共资源交易领域制度规则，进一步破除地方保护和区域壁垒。加强与沪浙皖联系对接，强化制度设计，创新探索规程共制、信息共享、专家共用、CA 共认、监管共治和异地评标，有力支持和服务长三角区域一体化高质量发展。

优化营商环境

To Improve the Business Environment

B.5
2022年优化营商环境的主要
进展与显著成效

马宝成　王新鹏*

摘　要： 党的二十大报告提出了营造市场化、法治化、国际化一流营商环境的重要目标。2022年，在习近平新时代中国特色社会主义思想的指导下，顺应社会与人民的期盼，深入贯彻落实党的二十大精神，持续深化"放管服"改革工作，综合施策、全力推进一流营商环境建设，不断释放市场活力，通过充分发挥政府助企纾困与促进消费的公共职能，有效营造了亲商、助商、安商的市场环境；通过不断深化去繁简苛这一改革的核心要义，积极塑造了高效便捷的政务服务环境；通过充分发挥法治的基础性作用，进一步打造了公正透明的法治化营商环境。在为实现第二个百年奋

* 马宝成，博士，中央党校（国家行政学院）应急管理培训中心（中欧应急管理学院）主任（院长），教授，博士生导师，研究方向为政治学理论、公共管理、国家安全与应急管理等；王新鹏，中央党校（国家行政学院）应急管理培训中心博士后，助理研究员，研究方向为应急法治、行政法学。

斗目标而努力奋进的关键时刻，认真总结过去一年"放管服"改革与优化营商环境工作的成就与经验有助于我国政府更好、更深、更快地推进现代化经济体系建设，从而为国家高质量发展赋能增力、保驾护航。

关键词： "放管服"改革　营商环境　市场环境　政务环境　法治环境

一　深入学习贯彻习近平新时代中国特色社会主义思想，优化营商环境的指导思想更加明确

（一）牢固确立习近平新时代中国特色社会主义思想的指导地位

党的二十大报告提出，要构建高水平社会主义市场经济体制，充分发挥市场在资源配置中的决定性作用。深化"放管服"改革是搞活我国市场经济的重要动力，也是推动我国社会主义市场经济体制发展完善的核心关键。通过简政放权、放管结合、优化服务等路径不断优化营商环境，营造出法治化、市场化、国际化的一流营商环境是我国"放管服"改革的重要目标。2022年，我国政府高度重视社会主义市场经济体制的建设工作，积极营造良好的市场营商环境，坚持不懈地推进社会主义市场体系不断发展完善。

深化"放管服"改革需要在旗帜鲜明、科学完备的思想理论指导下进行，从而保障改革的行进方向与最终成果。习近平新时代中国特色社会主义思想是马克思主义理论中国化的最新成果，党的十九大把习近平新时代中国特色社会主义思想确立为我们党必须长期坚持的指导思想，并在党章中把习近平新时代中国特色社会主义思想确立为党的行动指南。在我国，"放管服"改革必须牢固树立习近平新时代中国特色社会主义思想的指导地位，坚决贯彻执行党的二十大精神以及习近平总书记关于优化营商环境的重要指

示精神，坚持和完善社会主义基本经济制度，充分发挥市场在资源配置中的基础性作用，同时统筹发展与安全，坚持新发展理念，全面深化改革，保障广大人民群众的根本利益，从而实现以改革促发展，不断优化市场营商环境，全面推进社会主义市场体系建设进程。

2022年，在习近平新时代中国特色社会主义思想的正确引领下，我国"放管服"改革工作持续向前推进，通过简政放权降低企业的制度性成本，提升企业的经营效率；通过放管结合有力刺激经济增长、长效激活市场发展的内在动力；通过优化服务不断提升人民与企业的幸福感与获得感，从而使得市场营商环境得到不断优化，社会主义市场体系建设工作迈上新台阶。

（二）充分释放经济潜力，营造安商、助商的市场氛围

2022年，党中央明确提出了疫情要防住、经济要稳住、发展要安全的工作要求，面对复杂严峻的经济发展环境，党中央、国务院将"放管服"改革与稳定经济发展结合起来，以"放管服"改革措施为重要抓手，充分利用财政、货币金融、稳投资促销费、保产业链供应链稳定、基本民生等方面的33项具体措施，不断深化"放管服"改革，释放经济潜力，努力营造亲商、助商、安商的市场氛围，为我国社会主义市场经济的活跃提供了动力源泉。

1. 充分发挥税收、财政政策的助企纾困效应

2022年我国政府合理利用财政手段，通过增大增值税留抵退税力度、用好政府性融资担保政策、加大政府采购、扩大实施社保费缓缴政策、加大稳岗支持力度等五项措施助力企业发展，不断深化"放管服"改革。在留抵退税上，计划在已经出台的制造业等6个行业企业的存量留抵税额全额退还、增量留抵税额按月全额退还基础上，再将批发和零售业等7个行业企业纳入按月全额退还增量留抵税额、一次性全额退还存量留抵税额政策范围，预计新增留抵退税1420亿元，同时加大小微企业和个体工商户留抵退税帮扶力度，预计2023年各项新政策留抵退税总额达到1.64万亿元。不断扩大融资担保基金再担保合作业务规模，对符合条件的小微企业、个体工商户，

鼓励政府性融资担保机构提供融资担保支持，同时加大以政府采购支持中小企业的力度，将向小微企业的价格扣除比例提高 4~10 个百分点。对于被疫情影响生产经营的小微企业和受到疫情严重冲击、大面积出现企业经营困难的特困行业等相关主体扩大实施社保费缓缴政策。通过失业保险稳岗返还政策，将失业保险稳岗返还比例提升至 50%，同时将受疫情严重影响暂时无法正常生产经营的所有参保企业纳入失业保险留工补助受益范围当中。

2. 利用货币金融政策助力小微企业发展

2022 年政府通过出台一系列金融贷款政策帮助小微企业应对新冠疫情冲击，促进小微企业健康发展。政府鼓励银行等金融机构与小微企业、个体工商户等自主协商贷款延期还本付息，努力做到应延尽延，同时积极采取合理延后还款时间、延长贷款期限、延期还本等方式调整受疫情影响隔离观察或失去收入来源个人的还款计划。提高普惠小微贷款资金支持比例，积极引导和支持地方法人银行发放普惠小微贷款。持续释放贷款市场报价利率（LPR）形成机制改革效能，继续推动实际贷款利率稳中有降。建立"三农"、小微企业、绿色、双创金融债券绿色通道，对民营企业债券融资交易费用能免尽免，进一步释放支持民营企业的信号。

3. 稳定产业链与供应链，助力市场主体复工复产

2022 年，受到新冠疫情影响，国内多个行业面临经营困难问题，为此政府通过多项保产业链、供应链稳定的政策积极助力困难企业复工复产。一是降低市场主体用水、用电、用网成本，积极推进受疫情影响的小微企业和个体工商户用水、用电、用气"欠费不停供"政策。二是推动阶段性减免市场主体房屋租金。2022 年对承租国有房屋的服务业小微企业和个体工商户减免 3~6 个月租金，同时鼓励、引导各地区结合自身实际积极推动减免市场主体房屋租金。三是加大对民航业等受疫情影响较严重行业的支持力度，通过增加民航应急贷款额度 1500 亿元、支持航空业发行 2000 亿元债券、鼓励银行向相关企业发放贷款等措施，持续助力民航、餐饮等企业复产复工。四是加大对物流枢纽和物流企业的支持力度，2022 年中央财政安排50 亿元资金支持全国性重点枢纽城市的货物集散、仓储、中转运输、应急

保障能力，安排约 25 亿元支持加快农产品供应链体系建设，安排约 38 亿元支持实施县域商业建设行动，加快打通物流交通瓶颈。

（三）加快构建新发展格局，全力打造公平诚信的消费环境

习近平总书记在党的二十大报告中明确提出，要加快构建新发展格局，着力推动高质量发展。消费作为经济发展的重要动力与最终需求，直接关系着经济环境的基本状况，不断释放消费潜力，积极促进消费水平恢复是坚持高质量发展理念、加快构建新发展格局的关键环节。2022 年，我国政府以加快构建新发展格局为目标，持续深化"放管服"改革工作，以改革释放活力，积极释放消费潜力，全力打造公平诚信的消费环境，有力推进了消费的持续恢复。

1. 减轻疫情的不利影响，促进消费有序恢复

首先，围绕市场主体加大助企纾困力度。深入落实制造业、小微企业和个体工商户的减税退税降费政策，通过有倾向性的财政金融政策，引导相关金融机构优化信贷管理，对受疫情影响严重的行业、企业给予融资支持，同时推动金融系统通过降低利率、减少收费等措施向实体经济让利。其次，做好消费品保供稳价工作。加快生活物资保障体系建设进程，做好生活物资应急保障，切实保障消费品流通不断不乱。建立完善的重要消费品收储和吞吐调节机制，扎实做好粮、油、肉、蛋、奶、果蔬以及大宗商品等消费品的保供稳价。最后，不断创新消费业态。加快线上、线下消费的有机融合，推动消费模式创新发展，培育壮大智慧产品和智慧零售、智慧旅游等消费新业态，积极开拓沉浸式、体验式、互动式等消费新场景、新模式。

2. 完善消费支撑综合体系，不断加强消费发展综合能力

2022 年我国政府从多角度、多环节入手，在消费领域不断深化"放管服"改革，不断完善我国消费支撑体系，切实增强了我国消费发展的综合能力。在消费平台方面，政府通过在国际层面上加快推进国际消费中心城市培育建设、区域层面上积极建设区域消费中心、城市层面上有序打造设施完

善且业态丰富的消费聚集区等三个方面推进消费平台健康发展，扩大相关消费活动的集聚效应，为相关消费行为的发展提供有力的平台支撑，大大增强了我国消费发展综合能力。在消费品流通环节上，政府进一步完善了电子商务体系与物流配送体系，不断畅通快递物流通道，推行快递服务进社区活动，强化快递配送末端环节，打通了快递物流的"最后一公里"问题。同时，政府还不断健全国际范围内的消费品流通体系，积极搭建覆盖全球、安全可靠、高效畅通的流通网络，从而为消费的持续恢复奠定了扎实的物流基础。在消费能力方面，政府通过多项措施提高就业收入，持续增加居民消费能力。鼓励创业带动就业，创新发展就业新形态，不断加大普惠性人力资本投入力度，同时稳步提高城市工薪阶层、农民工收入水平，努力健全最低工资标准调整机制。

3. 全力营造诚信、安全、放心的消费环境

2022年政府将优化、改善消费环境作为促进消费持续恢复的重要动力，充分发挥"放管服"改革在优化消费环境中的作用，通过破除消费壁垒、健全消费标准、加强消费监管、维护消费权益等方式，以营造诚信、安全、放心的消费环境为目标，不断向前努力。首先，破除地区消费保护主义，打破重点服务消费领域的体制障碍与隐性消费壁垒，积极推进不同地区不同行业的标准、规则、政策协调统一，同时不断简化证照、手续办理流程，努力营造和谐的消费环境。其次，大力健全消费品质量标准体系，完善消费品质量分级制度，不断完善绿色节能、平台经济、跨境电商、餐饮物流等多个领域的质量服务标准体系。同时，加快移动通信、人工智能、大数据等领域的技术标准预研工作，为数字经济发展提供科学、明确的行业标准。再次，加大消费市场监管力度，构建公平有序的消费环境。政府通过构建全方位的消费监管体系、推进协同治理、构建消费信用体系、加强商品质量与价格监管等措施，不断加大消费市场监管力度，为营造一个公平、诚信、法治的消费环境而作出努力。最后，全面加强消费者权益保护。过去的一年，政府不断加大消费者权益保障力度，通过完善平台经济消费者权益保护规则、健全消费投诉信息公示制度、推行消费争议先行赔付等多种方式，综合加大消费者

权益保障力度，大大减少了消费者的后顾之忧，从而实现了进一步释放消费潜力、推动消费持续恢复的目的。

二 着力优化高效便捷的政务服务环境，市场主体活力不断迸发

（一）扎实推进依清单行政，不断降低制度性交易成本

2022年，我国政府进一步去繁简苛，不断加大简政放权力度，扎实推进依清单行政，通过设立权力清单、行政清单、市场准入清单、市场负面清单等一系列清单有效降低了市场主体的制度性交易成本，极大地提升了市场主体信心，为我国社会主义市场经济的发展创造了良好的政务服务环境。

1.中央政府推进依清单行政、不断降低制度性交易成本的做法

首先，全面实行行政许可事项清单管理，扎实推进依清单行政改革进程。2022年我国政府以习近平新时代中国特色社会主义思想为指导，构建形成了全国统筹、分级负责、事项统一、权责清晰的行政许可事项清单体系，大幅提升了行政许可标准化水平。具体做法有如下几点：第一，依法编制行政许可事项清单，要求相关部门要做到明确清单编制责任，统一清单编制要求，客观情况发生变化时要及时对清单进行动态调整，同时还要保障清单之间的衔接与协调工作，确保清单体系内部的协调性。第二，深入落实依清单行政机制，严格依照清单内容实施行政许可。这就要求相关政府部门科学制定行政许可实施规范，明确行政许可的内容与程序，做到规范实施行政许可。第三，加强行政许可的全流程、全领域监管。各级政府部门要以行政许可清单为依据，实现覆盖事前、事中、事后的全链条监管，依托清单明确监管重点，逐项厘清监管主体，结合清单内容完善监管规则，坚决保障监管活动依法、依规进行。

其次，进一步降低制度性交易成本，不断减轻市场主体负担。2022年，

我国政府为了解决经济运行中的矛盾与困难，科学利用"放管服"改革不断降低市场主体的准入成本、办事成本、经营成本等制度性成本，着力帮助小微企业、个体工商户等面临经营困难较多的市场主体降低相关成本，帮助其解难题、渡难关、强发展、注活力。具体措施可概括为以下五点：一是着力降低市场主体的准入成本，积极破除市场准入的隐性门槛，通过采取市场准入负面清单、优化市场主体相关行政许可与行政备案制度、提高市场主体登记的便利化水平等措施，综合施策不断降低市场主体准入门槛，大大降低了市场主体的制度性交易成本。二是尽可能降低市场主体的经营成本，不断规范涉企收费。过去一年，政府不断规范政府收费与罚款行为，严肃清查强制摊派、款项截留等违法、违规行为，同时还不断规范市政公用服务价外收费、行业协会商会收费、物流服务收费等多项收费名录与事项，直接降低了市场主体的经营成本。三是进一步优化涉企服务，有力地降低了市场主体的办事成本。2022年政府通过推行线下"一窗综办"和线上"一网通办"的方式大大提升了涉企服务能力；通过集中联合办公、手续并联办理的方式，高效地优化了投资和建设项目审批服务；通过税收流程无纸化、电子收缴、跨省通缴等方式，切实提高了办税缴费服务水平；通过清理无法律依据的中介服务事项、建立行政许可中介服务事项清单等方式，实现了持续规范中介服务的目的。四是加强市场监管，切实保障市场主体的合法权益。2022年政府通过"双随机、一公开"的监管模式推进了监管信息共享互认进程，有效减少了多头执法、重复检查等问题。政府还通过严格规范监管执法行为、落实公平竞争审查制度、严格知识产权管理等措施切实加大了市场主体权益的保护力度。五是规范行政权力与治理行为，稳定市场主体的政策预期。政府通过完善政策制定与实施机制、大力加强政务诚信建设、坚决整治不作为乱作为行为等多项措施，大大提升了市场主体对政府政策的期望值与信任度。

最后，定期通报违背市场准入负面清单的典型案例，强化依清单行政的落实与后期管理。依清单行政是一项需要长期坚持的工作，需要在事前、事中、事后等环节贯彻落实依清单行政理念，形成覆盖全流程的行政清单管理制度。前述措施多体现为事中与事前环节中的依清单行政，而对依清单行政进行事后监督也是扎实推进依清单行政的重要一环，换言之，加强对行政清单实施与落实工作的监督也是深化简政放权、释放市场主体活力、科学推进"放管服"改革工作的题中应有之义。2022年我国政府在积极推进依清单行政的同时也十分重视清单落实的监管工作，创新性地将情况排查与典型案例通报结合起来，形成了独具特色的依清单行政监督模式。

2. 地方政府推进依清单行政，不断降低制度性交易成本的做法

地方各级政府在习近平新时代中国特色社会主义思想的指引下，在中央相关政策文件框架之下结合各地实际状况，也出台了依清单行政的相关政策规定，与中央政府形成了"放管服"改革合力，共同扎实推进了依清单行政工作，有力释放了市场主体的潜在活力。2022年4月，江苏省人民政府办公厅印发《江苏省行政权力事项清单管理办法》，通过立法的形式将行政权力事项清单确立下来，为行政清单的推行、行政权力运行的规范以及依法行政的推进奠定了法律基础。2022年7月，山东省人民政府印发了《山东省人民政府关于全面实行行政许可事项清单管理的通知》，从构建行政许可事项清单体系、加强行政许可事项清单管理运用、保障行政许可事项清单落实等方面对全面实行行政许可事项清单管理工作作出了明确规定。2022年9月，北京市人民政府办公厅发布了《北京市人民政府办公厅关于全面实行行政许可事项清单管理的通知》，其中重点提出了"科学制定行政许可实施规范""做好行政许可事项清单实施保障"等六项具体措施。2022年11月，江苏省人民政府与海南省人民政府分别发布了关于进一步优化营商环境降低市场主体制度性交易成本的相关通知，均就降低市场主体的准入成本，及经营成本、办事成本，及权益保障、政策预期等问题作出了详细规定。

（二）推进政务服务标准建设，形成规范、适宜的政务服务环境

2022年，我国政府深入开展政务服务优化改革，通过优化政务服务标准、推进电子证照改革等措施，积极推进政务服务标准建设，大大提升了政府服务规范化水平，为形成规范、适宜的政务服务环境作出了重要贡献。

1. 大力推进国家标准化建设，政务服务标准不断优化

标准是我国经济社会发展的重要技术支撑，也是国家基础性制度的重要方面。标准化是推进国家治理体系与治理能力现代化的先决条件，同时发挥着基础性、引领性作用。早在 2021 年底，中共中央、国务院就印发了《国家标准化发展纲要》，为我国标准化建设指明了方向。2022 年，我国各级政府在《国家标准化发展纲要》的指导下，统筹推进以政务服务标准化为代表的各行业、各领域的标准化建设工作，有力践行了优化政务服务、提升政务服务规范化水平的目标。

2022 年国务院、国家体育总局、中国银保监会等多家中央机构分别就标准化建设印发了相应的通知与规定，通过标准化建设有效推进了我国"放管服"改革进程。2022 年 2 月，国务院印发了《国务院关于加快推进政务服务标准化规范化便利化的指导意见》，要求加快推进政务服务标准化，更好地满足市场主体和人民群众的办事需求。同月，国家体育总局发布了《体育标准化管理办法》，为我国体育活动标准化提供了明确政策指引。2022 年 5 月，中国银保监会印发了《中国银保监会关于印发保险业标准化"十四五"规划的通知》，其中提出了建设保险业标准化、提升保险业标准化意识、完善保险业标准化工作机制、实现保险业多层次标准体系协同发展的重要目标。在地方层面，各地区各部门在中央政策文件的统一指导下，结合本地区实际状况不断推进地方层面的标准化建设。2022 年 7 月 18 日至 26 日，黑龙江省、云南省、江西省人民政府先后发布了各自推进政务服务标准化、规范化、便利化的实施方案，主要从政务服务标准化、便利化、规范化、智能化等多个方面着手推进省内政务服务标准化进程，有效提升了三省政府治理体系与治理能力现代化水平。

2. 推进电子证照互通互认，提升政务服务环境体验感

近年来，随着互联网技术与政务服务的深度融合，电子证照的普及与运用的趋势显著。电子证照的运用为我国政府的服务与治理带来了诸多便利，大大提升了市场主体与人民群众的获得感与幸福感。从这一点来说，电子证照的使用与"放管服"改革有着密切关联，换言之，开展电子证照改革，优化电子证照的使用体验也可以看作我国"放管服"改革的重要内容。过去的一年我国政府积极开展电子证照改革，大力推进电子证照互通互认，不断扩大电子证照的应用领域，有效提升了电子证照的使用体验。

在中央层面上，国务院主要采取了四项具体措施。一是扩大电子证照应用领域，从扩大个人电子证照在便民服务中的运用、企业电子证照在优化营商环境中的应用、促进电子证照的社会化运用、积极开展电子证照应用创新、实施电子证照与传统服务方式并存策略等多个方面着手，扩大了电子证照的应用领域。二是推动电子证照全国互通互认，这一方面国务院主要采取了健全电子证照应用协同推进机制、推进电子证照标准化规范化、提升电子证照数据质量等三项措施，为相关电子证照在全国范围内互认互通作出了重要贡献。三是全面提升电子证照应用支撑能力，在此方面国务院主要采取了强化电子证照应用平台支撑、提升电子印章的支撑保障能力、加强电子证照应用安全管理和监管等措施，为电子证照的使用创造了完备的制度基础、先进的技术保障和丰富的物质条件。四是建立电子证照使用的保障机制，从加强组织领导、完善法律制度、强化督促落实、扩大宣传推广等方面为电子证照的使用创造了良好的氛围环境。在地方层面，地方政府积极响应国务院关于电子证照改革的政策精神，不断推进电子证照改革，为"放管服"改革与服务型政府建设作出努力与贡献。例如，河南省人民政府通过加强"四电"应用支撑、加快"四电"应用普及、推动"四电"互通互认和安全管控等三个方面11项具体措施，多角度、多层面、多领域地推进电子证照改革并取得了良好效果。

（三）全面提高市场综合监管效能，大力激活各类市场主体活力

完善社会主义市场经济体制、激活各类市场主体活力是"放管服"改革的重要目标，这一目标的实现离不开政府对市场的科学监管。2022年，我国各级政府紧紧围绕提高市场监管综合效能这一关键点，以市场监管、社会信用体系建设为着眼点与落脚点，扎实推进市场监管优化进程，有效确保市场层面的"放管服"改革工作走深、走实。

1. 全面提升市场综合监管效能，优化市场综合监管制度环境

2022 年 1 月，国务院印发了《"十四五"市场监管现代化规划》，其中明确指出，推进市场监管现代化是深入贯彻落实党中央、国务院决策部署的现实必要，是建立统一开放、竞争有序的现代化市场体系，科学高效的市场监管体系，全面提高市场综合监管效能，更大激发各类市场主体活力，持续优化营商环境的客观需要。同时，《"十四五"市场监管现代化规划》也科学确立了推进市场监管现代化的基本工作原则，具体包括坚持以人民为中心、坚持改革创新与提升效能、坚持依法行政与公正监管、坚持系统观念与统筹施策四项基本原则。从实践层面来看，过去的一年，国务院通过六大类改革措施，多角度、多方面、多层次地推进市场监管现代化，不断落实"放管服"改革工作方针。第一类是持续优化营商环境、充分激发市场主体活力方面的措施，代表性举措包括：深化市场主体准入准营退出制度改革、精准扶持小微企业和个体工商户健康发展、优化适应新经济发展的监管机制、持续提升"双随机、一公开"监管权威性公正性等。第二类是加强市场秩序综合治理、营造公平竞争市场环境方面的措施，代表性举措有：统筹提升反垄断和反不正当竞争监管能力、统筹优化线上线下市场竞争生态等。第三类是维护和完善国内统一市场、促进市场循环充分畅通方面的措施，具体包括：维护国内统一市场的政策体系、完善国内统一市场的有效措施、健全与国内统一市场相适应的监管机制等。第四类是完善质量政策和技术体系、服务高质量发展方面的措施，具体包括：健全宏观质量政策体系、建设适配现代化经济体系的质量基础设施、深入实施质量提升行动等。第五类是坚守安全底线、强化消费者权益保护方面的措施，具体包括：推进食品安全标本兼治、稳步提升药品安全性有效性可及性、提高消费者权益保护水平等。第六类是构建现代化市场监管体系，全面提高市场综合监管效能方面的措施，具体包括：健全市场监管法律体系、优化监管事项层级配置、完善市场化社会化多元监管工具、完善信用风险分类管理机制、加快推进智慧市场监管等。

2. 大力推进社会信用体系建设，促进形成守约践诺的信用环境

信用是良好的营商环境中的关键要素，在市场环境中，社会信用体系建设直接关系着供需关系的有效衔接，对于优化资源配置、畅通经济循环具有重要意义。更深层次意义上，完善的社会信用体系建设对于加快形成新发展格局、保障经济高质量发展也具有重要意义。因此，2022年我国政府十分重视社会信用体系建设工作，充分利用了"放管服"改革的手段与工具效应，以完善社会信用体系为目标作出了诸多努力。

2022年3月，中共中央办公厅、国务院办公厅印发了《关于推进社会信用体系建设高质量发展促进形成新发展格局的意见》，明确了我国社会信用体系建设的基调。围绕这一文件，中央与地方各级政府从以下四个方面着手积极推进社会信用体系建设。第一，通过健全的社会信用机制畅通国内大循环。政府主要通过强化科研诚信建设和知识产权保护、完善流通分配等环节信用制度、加强各类主体信用建设等方式在国内营造诚信的社会环境，并以此促进经济的建设与发展。第二，通过良好的信用环境支撑国内国际双循环。政府主要围绕国际投资合作信用建设这一关键，通过优化进出口信用管理、加强国际双向投资及对外合作信用建设、积极参与信用领域国际治理等方式在国际上营造一个良好的信用氛围，从而实现吸引外商投资同时促进经济国内国外双循环的目的。第三，通过坚实的信用基础促进金融服务实体经济。在此方面，政府的主要做法包括创新信用融资服务和产品、加强资本市场诚信建设、强化市场信用约束等。第四，以有效的信用监管和信用服务提升全社会诚信水平。政府从信用基础设施建设、信用服务机构培育、诚信文化建设等方面着手实施社会信用体系建设工作。此外，地方各级政府也就本地区内的社会信用体系建设作出了诸多努力。例如，河南省人民政府以营造高效便捷的政务环境、营造公平竞争的市场环境、营造公正透明的法治环境、营造自由便利的国际投资贸易环境为重点任务，通过信用基础设施数智化工程、信用助力精准化监管工程、信用赋能高质量发展工程等路径，扎实推进了河南省社会信用建设进程。

三 全方位打造公正透明的法治环境，营商环境的法治化水平持续提升

（一）加快全国统一大市场建设进程，营造透明化营商环境

推进全国统一大市场建设进程是形成新发展格局的重要前提与内在要求，也是从全局和战略高度推动我国经济又好又快发展的有效路径。与此同时，全国统一大市场的建设与形成可以为市场主体提供一个公平、透明、可预期的营商环境，对于我国一流营商环境的优化也具有重要意义。2022 年，党中央、国务院以及地方政府十分重视全国统一大市场的建设工作，不仅从战略全局的高度提出了加快建设全国统一大市场的目标与要求，而且还以破除市场障碍、促进要素流通、畅通经济循环为切入点，有效地推动了我国市场由大到强的转变。

1. 中央政府推进全国统一大市场建设的措施

在过去的一年我国政府始终坚持"立足内需，畅通循环""立破并举，完善制度""有效市场，有为政府""系统协同，稳妥推进"的基本工作原则，以持续推动国内市场高效畅通和规模拓展、加快营造稳定公平透明可预期的营商环境、进一步降低市场交易成本、促进科技创新和产业升级、培育参与国际竞争合作新优势为基本工作目标，通过六个方面 30 余项具体措施扎实推进了我国统一大市场建设进程。第一，通过完善统一的产权保护制度、实行统一的市场准入制度、维护统一的公平竞争制度、健全统一的社会信用制度等四项重要措施，大大提升了市场基础制度规则的统一性。第二，通过建设现代流通网络、完善市场信息交互渠道、推动交易平台优化升级等三项措施，有效加强了市场社会的互联互通。第三，积极打造统一的要素和资源市场，积极推进了城乡统一的土地和劳动力市场、统一的资本市场等五个重要的市场领域的统一建设进程。第四，推进商品和服务市场高水平统一。在这一方面政府主要从以下三个方面开展改革工作。一是健全商品质量

体系，典型做法是建立健全质量分级制度，广泛开展质量管理体系升级行动。二是完善标准和计量体系，典型做法是精简整合国家标准与行业标准。三是全面提升消费服务质量，典型做法是严格执行缺陷商品召回制度，畅通异地退换货渠道，加快完善跨国跨地区售后服务，不断提升消费者售后体验。第五，推进市场监管公平统一。在全国统一大市场的公平监管建设方面，主要从市场监管规则、市场监管执法、市场监管能力三个方面推进统一的市场监管建设。第六，进一步规范不正当市场竞争和市场干预行为。不正当竞争与干预是全国统一大市场建设的重要障碍，对于这一问题，政府主要采取了强化反垄断与反不正当竞争力度、打破地方保护和消除区域壁垒、持续清理以妨碍市场主体平等进出以及不正当招投标行为为代表的违反全国统一大市场建设的规定、做法。此外，政府就保障全国统一大市场建设作出了许多努力，例如，加强党对全国统一大市场建设的领导，通过问题清单与案例通报完善激励约束机制，鼓励京津冀、长三角、粤港澳大湾区等区域协同合作推进统一大市场建设等。这些组织保障措施为全国统一大市场的建设提供了有效保障。

2. 地方政府推进全国统一大市场建设的措施

2022 年，我国各级地方政府积极响应中央关于建设全国统一大市场的意见，在《中共中央　国务院关于加快建设全国统一大市场的意见》的指引下，各地区各部门人民政府坚持深化"放管服"改革，不断优化营商环境，为全国统一大市场建设作出了贡献。例如，2022 年 3 月，天津市人民政府办公厅印发了《天津市对标国务院营商环境创新试点工作持续优化营商环境若干措施》，提出了更大力度培育和激发市场主体活力、持续打造市场化法治化国际化一流营商环境的工作目标。天津市人民政府以打造一流营商环境为目标，不断推进"放管服"改革，进一步破除了区域分割和地方保护等不合理限制，进一步完善了更加开放透明、规范高效的市场主体准入和退出机制，进一步加大了各类市场主体产权和合法权益的保护力度，有效提升了营商环境的市场化、法治化程度。另一个具有代表性的例子是福建省通过立法的方式对优化营商环境问题作出了规定，为构建一流营商环境奠定了法制基础。2022 年 3 月 30 日，福建省人大常委会通过了《福建省优化营商环境条例》，其中从市场环境、政务服务、监管执法、法治保障等方面就优化营商环境问题作出了明确规定，为"放管服"改革与优化营商环境工作提供了明确的法律依据，同时也从法治建设层面为全国统一大市场建设作出了贡献。

（二）统筹推进行政立法、执法工作，营造法治化市场氛围

"法治是最好的营商环境"，这是习近平总书记在中央全面依法治国委员会第二次会议上作出的重要论断。坚定不移地推进"放管服"改革向纵深发展，实现打造一流营商环境的目的就需要坚决贯彻习近平总书记指示，将法治思想融入"放管服"改革工作中，从立法、执法、司法、守法等多个环节入手，努力实现打造一流的法治化营商环境的目的。2022 年，我国政府统筹推进市场监管与营商环境相关的行政立法与行政执法工作，努力完善市场监管的相关规则，积极优化行政综合执法模式，为打造一流的法治营商环境作出了重要贡献。

1. 扎实推进行政立法工作，有效提升行政立法精细化程度

在行政立法方面，政府主要对相关行政立法进行了备案、修改、解释、废止等立法活动，提升了我国市场监管相关立法的科学性。2021 年 7 月，国务院在河北、浙江、湖北三省开展了行政备案规范管理改革试点工作。2022 年，国务院专门发布通知在全国范围内推广了试点经验，其中河北省以分类管理重点，大力推动了行政备案规范运行；浙江省以精细管理、数字赋能为核心，全力推进了行政备案规范管理；湖北省以利企便民为方向，不断推动行政备案制度走深、走实。三省的改革试点工作为其他省份的行政备案改革工作提供了参考先例，对于我国"放管服"改革进程以及营造法治化的营商环境工作也具有重要作用。

2022 年 3 月，国家市场监督管理总局发布了《中华人民共和国市场主体登记管理条例实施细则》，为市场监管活动提供了更加细致、明确的法律依据。2022 年 5 月，李克强总理签署并公布了《国务院关于修改和废止部

分行政法规的决定》，决定对《外商投资电信企业管理规定》等 14 部行政法规的部分条款予以修改，对《工业产品质量责任条例》等 6 部行政法规予以废止。2022 年 7 月，国务院开展了清理行政法规和规章中不合理罚款规定工作，决定取消公安、交通运输、市场监管领域 29 个罚款事项，调整交通运输、市场监管领域 24 个罚款事项，进一步推进了法治化营商环境建设。2022 年 9 月，中国银保监会对《中国银保监会中资商业银行行政许可事项实施办法》等多部银行保险相关的行政许可规章进行修改，进一步优化了银行业市场准入工作程序。

2. 推进综合行政执法改革，完善综合行政执法依据

在行政执法方面，国务院办公厅于 2022 年 11 月印发了《市场监督管理综合行政执法事项指导目录》（以下简称《指导目录》），就市场监督管理综合行政执法的有关事项进行了通知。《指导目录》主要对市场监管领域相关依据法律和行政法规设置的行政处罚、行政强制规定，和依据部门规章设置的警告、罚款进行了动态调整。各省、自治区、直辖市政府可以根据《指导目录》的内容以及法律、行政法规的规定对相关的行政处罚、行政强制事项进行调整、细化、完善，并建立起动态、长效的管理机制。

同时，对于《指导目录》中规定的行政执法事项，相关部门要减少执法层级、推动执法力量下沉，结合实际状况明确第一责任主体。根据国务院的通知内容以及《指导目录》中的相关规定，我国各级政府以突出重点、务求实效为基本工作方针，坚持公开、透明、高效的基本工作原则，坚定地取消了没有法律、法规、规章依据的行政执法事项，同时对新增、保留的行政执法事项，依法逐条逐项进行审查。同时还制定了统一的市场监管综合执法程序，明晰了综合行政执法中各项环节的内容，有效消除了行政执法中的模糊性规定。此外，政府还坚持群众路线，始终高度重视与群众有密切关联的行政执法事项，着力解决群众反映强烈的问题，让广大人民群众明显地感受到了市场监管综合行政执法改革的成果。

3. 推进行政裁量制度建设，不断细化行政裁量基准

在行政裁量方面，我国各级政府一直高度重视行政裁量的制度建设，并

且不断推进行政裁量基准的细化，从而有效提升了行政执法效果与水平。2022 年，我国政府在原有基础上继续推进行政裁量的制度建设工作，针对行政裁量权基准制定主体不明确、制定程序不规范、裁量幅度不合理等问题，以及行政执法该严不严、该宽不宽、畸轻畸重、类案不同罚等现象，开展了行政裁量基准的规范治理工作，进一步优化了行政裁量基准的设定，有效提升了行政裁量基准的科学性、合理性与实用性。具体而言，过去的一年，我国政府主要采取了以下四方面的做法。首先，明确行政裁量权基准制定职责权限，对行政裁量权基准的制定职责与制定权限作出了严格规定。其次，准确规定行政裁量权基准内容，积极推动行政处罚裁量适当、行政许可便捷高效、行政征收公平合理，并不断规范行政确认、行政给付、行政强制和行政检查等行政行为。再次，通过明确制定程序、充分研究论证等方式严格行政裁量权基准制定程序。最后，通过规范适用行政裁量权基准、强化日常监督管理、大力推进数字化技术应用等方式加强行政裁量权基准管理。

（三）加强国内外立法融贯协调，创造国际化营商条件

"放管服"改革的直接目标之一是打造一流的营商环境，而一流的营商环境又包括一流的市场化营商环境、一流的法治化营商环境、一流的国际化营商环境三方面。过去的一年，我国政府积极巩固法治化监管的基础性地位，在打造一流的市场化、法治化、国际化营商环境方面取得了显著成效。

1. 加强区域合作，积极推进区域性战略平台建设

2022 年 6 月，国务院印发了《广州南沙深化面向世界的粤港澳全面合作总体方案》，其中明确提出了加快推动广州南沙深化粤港澳全面合作，打造立足湾区、协同港澳、面向世界的重大战略性平台的重要战略目标，这一目标也为营造一流的国际化营商环境奠定了坚实基础。为此，我国政府采取了以下五方面的措施。第一，着力建设科技创新产业合作基地，所采取的具体措施包括：强化粤港澳科技联合创新、打造重大科技创新平台、培育发展高新技术产业、推动国际化高端人才集聚等。第二，积极创建青年创业就业合作平台，所采取的具体措施包括：协同推进青年创新创业、提升实习就业

保障水平、加强青少年人文交流等。第三，共建高水平对外开放门户，所采取的具体措施包括：建设中国企业"走出去"综合服务基地、增强国际航运物流枢纽功能、加强国际经济合作、构建国际交往新平台等。第四，打造规则衔接机制对接高地，具体做法有：打造国际一流营商环境、有序推进金融市场互联互通、提升公共服务和社会管理相互衔接水平。第五，建立高质量城市发展标杆，主要做法包括：建立高质量城市发展标杆、稳步推进智慧城市建设、稳步推进粤港澳教育合作、便利港澳居民就医养老、强化生态环境联建联防联治等。

2. 实施自由贸易区提升战略，建设开放型世界经济

为了深入贯彻落实党中央、国务院关于实施好《区域全面经济伙伴关系协定》的决策部署，商务部等六部门联合印发了《关于高质量实施〈区域全面经济伙伴关系协定〉（RCEP）的指导意见》，要求各相关部门以习近平新时代中国特色社会主义思想为指导，深入落实相关市场开放承诺，积极引导企业适应更加开放的环境与更加充分的竞争，从而实现促进经济高质量发展的目的。为了落实党中央、国务院的指示与部署，相关政府部门积极推进与落实《区域全面经济伙伴关系协定》相关的"放管服"改革工作，从六个方面着手实施自由贸易区提升战略，为营造一流的国际化营商环境作出了重要贡献。具体包括：一是利用好市场开放承诺和规则，推动贸易投资高质量发展。二是推动制造业优化升级，加强高端产业链合作和制造业项目合作，提升产业竞争力。三是加大对适用的国际标准的采标力度，提升参与国际标准制定和对接力度，从而不断推进国际标准合作和转化。四是进一步提升贸易投资的金融服务质效，提高人民币结算对贸易投资发展的支持作用。五是因地制宜用好 RCEP 规则，提升营商环境。六是建立自贸协定实施公共服务平台，发挥驻外经商机构对企业在海外的服务功能，持续深入做好面向企业的配套服务。

B.6
全国优化营商环境的实践历程、
2022年重大举措与未来展望

张红凤　黄　璐*

摘　要： 营商环境优化是新发展阶段我国激发市场经济活力、实现经济高质量发展的必然要求，也是加快构建新发展格局的重要内容。近年来，我国通过强化顶层设计，完善地方实践，持续深化政府"放管服"改革和市场经济体制改革，不断优化营商环境，且取得显著成效。2022年我国在统一大市场建设、数字政府建设、制度建设以及创新试点经验推广等方面采取大量举措，实现了全国营商环境优化的里程碑式发展。然而，我国营商环境仍存在政府部门协同性不强、法治体系不健全、理论研究薄弱和区域差异显著等问题，未来应在市场化、法治化和国际化方面持续发力，同时完善政策指导和理论研究，实现营商环境的持续改善。

关键词： 营商环境　"放管服"改革　市场经济体制改革

新冠疫情的肆虐对我国经济造成了巨大的冲击，各国政策调整也导致我国面临愈加严峻的国际环境，加快营造更有助于我国市场主体生产经营活动的营商环境迫在眉睫。2019年，国务院颁布的《优化营商环境条例》指出，

---

* 张红凤，山东财经大学公共管理与法学学部部长，二级教授，博士生导师，山东省社科理论重点研究基地山东财经大学新旧动能转换研究基地首席专家，研究方向为政府规制与公共政策；黄璐，山东财经大学经济学院博士研究生，山东省社科理论重点研究基地山东财经大学新旧动能转换研究基地研究人员，研究方向为城市治理与营商环境。

"营商环境，是指企业等市场主体在市场经济活动中所涉及的体制机制性因素和条件"，同时指出市场化、法治化、国际化的营商环境优化原则，以及为各类市场主体投资兴业营造稳定、公平、透明、可预期的良好环境的目标。2021年，《中华人民共和国国民经济和社会发展第十四个五年规划和2035年远景目标纲要》明确指出，"要深化'放管服'改革，持续优化市场化法治化国际化营商环境"。2022年，党的二十大报告再次指出，"完善产权保护、市场准入、公平竞争、社会信用等市场经济基础制度，优化营商环境"。营商环境作为市场主体参与市场活动所面临的综合性制度软环境，对于有效激发我国市场主体活力和创造力、推动市场经济平稳有序健康高质量发展以及实现中国式现代化具有重要的意义。

一　优化营商环境的实践历程

2013年11月，习近平总书记在党的十八届三中全会论及"推进国内贸易流通体制改革，建设法治化营商环境"时正式提出了"营商环境"概念，这是党和政府首次正式提出营商环境概念，从此开启了我国营商环境建设的新征程。我国高度重视营商环境优化对经济高质量发展的重要作用，并在加强顶层制度设计、完善地方政策实践、深化"放管服"改革和市场经济体制改革等方面采取措施力求持续优化我国市场化、法治化、国际化营商环境，为社会主义市场经济现代化发展和可持续发展提供环境保障。

（一）顶层设计和地方实践逐步完善

我国不断加强营商环境优化的顶层设计，推动地方营商环境优化实践。2019年，国务院颁布《优化营商环境条例》，正式提出我国营商环境优化的市场化、法治化、国际化原则，把近年来各部门、各地区在优化营商环境方面大量行之有效的政策、措施、做法和经验上升到法规制度层面，为各地区优化营商环境提供更加有力的制度保障和政策指引。2021年，国务院确立在北京、上海、重庆、杭州、广州、深圳6个城市开展首批营商环境创新试点，旨在探索创新性的营商环境改善措施，形成可供全国复制推广的举措和经验。2022 年，在试点城市营商环境建设取得明显成效的基础上，形成并复制推广一批成功的营商环境优化经验，力求推动全国营商环境整体改善。另外，2022 年海南省成立了全国首个营商环境厅，各地区也相继颁布相关行政法规，如《北京市优化营商环境条例》《山东省优化营商环境条例》《广东省优化营商环境条例》等，进一步细化总结经验做法，发挥地区特色和优势，因地制宜推动营商环境优化。

（二）政府"放管服"改革不断深化

2015 年国务院首次提出"放管服"改革的概念，即简政放权、放管结合、优化服务。"放管服"改革既体现了对政府调整和完善行政权、简化行政事项的要求，也体现了政府优化监管方式途径、提升监管效能的目标，更是对建设服务型政府、发挥市场配置资源决定性作用的有力措施，对于我国政府与市场的边界划定、营商环境的持续性优化具有重要的意义。

经过多年的持续发力，政府"放管服"改革持续落实和深化。在行政审批和许可方面，国务院自 2013 年以来对多批行政许可事项进行了取消或下放审批层级处理，从而不断减少行政审批事项、流程和成本，方便市场主体的创新创业活动开展，为市场主体减负释压，行政审批制度改革成效显著；2021 年和 2022 年分别开始在全国范围内推行"证照分离"改革全覆盖和行政许可事项清单管理，不断提高审批效率和监管效能。在市场监管方面，2015 年国务院发布《关于推广随机抽查规范事中事后监管的通知》，开始推广随机抽查、规范市场监管，2019~2020 年在市场监管领域全面实行部门联合"双随机、一公开"监管，旨在创新监管模式、推行智慧监管；2020 年市场监管总局等 16 个部门联合印发市场监管领域部门联合抽查事项清单，从而不断提升政府监管的有效性和透明度。在服务社会方面，国家自 2016 年起大力推行"互联网+政务服务"和一体化线上服务平台建设，且已取得显著效果，2022 年《国务院关于加快推进政务服务标准化规范化便利化的指导意见》发布，进一步对政府简政放权和服务型政府建设提出了新要求，推动了有效市场和有为政府更好结合。

（三）市场经济体制改革持续推进

社会主义市场经济体制是社会主义基本经济制度的重要组成部分，强调市场在资源配置中起决定性作用，更好地发挥政府作用。市场经济体制改革的核心是正确处理政府与市场的关系，多年来我国不断推进市场经济体制改革，在市场准入、市场运行、信用体系建设和对外开放等方面采取了一系列政策措施，对于我国营商环境质量的不断提升发挥了重要作用。

在市场准入方面，2015年在部分地区试行市场准入负面清单制度，2018年国家发改委、商务部印发《市场准入负面清单（2018年版）》，并于2019年、2020年和2022年进行了三次修订，一方面体现了国家关于市场准入负面清单动态调整的要求，另一方面建立起全国统一大市场的准入制度并不断优化，很好地激发了市场主体活力，同时不断落实深化商事制度改革，进一步放宽市场准入门槛，激发市场创新创业发展。在市场运行方面，2021年中共中央办公厅、国务院办公厅印发《建设高标准市场体系行动方案》，对建成统一开放、竞争有序、制度完备、治理完善的高标准市场体系提出了新要求，同时我国持续深化"营改增"等财税体制改革，规范企业信贷融资收费，加大中小微企业税收优惠力度，从而不断降低企业经营成本和交易成本，缓解企业融资约束，为企业发展松绑减负。在信用体系建设方面，国务院于2019年发布的《关于加快推进社会信用体系建设构建以信用为基础的新型监管机制的指导意见》基于事前、事中和事后环节提出了信用监管的要求，并于2020年发布《关于进一步完善失信约束制度构建诚信建设长效机制的指导意见》，从而更好地发挥了信用体系在构建良好商业氛围、优化营商环境方面的重要作用。在对外开放方面，2020年《中华人民共和国外商投资法》开始实施，国家发改委、商务部制定并多次发布《鼓励外商投资产业目录》，不断扩大外商投资范围和规模，优化外商投资结构，推动我国市场经济更好地与国际接轨，加快构建新发展格局。

二 2022年优化营商环境的主要举措

2022年，我国经济发展面临需求收缩、供给冲击、预期转弱三重压力，同时外部环境更趋复杂严峻和不确定。3月7日，国家发展改革委副主任林念修在国务院新闻办公室新闻发布会上表示，下一步营商环境优化的举措目标是推动实现"公平、公正、开放、便利、满意"。这在市场准入和竞争、市场监管、外资外贸、政务服务、评价机制5个方面指明了我国营商环境建设的发展方向。

（一）建设全国统一大市场，发挥超大规模市场优势

2022年4月，中共中央、国务院发布《关于加快建设全国统一大市场的意见》，指出加快建设全国统一大市场的主要目标之一是"加快营造稳定公平透明可预期的营商环境"。随后相关部门持续发力，为全国统一大市场建设贡献力量，如：2022年7月，最高人民法院发布《关于为加快建设全国统一大市场提供司法服务和保障的意见》，从市场主体保护、要素市场、市场交易规则、商品服务市场和市场竞争秩序5个方面对全国统一大市场建设的司法保障做出了部署。部分省份和部门也出台了配套措施，如9月江苏省发布《贯彻落实中共中央 国务院关于加快建设全国统一大市场意见的实施意见》，随后10月江苏省高级人民法院发布《关于充分发挥司法职能作用服务保障全国统一大市场建设的指导意见》，全力保障全国统一大市场建设有序推进。

统一大市场是指在全国范围内，建设一个市场基础制度规则统一，市场设施高标准联通，要素和资源市场以及商品和服务市场高水平统一，同时市场监管公平统一，不正当市场竞争和干预行为得到规范的大市场。建设全国统一大市场是进一步整合国内资源，优化要素资源市场和商品、服务市场运行，发挥我国超大规模市场优势以及加快构建新发展格局的现实要求。在市场准入、市场公平竞争、产权保护和社会信用等方面推动市场基础制度规则

统一，以及在流通体系、信息渠道和交易平台等方面推动市场设施高标准联通是全国统一大市场建设的基础；同时打造统一的土地和劳动力、资本、技术和数据、能源以及生态环境市场等要素和资源市场，在质量体系、标准和计量体系等方面推进商品和服务市场统一是全国统一大市场建设的重点；在规则、执法和能力等方面实现统一公平的市场监管以及规范市场不正当干预和竞争行为是全国统一大市场建设的保障。

（二）加强数字政府建设，完善政府治理体系

2022年6月，国务院印发《国务院关于加强数字政府建设的指导意见》，明确指出，"强化审管协同，打通审批和监管业务信息系统，形成事前事中事后一体化监管能力。充分发挥全国一体化政务服务平台作用，促进政务服务标准化、规范化、便利化水平持续提升""助力优化营商环境"，对数字时代加快政府职能转变、完善政府数字化治理模式具有重要意义。各省份也发布相关政策，推进数字政府建设，如2022年7月，浙江省发布《浙江省人民政府关于深化数字政府建设的实施意见》，6月江苏省发布《省政府关于加快统筹推进数字政府高质量建设的实施意见》等。我国数字政府建设已取得显著成效，2023年3月，国务院政府工作报告指出，"90%以上的政务服务实现网上可办，户籍证明、社保转接等200多项群众经常办理事项实现跨省通办"。

随着数字时代来临，数字经济不断渗透进社会生产和人民生活，同时社会数据要素资源的海量化、数字化平台的广泛应用以及公共服务和监管数字化需求的发展无不推动着我国数字政府建设进程的加快。数字政府建设一方面体现在政府部门和机构设施的数字化、智能化应用程度上，另一方面体现在政府与市场主体、社会公众之间的数字化互动治理模式优化和效率提升上。数字政府建设对于优化我国营商环境具有重要意义。政府数字化转型有助于优化政府职能发挥，深化落实政府"放管服"改革，推动数字化监管和智慧监管的普及，同时推动"互联网+政务服务"等政府治理模式创新，提高政府公共服务能力和水平，优化政务环境。政府数据资源体系的建立有

利于缓解公共物品和信息不对称所导致的市场失灵问题，发挥政府对于公共数据和社会数据的监管、服务职能，推动数据资源开发利用。数字政府建设服务于"数字中国"目标实现，有助于营造良好的数字氛围和数字生态，助推我国营商环境建设、数字社会和数字经济的健康高质量发展。

（三）推动相关制度建设，降低制度性交易成本

2022年9月，国务院办公厅印发的《关于进一步优化营商环境降低市场主体制度性交易成本的意见》指出，"打造市场化法治化国际化营商环境，降低制度性交易成本，提振市场主体信心，助力市场主体发展"。该意见对于激发全国市场主体活力，进一步巩固和扩大营商环境建设成果具有重要意义。随后，各省份陆续出台配套实施方案或意见，如2022年10月江苏省发布的《进一步优化营商环境降低市场主体制度性交易成本任务分工方案》，11月上海市发布的《关于进一步降低制度性交易成本更大激发市场主体活力的若干措施》，12月山东省发布的《关于进一步优化营商环境降低市场主体制度性交易成本的实施意见》等。

营商环境优化的表现之一是市场制度性交易成本降低，而这也是减轻市场主体经营负担，激发市场主体活力、创新力和创造力，推动经济高质量发展的必要条件。面对新冠疫情冲击，我国市场活力和预期受损严重，餐饮、旅游和金融等行业都受到较大影响，中小微企业和个体工商户面临巨大生存危机，在此背景下，提振市场信心、激活市场活力、调整和优化市场预期成为我国经济工作的重点内容。不断深化行政改革，实施全方位举措，降低市场主体制度性交易成本，给市场主体减负，不仅有助于优化营商环境，而且能够疏通我国经济内循环的阻塞和堵点，提高经济循环运行效率和质量。该意见从降低市场主体准入成本、经营负担、办事成本，加强监管和规范行政权力等方面对我国进一步优化营商环境、降低市场主体制度性交易成本进行了部署，有助于为各地区、政府部门和企业提供新的时代发展形势下减轻企业负担、优化营商环境的政策依据。

（四）完善市场准入，促进个体工商户发展

2022年3月，国家发展改革委和商务部联合印发《市场准入负面清单（2022年版）》，这是2018年国家首次公布《市场准入负面清单》之后进行的第三次修订。这是适应时代发展特点和趋势的动态调整、逐步优化的市场准入管理，有利于完善市场准入监管，体现公平竞争的市场秩序和市场环境。同时这也是全国统一的市场准入负面清单，体现了"全国一张清单"以及"一单尽列、单外无单"的要求，是基于市场准入方面的全国统一大市场建设的重大举措。实施负面清单制度以来，市场准入管理体系不断得以完善，阻碍生产要素资源市场化配置和商品服务流通体制机制的障碍得到进一步破除，有效市场和有为政府更好地结合，目前全国统一的市场准入制度体系已得到全面确立。

2022年10月，国务院总理李克强签署国务院令，公布《促进个体工商户发展条例》，明确指出，"国家持续深化简政放权、放管结合、优化服务改革，优化营商环境，积极扶持、加强引导、依法规范，为个体工商户健康发展创造有利条件"。个体经济是社会主义市场经济的重要组成部分，个体工商户是重要的市场主体，在增加地区就业、推动创业创新发展以及促进经济增长等方面发挥着重要作用。国家市场监管总局统计显示，截至2023年1月，我国市场主体达1.7亿户，是十年前的3倍，其中全国登记在册的个体工商户达1.14亿户，约占市场主体总量的2/3，带动近3亿人就业，由此可见，个体工商户在我国经济发展中占据着举足轻重的地位，且发展迅猛。《促进个体工商户发展条例》进一步巩固了我国个体工商户发展成果，从登记注册、经营场所供给以及资金、财税、金融、社保、创业就业、社区便民、知识产权保护等方面对个体工商户发展提供了全方位支持，其实施对于建设公平公正和有序竞争的市场环境、有效激发个体工商户创业创新活力具有重要的推动作用。

（五）复制推广创新经验，深化区域合作开放

2022年9月，国务院办公厅发布《关于复制推广营商环境创新试点改

革举措的通知》。试点政策是中国特色的改革措施和方式，开展营商环境创新试点是我国在营商环境优化领域的一大突破，同创新型城市试点、低碳城市试点等其他试点政策措施一样，营商环境创新试点也遵循"城市试点—中央总结—城市推广"的渐进式改革特征。2021年我国在北京、上海、重庆、杭州、广州、深圳6个城市设立营商环境创新试点，在国家和各省的大力支持下，各城市现已基本完成营商环境创新试点城市建设任务，取得明显成效，形成一批具有显示度、示范性的改革成果。2022年我国对其营商环境优化改革举措进行复制推广，从而传播营商环境优化的先进经验，扩大营商环境优化改革效果，有助于实现我国营商环境的整体改善。本次复制推广的改革举措共计九大类，涉及企业经营的方方面面，具体包括进一步破除区域分割和地方保护等不合理限制，健全更加开放透明、规范高效的市场主体准入和退出机制，持续提升投资和建设便利度，更好地支持市场主体创新发展，持续提升跨境贸易便利化水平，维护公平竞争秩序，进一步加强和创新监管，依法保护各类市场主体产权和合法权益，优化经常性涉企服务等。

2022年10月，国家发展改革委印发《长三角国际一流营商环境建设三年行动方案》，指出，长三角营商环境建设的主要目标是"到2025年，长三角区域市场化、法治化、国际化的一流营商环境率先建成，营商环境国际竞争力跃居世界前列"。自2019年《长江三角洲区域一体化发展规划纲要》发布以来，长三角地区营商环境优化效果显著。三年行动方案是基于区域一体化的营商环境整体优化方案和措施，从市场改革、法治建设、开放合作、政务服务和一体化等方面对长三角地区进一步巩固优势、持续优化营商环境做出了部署，对于长三角地区建立与国际市场体系的不同制度规则接轨、同时达到世界一流水平的营商环境，建立国际先进的高标准市场体系，实现经济一体化高质量发展具有重要意义。

三 营商环境建设的未来展望

当前，我国营商环境仍存在政府部门协同性不强、法治体系不健全、对外开放阻力重重以及区域发展差异显著等一系列问题。2019年颁布的《优化营商环境条例》指出"优化营商环境应当坚持市场化、法治化、国际化原则",未来我国营商环境优化工作应围绕市场化、法治化、国际化原则发力,同时注重政策指导和理论研究,推动实现营商环境建设的"公平、公正、开放、便利、满意"以及区域协调发展。

(一)市场活力日益迸发,市场化水平不断提高

政府部门协同性不强,市场活力创造力受限是我国营商环境优化工作所面临的一个突出问题。尽管政府数字化建设使大量行政事项办理由线下转至线上,但是出于部分地方政府各部门"一盘棋"的大局意识欠缺、财政资金分配不合理以及拖延、与时俱进的时代意识不强等原因,线上线下监管和服务难以有效统一以及部门间协同联动性不强等问题逐渐暴露,仍存在项目审批事项互为前置或交叉重叠、部门间相互推诿"踢皮球"现象等,从而严重影响了市场主体行政事项办理的时间和效率,阻碍了市场主体创新创业积极性和市场经济发展。

营商环境是决定市场经济活跃度和发展质量的关键因素,未来应增加对营商环境市场化建设工作的重视,一方面,应继续深化"放管服"改革和社会主义市场经济体制改革,在行政审批事项取消和权限下放,降低市场准入门槛、成本和优化市场准入监管,加快转变政府职能和推进服务型政府建设,落实"双随机、一公开"监管和完善政府监管模式,优化公共服务和提升政府治理效能等方面采取措施,着力减轻市场主体负担,建设市场化营商环境。另一方面,政府数字化建设能够提高政府部门办事效率,为企业松绑减负,数字社会建设也能够提升市场数字化和智能化水平,有助于实现政府和市场的数字化联动。应加强数字经济发展,以数字政府建设、数字社会生态建设助推营商环境数字化建设,创新营商环境优化模式和方式,进一步以数字营商环境建设减轻市场主体经营和交易成本。

(二)法治建设取得进展,法治氛围日益浓厚

政策落实不到位、法治体系不健全是我国营商环境优化工作所面临的第

二个突出问题。中央政府在优化营商环境方面出台了一系列政策措施,不仅进一步规范了政府监管和公共服务职能,而且推进了经济体制改革。然而,相关政策措施在逐级传导和下达过程中存在理解和执行偏差,以及部分地方政府出于侥幸心理对营商环境优化政策措施的深化落实和配套政策供给力度不够,导致行政审批流程烦琐、内外资办事待遇不一等诸多问题。与此同时,政府法治治理水平尚待提升。经济体制改革的核心问题是处理好政府和市场的关系,使市场在资源配置中起决定性作用和更好地发挥政府作用。部分政府对于市场行为和做法的过度干预严重扰乱了市场正常秩序和高效运转机制,影响了市场主体对政府部门的预期和信任以及"亲清"新型政商关系的构建和维护,使政府公信力严重受损。部分地区不良社会风气和政府责任缺失使得市场主体存在大量寻租行为,"饭不吃、礼不收、事不办"的现象仍旧存在,潜在的营商环境优化问题依然严峻。

习近平总书记指出,"法治是最好的营商环境"。要加强营商环境法治化建设,以法治推进营商环境稳定、公平、高效的目标实现。一方面,要完善我国营商环境优化的法治体系,以《优化营商环境条例》为基准进一步完善各省市优化营商环境规章制度和配套措施,对不同层级优化营商环境的规章制度进行修订和补充,保证与时俱进和实时高效,同时加大相关政策的落实和执行力度,保证顶层设计的有效性和落地性。另一方面,加强中央对地方营商环境优化法治化建设工作的领导和安排,不仅要保证中央政府决策政策的执行,而且要给予地方政府一定的决策和实施自主权,鼓励不同地区基于自身要素禀赋、环境状况和发展现状制定适宜本地营商环境建设发展的规则措施,因地制宜、因城施策,建立符合地方优势和特色的优化营商环境法治化建设机制。

(三)高水平对外开放不断加深,国际化程度逐渐提高

逆全球化和贸易保护主义泛滥,对外开放阻力较大,与世界先进国家差距显著是我国营商环境优化工作所面临的第三个突出问题。《中华人民共和国国民经济和社会发展第十四个五年规划和2035年远景目标纲要》提出,

"要加快构建以国内大循环为主体、国内国际双循环相互促进的新发展格局"。优化营商环境是加快构建新发展格局的必然要求，对于疏通我国国内大循环，进而实现国内国际双循环的互促互进作用至关重要。然而，由于新冠疫情、国际争端频发以及贸易保护主义抬头等冲击，我国面临愈加严峻复杂和不可预测的国际环境，实现高水平对外开放的阻碍和障碍持续出现，难度不断增加。同时在世界银行发布的《全球营商环境报告》中，我国与新加坡、新西兰和美国等世界营商环境发展先进国家的差距仍十分显著，在获得信贷和纳税等细分指标方面表现较为落后。

提高我国营商环境的国际化水平，实现营商环境更好地与国际接轨是我国营商环境建设工作的重要内容。一方面，要健全和完善营商环境国际化发展体制机制，推动我国制度性对外开放政策落地和实施生效，为国际资本和企业入驻提供便利化商业环境。同时加快建设国际一流营商环境，推动我国贸易政策与国际通用规则和制度接轨，吸引外商投资和生产，鼓励本土企业参与国际竞争与贸易合作。另一方面，鼓励数字贸易、服务贸易等新兴国际贸易领域发展壮大，通过自由贸易试验区、进口贸易促进创新示范区、跨境电商综合试验区和加工贸易产业园等产业园区建设强化和促进国际贸易往来以及高水平对外开放。

（四）政策指导和理论研究更为完善，区域发展更加协调

政策指导、理论研究亟待补充完善，区域发展差异突出是我国营商环境优化工作所面临的第四个突出问题。我国针对营商环境优化已出台了《优化营商环境条例》，各省市也相继出台了对应的政策法规，然而营商环境优化工作是一个综合性、复杂性和系统性的大工程，不仅缺乏各类营商环境优化政策法规的配套实施方案和实施细则，而且政策实施隐性壁垒依旧存在，抑制了政策法规对营商环境优化工作的指导作用。同时，我国针对营商环境优化的理论研究较为薄弱，基础性研究亟待补充，与其重要地位以及实践执行的重视程度难以匹配，导致我国营商环境优化工作缺乏理论指导和内生动力。此外，由于地理区位、发展水平和政策倾向差异，我国各地区营商环境

发展非均衡和不协调问题突出，部分经济相对发达地区对营商环境优化的重视程度较高，如 2021 年《上海市营商环境创新试点实施方案》和 2022 年《深圳市建设营商环境创新试点城市实施方案》的发布，都是具有战略性和前瞻性的重要实践，然而大多数地区的营商环境创新实践进程还相对滞后。同时我国市场分割严重，市场整合难度较大，不同地区出于对当地市场和企业进行保护等目的限制市场开放和融合，存在区域壁垒和行业壁垒，营商环境优化的阻力较大。

我国营商环境优化所涉及的方面较多，工程量较大，因此应多部门共同发力，协同配合。首先，要加强营商环境优化政策体系建设，注重对营商环境优化政策法规的配套措施完善，为地方营商环境优化实践提供政策指导和政策保障。其次，加大政策和资金投入力度，强化营商环境领域的基础理论研究，在国家基金、省部级基金申报和人才培养、平台建设等方面加强对营商环境建设的倾向和支持，鼓励针对营商环境建设的相关理论和实证研究，为我国营商环境优化提供理论指导和经验支持。最后，落实营商环境创新试点的经验总结推广，通过区域合作交流、区域一体化建设和奖惩机制设立进一步推进营商环境建设的区域协调发展，加快全国统一大市场建设政策落实，激励要素和资源流动，以"先优带动后优""一对一帮扶"等模式逐步实现全国营商环境整体优化。

B.7
探索建立产业营商环境指标体系
让营商环境切实赋能产业发展

徐斐 孙启俊 宁巍 杨楠*

摘　要： 本文从天津经开区优化营商环境的改革路径入手，阐述近年来优化营商环境的过程、面临的问题以及对应的思考。通过研究开创性地提出产业营商环境概念，找到"小切口"，在"小切口"上面下"大力气"，针对区内生物医药、石化新材料以及平台经济三大产业，在国内率先建立了产业营商环境指标体系，并加以运用，积极探索与产业发展相适应的管理新模式，围绕各主导产业发展在营商环境方面的痛点、堵点，靶向施治，取得了良好的效果。这是积极贯彻《优化营商环境条例》，在法治框架内积极探索原创性、差异化的优化营商环境具体举措的良好实践，为同类型园区服务招商引资、服务产业提质升级提供了一定的借鉴作用。

关键词： 天津经开区　产业营商环境　指标体系

营商环境是企业生存发展的土壤，是关系城市竞争力的关键。"投资环境就像空气，空气清新才能吸引更多外资。"习近平主席在博鳌亚洲论坛2018年年会开幕式重要讲话中的这则比喻，形象说明了营商环境的重要性。营商环境是一个地区对外加强沟通与联系、开展互动与交流、参与竞争与合

---

* 徐斐，天津经济技术开发区管理委员会党委常委、管委会副主任，法学博士；孙启俊，天津经济技术开发区营商环境办公室主任，经济学博士；宁巍，天津经济技术开发区营商环境办公室副主任；杨楠，天津经济技术开发区营商环境办公室科长。

作的重要依托，体现着一个地区经济社会发展的综合实力，也是一个地区治理能力和文明程度的重要体现。2019年10月22日，《优化营商环境条例》正式颁布，首次以国家政府立法的形式，明确营商环境基本制度规范，标志着中国市场化、法治化、国际化的营商环境建设进入了新的阶段。在此之前天津市更是率先出台了《天津市优化营商环境条例》，进一步激发市场活力和社会创造力，推进天津市经济高质量发展。同时，在参加国家发展改革委营商环境城市评价基础上，天津市还连续开展全市营商环境评价工作，将营商环境评测作为改进政府服务的持续动力。在2020年的国家营商环境评价中，天津经济技术开发区（以下简称天津经开区）协助滨海新区取得了国家级新区第二名的成绩。

一　天津经开区营商环境的改革路径

天津经开区是1984年由国务院批复的全国首批国家级开发区之一，作为"一带一路"建设，及京津冀协同发展、国家自主创新示范区、自由贸易试验区等国家发展战略的承载地，同时也是天津市、滨海新区产业发展的高地之一，总规划面积403平方公里，汇聚8万家市场主体，目前其经济总量接近天津市的1/6，经济规模大，外向型程度高，综合投资环境优越，是外商在华投资的主要聚集地之一。天津经开区一直以来都非常重视营商环境建设工作，在建设之初就树立了"投资者是帝王，项目是生命线"的理念，最早提出建设"仿真国际投资环境""九通一平""新九通一平"的标准体系。近年来，天津经开区实施法定机构改革，机构调整基本完成。站在新的历史起点上，如何充分发挥体制机制效能，更好地创造一个亲商、重商、尊商、敬商的营商环境，成为助推区内企业发展壮大、产业结构优化的关键。在此背景下，经开区成立营商环境办公室，深入开展营商环境建设工作，经历了三个阶段。

一是调查评估阶段：客观开展调查评估，摸清自身发展水平。启动了区域营商环境评价工作。通过指标体系的评价，全面、系统、科学、客观地收集企业需求，分析企业评价。当年的第三方评价结果显示天津经开区总体表现优秀，企业获得感高，调查发现将近70%的企业认为天津经开区近一年来营商环境有改善，其中39%的企业认为改善明显。对天津经开区10项指标进行模拟打分与排名。模拟结果显示，天津经开区营商环境总体得分为77.2分，相当于全球第32位的水平，与北京、上海（代表中国排名第31位）表现接近。评估结果显示，天津经开区的营商环境呈现事项实际办理时间达到或优于承诺时限，总体发展势头向好，在国际指标中表现较好，与京沪处于同一梯队。

二是整改落实阶段：系统谋划改革方案，推动优化各项工作。针对具体情况出台天津经开区1+8营商环境总体建设方案，落实三十六项行动计划，推动实现营商环境没有最好只有更好。第一是审批更快，要求设立企业半天完成，社会投资项目审批不超过58个工作日，对中压及以下用户用气报装，受理申请总时限压缩到1个工作日内；电力接入时间由2019年平均办电时限77个工作日直接压缩至18个工作日。第二是流程更简，推行"互联网+招标采购"，实现招标投标文件全程电子化和远程电子化开标评标；涉税事项精简同质化流程50%，精简纳税人报送材料48%，精简纸质表单证书26%，实现156个事项"最多跑一次"。第三是改革更新，探索产业用地项目先租后让、租让结合、分期供地、弹性年期出让的供地方式，提高土地资源调控能力，降低企业用地成本。第四是政策更实，对权限内的有关税费政策，在国家规定的幅度内降到法定税费率最低水平；加大稳岗支持力度，对上年不裁员或少裁员的园区企业，给予一定返还奖励。第五是标准更高，各项行政审批事项在市区的要求基础上，实际审批时限再压缩10%；建立政策兑现协议库，简化申报手续，加快实现一次申报、全程网办、快速兑现；打造企业服务工作2.0版，建立企业问题的闭环解决机制、企业产品宣传推广机制，通过搭建经开区企业服务云平台，建成企业服务信息库，为抓取、研判企业动态，提前介入、靠前服务，提供信息化、智能化支持。第六是配套更好，强化医疗资源、教育资源建设，加快生活区提升改造，完善生活配套，打造类中关村创新创业生态系统。第七是考核更严，将政务服务四办比例、办结时限、生态环境指标、孵化器、众创空间数量以及高新技术企业、雏鹰、瞪羚、科技领军以及上市企业培育数量等方面全部纳入绩效考核，与各职能部门业绩挂钩，完不成直接扣绩效、减工资。第八是服务更亲，落实政企互动"清单""亲单"；建立委领导、各部门以及青年干部与企业和企业家的联系机制，开展各类政企互动品牌活动，完善优秀企业家礼遇服务措施，打造生日关怀、节日关怀、就医关怀、高端培训、商务出行、子女教育、生活管家等7项专享服务举措，全面提升企业家的"获得感"和"幸福感"。

三是反思突破阶段：正视自身发展问题，谋求特色发展道路。取得成绩的同时，天津经开区也深刻认识到，改革也一度进入了瓶颈期。原有改革模式的加速力已不足以打破现实困境；准入准营审批减环节、减时间的做法催生了一个个抓眼球的"噱头"，但没有达到全面提升企业获得感、提升企业满意度的预期目标；各项指标的优化提升，在直接服务招商引资、服务产业发展的过程中，针对性不强，吸引力也略显不足。特别是对于经开区、高新区、保税区这种以服务企业、招商引资为核心的经济功能区，由于层级权限较低，社会职能不全，在继续深入推动营商环境18项具体指标上，往往呈现力不从心的状态，种种问题和挑战进而引发了对工作的进一步思考。当下各先进地区聚焦营商环境优化，围绕"放管服"改革，各项举措不断迭代更新，竞争力显著增强。这就需要我们在营商环境普遍性举措之外，另辟蹊径，不仅有"大路货"，还要有"一招鲜"。国家《优化营商环境条例》中第七条明确提出"国家鼓励和支持各地区、各部门结合实际情况，在法治框架内积极探索原创性、差异化的优化营商环境具体举措"。天津经开区的定位是"先进制造业核心区"，营商环境工作重心必须围绕实体经济高质量发展需求，围绕精准对接经开区各主导产业发展特色，围绕各主导产业发展在营商环境方面的痛点、堵点，靶向施治。为每个主导产业量身定做一套营商环境解决方案，进一步为产业发展赋能。在这个思路的指引下，天津经开区全面启动了产业营商环境的调查研究工作，选取了经开区最具代表性和发展潜力的生物医药、石化新材料以及平台经济三大行业作为主要研究对象。其中生物医药重研发、石化新材料重制造、平台经济重政策，各有特点。有别于常规的产业规划研究，而是结合产业生态和产业发展要素，锚定行业发展中特定的体制机制、政策措施、服务监管的堵点和痛点，创新性地从企业全生命周期场景来发现和解决产业发展中的问题，这一研究目前在国内还属于空白地带、"无人区"。

二 产业营商环境优化的基本情况及取得的成效

（一）研究评估的总体情况

三大产业研究报告全面评估了经开区在生物医药、石化新材料以及平台经济领域的发展现状、存在的问题，通过指标的方式一一体现。项目研究历时半年，在研究过程中首先进行了政策研究，汇总各级各类产业政策、产业论文 125 篇，归纳产业特点和问题；其次，开展了大量的调研，其间与天津经济技术开发区管委会近 20 个部门以及区内近 30 家重点企业进行了至少 3 轮访谈、4 轮内部审议才最终修订成型。结果显示经开区在生物医药、石化新材料以及平台经济领域营商环境建设总体表现优秀，产业链基本完整，产业聚集度高，产业招商和产业服务专业化程度高，企业满意度高，总体发展势头较好。如在生物医药方面，经开区作为天津乃至渤海地区生物医药产业的核心区域，目前已有 800 余家生物医药企业落户，产值超 600 亿元。拥有全国最大的胰岛素、酶制剂生产基地，培育出康希诺、瑞奇外科、凯莱英、赛诺医疗等多家代表性企业，整体规模不断壮大。在石化新材料方面，以南港为核心的化工园区作为国家级石化产业基地、国家能源储备基地和石油化工新型工业化示范基地，地理位置优越、产业基础发达，以两化、大乙烯等龙头企业为核心，已聚集了中石油、中石化、中沙、壳牌等知名企业，产业配套完备，正在努力打造世界一流化工新材料基地和现代化国际性多功能特色港区。在平台经济方面，经开区目前已形成生活服务、互联网出行、网络货运、灵活用工、互联网医疗、直播带货以及影视文化等产业体系，吸引了美团、滴滴、猎聘、喜马拉雅等行业领军企业集聚。

落实"放管服"改革要求,在天津市范围内率先研究出台《平台经济集中登记管理办法》,解决平台企业集群注册问题,率先将互联网医院、网络货运等纳入"一企一证"服务清单,为平台企业生存发展提供了良好的环境。但同时,我们也发现在个别指标上还依然存在一些问题,有待解决。如在生物医药方面存在产品上市审批慢、审批权限不足、区内平台服务承载量难以满足企业需求等问题;在石化新材料方面,存在碳排放管控严格、安全生产检查频繁、综合性能源成本较高等问题;在平台经济方面,缺少平台经济针对性监管措施,存在新兴行业社会接纳度低等问题。相关结论都贴合产业实际,数据翔实,具有很好的参考价值。同时对全部问题也都进行了对标,并针对性地提出了板块化、场景式的改进方向和落地建议,形成了服务区域产业高质量发展的产业营商环境专项行动计划。

(二)产业营商环境指标体系的主要内容和特点

1.主要内容

产业营商环境指标体系以中国特色营商环境指标体系为框架,关注政府审批许可、监管与服务、产业公共资源调度等方面;以产业研究重点议题为具体内容,纳入特定产业发展所关注的重要问题,将问题通过指标体系的方式呈现。根据这一思路,三套指标体系内容如下。

一是生物医药产业营商环境指标体系。结合产业规划,该指标体系共有三个板块、九个模块、二十五个一级指标。第一个分类是全生命周期,以市场准入、投资建设及生产经营三个环节为主,根据生物医药产业特性,有研发上市审批、用地规划、知识产权等八个一级指标;第二个分类是投资吸引力,根据生物医药企业的核心需求和地方投资重点考虑要素,有产业促进、创新培育和融资信贷三个模块,具体包括产业链配套、技术创新平台、企业融资渠道等十个一级指标;第三个分类是监管与服务,是政府对整体市场环境的维系,有市场监管、数字政务和产城融合三个模块,具体包括智慧生产监管、平台功能、人才引进与培养等七个一级指标。

二是石化新材料产业营商环境指标体系。该指标体系以南港工业区为根据，同样有三个板块，并细分有八个模块、十八个一级指标。全生命周期下有市场准入、投资建设和生产经营三个模块，根据石化新材料产业发展需要，有园区准入管理、项目准入许可、"两高"项目认定、用地规划、获得用电、获得用水、获得用气、碳排放、污染物处理及跨境贸易十个一级指标。投资吸引力下有基础建设和融资信贷模块，根据南港工业区建设，具体有公共管廊、港口建设及企业融资。监管与服务设有市场监管、园区服务及产业融合，具体为安全生产监管、智慧化工园区、产业链对接、公共创新平台及产城人融合。

三是平台经济产业营商环境指标体系。该指标体系落脚于互联网医院等经开区现有的平台经济细分领域，研究细分领域的共性特点和个性化需求，总共设有三个板块、八个模块和十七个一级指标。全生命周期仅有市场准入和生产经营两个环节，关注经营范围登记、集群注册、准入资质清单及纳税。投资吸引力有产业生态、投资倾向和融资信贷，具体设有产业链配套、线下资源对接、新产业社会接纳度、新产业包容度、融资渠道及信用担保机制六个一级指标。监管与服务从市场监管、数据服务、产城融合三个模块，设有行业主管部门监管、反垄断监管、纠纷解决、就业权益保障、数据隐私、数据共享及人才培养七个一级指标。

产业营商环境指标的构建，不是凭空想象，而是以国家营商环境指标体系为框架，在框架之内，结合产业实际进行重建，对于产业特征不明显的指标，予以排除。以生物医药产业为例，共包括全生命周期、投资吸引力及监管与服务三个板块。全生命周期关注企业从生到死的主要环节，根据企业成长顺序，分为市场准入、投资建设、生产经营及退出市场四个板块，其中市场准入指标关注研发上市审批，而不再关注基础的营业执照审批。投资吸引力反映了地方支持产业发展的资金资源及公共设施，在保有原本营商环境指标中融资信贷的内容后，根据生物医药产业高速发展所需要的地方资源，增加产业促进和创新培育。监管与服务体现地方政府对当地产业发展综合性大环境的打造，有市场监管、数字政务及产城融合，其中结合产业特点会重点凸显各类平台的搭建和高端人才引进。

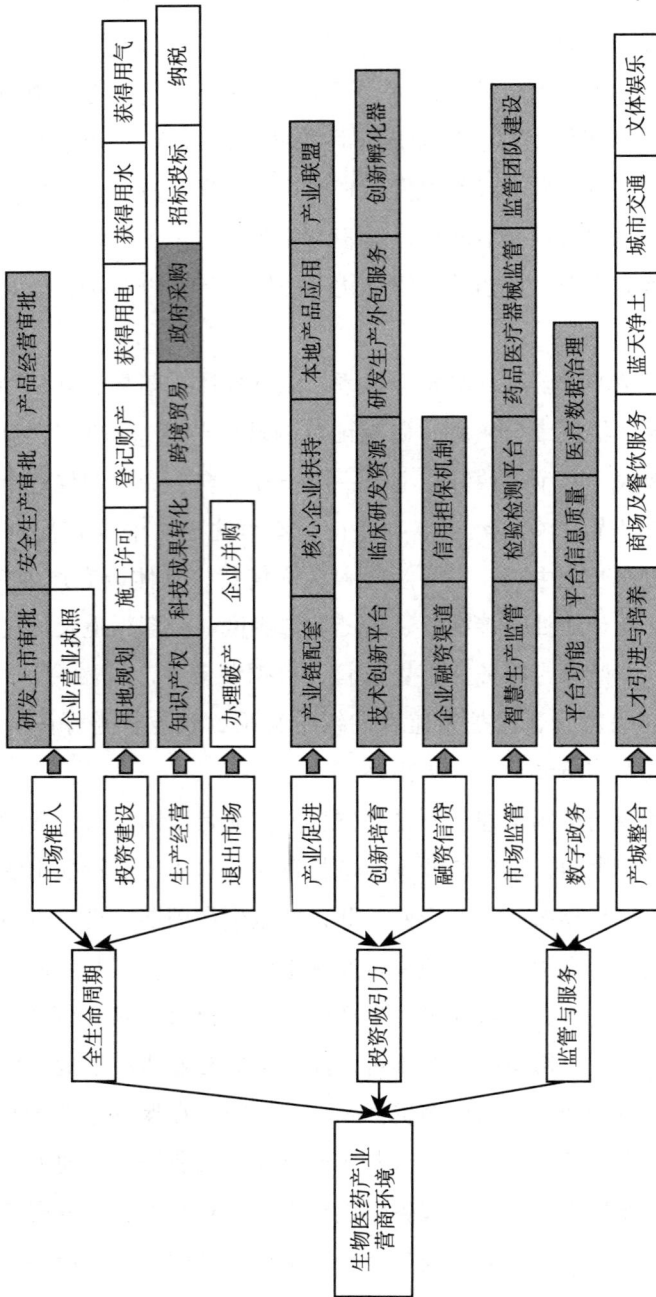

图 1　生物医药产业营商环境指标体系

2. 主要特点

一是创新性。此次研究不仅是天津经开区首次开展的产业营商环境研究，也是全国范围内较早对中国特色营商环境指标体系进一步拓展、延伸的领先探索。其创新性在于将营商环境与产业促进政策进行融汇性组合，产生营商举措直接助力产业跃升的放大效应。于营商环境而言，本次研究是营商环境改革的精细化探索，是深耕产业发展的"放管服"改革；于产业规划而言，本次研究突出了产业发展中的政府职能，全面而系统地梳理政府审批及服务环节，通过优化软性服务释放产业发展活力。

二是全面性。指标体系涵盖产业发展的软性审批监管环境和硬性产业配套基础环境，通过系统化、结构化的梳理，确保全方位反映产业发展现状及其对营商环境的需求。在指标建立过程中，坚持兼听则明，逐一收集每个指标所涉及的企业、运营服务公司、政府部门等各方反馈意见，形成最终的产业营商环境现状概述。

三是落地性。指标体系构建及对策建议提出从当地政府实际情况出发，根据产业文献研究找到问题方向，通过与本地企业的访谈细化具体问题表现。同时，结合经开区管理权限和地方产业规划，提出针对性、实操性建议。如根据石化新材料产业中企业提出的当地厂区偏僻、员工通勤不便问题，纳入产城人融合指标，并结合地区公共交通发展规划提出对策建议。

四是时效性。产业营商环境指标体系兼具规划指引与问题发现的双重使命。既要厘清影响产业发展潜力的中长期问题，也要致力于推动解决当前影响或限制产业发展的短期问题。如生物医药产业营商环境中，针对时下影响最大的药品集中带量采购政策，调整政府采购指标内容，探讨如何从政府角度协助企业更快适应最新的集采动态。

（三）产业营商环境优化的具体措施和示范意义

1. 具体措施和成效

一是实施生物医药产业营商环境 2022 年行动计划。按照生物医药产业特点，结合经开区实际，从优化医药产品审批服务、加快本地产品上市速度，创新服务机制、提高医药企业通关便利度，完善评价转化体制、推动产学研深度融合，丰富系列对接活动、促进科技成果本地转化，拓展企业产品销售渠道、增强本地企业市场竞争力，激活风险投资基金市场、丰富医药企业融资渠道，优化产业资源配置、增强地区产业扶持资源调控能力，加速引进高级人才、完善人才服务体系，探索医疗数据治理、推动医药产业信息化建设，发挥共同缔造理事会作用、提高产业服务专业性等十个场景对生物医药产业营商环境进行优化。

经开区重点推动完成了一系列生物医药领域改革：与市药监联合，实现"1+3"技术服务窗口①落地，为区内生物医药企业提供技术审评查验服务，实现生物医药企业审评时限再减半，这是一项将药品检验、医疗器械检测、化妆品监管等重点领域的审评查验、检验、药物警戒等专业技术服务延伸至园区的重大举措，对经开区乃至滨海新区生物医药行业发展都发挥了助力作用；与天津海关、河西海关联合，打造"关地协同"工作模式，实现生物医药品通关"全周期"服务体系，激活区域医药企业研发生产活力，促进产业健康快速发展；起草制定《天津经济技术开发区国际职业资格与职称资格比照认定暂行办法（试行）》以及《天津经开区国际职业资格比照认定职称资格目录（制药行业）》，探索开展国际职业资格与国内职称资格比照认定，推动国际职业资格与国内职称资格的有效衔接能够有力促进海外高素质人才到经开区就业，服务新兴产业发展需求。

二是实施南港石化新材料产业营商环境 2022 行动计划。按照石化新材料产业特点，以天津经开区南港工业区为核心，结合南港工业区发展规划，从科学编制准入评估机制，完善项目落地审批流程；打造园区综合能源服务模式，提高供给能力；完善园区基础设施建设，构建智慧型化工园区；发挥龙头企业带动效用，促进产业集群发展；增强创新服务配套，探索绿色发展新路；发挥产业基金作用，拓展企业融资渠道；完善生态环境监管体系，提

---

① 天津市药物检验研究院滨海实验室与天津市药品化妆品审评查验中心、天津市医疗器械审评查验中心、天津市药品医疗器械化妆品不良反应监测中心三个滨海办公室。

高环境管理能力；实施双碳政策规划，协助企业进行低碳转型；充分发挥港口价值，加快推进危险货物本地接卸；立足本质安全，提高地区安全检查和应急能力等十个场景对石化新材料产业营商环境进行优化。

经开区重点推动完成了一系列石化新材料领域改革：依托市精细化工和新材料产业（人才）联盟，积极构建"人才培养+科创中心+转化基地"创新发展模式，打造"政产学研用资"协同创新生态系统，加快关键"卡脖子"技术攻关，培育科研成果转化项目落地，实现产业向"专精特新"细分领域发展，共同打造化工领域自主创新重要源头和原始创新主要策源地；经开区根据化工企业行业特点，与天津OTC及各类金融机构共同探索创新融资方式，对企业资质实施白名单管理，利用泰达产业引导基金对企业进行定向培养和直接融资支持，引导帮助天津科瑞达涂料化工有限公司和天津卡普希科技有限公司成功在天津OTC专精特新板挂牌，进一步撬动社会资本，增强了资本对产业聚集的引导作用。

三是实施平台经济领域营商环境2022年行动计划。按照平台经济领域产业特点，以网络货运、互联网医院、直播电商及互联网生活服务行业为主要细分领域，结合经开区发展现状和未来发展方向，从规范平台经济经营科目、完善市场准入审批制度，结合平台企业纳税特点、便利化平台企业税收服务，制定行业监管细则、实施平台企业动态监管，加强线上纠纷解决能力、推动平台经济法治建设，规范用工模式、探索建立灵活用工保障，建立平台型人才培训评价机制、开展系列培训活动，形成平台企业数据管理规范、探索数据共享机制，搭建完整产业链条、构建数字经济发展产业生态，完善平台生态建设、配套平台企业发展所需商务资源，加强平台企业宣传推广、树立产业正面形象等十个场景对平台经济领域产业营商环境进行优化。

经开区重点推动完成了一系列平台经济领域改革：协同市网安支队、通信管理局，探索完成市级权限延伸服务创新机制，将数字经济行业准入过程中的网络安全等保备案事项延伸服务至经开区，实现项目全程申报"只进一门"，避免企业跨部门办理，助力平台企业快速取得网络安全等保备案，在保障信息安全管理的前提下快速展业、持续发展；经开区率先实现平台经济"一企一证"综合改革，有效帮助产业进一步聚集发展，高济医疗、京东健康、泛生子、云南白药、恒瑞药业、正大天晴等一大批上市和拟上市企业成为改革的受益者。目前，滨海—中关村科技园已落地50余家互联网医院及相关业态，初步形成了华北地区最大互联网医疗高地。诸如此类改革举措在《经开区2022年优化产业营商环境实现高质量发展的建设方案》中共有30个方面，实施共计86项具体任务，全部任务聚焦产业发展中涉及营商环境的具体问题，有数据、有实例、有对标、有创新。

2. 示范意义

营商环境的本质是"营造"适合"商事主体"健康、持续壮大的"发展环境"。国家级经济技术开发区是商事主体的集聚区，是产业发展的高地。天津经开区此次打造"产业营商环境"高地的示范意义主要体现在三个方面。

一是进一步深化营商环境的内涵。随着"放管服"改革的逐步深化，现阶段的营商环境亟待从"便利化"的基础层面向纵深推进，实现新的跃升。天津经开区率先将营商环境与产业发展环境二者打通，将日益成熟的集成改革、协同治理等营商理念植入产业发展，着力攻坚产业发展面临的体制机制问题，从而最大限度地降低制度性交易成本，最大限度地释放产业发展空间，最大限度地提高营商环境的供给质量。这是一次非常有益的探索。

二是进一步细化营商环境的着力点。营商环境是一个系统工程，但绝不能泛泛而谈，也不能就指标论指标。而是要围绕特定行业和企业发展所需，找到"小切口"，在"小切口"上面下"大力气"，深化体制机制创新，积极探索与产业发展相适应的管理新模式，着力解决企业在产品研发、特殊货物通关、融资、国际人才引进等方面的具体的痛点、难点，以一流营商环境为产业发展赋能助力。

三是进一步响应新经济新产业对营商环境的需求。以平台经济为例，目前，经开区已吸引包括美团、滴滴、爱奇艺、58同城等在内的龙头企业落户，同时培育出了零氪科技、狮桥等细分赛道领头者。只有打造"最懂平台经济的营商环境"，才能更好地服务这些企业，才能吸引更多的平台企业、数字经济入驻经开区。如何做到"最懂",那就要分析平台企业的业务模式和供应链,深入挖掘平台企业在各个运营环节的堵点和需要,设计贴合数字经济特性的政务服务模式和垂直化的产业政策,做到既适度开放,又规范监管,从而打造适合平台企业发展壮大的产业生态。

三 目前面临的挑战

（一）数字化建设依然是当下优化营商环境的主要制约因素

数据作为核心生产要素在产业链打通和产业服务上至关重要。在政务服务优化上,各垂直部门数据依然无法打通,致使目前各项审批效能提升受到制约,"一件事"等改革大部分还是通过线下开展。在数据标准方面,国家虽然发布了相关法规,但具体应用依然滞后。在产业链数字化方面,上游数字化进程落后于下游,导致供应不畅通,下游产业受到的用户驱动效应明显大于来自供应商的上游生产驱动效应。如直播电商,下游商家卖货给消费者可通过淘宝、抖音等大平台快速实现数字化,但地方建设电商基地需要线下货源、物流仓储、跨境中转商等上游支撑,这些部分向数字化平台推进进度慢于下游。

（二）产业营商环境的优化不是区域的单一行为,需要进一步推动区域协同

产业发展依托于产业生态,而产业生态需要通过全链条构建,不是一地一域可以完成的。《中共中央 国务院关于加快建设全国统一大市场的意见》中提出"优先推进区域协作。结合区域重大战略、区域协调发展战略实施,鼓励京津冀、长三角、粤港澳大湾区以及成渝地区双城经济圈、长江中游城市群等区域,在维护全国统一大市场前提下,优先开展区域市场一体化建设工作,建立健全区域合作机制,积极总结并复制推广典型经验和做法"。这已经给了各地指引,推动区域经济、服务产业发展,必须加强区域间协同,加强上下游之间协同。

（三）产业法治基础偏弱，公平竞争与纠纷解决机制待完善

法治环境是产业规范化发展的基础，是提供稳定可靠市场环境的重要保障，但在平台经济领域法治建设基础仍不牢固。一是行业公平竞争管控有待完善，以数字为生产要素的企业拥有海量数据，是用户和其他企业、经营者之间联系的纽带，同时具有公司和市场双重属性。原有的以市场占有率为主的滞后性反垄断监管难以适应新业态发展，需要重新定义数字经济的垄断行为，并提出前期反垄断行政指引。二是纠纷解决机制需更适应新业态发展，随着数字化发展，服务业可轻松直对远程个体客户，在交易繁荣活跃的同时，也引发许多新类型民事纠纷和诉讼案件，并且存在纠纷数量多、地域分布跨度大、发生频次高等问题。数字化发展与原有的属地监管系统相矛盾，平台纠纷存在跨地域性，经常有平台内产生纠纷的双方身处两个城市而平台则位于第三个城市的情况，根据原有的属地法院制度，难以有明确的案件从属。

四　改革展望

营商环境是企业发展的土壤，产业营商环境则是针对特定产业打造的特色化、精细化土壤。天津经开区产业营商环境指标体系将产业研究议题与中国特色营商环境指标体系相结合，针对选定的产业，定制形成指标体系。通过指标指引，梳理区内产业发展现状，挖掘产业发展中存在的突出问题，并点面结合地对标先进地区，引导各部门在服务资源供给、惠企政策制定等工作中更加有的放矢。但目前受制于上述种种问题和挑战，发展还存在障碍。一是希望借助此次国家数据局的设立契机，进一步打破数据壁垒，推动数字化和标准化运用的进一步落地，通过数字化建设进一步赋能产业营商环境构建。二是希望进一步完善法治化顶层设计，对于新产业、新业态、新模式一方面加速上位法出台，明确定位，落实监管；另一方面希望在更大范围内推动先行先试，允许有条件有意愿的地区自主开展深度探索。三是希望在京津

冀、长三角、珠三角乃至全国园区范围内进一步推广产业营商环境理念，推动各细分产业营商环境优化，共同构建一体化产业生态。目前天津经开区与中国信息协会合作，已经出台产业营商环境标准和数字经济营商标准环境，下一步还将继续深入推动各细分领域标准的建立，将自身经验成果进一步复制推广，同时也将继续深入开展产业营商环境优化研究，将其作为常态化工作，高质量推动，真正将影响经开区产业发展的堵点、痛点一一解决，实现经开区各主导产业竞争力显著增强、产业营商环境氛围全面提升，达到世界一流、国内领先水平。

B.8
聚焦"营商青岛·共赢之道"，全力打造营商环境"青岛模式"

青岛市行政审批服务局　青岛市人民政府办公厅*

摘　要： 近年来，青岛市深入贯彻落实习近平总书记对山东、对青岛工作的重要指示要求，认真学习习近平总书记关于优化营商环境重要论述，聚焦"办事方便、法治公平、成本竞争力强、宜居宜业"四项基本要求，加快构建与国际通行规则相衔接的营商环境制度体系，倾力打造"营商青岛·共赢之道"城市营商品牌，营造"人人都是营商环境、个个都是青岛形象"浓厚氛围，形成了一批可复制、可推广的青岛经验。2023年，青岛市把优化提升营商环境摆在更加突出位置来抓，在全市开展"深化作风能力优化营商环境"专项行动，聚焦优化"政策环境、服务环境、要素环境、市场环境、法治环境、人文环境"六个环境，推动实现营商环境、作风能力、发展质量"三个大提升"，助力青岛营商环境竞争力在全国第一方阵持续进位争先。

关键词： 青岛市　营商环境　市场环境

营商环境持续进位争先。青岛市在营商环境国评中列第 11 位，是全国提升最快的城市之一；在"2022 年十大海运口岸营商环境测评"中，位列

---

* 执笔人：王军，青岛市行政审批服务局副局长；李强，青岛市人民政府办公厅二级调研员；金梅，青岛市行政审批服务局经济师。

全国总分第 1,荣获最优等次四星级;在全国"2022 年万家民营企业评营商环境"调查中,位列全国第 9,位列北方第 1;在全国"2022 年度中小企业发展环境"评估中,位列全国第 10;在"2022 年中国城市政商关系评价"中,位列全国第 7,位列北方第 1;青岛市入选全国民营经济示范城市首批创建城市,为北方唯一入选城市;2023 年,青岛市上榜中央广播电视总台"2022 年城市营商环境创新城市","公共服务优化""监管机制创新"两项营商环境创新做法入选《2022 城市营商环境创新报告》重点推广。2021年、2022 年连续两年在省高质量发展综合考核中,青岛市营商环境专项位列全省第 1。市场主体活力迸发。2023 年上半年,全市新登记市场主体14.32 万户,同比增长 5.92%,日均新设市场主体约 791 户,市场主体总量达 209.44 万户,民营市场主体占比 98.33%。改革创新不断深化。2022 年,青岛市共承担营商环境领域国家级、省级改革试点 127 项。2023 年 3 月,青岛市受邀在全国优化营商环境现场会上作典型发言。国家优化营商环境简报就青岛营商环境改革举措报道 5 篇,国务院领导对青岛市深化投资领域"放管服"优化营商环境改革作出肯定性批示。省委、省政府主要领导对青岛市深化跨境便利化改革、优化口岸营商环境的创新举措作出肯定性批示。2022 年 10 月,省委副书记、市委书记陆治原在市优化营商环境工作专班办公室呈报的《青岛市优化营商环境工作专报》上作出肯定性批示。省委深改委《山东改革专报》刊发了青岛市《聚焦"营商青岛·共赢之道"全力打造营商环境"青岛模式"》。2022 年中央、省及市重点媒体对青岛市优化营商环境工作宣传报道 25000 余次,为近三年来最多。

一 创新体制机制,建立"顶格推进"营商环境工作"青岛模式"

坚持以体制机制创新破题,着力完善营商环境建设工作体系与运行机制,精准建立系列常态化制度性安排,将营商环境工作作为"一把手"工程高位推进。

（一）升格一个机构

将市持续深入优化营商环境和推进政府职能转变领导小组升格为市委议事协调机构，由市委、市政府主要领导任双组长，对重大营商环境事项实施"顶格倾听、顶格谋划、顶格部署、顶格协调"。2023 年"深化作风能力优化营商环境"专项行动开展以来，省委副书记、市委书记陆治原同志先后 10 次作出批示，涉及营商环境政策制定、受理问题处置机制、典型案例整改等多层面，市委副书记、市长赵豪志同志也多次作出批示。

（二）配强一个专班

调整组建市优化营商环境工作专班，由政法委书记和常务副市长两名市委常委担任双组长，市优化营商环境工作专班办公室调整设置在市行政审批服务局，将营商环境工作由综合协调服务转向专业能力建设。2023 年，成立市"深化作风能力优化营商环境"专项行动指挥部，指挥部设办公室和迎考评价、督促检查、宣传引导、执纪监督 4 个工作推进专班，指导 10 个重点领域、35 个参与单位深入开展专项行动，组建了 6 个督导组，形成了"1+4+10+N"的整体推进体系。

（三）打造一支队伍

着力打造营商环境"实干家"队伍。截至目前，青岛市营商环境领域累计获得国家、省和市表彰奖励 181 人，集体表彰奖励 117 项。市行政审批服务局张大为同志获评全国"人民满意的公务员"，是全国副省级城市政务服务部门唯一获此殊荣的个人，受到习近平总书记接见。1 个集体获得"全国巾帼建功先进集体"荣誉称号。7 个集体和 10 人分别获得山东省深化"放管服"改革优化营商环境工作先进集体和先进个人表彰。市优化营商环境工作专班办公室被评为"市直机关青年尖刀班标兵""青岛市青年突击队"。

（四）建立一个闭环

建立营商环境问题线索"受理—转办—督导—问效"闭环管理机制，

切实把"问题清单"转化为"责任清单"和"成果清单"。畅通"12345 热线、青诉即办、政务服务好差评"等诉求反映渠道,开展"行政审批领域意见建议清零行动""办不成事我来帮""护航进项目、监督在一线"等活动,查处一批损害营商环境深层次问题。今年第一季度,面向经营主体和办事群众、重点商协会等开展营商环境问卷调查,发放样本 10.2 万份,回收有效问卷 2.16 万份,广泛挖掘营商环境深层次问题,以整改整治倒逼干部队伍作风能力提升,优化营商环境。

(五)分析一套数据

市优化营商环境工作专班办公室牢固树立政治机关、服务机关、经济部门、民生部门"四个定位",会同青岛银行首席经济学家办公室,对日常业务形成的市场主体注册登记、建筑工程审批、公共资源交易等实时数据进行分析,形成营商环境"先行数据分析"简报。同时,筹备建立全市营商环境数据监测平台,将营商环境涉及的 18~75 个指标纳入实时数据监测,导入数据抓取、归集、研判、督导、监测、预警等功能,一方面为经济社会高质量发展提供决策参考,另一方面通过大数据抓取实现营商环境"无感评价与考核"。

(六)实施 N 项常态化制度

一是实施营商环境"三报告"制度,在党代会报告、政府工作报告以及市委经济工作会报告中写入营商环境专题,并将每年召开营商环境大会确定为常态化制度安排。二是实施营商环境考核制度,将营商环境专项纳入部门和区(市)综合绩效考核,尤其是将营商环境专项纳入区市季度"摘星夺旗"考核。三是将营商环境工作纳入市管领导干部和初任公务员培训课程,将营商环境一线部门作为初任公务员实训基地,实施 3~6 个月挂职实训。四是发挥人大监督作用、政协职能优势。市人大连续六年聚焦营商环境专题,开展专题询问或执法检查。市政协聚焦提升作风能力和优化营商环境建言,持续提振市场信心。

二 强化政策供给，推出营商环境制度
创新"青岛方案"

坚持"真管用、立得住、叫得响"标准，对标一流，持续推动青岛营商环境的政策创新。2021 年，市委、市政府出台《青岛市营商环境优化提升行动方案》，作为青岛市优化营商环境 1.0 版，推出 46 条创新突破政策，在全国率先提出服务企业、自然人、项目建设、创新创业"四个全生命周期"。2022 年，为持续推动青岛营商环境进位争先，研究制定《青岛市营商环境优化提升三年行动规划（2022—2024 年）》，升级优化营商环境至 2.0 版，既拓展了营商环境向全市经济社会发展覆盖的广度，又兼顾了精度、深度、温度。

（一）服务企业全生命周期，激发经营主体发展活力

深化商事制度改革，推出"青易办"移动端企业开办掌上智能平台，在全国率先实现企业登记注册全链条"掌上办、零材料、智能审"。创新推行企业注销"一件事"改革，推动企业登记、税务、社保、医保等注销环节流程再造，实现"一网通办、一表填报、并行办理"。开展"无证明城市"建设，全市 1.1 万余项政务服务事项可利用电子证照证明办理，上线 18 个"智审慧办"政务服务场景，建成全国首个"智慧政务"全场景体验中心。优化升级"青岛政策通"平台，聚焦政策兑现，实现全市政策的"一口发布、一口解读、一口兑现、一口服务、一口评价"；设立"免申即享"专区，梳理市级"免申即享"政策清单，建立资金保障机制和专门账户，实现"企业不申报、资金及时到"。

（二）服务自然人全生命周期，提升办事群众的获得感和满足感

搭建全市统一的"集成办"政务服务专区，1109 个"一件事"在集成办专区上线运行。其中，"办理新生儿出生一件事"上线后，办理环节由 4

个减为 1 个,提交材料由 19 份减为 4 份,跑动次数由至少 4 次减为 1 次。"军人退役一件事"上线后,办理时间从原来的 6 个工作日减少到 20 分钟,跑腿次数由 7 次减少为 1 次,材料缩减了 74%。扎实推进基础教育优质资源倍增、职业教育创新发展等攻坚行动,放宽新市民子女入学条件,改进企业及人才子女教育服务。建设高质量医疗服务体系,推进"百村万户"健康素养提升工程。推行保障性住房"一件事"套餐,简化提取住房公积金偿还公租房租金手续和提取材料,对符合条件的新就业无房职工发放住房租赁补贴。

(三)服务项目建设全生命周期,助力实体经济振兴发展

深化策划生成、多测合一、"12+N"市政报装主题服务、"6+N"联合验收改革,全面实现工程建设项目审批流程、信息数据平台、审批管理体系、监管方式"四统一"。深度融入黄河流域生态保护和高质量发展战略,在全国首创"陆海联运、海铁直运"监管模式,赋予内陆港码头前沿功能,吸引沿黄流域、"一带一路"沿线货物在青岛接卸中转,助力青岛打造黄河流域最佳出海口。创新实施"水水中转"智能管理,实现青岛前湾港"水水中转"24 小时自动化作业,支线船与干线船无缝衔接,推行区港一体化,推广"船边直提、抵港直装"。实施黄河流域生态保护和高质量发展政务服务"跨域通办",拓展"异地代收代办",优化"多地联办"。探索建立黄河流域生态保护和高质量发展营商环境研究会。

(四)服务创新创业全生命周期,提升宜居宜业城市品质

建设"创业一件事"平台,精心打造"专精特新""四新经济"培育赛道,截至目前,认定创新型中小企业 1651 家,专精特新企业总量达到6738 家。推进全国跨境贸易便利化改革试点任务落地,优化提升多式联运公共信息平台功能,实现青岛港海铁联运"一单制"货物在途实时追踪。加快打造"智慧海铁""海铁直入"新模式。支持山东自由贸易试验区青岛片区创新开展中韩陆海多式联运,探索跨境卡车航班业务,畅通中韩海上高

速公路。支持上合示范区整合海陆空铁资源，建立标准化的铁路提单。打造城市感知"一张网"。汇聚相关领域监测预警成果，落实燃气、供排水、热力、桥梁、综合管廊、地铁和隧道等城市生命线检测预警试点任务。构建城市安全风险综合监测预警平台，推进城市安全风险综合监测预警中心建设，打造城市安全风险监测预警专项应用。探索公共数据安全合规开发利用，优化公共数据开放质量，扩大卫生健康、农业农村、生态环境等领域公共数据开放范围。

三 提升服务质效，创出政务服务"青岛样板"

对于副省级城市的政务服务工作，经过20多年的改革攻坚，"减材料减时限减环节"等规定动作已基本完成，需要深度思考对"秒批""一次办好""只跑一次"等举措迭代升级的明天是什么？应该摒弃盲目的速度与数量比拼，深层次推进政务服务工作由"提速增效"向"公平正义"转变，由"卖场式价格战"向"体验感增值服务"转变，努力让人民群众在每一项政务服务中感受到"高效便捷和公平正义"。

（一）聚力群众办事，让每一位办事群众"体验感更好"

秉承"人人心中的营商环境才是真正的营商环境"理念，打造去指标化的营商环境，坚持把市场主体实际感受作为衡量营商环境水平的主要依据。调查研究表明，群众对党委和政府满意度与经济发达程度不完全构成正相关关系，群众更在乎身边具体可见可感的变化，往往以"惠民便民、可感可知的身边小事"来对政府部门的工作进行评价。青岛市民中心办事群众日均8000余人，高峰期达到9000多人，来的都是客，但不是人人都满意。青岛市从小切口破题：一是健全靠前服务机制。将市民中心管理委员会办公室搬至市民中心一楼，直面办事群众，紧盯市民从进门到出门的全过程，为市民提供导服指引、办事指南、帮办代办等服务，做到迎接群众来，目送群众走。二是建立诉求解决闭环机制。基于"12345"、"青诉即办"、营商环境"三支队伍"等渠道建立问题诉求"直通车"制度，在青岛市民中心开设"市民会客厅"，增设7处意见受理专区，全面收集办事群众意见建议。在全市行政审批服务系统广泛开展意见建议动态清零行动。截至目前，通过各类渠道收集问题建议166条，均已办理完毕，确保事事有着落、件件有回音。三是完善一线工作机制。探索组建市民中心志愿服务队伍，提供"志愿服务暖心办"服务；针对部分企业群众工作日期间不方便办事的难题，以双休日可约可办为原则，开展"延时服务全时办"服务，非工作时间累计服务6131次；针对"老弱病残孕"等特殊群体，梳理出首批30项事项清单，推出"特殊群体入户办"服务，目前正开展试点。

（二）聚力项目建设，让每一个重点项目落地"快得更有意义"

力避政务服务"大锅饭"和盲目追求减材料、减时限的速度比拼，而是针对不同行业的发展规律，精准研究分行业领域的提速增效措施，实现"快"得更有意义。抓实体经济关键是抓项目。市行政审批服务局负责项目建设审批链条最后两个阶段，清楚整个项目前期手续办理情况，可以拿着"手电筒"从后往前照，帮助项目解决推进过程中的难点问题。一是在审批流程上做"减法"。推行施工许可"分阶段灵活办"，社会投资房地产项目拿地后最快7个工作日即可开工。会同自规、住建等部门，试点全链条告知承诺制，推行建设项目"图纸一件事"、工业项目"用地一件事"、定制化联合验收等，上半年，全市共有722个项目实施联合验收，项目验收时间压减至12个工作日以内。二是在服务方式上做"加法"。为兑现部门擂台赛上的承诺，统筹市、区两级资源，强化市区联动、部门协同，挑选60余名核心业务骨干，组建重大项目服务"金牌团队"，为省市重点产业项目、投资1亿元以上的城市更新和城市建设项目、重大招商引资项目以及市办实事项目，提供全链条审批服务。打造集展示、调度、办公"三位一体"的服务线上云平台和线下服务专区，对重点项目实行"挂图作战"。针对未完成施工许可的项目，"金牌团队"逐一到项目现场进行对接和服务。截至目前，405个省市重点产业项目中，已有359个办理施工许可手续，完成率达

88.64%。三是在公共资源交易上做"乘法"。持续扩大公共资源交易平台覆盖面，实现所有工程项目招投标的全流程电子化，年均为企业节约成本6900余万元。在全省率先实现电子营业执照"一照通投"，破解长期以来CA跨区域互认难题，年均为交易主体节省近500万元。大力推行电子保函，取消服务类、采购类交易项目投标保证金，年均释放流动资金约75亿元。积极开展全市建设工程招标投标和政府采购项目的历史沉淀保证金核查清理，共清退历史沉淀保证金3282.6万元，涉及经营主体379家、项目341个。在此基础上由点及面，开发完善投标保证金自动缴退系统，从根本上解决了这一问题，最大限度地降低制度性交易成本。上半年，全市完成交易项目4143个，同比增加20.28%。其中，矿业权、用能权进场交易额1.3亿元，实现零突破。

（三）聚力企业发展，让每一类经营主体"满意度更高"

把"企业视角"作为"第一视角"，把"企业感受"作为"第一感受"，围绕企业准入市场的"最初一公里"，不断健全企业全生命周期服务体系。一是以"有解思维"持续改革服务供给。利用企业开办专区这个与市场主体近距离接触、面对面交流的平台和机会，不断优化功能布局，主动听取企业诉求，收集意见建议，做好送上门的群众工作。二是以"乙方思维"重塑审批流程。在全市推出经营者变更、跨区迁移服务，变"最少跑四次"为"最多跑一次"。市行政审批服务局创新推进医护注册智慧化改革，打造医护审批政务服务"青岛模式"，在全国卫生健康现场会发言。建成全国首个航运企业集成化审批服务平台，实现海事、交通等5部门12个许可事项的集中办理，航运企业从设立到运营的时间缩短至30天以内。三是以"协同思维"画好服务企业同心圆。建立海洋经济活动商事主体"智能标签"新机制，实现登记即认、实时共享；推出集成服务与政策兑现一链办理，精准匹配惠企政策122项；完善市场主体退出闭环管理机制，破解企业退出难题。上半年，全市企业登记注册办结37.2万件，企业开办全程电子化率90.73%，位列全省第一。

（四）聚力法治公平，让每一项政务服务更加"公平公正"

经营主体与办事群众对政务服务，并不会因为 5 分钟办好还是 7 分钟办好而感到不满，真正在意的是政府部门与政法机关能否在行使行政审批权和检察审判权时公开、公平、公正地对待各类型所有制企业。因此，要更加突出政务服务的公平公正。一是加强政务诚信建设。持续推进"新官不理旧账"专项治理，深化涉政府产权纠纷专项治理、党政群机关履约专项清理行动，严格落实"限时清欠"机制，推动党政群机关对无分歧欠款"应清尽清"。专门出台全市政法机关服务保障民营经济高质量发展优化法治营商环境 25 条措施；力行"民告官"案件行政机关负责人"每庭必出"，对侵害企业家人身财产安全的违法犯罪"接诉即办""零延迟处理"。二是深化服务型执法改革。推行"预防为主、轻微免罚、重违严惩、过罚相当、事后回访"的服务型执法新模式，持续推行轻微违法免罚制度，深化柔性监管，截至目前，轻微违法免罚事项已达 108 项，涉及执法领域 15 个，累计免罚 8540 万元。出台"双随机、一公开"监管工作规范，联合抽查部门达到 32 个。三是全面提升公共法律服务能力。组建由 480 余名律师参与的惠企法律服务团队，基本实现基层公共法律服务实体平台全覆盖。加强公共法律服务平台建设，推进上合"法智谷""蓝智谷""金智谷""心智谷"建设，主动为对外贸易、金融、心理健康等领域和产业提供法治服务和保障。组建企业合规指导服务团队，组织法律服务机构为企业提供"法治体检"服务，打造惠企法律服务升级版。

四　注重标识引领，打造优化营商
环境"青岛品牌"

结合青岛城市特质，突出全岛、全域、全民理念，打造"营商青岛·共赢之道"城市营商品牌，策划实施全国首个营商环境领域的主题宣传，推进企业与城市互相成就、合作共赢，助力青岛营商环境制度创新力、传播影响力、产业竞争力、宣传引导力走在全国前列，使青岛营商环境工作更具标识性、标杆性。

（一）立法确定"企业家日"

通过市人大常委会立法确定每年11月1日为青岛企业家日，举行"青岛企业家日"重商、亲商、安商、富商系列活动，打造"企业家日"主题海边灯光秀，办好"企业家宣传周"活动，营造"人人都是营商环境、个个都是开放形象"氛围。高质量实施"局长进大厅"活动，组织重点领域和市场主体关注度较高的19个部门局长进大厅，一线体验调研、一线倾听意见、一线解决问题。

（二）组建营商环境"三支队伍"

组建青岛市营商环境专家委员会、媒体观察员、市场主体体验官三支队伍，面向全球择优选聘充实优化营商环境"三支队伍"254人，实现"区市、24条重点产业链和各类型组织形态"三个全覆盖，充分发挥营商环境"三支队伍"调研员、参谋员、监督员、宣传员作用，为青岛营商环境优化提升建言献策、代言发声，提供更加专业化、法治化、市场化的支持和保障。

（三）开设"青岛营商环境会客厅"

在青岛市民中心、自贸片区、上合示范区等重点功能区，市企业联合会、市中小企业协会、青岛市浙江商会等重点商协会搭建"青岛营商环境会客厅"，得到中央广播电视总台高度关注。开展"亲清政商半月谈"活动，畅通政企沟通渠道。举办营商环境高端论坛、沙龙等活动，分享国内外优化营商环境经验、建言献策，共谋青岛优化营商环境大计。

（四）推出"营商环境视听节目"

发挥自媒体作用，组织网络大V、头部自媒体等走向营商环境一线采风,深入挖掘生动鲜活的典型故事,着力打造一批影响力大、美誉度高的"爆款"故事。以有声明信片的形式策划制作营商视听节目"青岛营商三十六计""小武来了",开设"我身边的营商故事"专栏,聚焦青岛营商政策落地,打造情景案例类短视频,现场为市场主体和办事群众出谋划策,将政策为百姓讲懂,将难事为百姓办通。

(五)打造营商"青营团"

聚焦青岛营商政策推广,打造青岛营商团队IP——"青营团",以青年政务服务团为核心,以市营商环境工作专班青年干部为骨干,开展青岛营商政策的宣传推广,通过制作情景案例类短视频、开展沉浸式互动对话等活动让文件里的政策"活起来",让青岛的营商政策真正走进市场主体、走入人们心中。

(六)发布营商金牌榜单

通过线上H5、短视频、有声明信片等多种新媒体作品形式,发布青岛营商环境十大创新案例和十大创新人物两大榜单,作为2022年优化青岛营商环境的重磅展示,全媒体宣发报道。

尽管青岛优化营商环境工作取得了一定成效,但还存在市场开放程度不够、政务服务便利化水平有待提升、要素保障还不充分等问题。下一步,在省委、省政府的坚强领导下,在省政府办公厅的支持指导下,青岛市将持续对标一流、加压创新、精准施策,深入开展营商环境优化提升行动,落地落实惠企政策,积极争创国家营商环境创新试点城市,在营商环境全国第一方阵中持续进位争先。

B.9
优化提升市场化法治化国际化营商环境

成都市政务服务管理和网络理政办公室*

摘　要： 成都市将优化营商环境作为推进城市高质量发展、提高城市竞争
　　　　力的重要抓手，聚焦高质量发展、高品质生活、高效能治理，全
　　　　力营造市场化、法治化、国际化一流营商环境，加快建设践行新
　　　　发展理念的公园城市示范区，奋力打造中国西部具有全球影响力
　　　　和美誉度的社会主义现代化国际大都市。获批创建全国首批
　　　　"民营经济示范城市"，获评"2022 中国最具投资吸引力城市"
　　　　第一名、2022 城市营商环境创新城市，2022 年新登记市场主体
　　　　58 万户、居副省级城市第一位，市场主体总量达 364 万户、居
　　　　副省级城市第二位。

关键词： 营商环境　政务服务　成都市

一　主要做法

（一）聚焦激发活力，持续优化市场化营商环境

一是保障平等自主经营。贯彻落实国家市场准入负面清单制度，将市场
准入隐性壁垒破除等问题纳入统一诉求处理机制，严格落实"全国一张清

---

* 执笔人：赵仕品，成都市政务服务管理和网络理政办公室党组成员、副主任；郑强，成都市
政务服务管理和网络理政办公室营商环境建设处处长；石晓宇，成都市政务服务管理和网络
理政办公室营商环境建设处工作人员。

单"管理要求,切实履行政府监管责任,建立违背市场准入负面清单案例归集和报送机制,按季度对违背负面清单的典型案例情况进行排查。

二是促进市场公平竞争。对带有市场准入限制的显性和隐性壁垒开展清理,清理取消企业在资质资格获取、招投标、政府采购、权益保护等方面存在的差别化待遇,清理通过划分企业等级、增设证明事项、设立项目库、注册、认证、认定等非必要条件排除和限制竞争的行为,并建立长效排查机制。健全公平竞争审查投诉举报受理反馈机制,深入开展反不正当竞争专项治理,保障各类市场主体公平参与市场竞争。

三是强化政策赋能。近年来,先后出台建体系夯基础的1.0版、学先进补短板的2.0版、树标杆创品牌的3.0版、集创新求突破的4.0版营商环境政策以及系列配套政策,累计推出700余项营商环境改革措施。2022年接续出台营商环境5.0版政策,以"激发市场主体信心和活力"为主线,包含10个方面39项改革举措,对表国家营商环境创新试点改革事项清单,涉及95个具体改革点位。

四是千方百计助企纾困,2022年出台"助企30条""稳增长40条""纾困10条"等助企纾困政策,为市场主体减免房租22.5亿元,"蓉易贷"普惠信贷工程提供中小微企业贷款5.4万笔,全年新增减税、降费及退税、缓税、缓费816.8亿元,惠及市场主体338万户。

五是释放发展机遇。秉持"企业与城市相互赋能"理念,在全国首发"城市机会清单",主动释放资源要素、创造市场机会,分类发布政府需求、政府供给能力、企业能力、企业协作需求"四张清单"。采取"全面建设机会清单+系列专项规划建设机会清单"形式,发布《公园城市示范区建设机会清单》《成都市2022新经济赋能智慧蓉城城市机会清单》等。

六是加快社会信用体系建设。打造成都市市场主体信用积分管理平台,开展静态信用积分评价+动态信用风险分析"定量+定性"综合评价,推进市场主体信用积分制度。截至2022年底,形成涵盖36家市级单位、1490个可加减分的指标项;积分管理平台采集2.82亿条信用数据,每日自动生成350万余户市场主体信用评价结果和风险等级。支持各职能部门将信用积分综合评价作为基础性依据，结合不同领域监管特点、风险程度和行业信用评价，分类确定监管内容、方式和频次，对监管对象采取差异化的监管措施，实施信用分级分类监管。截至2022年底，累计推行信用分级分类监管领域达50余个。

（二）聚焦公平稳定，持续优化法治化营商环境

坚持"法治是最好的营商环境"理念，以法治护航发展，持续优化城市发展法治环境。

一是在营商环境领域开展区域协同立法先行先试。成都、德阳、眉山、资阳四市采用"决定+条例"模式，共同推进优化区域营商环境，《成都市人民代表大会常务委员会关于协同推进优化成德眉资区域营商环境的决定》（以下简称《决定》）和《成都市优化营商环境条例》（以下简称《条例》）于2022年12月2日公布。《决定》分为六部分，在明确目标要求、工作原则和组织保障的基础上，重点围绕共建区域市场环境、政务环境、法治环境3个方面规定了21项具体协同措施。《条例》共五章七十二条，进一步细化国家、省优化营商环境条例中的原则性规定，提出更高标准、更广范围的规范要求，全面总结成都四轮营商环境综合改革经验成果，融入"蓉易办""蓉易贷""蓉易诉"等城市品牌，明确11处鼓励依法探索的领域，明确23处成德眉资区域优化营商环境协同举措。

二是构建专业化审判矩阵。设立天府新区法院（四川自贸区法院），挂牌成立成都知识产权法庭、成都破产法庭、成都金融法庭和成都国际商事法庭，在基层法院同步设立多个专门办理知识产权、金融、破产案件的人民法庭，形成"普惠式+专业化"的基本格局。为市场主体公平竞争定规划界，2022年审结反不正当竞争及反垄断案件136件，作出全国法院首个依职权发布的行为禁令，有效规制"刷单炒信"等市场失信行为。为"生病企业"开方诊治，市中院与23家市级部门联合印发支持深化破产审判改革的意见，审结破产案件605件，促进企业再获新生。为企业融资解忧纾困，深化金融审判专业化、国际化、智能化改革，依法否定职业放贷、高利转贷、变相高

息等行为的效力，审结金融案件 54811 件，支持企业拓宽融资渠道、降低融资成本。为知产保护筑牢防线，推出"蓉知"知识产权司法保护品牌，审结知识产权案件 15991 件，其中"知识产权类型化案件快审机制"入选全国自贸试验区最佳实践案例。为涉外商事保驾护航，建立调解、仲裁、司法确认、诉讼一体衔接机制，制定《全面提升国际商事纠纷化解能级 高质量服务保障成都国际门户枢纽建设的实施意见》。

三是构建前延后伸链条，保障企业胜诉权益。持续巩固诉源治理首提地先发优势，畅通"非诉调解+司法确认"衔接渠道，构建人民法庭服务产业功能区机制，建设 20 个司法确认中心，丰富企业解纷服务菜单，2022 年全年高效赋予 11005 份调解协议强制执行效力。升级司法释明中心，为包含各类市场主体在内的当事人提供诉前引导、法律咨询、判后答疑等服务，2022年全市法院案件服判息诉率达 94.27%，民商事案件生效裁判自动履行率为64.14%。加大拒执打击力度，加强查人找物、资产处置联动协作，严惩规避、抗拒、干扰执行行为，35604 人（次）被纳入失信被执行人名单，1313人被罚款、拘留，20 人被判处"拒执"罪。开展"一季度一行动"执行活动，努力兑现企业胜诉权益，保障企业合法权益，畅通企业解纷"最后一公里"，2022 年共执行到位 461.35 亿元。

四是健全新型监管机制。完善以"双随机、一公开"监管和"互联网+监管"为基本手段、以重点监管为补充、以信用监管为基础的新型监管机制，在全国率先探索"沙盒监管""触发式监管"等包容审慎监管方式，实行监管事项清单化管理，编制不予处罚、减轻处罚、从轻处罚"三张清单"，开展网络交易"信用沙盒"监管，引导 6700 余户网络交易主体主动整改纠错。

（三）聚焦开放合作，持续优化国际化营商环境

一是推进通关便利化改革创新。推广应用"提前申报""两步申报"等便利通关模式，扩大进口货物"船（车）边直提"和出口货物"抵港直装"试点，"提前申报"应用率达 62.87%，"两步申报"应用率达

32.37%。加强口岸信息化建设，进出口环节涉及的 41 种监管证件，除 3 种有特殊要求外，其余全部实现联网核查。巩固整体通关时间压缩成效，进口、出口整体通关时间分别为 50.88 个小时和 0.63 个小时。

二是降低企业外贸成本。在全国率先实现国际班列境内段运费不计入完税价格。新开通孟买等 5 条国际定期直飞货运航线、总数增至 20 条，2022 年航空旅客吞吐量居全国城市第 1 位。高质量开行中欧（亚）班列，国际班列连接境外 100 个城市，获批建设空港型、陆港型国家物流枢纽。

三是集聚开放平台优势。加快建设中意、中法、新川等 6 个国别合作园区，深入推进中日（成都）城市建设和现代服务业开放合作示范项目。自贸试验区 13 项制度创新成果在全国复制推广，成都国际铁路港获批设立国家级经开区，中国—欧洲中心高水平运营。天府国际机场口岸建成，形成"三区（四园）两中心"保税平台空间布局，成都高新综合保税区进出口总额连续 5 年居全国第 1 位。

四是持续扩大经贸合作。获批国家文化、数字服务、人力资源服务出口基地和 2 个国家进口贸易促进创新示范区，入选国家服务业扩大开放综合试点，积极开展国家级市场采购贸易方式试点，进出口总额年均增长 16.2%。"一带一路"国际商事调解（西南）中心建成运营，川桂国际产能合作产业园建成投用。中国—欧盟投资贸易科技合作洽谈会、中国西部国际博览会成果丰硕，新设外商投资企业 3030 家，在蓉世界 500 强企业增加 34 家，总数达 315 家。

（四）聚焦高效便捷，持续优化便利化营商环境

在国家、省政府"一网通办"框架体系下，建成运行四川政务网成都分站点（即"蓉易办"平台），实现除涉密事项外的所有依申请类政务服务事项"应上尽上"，依申请类政务服务事项 100%"最多跑一次"、90% 以上"可全程网办"和"一窗受理"，跨省通办、川渝通办、成德眉资通办全面完成上级任务，落地国家 13 个和省级 47 个"一件事一次办"以及一批市县两级自选"一件事一次办"。深化"智能客服"服务，完成包含市、县两

级 36 个标签 2 万余条政策知识的知识库建设，实现企业群众智能搜索、连续追问、智能问答等功能，智能客服问题回答率、解决率分别达 85%、70%。企业开办网办率超过 90%、最快 4 小时内办结，免费送印章。推行不动产首次登记"零材料"，常态化开展"交房即交证"，推广"交地即交证"服务。在国办电子政务办委托中央党校（国家行政学院）的全国省级政府和重点城市一体化政务服务能力调查评估中，成都总体指数评估由"高"提升到"非常高"。

推进惠企政策直达快享，依托"蓉易办"平台提升"蓉易享"模块应用功能，着力实现惠企政策集中汇聚、精准查询、主动推送、在线申报、高效兑现，汇聚 360 万余家企业基本数据，形成企业标签 200 余项，累计发布各类惠企政策 1000 余件，上线可申报政策事项 300 余条。

二　典型案例

（一）数字赋能，提质增效，深入推进用水用气改革

成都市针对用水用气的痛点、难点，政企合力、协同推进，持续减环节、压时限、降成本、优服务，探索打造系统集成、数据赋能的用水用气新路径，持续优化提升营商环境，加快建设践行新发展理念的公园城市示范区。

1. 主要做法

一是以数字化建设为主线提高办理效率。通过省、市工程项目建设审批平台，在用户办理工程规划许可时，同步向供水供气企业推送用户需求及申报材料，实现"零材料"报装。优化水电气接入工程审批，在涉及占用（挖掘）城市道路或临时占用城市绿化用地的项目中，由供水供气企业帮办代办行政审批手续，市规划和自然资源局、市住建局、市城管委等 5 部门并联办理，审批时限压缩至 1 个工作日。对符合条件的水电气接入工程，推行告知承诺制审批，其中社会投资、简易低风险接入项目审批时限压缩至 0.5 个工作日。

二是以系统集成为抓手开启业务新模式。推进跨地区、跨部门政务服务系统与智慧水务智慧燃气系统、企业用水用气报装系统互联互通、数据实时共享，推进水电气"一站式"联办。制定《成都市水电气一站式联办服务工作方案》，建立"组团服务、协同联动、并联审批、限时办结"工作机制，"水电气"三方联合组织开展勘查，共同会商线路、管道等施工方案，降低企业成本。在市本级及相关区（市）县政务服务中心及水电气公司营业厅，设置22个"水电气"联办服务窗口，将原有的14项业务整合成1项。制定《成都市水电气公司联合报装业务登记单》，统一编制联合报装服务办理指南，规范办理流程及收费标准，实现一站式联办服务业务办理标准化、规范化、便利化。

三是以智慧化为载体完善行业监管体系。用水方面，以"智慧水务"为重点，瞄准获得用水中监管薄弱点，从供水全生命周期和全过程管理的角度，推动构建覆盖水源地、水厂、用水户的一体化管理系统，不断完善供水水质、水量、水压在线监测体系，将供水管网在线压力监测系统与管网分区计量系统高效融合，极大地降低爆管抢修时间，全力提升供水安全保障力度。用气方面，建立"智慧燃气"安全系统，在用户侧，以用户端安全风险控制为核心，配置智能化燃气终端感知设备，对客户用气环境进行实时监测；在管网侧，建立管道完整性管理系统、绕城高压管道防第三方破坏系统、SCADA系统，对管网重要监测点进行实时监测，实现感知信息和应急资源快速有效匹配。

2. 主要成效

一是服务质效不断加强。依托"天府蓉易办"共享营业执照、产权证明、立项批复等资料，实现水、电、气三方同标准受理，办理时限压缩58%。依托省、市工程项目建设审批平台，实现用水用气报装"免申请""零材料"，无外线工程2个工作日办结，有外线工程6个工作日办结。

二是接入成本不断降低。除法律法规和相关政策另有规定外，用户不承担建筑区划红线外发生的任何费用，自成都推行用水接入成本减免以来共计1776位报装用户享受成本减免政策，减免金额共计2162万元。

三是用户满意度不断提升。在用户通水通气后，开展不定期"水保姆"

"气保姆"跟踪回访服务,结合用户反馈的意见进一步提高服务质量,不断提升用户获得感。2023年成都燃气集团线上业务办理累计106.232万件。

(二)成都市"蓉采贷""蓉易贷"政策叠加,助力中小企业纾困解难

为扎实推动中央、省、市稳经济一揽子政策要求在政府采购领域落地落实,成都市在原有"蓉采贷"政策的基础上,创新升级政府采购信用融资举措,通过充分发挥两项政策的叠加效应,完善中小企业融资服务体系,对中小企业的支持更加精准,融资机构放贷风险更小,信用融资利率更低。

1. 主要做法

一是支持对象进一步聚焦。充分发挥"蓉易贷"风险补偿资金池作用,将符合条件的"蓉采贷"贷款纳入"蓉易贷"风险补偿范围,精准支持中标(成交)政府采购项目的中小微企业单户贷款金额1000万元(含)以下的合同信用贷款,重点支持单户贷款金额500万元(含)的贷款,贷款期限可达24个月。

二是信用融资利率进一步降低。属于"蓉采贷"和"蓉易贷"共同支持的中小微企业贷款,其融资利率不超过贷款合同签署日最近一期成都市银行业金融机构企业贷款加权平均利率,进一步缓解中小微企业融资压力,降低中小微企业融资成本。

三是融资办理时限进一步缩减。明确融资机构在中小微企业首次联系融资机构后3个工作日办结贷款申请,比原办结时限缩短2个工作日,进一步降低中小微企业时间成本,提供高效优质的金融服务。

四是融资机构放贷积极性进一步提升。对纳入"蓉易贷"的"蓉采贷"逾期贷款,按照"蓉易贷"相关政策进行风险补偿,原则上由融资服务机构、"蓉易贷"资金池按照7∶3的比例分担风险。符合"蓉易贷"风险补偿条件的,由"蓉易贷"资金池按照应承担比例的60%对融资服务机构进行预补偿,剩余部分待最终损失确认后补偿,进一步打通银行资金流向中小微企业的堵点,为市场主体经营发展减负添力。

2.主要成效

"蓉采贷"与"蓉易贷"的"政策组合拳"机制取得了良好成效,"蓉采贷"规模不断扩大,越来越多的中小企业从中受益,政策知晓度、吸引力不断提升,受到社会广泛认可。2022年,成都市融资机构共向中小微企业投放"蓉采贷"7.51亿元(其中包括110笔符合条件的"蓉采贷"纳入"蓉易贷"范围,金额合计1.35亿元),较上年同期增长54.21%,超过2021年全年2.64亿元;获得"金融活水"的中小企业也从上年同期的255家增长到475家,政策叠加效应充分显现。

(三)成都高新区创新开发"易授宝",发票授信智能化,为市场主体经营保驾护航

自全面数字化电子发票试点改革正式推行以来,成都高新区税务局创新开发"易授宝"辅助工具,应用RPA+AI技术,协助税务人员实现授信调整全流程风险自动预警、业务自动流转、事项自动办结、结果自动反馈,实现发票授信调整加速度高质量办理,让便民办税"春风"为市场主体经营发展保驾护航。

1.主要做法

一是全环节辅助,提升审核速度。通过模拟人工操作,从金税三期、电子税务局等各类系统信息查询模块抓取5类24项数据,包括企业风险等级、信用等级、申报及票种核定信息等传统文本数据,以及购销合同、固定资产清单等企业上传资料,自动将受信判别指标进行"一页式"呈现,实现智能抓取代替人工查询。完成数据归集后,根据预设逻辑自动判断欠税、发票申请增幅等情况,根据Ⅰ、Ⅱ、Ⅲ、Ⅳ类纳税人申报开票数据,进行风险评级。按照风险等级,快速出具审核结果或流转办理建议,审核人员一键式自动规范办理,完成授信额度计算和系统填报,授信调整审核时间从单户9分钟缩短至3分钟。

二是全过程监控,防范执法风险。组建专业团队,细化发票审批业务操作流程,根据业务流转环节、审核要点标准,制定"易授宝"运行流程图,

实现管理更有效、执法更标准、时效更可控、覆盖更全面。依托金税三期发票一户式管理模式，综合 3 个维度预设 11 项风险指标进行综合画像，全方位分析企业的生产、销售、申报、纳税等环节，充分了解和掌握领票企业的进销项情况，自动计算纳税人合理用票授信额度，进行全环节、全链条跟踪管理。对于纳税人上传的申请资料、税务人服务工作过程，通过加水印、留日志等方式进行全环节自动记录保存，保证审核过程可追溯、可审查。

三是全天候沟通，优化服务体验。针对不同环节、不同情形业务场景，提前拟定包括所需资料、办理流程等内容的反馈信息，录入"易授宝"形成模板，在触发相应条件后，通过电子税务局、短信等渠道发出口径一致、精准规范的反馈信息。根据纳税人办理业务的不同种类和进度，由"易授宝"选择差异化方式进行反馈：符合办理条件的情形，短信告知办理结果；补正资料或审核不通过的情形，选择"语音+短信"的组合式提醒方式，便于纳税人有针对性地提供补正资料。同时，不断拓展反馈功能，在受理、办结两个节点主动告知企业，实现文书流转全天候实时在线查询办理进度。

2. 主要成效

自"易授宝"上线以来，成都高新区数电发票授信调整业务办理效率得到了大幅度提升，有效解决了数电发票授信额度申请量居高不下、纳税人等候时间长、办税体验感较差、人工授信调整标准和流程不够规范统一等问题，实现了网上办税零距离、精准办理零失误、满意办结零投诉。自上线以来累计发送即时办结通知 2944 条、补正资料提示 3865 条，辅助办理 23198户次，节约办税时间 2319 小时，每日可完成 6 名审核人员全天工作量。成都高新区将持续推进智慧税务建设，不断创新税费服务举措，着力优化纳税人缴费人办税体验，让便民办税"春风"持续拂绿营商环境沃土。

（四）成都市温江区创塑"提醒服务"品牌，以"小切口"带动"大服务"

1. 主要做法

一是围绕全流程服务，编制提醒服务 3 张清单。第一是从市场需求侧和政府供给侧双向出发，围绕企业需求梳理企业全生命周期提醒服务事项清单，破解企业、市场和政府之间的信息不对称难题。第二是从便利市民生活工作出发，围绕市民需求梳理市民全生命周期提醒服务事项清单，为市民提供全方位、全链条、全门类的基本公共服务。第三是从工作实际出发，围绕部门工作协作需要梳理政府全职能协同提醒服务事项清单，提升部门单位之间工作的协同性和整合度。

二是坚持乙方思维，梳理提醒服务 4 类事项。第一是归集营业执照换发等 132 项证照临期类事项开展逾期提醒。第二是归集违反大气污染防治管理等 60 项涉及安全隐患、疫情风险的事项开展提醒和柔性执法。第三是归集疫苗接种等 391 项高频热点事项进行节点提醒。四是归集联合勘验等 58 项涉及跨部门单位协同管理提醒类事项进行工作提醒和信息共享。

三是聚焦准确及时，创新 5 种提醒方式。第一是自动提醒。将具有有效期的证照相关信息录入提醒服务信息化平台，在有效期满前自动发送提示信息。第二是定向提醒。利用所掌握的服务对象数据资源向特定群体发布提醒信息。第三是媒体提醒。将公共信息通过各类新闻媒体向公众发布。第四是电话提醒。针对需个案分析研判的事项利用电话等方式进行提醒。第五是上门提醒。对特殊群体涉及的事项上门开展提醒。

四是实现高效便捷，提供 6 种办成渠道。依托"智慧蓉城"运行管理平台打造温江区智慧提醒服务平台，实现提醒服务事项办理、流转、结果的跟踪闭环。针对不同办理事项、服务对象、服务需求，强化主动服务、简化服务、增值服务，为企业、群众提供远程委托代办、邮寄快递办理、主动上门服务、现场帮办代办、全程网办、自助办理 6 种办成渠道。

2. 主要成效

温江区"提醒服务"改革是一次以"小切口"带动"大服务"的有益探索和成功实践，实现了从"流程再造、环节减少"到"政府职能转变"再向"功能服务"的逐步递进，企业和市民幸福感、获得感和安全感得到持续提升。坚持以人为本，构建市民全生命周期提醒服务矩阵，扩大教育、文化、医疗等高品质公共服务供给，实现政府供给与市民需求深度契合，彻底消除了中介、黄牛，政务服务满意率从 90% 提高到 99%。

围绕企业需求，打造天府商务服务区，拓展提醒服务在企业人才招工、融资贷款、市场拓展等方面的应用支持，为企业提供全生命周期一站式、全链条服务，惠企政策应享尽享、免申即享，政企沟通高效便捷，市场环境明显改善，企业满意度大幅提高。

法治政府建设

Legal Government Construction

B.10
北京市基层综合执法改革：
回顾、实践与展望

邢艳杰　毕晓佳　潘　吟*

摘　要： 构建首都基层综合行政执法治理体系是加强首都基层治理体系和治理能力现代化建设的重要内容。按照国家基层综合行政执法改革推进要求，北京市积极推进执法重心下移、力量下沉和权力下放工作，为构建首都基层综合执法体系奠定基础。针对执法人员履职能力不强、市区对街乡镇的指导不足、基层执法力量不足、执法保障不完备、职能部门的作用未能发挥出来等问题，2022年，北京市持续聚力队伍建设与常态长效，深入开展一支队伍建设，严格落实"三项制度"，完善队伍执法各项配套制度，增强执法的规范性和专业性；全面推行审慎包容执法，让执法有力度更有温度。今后，要进一步打造"智慧执法"品牌，构建"一

---

* 邢艳杰，北京民生智库城市治理研究中心主任；毕晓佳，城市治理研究中心研究总监；潘吟，城市治理研究中心研究员。

体化"执法监管模式，提升"精细执法"水平。

关键词： 基层综合执法　规范执法　精细执法　北京市

一　改革背景

为进一步落实基层综合执法改革，全市按照《关于向街道办事处和乡镇人民政府下放部分行政执法职权并实行综合执法的决定》（京政发〔2020〕9号）（以下简称《决定》）工作要求，市城管执法局、各相关部门和各区政府、街乡镇坚决贯彻落实执法职权下放工作部署，完善工作制度、标准和规范，健全工作运行体系，全力保障职权"放得下、接得住、管得好、有监督"。

（一）完善基层综合执法体制

为进一步落实基层综合执法改革要求，北京市通过出台一系列意见、政策、法规等，逐步建立起"市—区—街乡镇"三级城市管理体制。

一是加快推动职权向基层下沉。2019年，根据《关于加强新时代街道工作的意见》，明确了街道作为执法主体，可以直接开展执法工作，推进行政执法权限和力量向基层延伸，进一步构建简约高效的基层管理体制。

二是进一步在城管执法领域下放职权。根据《决定》的要求，向城管执法、水务、卫生健康、生态环境和农业农村五大领域下放431项行政职权。

三是成立综合行政执法（指挥）中心。在区、街乡镇两级成立综合行政执法（指挥）中心，其中，区级指挥中心负责综合行政执法绩效监督检查、法制指导等工作。街乡镇指挥中心负责与区综合行政执法指挥中心办公室联系沟通及信息报送、数据统计、总结报告等日常事务工作。

（二）健全基层综合执法机制

一是建立统筹协调机制。市城市管理综合行政执法局负责市城市管理综合行政执法工作的业务指导和考核监督。区城市管理综合行政执法监督局负责本区城市管理综合行政执法监察工作的业务指导和考核监督。在市、区两级设立城市管理委员会，统筹协调城市管理工作。加强市、区两级对基层综合行政执法工作的业务指导、综合协调工作。

二是建立部门协调联动工作机制。通过召集部门周会商、月评价、季调度的工作方式，加强部门之间的沟通交流，及时掌握工作进展，研究总结形成阶段内城管执法存在的问题，并及时制定对策以解决。另外，通过将基层综合行政执法工作的成果纳入区政府的绩效考核，进一步加强监督考核，使基层综合行政执法工作落到实处。

三是建立重点问题联合处置机制。针对领导批示、媒体曝光、社会关注等疑难、复杂、重点的典型案件，市、区两级城管执法部门及时督促街乡镇综合行政执法队办理，同时牵动相关部门共同研究会商，帮助指导街乡镇综合行政执法队，推动形成各司其职、通力合作的工作局面。

（三）增强基层综合执法运行保障

一是建立法制工作运行保障机制。各区城管执法部门通过干部交流、人员派驻、联合审核等方式，积极为街乡镇案件审核提供帮助指导，确保了职权交接调整之后综合执法法制工作有效衔接。同时，通过调研，及时了解、掌握职权下放后案卷审核中存在的困难，及时调整指导内容、方式，持续规范案卷制作，提高办案质量和执法水平。

二是搭建综合执法大数据平台，推动执法数字化。加强综合执法大数据平台市区街一体化设计、建设和应用，将下放职权全部纳入平台管理，研发综合巡查系统执法检查单功能，推动执法城管通 App 上线运行，实现执法检查、执法处罚、视频调度等功能，提升执法办案、执法监督、指挥调度等环节智能化水平。

二　改革基础

改革开展以来，市、区两级不断加强对街道的服务指导工作，持续完善科技、资金、装备、制度四大方面保障，建立健全执法体制机制、拓展执法手段和创新执法方式，有效提升了执法队伍专业素质和执法处置效率；保障了执法权力的顺利下沉与城市管理综合执法工作的正常运行。

（一）拓展执法手段，提升执法处置效率

一是加强统筹协调，强化执法管理。以政府绩效管理为抓手，坚持定期分析会商、强化过程管理、对照群众满意度检验绩效，不断深化依法行政，严格规范预算管理，优化服务和管理模式，提升管理质量和管理效能。

二是坚持问题导向，开展专项执法。通过日常管理与总结，针对占道经营整治、违法建设整治、生活垃圾分类执法、园林绿化执法、持续改善市容环境以及重大活动保障等重点工作，积极开展专项执法检查、执法处罚，增强首都安全保障，促进首都高质量发展。

三是实行分级分类差异化执法。出台《北京市城市管理综合执法分类分级执法工作管理规定》，完善执法对象动态分级机制，及时向社会公开，全面实现市、区、街乡镇三级的分类分级执法。通过实行对守法者"无事不扰"、对违法者"严格监管"，推动高效科学治理。

四是创新执法方式，提升执法效能。建立综合执法大数据平台，实现一线执法办案全环节、全流程数字化管理，提升执法智慧化水平。同时，创新部门协同模式，将市区相关部门和企业纳入大数据平台，实现重难点问题的数据共享和联合惩戒，提升协调处置效率。

（二）深化服务指导，增强队伍专业素质

一是发挥市、区两级作用。充分发挥市、区两级业务指导、统筹协调、指挥调度、监督检查、队伍管理职能作用。深入推动职权下放，统一执法文书、行政检查单、执法办案系统和服装标识，为基层综合执法优化条件。

二是强化职能部门指导沟通。为保障职权下放之后执法工作的顺利运行，市城管执法局会同生态环境、水务、农业农村、卫生健康部门，对涉及下放职权的执法清单、法规文本、执法案由、裁量基准以及相关制度规范等

进行梳理汇总，及时转发街乡镇，保证执法衔接过渡顺利。

三是制定相关配套制度文件。根据职权下放与执法运行状况，区级部门出台下放职权运行指导文件汇编、案例汇编、制度汇编等，指导基层执法工作的开展，为基层执法工作提供参考。健全关心关爱队伍管理教育制度，研究出台相关配套政策，如《关于加强北京市基层综合行政执法队伍建设的意见》，明确30项重点任务；修订《执法人员行为规范》《教育培训大纲》，增强执法队伍的规范性和专业性。

四是加强业务培训。实施"岗前培训+专题培训"，提升执法队员专业素质。市城管执法局依托城管执法大数据平台，会同生态环境、水务、卫生健康、农业农村等7部门共同录制上线10门课程15学时课程，供街乡镇综合行政执法队岗前培训使用，一方面创新培训方式与途径，调动执法队员参与的积极性；另一方面实现培训课程及相关执法资源文件的储存与共享，节省时间和空间成本，提升培训效能。同时联合各职权下放部门开展专题培训，保障职权下放后专业领域执法工作的开展。建立联动培训机制，举办街乡镇主管领导培训班，加强队街乡镇分管领导的培训，增强街乡镇各业务领域主管之间的沟通交流，为联合执法提供条件。

五是加强专业技能培训。通过网络课程、精品微课、案例教学及专业执法现场实训等方式，开展燃气执法、电力执法、石油天然气管道保护、园林绿化等专业执法技能培训，提高教育培训的针对性和实效性。

（三）完善保障措施，促进执法规范标准

一是加强科技保障。加强城市管理综合执法大数据平台市区街一体化设计、建设和应用，将职权全部纳入平台管理，研发综合巡查系统执法检查单功能，推动执法城管通App上线运行，支撑对职权清单、执法流程、执法数据的全过程管控。

二是加强资金保障。市、区两级城管执法部门落实《北京市环境秩序以奖促治工作实施意见》，按计划科学支出以奖促治项目资金，确保专款专用以保障综合执法工作。

三是加强装备保障。市城管执法局、市财政局联合印发《北京市城市管理综合行政执法装备配备标准的通知》，统一规范基层执法装备，及时更新配备智能化执法装备，全力提升执法硬实力。

四是加强制度保障。制定加强基层综合行政执法队伍建设意见、执法人员行为规范，施行行政执法公示、执法全过程记录、重大执法决定法制审核制度，优化完善城市管理综合执法处罚裁量基准，推动队伍正规化管理、规范化建设。

（四）健全体制机制，推动运行顺畅高效

一是完善执法体制。进一步厘清区城管执法部门、街乡镇综合行政执法队伍职责关系，发挥好区城管执法部门统筹指导和综合协调的职能作用，推动形成顺畅、高效的职责运行体系，不断提升履职效能。

二是建立部门联合执法机制。建立市、区两级城管执法部门牵头，生态环境、卫生健康、水务、农业农村等职权下放部门配合的联合指导机制，进一步加强对基层综合执法工作的指导、协调和监督，努力形成"条块结合、齐抓共管"的基层综合执法新格局。

三是加强考核评价。优化城管执法考核评价指标体系，科学设置考核指标和细则，减少基层负担，提升考核数字化水平。强化考核结果应用，推动将街乡镇综合执法效能考核评价结果纳入区绩效考评体系，将重点专项执法工作纳入首都环境建设管理考核。将开展分类分级执法纳入城市管理综合执法考核评价指标体系，纳入日常督察范围。进一步完善"以奖促治"考核机制，优化资金使用，加快推进资金支付。进一步强化风纪监督，定期梳理、分析、通报执法风纪类问题，将日常投诉查实的违纪行为纳入考核，规范执法行为。

四是加强监督检查。围绕基层执法队伍履职尽责等责任制落实，紧盯群众诉求、媒体曝光等高发问题，把握季节性特点和问题发生规律，动态调整督察工作重点，充分运用城市管理综合执法大数据平台，积极推进线上与线下、现场与非现场、"车巡与步巡"相结合等方式，走区入队"面对面"，

深入一线"点对点",督重点、督作为、督成效,提升督察工作效能。

五是加强宣传引导。通过打通线上线下宣传渠道,全方位、立体化展示工作成效,形成正能量社会舆论氛围。深入推广"执法+公示"工作模式,充分发挥媒体监督力量,助推执法工作。深化城市管理违法行为举报奖励工作,鼓励市民群众积极参与城市治理。加大对典型案例曝光力度,形成强大的宣传声势和舆论压力。开展执法先进队伍评选活动,增强执法人员的责任感与荣誉感,提升执法凝聚力。

三 主要问题

职权下放以来,街乡镇积极落实属地责任和执法主体责任,基层综合执法队伍积极主动作为,有效提升了基层综合执法效果。目前,执法人员履职能力不强、市区对街乡镇的指导不足、基层执法力量不足、执法保障不完备、职能部门的作用未能发挥出来等问题仍是阻碍改革顺利推行的重点问题,仍需要进一步解决。

(一)依法履职能力有待提升

一是履职专业性有待增强。城市管理、水务、生态、农业农村、卫生健康等领域的职权虽然下放至街乡镇,但街乡镇的执法人员缺乏相应的专业素质,对相应的具体执法规定并不是特别熟悉。

二是履职效能有待提高。根据2021年基层综合执法队伍管理情况调查数据可知,认为承担执法队处理职责范围之外的任务量占总工作量20%以上的占63.7%(见图1)。且承担的主要工作包括包村包社区、安全治理、防汛、防火、维稳等,其中包村包社区工作占比最重,为59.6%(见图2),这些职责以外的工作一定程度影响了执法职责的正常履行。

三是履职尽责方面有待改进。根据调查数据可知,职权下放之后,部分职权事项长期没有履行或没有得到彻底履行的情况占比达到59.0%,超过一半。这与街乡镇领导更关注重点考核指标,综合执法工作重点放在拆除违法建设、整治占道经营、生活垃圾分类执法等方面有关。另外，还存在重实效轻过程的现象，一些执法不走程序、不做案卷的情况，占比达到 12.7%。这与职权下放初期，基层执法人员的专业素质和法制建设尚不完善有关（见图 3）。

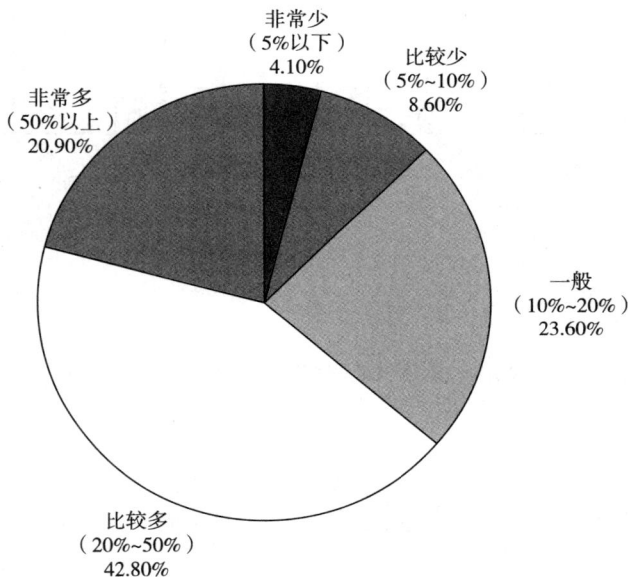

图 1　执法队处理职责范围之外任务占总工作量的比重

（二）行业指导力度有待加大

一是统筹指导街乡镇综合执法工作有待加强。区城管执法部门调整为区城管委管理的行政执法机构后，行政级别调整为副处级，机构和人员变化较大，统筹指导街乡镇综合执法工作存在弱化趋势。根据 2021 年基层综合执法队伍管理情况调查问卷数据可知，执法职权下放后区级城管执法部门组织过跨区域的执法支援占 36.0%，未组织的占 64.0%①。另外，39.80% 的认

---

①　数据来源于《2021 年基层综合执法队伍管理情况调查问卷》。

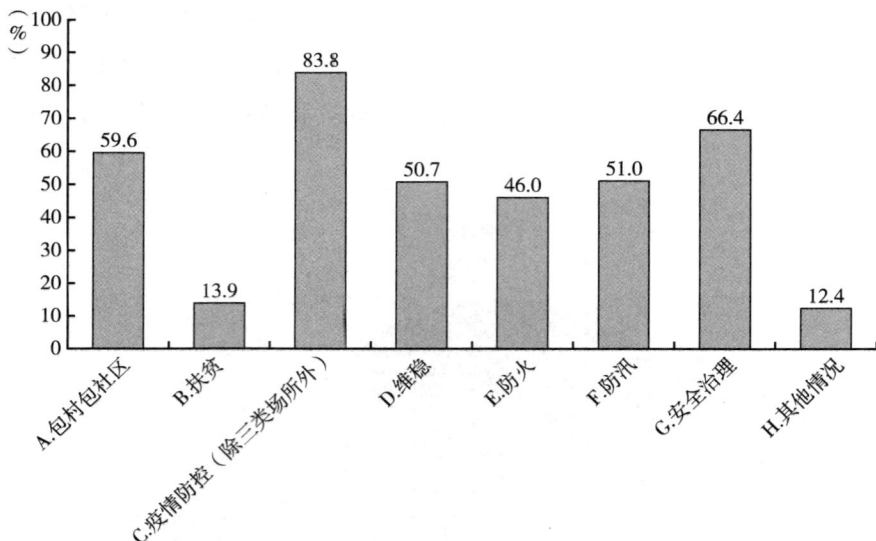

图2　执法队承担执法职权范围外的工作类型占比

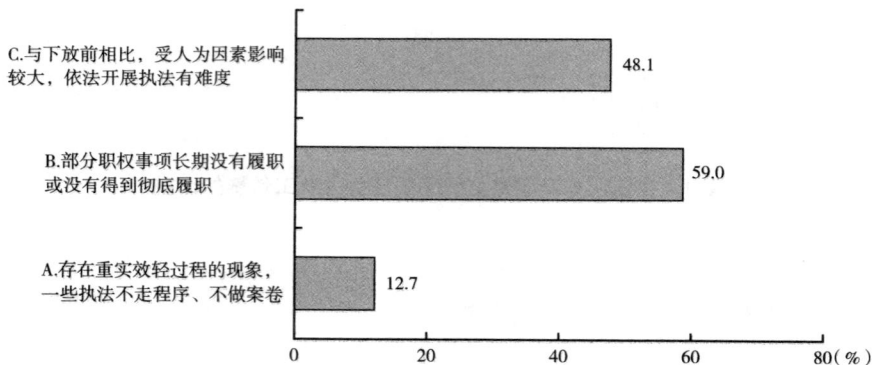

图3　下放职权后存在的三种情况占比

为执法职权下放后区级城管执法部门指导力度明显减弱，5.00% 认为几乎没有指导（见图4）。

二是区级卫生健康、水务、生态环境、农业农村等部门指导力度有待加大。部分区反映卫生健康、水务、生态环境、农业农村等部门从未专门就下放职权组织过培训活动。根据 2021 年基层综合执法队伍管理情况调查结果可

C.几乎没有指导
5.00%

B.指导力度
明显减弱
39.80%

A.与职权下
放前保持一样
55.20%

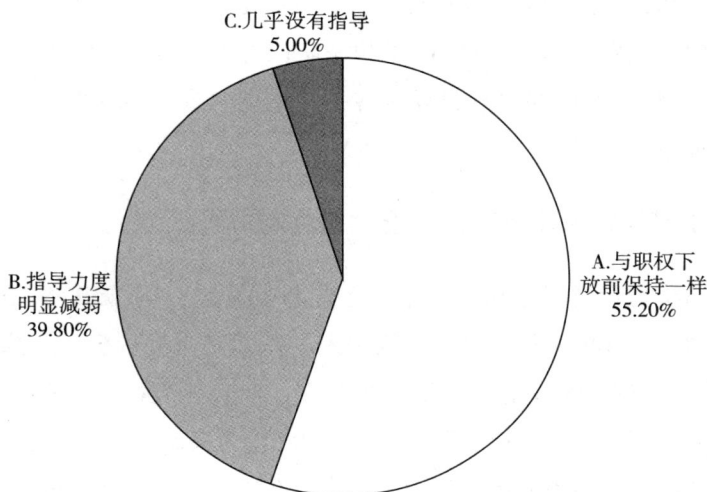

图 4　认为执法职权下放后区级城管执法部门指导情况

知，没有接受卫生健康、水务、生态环境、农业农村部门指导过的街乡镇综合行政执法队分别占 57.5%、53.4%、56.6%、74.0%（见图 5）。

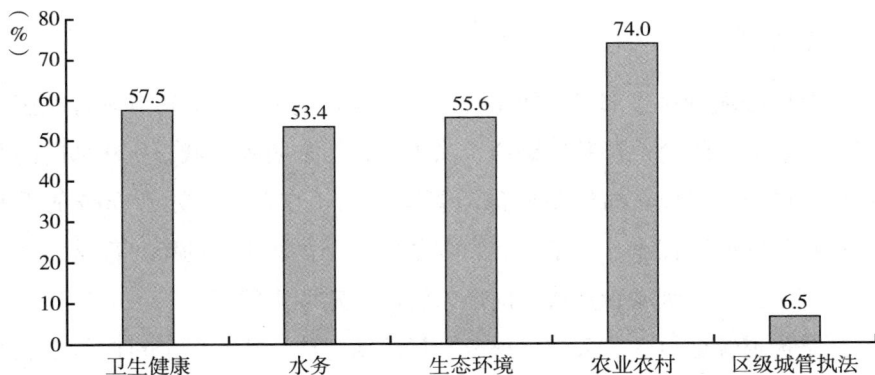

图 5　职权下放以来，没有对街乡镇综合行政执法队进行指导的部分职能部门占比情况

三是教育培训需进一步强化。各区城管执法部门因地制宜协调开展教育培训力度还不大，除市局统一组织线上线下教育培训外，40%的基层综合执法队认为培训力度有所减弱，部分区以职权已下放为由，无培训经费预算保障，且存在培训实践性和可操作性不强、专业化培训较少、培训内容和人员覆盖面不够等问题。其中，77.6%的执法队认为当前培训工作培训实践性和可操作性不强，53.4%的执法队认为专业化培训较少，43.7%的执法队认为培训覆盖面不够[1]。

（三）基层执法保障有待完善

一是执法力量尚不充分。首先，受被借调的影响，基层执法人员数量不足，影响执法工作的开展。其次，执法人员并不完全都从事一线执法工作。最后，平均年龄在45岁的执法队数量较多，年轻化人群不足[2]。执法力量使用不均衡、不充分、"在岗不执法"的问题较为突出。

二是执法装备尚不完善。其中主要表现在以下几个方面：第一，部分执法车辆不能上路，且存在配备不足、严重老化等问题；第二，基层执法队伍中执法记录仪、执法电台尚未实现一人一台；第三，办公场所手续不全或者手续不正规，办公条件较差；第四，基层执法队部分或者全部未更换立面门头、竖牌、铭牌、灯箱等标志标识，基层一线的执法保障有待进一步完善。

（四）综合执法运行体系有待健全

一是区级城管执法部门职能定位尚未明确。《决定》明确市城管执法局负责统筹指导和综合协调基层综合执法工作，但未明确区城管执法部门的职能定位，同时，目前区城管执法部门管理体制正在调整，还有50%的没有完成机构调整改革任务，一定程度影响基层综合执法工作的统一部署、整体推进，其中部分区级城管执法部门还未明确三定职责情况[3]。

二是街道综合执法体系较为松散。目前街道综合执法向上对应多个职能部门，职能部门对街乡镇指导较为松散，还没有建立基层综合执法、联合执法指导机制，部门责任还不够清晰。

---

① 数据来源于《2021年基层综合执法队伍管理情况调查问卷》。
② 参考《基层综合执法队伍管理情况调查问卷分析报告》。
③ 参考《基层综合执法队伍管理情况调查问卷分析报告》。

三是综合执法考核机制有待健全。城管执法系统虽已建立考核工作体系，但针对其他领域的下放职权考核机制仍需要进一步完善，应尽快将其他领域的下放职权纳入考核，细化考核细则。

四 改革推进情况

2022 年，北京市持续聚力队伍建设与常态长效，深入开展一支队伍建设，严格落实"三项制度"，完善队伍执法各项配套制度，增强执法的规范性和专业性；全面推行审慎包容执法，让执法有力度更有温度。

（一）改革举措

1. 持续推动规范化建设

推进严格规范公正文明执法。严格落实行政执法"三项制度"，全面修订印发行政执法公示、全过程记录、重大执法决定法制审核等制度和配套文件，通过开展视频培训学习和强化行政处罚案卷评查，持续推动行政执法"三项制度"贯彻实施，推进严格规范公正文明执法，营造良好营商环境。联合市司法局印发《关于联合开展基层综合执法案卷评查工作的规定（试行）》，完善北京市行政处罚案卷标准，进一步提升基层综合执法案卷制作水平，促进基层综合执法规范高效开展。全面启用新版行政执法证件，增强基层综合执法队伍规范化。加快推进北京市行政执法信息服务平台三期建设。

2. 强化一支队伍建设

一是不断加强顶层设计，针对基层综合执法队伍存在的问题，研究起草《关于加强北京市基层综合行政执法队伍建设的意见》，并以市城市管理委、市委编办、市司法局名义印发，明确了 30 项重点任务。

二是持续强化"一个系统、一支队伍、一个标准"的理念，深入开展"强基础、转作风、树形象"专项行动，通过定期总结分析队伍管理情况，组织各区局、分局每月交流展示经验做法，"最美城管人、最美执法队"榜样带动活动，进一步提升城管执法队伍正规化管理、规范化建设水平。组织开展向全国最美公务员"张春山"学习、做"最美城管人、最美执法队"活动，荣获住建部"强转树"表现突出单位。2022年，建立了全国首家电力执法实训基地，改造完成系统首个燃气执法实训基地；创新开展贴近实战、即学即用的精品微课培训，把"练兵场"和"授课台"向队员掌端延伸。

3．全面推行审慎包容执法

2020年，北京市就在人力社保、市场监管、文化市场等7个系统开始试点轻微违法行为容错纠错和不予处罚清单制度。在形成可行经验的基础上，于2022年出台了专门指导意见，在全市行政执法机关全面推行轻微违法免罚和初次违法慎罚。这项制度全面推广一年来，仅免除罚款就高达约1.25亿元，成效堪称显著。同年11月，北京市城市管理综合行政执法局印发《北京市城管执法部门对轻微违法行为不予行政处罚规定（试行）》（京城管发〔2022〕76号），进一步明确了适用范围、认定标准、操作过程等内容，细化了不予处罚清单，为企业纾困解难、营造良好营商环境发挥了积极作用。

（二）改革成效

1．提升了执法效能

2022年，按期完成39项清单任务以及2021年度绩效考评反馈问题整改措施。加强大气污染防治和园林绿化执法，加大施工工地扬尘、露天焚烧、露天烧烤等违法行为整治力度，共立案处罚2.6万起，为首都空气质量持续改善贡献力量；强化与园林绿化部门协同配合，积极开展古树名木保护、不文明游园行为整治、绿地树木保护执法等工作，立案处罚违法行为4084起，为打造首都生态文明"金名片"提供有力执法保障。着力加强主动治理，根据群众反映高频事项，组织开展夜间施工扰民、非法小广告等专项整治行动，立案处罚夜施扰民1420起，整治非法小广告点位1.3万个，维护了整洁有序的良好环境秩序。

2. 保障了疫情防控工作

加强"三类场所"监督检查，共组织召开系统专题调度会 37 次，制发相关文件 79 份、工作提示 62 期，全市城管综合执法部门检查"三类场所" 124.39 万家次，发现并督促整改问题 7.97 万起，执法公示问题单位 3.35 万家次，切实发挥"三类场所"疫情防控的"头雁"作用。

五 建议与展望

（一）打造"智慧执法"品牌

一是实现全流程智慧执法。依托城管执法大数据平台，进一步优化执法流程，完善平台应用，推进城管执法流程再造，实现案件巡查、上报、受理、处置、监督全流程数字化管控。完善执法工作模式，基于案件的难易程度，实现简易处罚案件全程"指尖办案"、一般程序案件重要办案节点平台管控，不断提升执法办案的数字化水平。

二是实现全业务智慧执法。加强部门联动，推动部门业务融合，实现执法办案系统的人、案、物等数据汇聚，完善拓展城管综合执法大数据平台业务功能模块，实现城市管理业务智慧执法全覆盖。

三是强化数据赋能城管执法。汇聚各部门执法案件数据，全面掌握各部门的执法队伍情况、执法人员装备情况、执法案件处置情况等，结合重点专项执法工作开展业务建模数据分析，赋能城管执法综合协调和指挥调度工作，不断提升综合行政执法效率。

（二）构建"一体化"执法监管模式

用好城管执法大数据平台，实现执法监管一体化。将全流程、全方位的执法监管事项纳入平台，推进将监管、检查、处罚事项全部纳入数字执法平台运行，不断拓展多跨部门"监管一件事"。

一是加强执法联动。加快推进平台与城市管理、水务、住建等业务部门联通融合，实现数据共享应用和业务流程对接，探索建立执法计划协同、勤务协同、处置协同的联合执法工作模式，完善案件移送、行业惩戒、行刑衔接、信用监管等工作机制，提升城市综合执法联动能力。纵向上，强化平台对市、区、街乡镇三级综合执法工作的统筹，建立城市管理问题联合处置和重大案件移送机制，做到上下联动、衔接有序、支撑有力。完善政企联动、政民互动机制，畅通参与、监督、互动渠道，引导相关主体通过市民城管通等方式参与城市治理，形成良性共治体系。

二是优化监管模式。加大徒步巡控力度，深化"综合查一次""一查多效"的场景化巡查执法模式，持续加强对涉及公共安全、人民群众生命健康等重点领域违法行为的执法力度，优化对合法合规企业的检查服务。

三是完善考评监督。开展勤务情况、履职情况、执法办案规范性等多维度汇总分析，实现实时、动态考评；探索构建重点专项执法工作评价机制，开展执法精准度、执法匹配度、社会效果、人均执法量等方面分析，查找存在的问题，科学评价执法工作效果。构建执法办案的动态"监督链"，对执法办案实施全过程记录、全过程追溯、全过程监督，提升办案水平。

（三）提升"精细执法"水平

充分发挥城市管理综合执法大数据平台的优势，精准分析违法形态高发区域、高发时间段，精细制定工作方案、配置执法资源，精准开展执法检查活动。

一是实现调度指挥精准化。完善贯通市、区、街乡镇三级的指挥调度工作体系，实现发现快速响应、力量快速调配、问题快速解决、指挥精准高效，形成从问题发现到处置、从常态运行调度到应急扁平化指挥调度的工作格局；进一步健全重大活动保障机制，通过数据分析科学研判，科学应用平台预警信息，统筹调度执法资源，提升保障工作水平。

二是创新执法方式、手段。进一步细化分级分类执法，针对不同的问题精准采取不同的执法手段。针对重大典型问题和人民群众关注的问题，综合运用随机抽查、交叉检查、暗访夜查等方式手段，实现执法效能的提升。结合重点专项行动，采取一次检查重点事项全覆盖。

三是推进"执法+服务"精细化。加强主动治理，探索建立长效执法机制，保障执法成效。以引导群众参与、提升群众素质为出发点，以行政执法社会效果和法律效果相统一为原则，适时修订执法处罚清单，实现当轻则轻，该严则严，宽严相济，让执法既有温度又有力度。坚持"谁执法谁普法"，执法与服务并重，结合典型执法案件，对群众开展相关法制教育，发挥典型案例的示范带动效应，提升执法效率和服务质量。

B.11
广东省江门市推广应用"粤执法"、
助力基层治理的探索和思考

广东省江门市司法局[*]

摘　要： "粤执法"作为广东省行政执法信息平台和行政执法监督网络平台，对有效破解执法不规范、实时监管难、办案随意性大等难题具有重要意义。广东省江门市依托"粤执法"建设行政执法信息化综合应用平台，聚焦乡镇（街道）体制改革，创新推动所辖73个乡镇（街道）综合行政执法规范化建设全覆盖，确保行政执法职权"放得下、接得住、管得好、有监督"。为进一步优化"粤执法"功能，提升数据赋能基层治理能力，要厘清认知，凝聚"粤执法"理念共识，持续提升"粤执法"实践水平；注重协同，聚合"粤执法"治理功能；强化保障，倒逼"粤执法"高效应用。

关键词： 粤执法　乡镇（街道）综合行政执法　基层治理　江门市

近年来，广东省江门市深入贯彻习近平法治思想和习近平总书记关于基层治理的重要论述精神，在推进乡镇（街道）综合行政执法改革中始终坚持党建引领，在"数字政府"改革建设框架下，将推广应用"粤执法"作为推进乡镇（街道）综合行政执法改革的重要引擎，按照"应用下沉，数

---

* 执笔人：苟晓彤，广东省江门市司法局，党组书记、局长；陈勇，广东省江门市司法局，党组成员、副局长；肖黎，广东省江门市司法局，行政执法监督科（法治督察科）副科长；吕文强，广东省江门市委依法治市办，秘书科科长；甄光醒，广东省江门市司法局，法治调研科副科长。

据上云"要求，通过先行先试，推动行政执法行为"全过程网上办理"和"执法在线智能化监督"，着力打造市、县、乡三级行政执法主体全覆盖的行政执法信息化综合应用平台，全力探索推广应用"粤执法"助力基层治理的江门特色做法和经验。

2021 年，江门市被司法部列为全国开展省、市、县、乡四级行政执法协调监督工作体系建设试点，是广东省唯一推进乡镇（街道）综合行政执法规范化建设示范市。2022 年，"江门市乡镇（街道）综合行政执法规范化建设指引"被广东省司法厅、广东省标准化研究院上升为"广东标准"。2023 年 5 月，广东江门乡镇（街道）综合行政执法管理和服务标准化试点被国家标准化管理委员会、司法部列为 2023 年度社会管理和公共服务综合标准化试点（司法行政领域）项目。2020 年以来，中央电视台新闻联播、朝闻天下等相继报道江门市推广应用"粤执法"的相关做法。司法部、财政部等联合调研组，以及上海、福建、山东等 80 余批次调研组先后到江门市调研交流。

一　"粤执法"开启智慧行政执法地方样本探索

习近平总书记指出，行政执法面广量大，一头连着政府，一头连着群众，直接关系群众对党和政府的信任、对法治的信心。中共中央、国务院《法治政府建设实施纲要（2021—2025 年）》明确要求，"积极推进智慧执法，加强信息化技术、装备的配置和应用。推行行政执法 App 掌上执法"。"加快建设全国行政执法综合管理监督信息系统，将执法基础数据、执法程序流转、执法信息公开等汇聚一体，建立全国行政执法数据库"。

广东省在智慧行政执法平台建设方面先行先试，2019 年初步建成"粤执法"平台；2021 年加快"粤执法"推广应用步伐，全面深化"数字法治、智慧执法"建设，被中央依法治国办列为法治政府建设中探索形成的正面典型经验做法予以全国通报推广。

177

（一）"粤执法"：多元功能集成下的行政执法应用平台

"粤执法"是广东省行政执法信息平台和行政执法监督网络平台的简称，由广东省统筹规划建设，是集省、市、县、乡四级行政执法主体的执法信息网上采集、执法程序网上流转、执法活动网上监督、执法情况网上查询和执法数据综合分析利用等功能于一体的行政执法信息化综合应用平台。建设内容包括："三库三平台"（法律法规库、执法事项库、执法主体及人员库，以及执法信息平台、执法公示平台和执法监督网络平台）（见图1）。

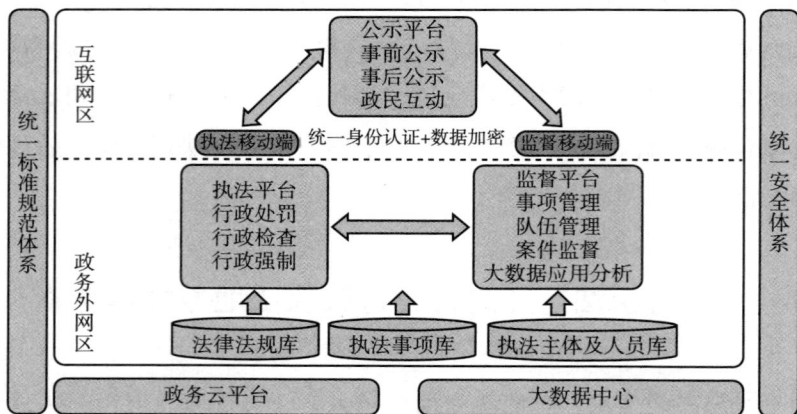

图1　三库三平台

（二）基础执法应用功能："粤执法"落地江门再升级

2020年，江门市依托"粤执法"，按照省市一体化建设模式，率先完成"粤执法"本地化部署，并以基层应用为需求，对"粤执法"进行优化升级，加快行政执法规范化和标准化建设进程。

目前，经本地化部署优化升级后，江门市在"粤执法"七大基础功能（见图2）上新增六项功能：一是案件移交管理，打破传统的案件线下移交

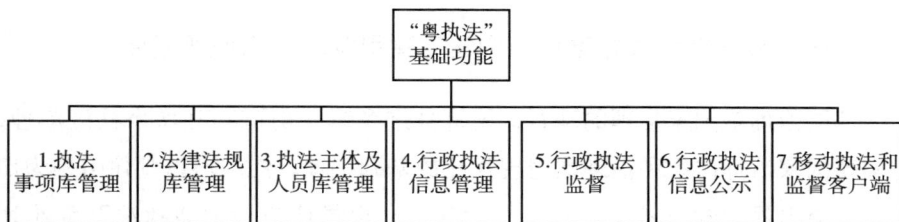

图 2　"粤执法"基础功能

模式，规范案件移交流程，实现对案件移交的全过程监督管理。二是联合检查管理，统一联合检查任务管理，通过信息化手段做到"一次检查、全面体检"。三是案件数据复用及文书自动匹配应用，支持同类型或同性质案件数据复用，实现执法文书自动匹配。四是统一自由裁量动态信息管理，建设江门市统一的自由裁量动态信息管理模块。五是现场快速执法管理，优化现场执法文书打印、送达等执法环节。六是跨部门案件调阅，实现跨层级、跨部门的案件调阅管理。

二　"粤执法"助力乡镇（街道）综合行政执法改革的江门实践

2019 年，中共中央办公厅、国务院办公厅印发《关于推进基层整合审批服务执法力量的实施意见》，对积极推进基层综合行政执法改革提出了具体的实施意见。2019 年 12 月，中共广东省委印发《关于深化乡镇街道体制改革完善基层治理体系的意见》，对乡镇（街道）综合行政执法改革进行了专门部署。2020 年 9 月，江门市将 838 项县级行政执法职权调整由乡镇（街道）实施，赋予乡镇（街道）综合行政执法权，破除基层以往"看得见管不着"的现实困境。与此同时，江门市将"粤执法"的推广应用作为推进乡镇（街道）综合行政改革的重要引擎，在执法重心下移初期便从源头上予以规范，确保行政执法职权"放得下、接得住、管得好、有监督"，提升基层社会治理水平。

（一）破解组织领导难点，构建党建引领基层治理新格局

基层治理是国家治理的基石，统筹推进乡镇（街道）和城乡社区治理，是实现国家治理体系和治理能力现代化的基础工程。江门市以党建引领为切入口，突出强化党对基层治理的全面领导，以推广应用"粤执法"为小切口，引领做好基层治理大文章。

一是将党建引领基层治理工作作为"市委书记工程"，把推广应用"粤执法"列为党建引领基层治理的重点工作，成立市委党建引领基层治理镇街改革工作专班来抓具体工作，2020年以来，连续四年将其纳入党委、政府重点工作任务进行督查督办。

二是以市政府名义出台推广应用"粤执法"实施方案，分解各级各部门任务，制定推进时间表、路线图。健全乡镇（街道）党（工）委统筹协调机制，建立完善乡镇（街道）综合行政执法委员会职责运作机制，形成市、县、乡三级上下联动、齐抓共管的工作格局。

三是坚持以党建带队建，打造乡镇（街道）综合行政执法党建"四个一"工程（建设一个好班子、发挥一个好表率、带领一支好队伍、树立一个好作风）。目前，全市已独立设置乡镇（街道）综合行政执法党支部14个，联合设立党支部59个，充分发挥基层党组织在行政执法工作中的战斗堡垒作用。

（二）破解推广应用难题，构筑共建共享数字社会治理体系

数字赋能基层社会治理，是构建社会治理新格局、推进治理体系和治理能力现代化的有效措施。江门市充分用好"数字政府"改革成果，从精准选点、聚焦重点、突出问效三个方面着力，扎实推进"应用下沉，数据上云"取得实效。

一是明确目标，精准选点，阶梯式推广应用。2020年4月，在试点阶段，遴选全市10%的行政执法单位率先探索"粤执法"推广应用模式；2020年6月，在本地化部署完成后，推动市、县两级50%的部门全面上线

应用"粤执法";2020年11月,行政执法职权下沉乡镇（街道）后,市、县、乡三级行政执法主体全部上线应用"粤执法"。严格项目审批管理,明确除使用国家系统以外,尚未开发行政执法系统或者系统需要更新换代的地方和部门,要求直接上线应用"粤执法",不再另行开发或升级相关办案系统。2020年11月1日,江门市在广东省率先实现市、县、乡三级行政执法主体应用全覆盖,开通"粤执法"单位账户239个（市级24家,县级142家,镇街73家）、个人账户10038个,全市73个乡镇（街道）的2573名执法人员应用"粤执法"办案率达100%（见表1）。

表1　市、县、乡三级行政执法主体应用全覆盖

单位：个

区划	开户单位数	执法账户开通数	执法人员开通数
市级	24	1506	1135
县级	142	5193	4030
镇街	73	3339	2573
总计	239	10038	7738

二是聚焦重点,紧盯关键环节提升实效。提高市县执法部门"关键少数"认识,解决部门依赖国垂、省垂系统而不想用、不愿用"粤执法"的问题;发挥乡镇（街道）党政"一把手"作用,解决乡镇（街道）综合行政执法缺乏统一执法办案平台的问题;紧贴市、县、乡三级行政执法人员需求,通过"导师制"培训①、"粤执法"驻点培训②、行政执法"大比武"等方式,解决执法队员不敢用、不会用的问题。2020年11月至2023年5月,江门市239个行政执法主体通过"粤执法"累计办理案件12万余宗（见图3）,办案总量广东省第一、人均办案量全省第二。截至2023年5月

---

① "导师制"培训：是由涉及职权下放的县级行政执法部门挑选业务骨干组建导师团队,向乡镇（街道）综合行政执法队员传授执法技能的培训模式。

② "粤执法"驻点培训：是指由粤执法建设方安排技术人员结合部门"培训需求"针对性开展技术指导培训。

31 日，在全市 73 个乡镇（街道）通过"粤执法"办理的 7 万余宗案件中，12 宗案件被申请行政复议，3 宗案件被提起行政诉讼，行政复议率和行政诉讼率未出现井喷式暴涨，职权下放基本实现"放得下、接得住"。

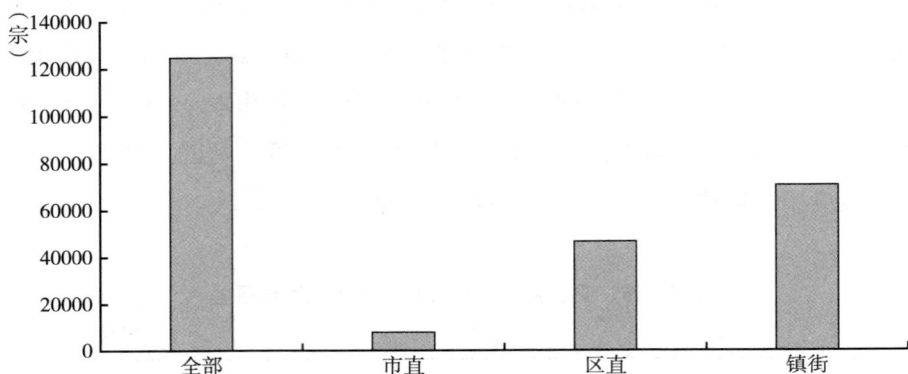

图 3　江门市"粤执法"案件办理数量

三是突出问效，落实督查整改。以贯彻落实《法治政府建设与责任落实督察工作规定》为抓手，紧扣"粤执法"的任务节点和问题短板开展实地督导，对任务落实不及时、不到位或工作滞后的部门进行通报，并在考核考评中予以扣分，强力推动"粤执法"推广应用任务落实落地。

（三）破解规范执法顽疾，形成全方位"互联网+监管"新范式

全面推行行政执法"三项制度"对促进严格规范公正文明执法具有基础性、整体性和突破性作用，对于切实保障人民群众的合法权益，维护政府公信力，营造更加公开透明、规范有序、公平高效的法治环境，具有重要意义。江门市广泛推广应用"粤执法"，将行政执法"三项制度"落到实处，实现执法程序网上流转、执法活动网上监督、执法信息统一公示，有效破解传统执法中的突出问题。

一是规范基层执法办案，破解"办案随意性大"的问题。充分发挥"粤执法" 5400 多部法律法规与 9000 多项行政执法职权事项精确映射作用，

保障"法无授权不可为"。将全市 239 个执法单位、7738 名执法人员的信息全部入库,确保执法人员持证执法、按资格执法。

二是提升执法效能,破解"办案效能低"的问题。运用"粤执法"扫码认证身份、索引执法依据、生成智能文书等功能,让基层人员执法办案像做填空题一样简单易行,助力基层执法人员从"执法小白"变身"执法达人"。运用移动执法端口,实现所有现场执法流程均网上运行、传输、审核及审批,提高执法效率。

三是提高监督质量,破解"实时监管难"的问题。"粤执法"将行政执法的立案受理、调查取证、审核决定、结案归档等 9 个流程环节全部集成到智能化执法终端上运行(见图 4),实现行政执法全过程网上办案,形成审批网络化和案卷电子化工作流程,做到执法行为全过程留痕和可回溯监管,全面提升行政执法行为的公正性、标准化和透明度。2022 年,应用"粤执法"抽查市、县、乡三级 109 个行政执法部门已办结的 840 宗行政执法案卷,案卷合格率达 100%。

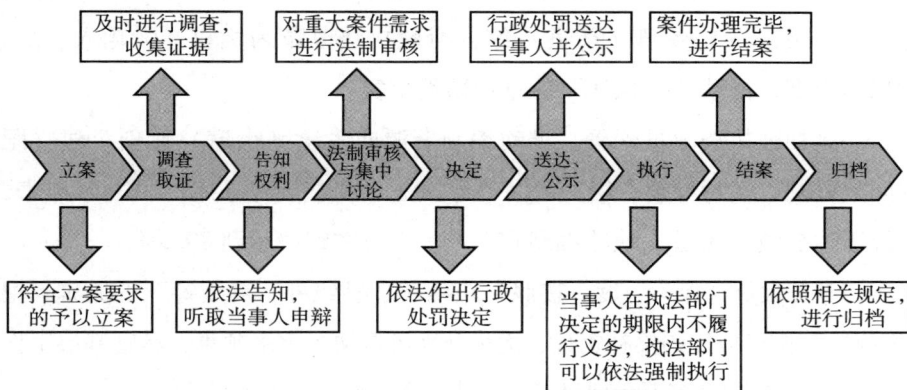

图 4 PC 端办案流程

四是汇聚执法数据,破解"赋权不精准"的问题。江门市借助"粤执法"的统计分析功能,汇总分析执法案件类型和职权使用频次等数据,监测到自然资源、市场监管等领域的 37 项使用频次较低的职权事项,经评估分析依法进行收回,"粤执法"为职权事项动态调整提供了重要参考(见表 2)。

表 2 江门市职权下放、动态调整一览

单位：项

涉及领域	城市管理和综合执法	应急管理	自然资源	市场监督	农业农村	生态环境	卫生健康	合计
2020 年下放职权数	385	160	107	102	49	25	10	838
2022 年取消职权数	4	160	46	51	0	25	0	286
2022 年保留职权数	381	0	61	51	49	0	10	552

（四）破解工作保障堵点，深化人、财、物协同支撑新模式

坚持重心下移、力量下沉、保障下倾，加强下放给乡镇和街道事权的人才、资金、技术等方面的保障，做到权随事转、人随事转、钱随事转，使基层有人有物有权，保证基层事情基层办、基层权力给基层、基层事情有人办。江门市以深化乡镇（街道）综合行政执法改革为契机，强化人、财、物保障力度，推动"粤执法"在基层落地落实。

一是加强执法力量配置。推动编制资源向乡镇（街道）倾斜，建立跟踪问效机制，实行专编专用，确保"粤执法"在基层有人用。2020 年以来，累计下达乡镇（街道）执法编制 653 个，人员在编率达到 80.9%。

二是加大资金保障力度。按照"市级奖、县级补、乡级筹"的原则，把"粤执法"推广应用的奖补资金、优化升级经费纳入市级预算，激励基层工作积极性。安排 1000 多万元项目资金支持"粤执法"本地化应用。

三是加强数据融通共享。以执法需求为导向，推动"粤执法"与江门市大数据中心、"信用江门"、12345 热线平台等业务系统对接。截至 2023 年 5 月 31 日，"粤执法"向江门大数据中心推送各类案件数据 14.13 万条，调用电子证照 1157 次，12345 热线平台向"粤执法"推送执法信息近 2.4 万条。

三 "粤执法"优化提升的工作建议

经过三年多的探索实践,江门市在推广应用"粤执法"方面也遇到一些困难和问题,需要加以克服和解决。具体表现如下。

一是个别执法单位、人员未能从数字政府建设和科技赋能基层治理的高度深刻认识"粤执法"推广应用的重大意义,对"粤执法"的具体功能、办案模式了解不深、不透、不全,存在不敢用、不愿用现象。由于认识存在偏差,一些单位在部署落实上存在启动慢、推进慢等问题。

二是执法系统尚存在数据壁垒,未能完全适应执法需求。"粤执法"涉及的领域多,涵盖省、市、县、乡四级行政执法主体,但各领域数据标准不统一,数据汇聚难,特别是各执法业务线条的监管系统较多,部分单位仍然沿用国垂、广东省垂或自行开发的执法系统,同时需要兼顾"粤执法"的应用,这在一定程度上给基层带来"重复录入"的数据负担,从而制约"粤执法"发挥更大执法效能。

三是执法队伍素质参差不齐,导致推广存在一定困难。"粤执法"的使用,要借助手机端的"粤政易①",部分流程需要人机对话操作,执法岗位的人员年龄跨度大,文化水平、业务素质差异大,导致执法队伍缺乏活力,在应用"粤执法"过程中存在一定程度上的不适应,仍然习惯"纸质办案"模式。

上述三个方面的问题,既有江门市在实践中遇到的个性问题,也有广东省甚至全国推广行政执法 App 过程中遇到的共性问题。接下来,需要始终坚持以人民为中心的发展思想,坚持问题导向、目标导向、结果导向,紧紧围绕规范执法行为、提高执法效能、强化执法监督的工作目标,充分发挥"数字政府"平台支撑作用,进一步优化"粤执法"功能,全面提升数据赋能基层治理的能力水平。

---

① "粤政易":是指由广东省政务服务数据管理局主导开发的一个智能终端,是提供即时通信和政务办公的应用程序,供广东省各级公职人员处理不涉及国家秘密的公文、信息和事务,有助于推进跨地区、跨层级、跨部门政务协同,实现移动办公、信息共享和协同审批。

（一）厘清认知，凝聚"粤执法"理念共识

一是深刻认识"粤执法"推广应用是深入贯彻习近平法治思想和习近平总书记关于法治政府建设重要论述精神的生动实践，推动各级行政执法部门牢固树立公正执法、阳光执法意识，把"粤执法"建设成为"数字政府"综合改革和"互联网+监管"的基础支撑平台。

二是以乡镇（街道）综合行政执法改革为契机，深入推进"粤执法"向基层镇街延伸覆盖，切实为基层执法赋能减负，推动基层治理体系和治理能力现代化。

三是加强宣传推广，树立典型，表扬先进，激发各级各部门推广应用"粤执法"的内生动力，形成市、县、乡三级齐抓共管的良好氛围。

（二）持续提升"粤执法"实践水平

一是持续推进"粤执法"数据库优化，及时将国家法律法规、省市地方性法规规章等全部入库，并与行政执法事项逐一对应。同时建立健全重点执法对象库、执法要素库和执法案例库。

二是以执法人员需求为导向，推进"粤执法"智能升级。在执法人员办理相关案件时，系统主动推送相似案件的全流程办理情况，供执法人员了解熟悉。在执法人员发起案件文书流程时，系统自动匹配与案件相关的法律文书，精准推送给执法人员进行查阅，实现案件高效办理。

三是将"粤执法"应用作为基层综合执法队伍基本工作技能，纳入乡镇（街道）综合行政执法规范化建设重要一环，建立基层执法实践和"粤执法"升级优化的良好互动机制，提升基层综合行政执法规范化水平。

（三）注重协同，聚合"粤执法"治理功能

一是强化顶层设计，在更高层次、更大范围打通"粤执法"与省垂、国垂系统的"数据壁垒"，进行数据共享，加强协调配合及业务联动。

二是优化"粤执法"协同执法功能模块，强化执法案件移交功能，巩固不同层级、不同领域应用"粤执法"高效办案的实践成果，健全完善省市县乡四级纵向协调和部门监督横向协同机制。

三是注重"粤执法"与涉企"综合查一次"制度和"双随机、一公开"联合监管，做到监管效能最大化、监管成本最优化、对市场主体干扰最小化，推动经济社会高质量发展。

（四）强化保障，倒逼"粤执法"高效应用

一是严格落实党政主要负责人履行推进法治建设第一责任人职责，把"粤执法"推广应用作为衡量各级领导班子和领导干部实绩的重要内容，纳入法治建设考评范畴，充分发挥考核指挥棒作用。

二是综合运用法治督察、执法监督等方式，加大对应用"粤执法"的专项督查力度，用好行政执法督察建议书、行政执法督察决定书等文书，及时纠正不使用"粤执法"办案的行为。

三是加强制度建设，建立健全定期会议、定时报告、到点通报等制度机制，搭建工作交流平台，定期通报情况进展，推动"粤执法"推广应用上下联动、点面开花，助力基层治理能力水平上新台阶。

B.12
重庆市2022年法治政府建设情况报告

陈小波[*]

摘　要： 2022年，重庆市认真学习习近平法治思想，全市法治政府建设取得了明显成效：把握正确政治方向，着力推动中央全面依法治国决策部署落地落实；围绕中心工作，服务保障新时代新征程新重庆建设更加有效；深化"放管服"改革，法治化营商环境持续优化；坚持良法善治，依法行政制度体系更趋完善；完善制度体系，行政执法规范化建设深入推进；强化监督制约，行政权力依法规范运行；夯实基层基础，基层依法治理能力大幅提升。法治政府建设还存在一些问题和不足，与人民群众的期待还有一定差距。今后，要围绕服务成渝地区双城经济圈建设、优化法治化营商环境、乡镇（街道）综合执法改革、夯实基层社会治理等重点，深入推进数智变革，打造具有较高重庆辨识度、影响力的法治政府建设标志性成果。

关键词： 法治政府建设　依法行政　行政执法　重庆市

2022年，在重庆市委坚强领导下，在市人大的监督支持下，全市各级行政机关坚持以习近平新时代中国特色社会主义思想为指导，深学笃用习近平法治思想，深入学习贯彻党的十九大、十九届历次全会精神和党的二十大精神，紧紧围绕把习近平总书记殷殷嘱托全面落实在重庆大地上这条主线，

---

* 陈小波，重庆市司法局法治督察处二级主任科员。

认真落实党中央、国务院决策部署，全面落实《法治政府建设实施纲要（2021—2025 年）》，推动法治政府建设取得明显成效。

一　工作开展情况

（一）把握正确政治方向，着力推动中央全面依法治国决策部署落地落实

党的二十大报告专章论述、专门部署法治建设，强调全面推进国家各方面工作法治化，在法治轨道上全面建设社会主义现代化国家。我们要在习近平法治思想指引下坚定不移地走中国特色社会主义法治道路，切实把党中央关于全面依法治国的决策部署落实落地。

一是全力推动学习宣传贯彻习近平法治思想走深走实。坚持把学习宣传贯彻习近平法治思想作为重大政治任务和长期战略任务，同学习宣传贯彻党的二十大精神结合起来，同深入学习贯彻习近平总书记对重庆所作重要讲话和系列重要指示批示精神结合起来，全面学习、全面把握、全面落实。制定印发学习宣传研究阐释习近平法治思想工作方案，市政府党组理论学习中心组带头，全市政府系统各级党委（党组）理论学习中心组跟进，实现常态化集体学习研讨。全市开展专题宣传 15.5 万余场次，有力推动了习近平法治思想入脑入心、走深走实。

二是充分发挥"关键少数"在法治政府建设中的引领作用。市委、市政府主要负责同志认真履行推进法治建设第一责任人职责，坚持以身作则、以上率下，将法治政府建设摆在重要位置。市委主要负责同志高度重视法治建设，在市委六届二次全会上对推进全面依法治市作出部署；多次主持召开市委常委会会议研究法治工作，听取法治政府建设情况汇报；多次对法治政府建设作出工作批示，提出工作要求。市政府主要负责同志不断加强对法治政府建设的组织领导，多次主持召开市政府常务会议专题研究行政立法、营造法治化营商环境和行政执法等工作，推动法治政府建设各项任务落地落实。

三是对标对表抓好法治政府建设重点任务落实。召开全面依法治市暨法治政府建设推进会议，确定法治政府建设年度工作要点，项目化、清单化、责任化、时限化推进重点工作落实，2022 年社会各界对重庆市法治政府建设满意度提升至 94.2%。重庆积极参加第二批全国法治政府建设示范创建活动，着力打造具有较高重庆辨识度的法治政府建设"最佳实践"典型案例，渝北区、沙坪坝区被命名为全国法治政府建设示范区，江北区"法治政府建设'智慧穿针、依法引线'城市管理新路径"、南岸区"法治护卫赋能智创生态筑城"被命名为全国法治政府建设示范项目。

（二）围绕中心工作，服务保障新时代新征程新重庆建设更加有力

紧紧围绕高质量发展主题，聚焦党中央、国务院决策部署和市委、市政府中心工作，充分发挥法治固根本、稳预期、利长远的重要作用，以高水平法治服务高质量发展。

一是服务成渝地区双城经济圈建设。成渝地区双城经济圈建设作为区域重大战略写入党的二十大报告，是市委"一号工程"，必须不折不扣地抓好落实。加强区域协同立法，推动出台《重庆市铁路安全管理条例》（2022 年公布），协同立法已涵盖营商环境、流域生态保护、铁路安全管理等领域。探索经济区与行政区适度分离改革，在川渝毗邻地区建设 10 个合作平台，已印发实施川渝高竹新区等 8 个平台建设总体方案。出台《推动成渝地区双城经济圈市场一体化建设行动方案》（2023 年印发），合力打造区域协作高水平样板。311 项"川渝通办"事项落地见效，累计办理和查询访问1300 万余件次。推出川渝两地首批告知承诺制证明事项 20 项，两地参保证明、医疗检验结果实现互认，养老服务、公共文化等资源实现共享。

二是助力推动高质量发展、创造高品质生活。推进以大数据智能化为引领的创新驱动发展战略，推动出台《重庆市数据条例》（2022 年），规范数据处理、保障数据安全、促进数据要素有序流动，推进数字政府建设；加快《重庆市数字经济发展条例》立法进度，推动数字经济有力有序发展；助力打造世界级智能网联新能源汽车产业集群，在全国率先出台《重庆市智能

网联汽车道路测试与应用管理试行办法》（2022 年 3 月 1 日起施行）。全力惠民生、兜底线、防风险，依法妥善处置多轮疫情，实施常态化疫情防控监督执法措施，防控工作重心从"防感染"向"保健康、防重症"平稳转段；服务"保交楼、稳民生"，依法办理涉房地产纠纷案件；建设西部法律服务高地，建立重庆国际商事一站式多元解纷中心；深化全民反诈专项行动，电诈案同比下降 15.2%。

三是赋能建设内陆开放高地、山清水秀美丽之地。聚焦内陆开放高地建设，出台《重庆市人民政府办公厅关于重庆市"十四五"时期推进西部陆海新通道高质量建设的实施意见》（2022 年 3 月 18 日印发），推动西部陆海新通道增量拓面；制定高质量实施区域全面经济伙伴关系协定（RCEP）行动计划，出台加快发展外贸新业态新模式实施方案，内陆开放能级加速提升；全面落实《市场准入负面清单（2022 年版）》，修订出台《重庆市反不正当竞争条例》（2022 年 9 月 28 日审议通过），建立反垄断和反不正当竞争联席会议制度，打造公平开放的竞争环境。坚定不移走生态优先、绿色发展之路，大力推进山清水秀美丽之地建设，修订出台《重庆市三峡水库消落区管理办法》（2023 年 2 月 11 日公布，2023 年 5 月 1 日起施行），推进《重庆市林地保护管理条例》《重庆市野生动物保护规定》等立法修订前期工作，用最严密的法治保护生态环境；开展多部门全勤联动"十年禁渔"长江巡航执法行动，推动交通、生态环境等部门优化刑事司法和行政执法衔接机制，全力守护"一江碧水、两岸青山"。

（三）深化"放管服"改革，法治化营商环境持续优化

习近平总书记指出，法治是最好的营商环境。家军书记多次强调，要营造市场化、法治化、国际化一流营商环境。要围绕贯彻新发展理念、构建新发展格局，持续深化"放管服"改革，着力打造稳定公平透明、可预期的法治化营商环境。

一是简政放权、释放活力。开展营商环境行政权力事项评估，推动完善市、区县（自治县，简称区县）、乡镇（街道）三级权责清单体系，动态调

整行政权力事项 515 项、公共服务事项 35 项。推进"证照分离"改革全覆盖，地方层面设定的涉企经营许可事项全部取消。持续推进减证便民行动，发布第二批实行告知承诺制的证明事项目录，累计对 21 个领域 86 个证明事项实行告知承诺制。

二是加强监管、力促公平。认真落实《国务院关于进一步提高政府监管效能推动高质量发展的指导意见》，印发《重庆市进一步提高政府监管效能推动高质量发展的重点举措》（2022 年 10 月 7 日印发），加快建立全方位、多层次、立体化监管体系。创新以信用为基础的新型监管机制，290 项服务事项实现"红黑名单"逢办必查，实施联合奖惩 53.58 万次。推广"山城有信"平台，向市场主体发送温馨提示、风险警示 47.27 万条。

三是优化服务、利企便民。"渝快办"实现政务服务事项全覆盖，行政许可实现全面清单化管理、99% 的事项"最多跑一次"，企业开办时间由 34 天缩短至 1 个工作日，工程建设项目全流程审批时间压缩 50% 以上。有序推广"渝快政"应用，推进跨部门数据共享、流程再造、业务协同。深化"公共法律服务园区行""民营企业'法治体检'"专项行动，为 6349 家企业提供法律服务。

（四）坚持良法善治，依法行政制度体系更趋完善

健全的依法行政制度体系是规范行政权力的重点，也是建设法治政府的重点，要坚持科学立法、民主立法、依法立法，着力提升政府立法质量和效率，增强针对性、及时性、系统性、可操作性，努力使政府治理各方面制度更加健全、更加完善。

一是重点立法推进有力。科学编制重庆市人民政府 2022 年立法工作计划，加快粮食安全、乡村振兴、反不正当竞争等重点领域立法，推动制定《重庆市乡村振兴促进条例》（2022 年 7 月 22 日审议通过，2022 年 9 月 1 日起施行）等地方性法规，制定《重庆市地方粮食储备管理办法》（2022 年 1 月 25 日审议通过，2022 年 4 月 1 日起施行）等政府规章。

二是重大决策科学依法。制定重大行政决策事项目录编制指引，编制公

布年度重大行政决策事项目录，完善市、区县两级重大行政决策目录管理机制。严格合法性审查，市政府重大行政决策和市政府行政规范性文件均经过合法性审查。出台《关于切实加强全市党政机关法律顾问工作充分发挥党政机关法律顾问作用的实施意见》《关于加快推进公职律师工作的实施意见》（2022年5月23日印发实施），推动全市各级党政机关法律顾问、公职律师充分发挥作用。

三是制度规范统一协调。完成市政府部门和区县政府行政规范性文件备案审查，清理市政府行政规范性文件，全市行政规范性文件管理质效进一步提升。建立健全行政规范性文件案例指导和通报制度，编制审查典型案例，每年通报行政规范性文件管理工作情况。在全国率先建成省级政策文件数据库，集中公布政府规章148件、行政规范性文件5990件。

（五）完善制度体系，行政执法规范化建设深入推进

据统计，我国80%的法律、所有的行政法规和90%的地方性法规都是由行政机关来执行的，行政执法是法律实施的关键环节，也是建设法治政府的重中之重。

一是健全行政执法体系。推行覆盖市、区县、乡镇（街道）的行政执法事项清单管理制度，市城市管理局、市水利局等市级部门制定本系统行政执法事项清单。加快制定乡镇（街道）实施的行政执法事项指导目录，拟将生态环境、交通运输等15个领域的329项行政执法事项赋予乡镇（街道）实施。完善行政执法程序制度，修订出台《重庆市规范行政处罚裁量权办法》（2023年1月2日公布，2023年3月1日起施行）、《重庆市行政处罚听证程序规定》（2023年1月2日公布，2023年3月1日起施行）。

二是推进执法问题整改。市人大常委会、市高级人民法院对法治政府建设提出意见，市政府针对性研究制定整改方案、细化整改措施，组织市公安局、市城市管理局等重点市级部门召开整改工作推进会，推动解决6个方面36个具体行政执法问题。

三是优化行政执法方式。积极探索柔性执法，市农业农村委明确3类4

种轻微违法行为不予行政处罚情形，市公安局建立违停执法提醒纠正机制。探索开展智慧执法监管，市公安局完善"交巡执法通"警务 App 功能，市农业农村委开发应用"慧执法"平台系统，市水利局上线运行"智慧河长"，执法监管效能大幅提升。创新推行"行政执法+公证"模式，推动公证机构积极参与行政执法。

四是强化执法监督保障。在渝北区、沙坪坝区等 7 个区县开展行政执法协调监督体系建设试点，推动行政执法协调监督实现行政职权、执法领域、执法主体、执法人员、执法行为"五个全覆盖"。开展行政执法"三项制度"落实情况专项检查和行政处罚案卷评查"回头看"。编发《新行政处罚法学习指引》，编制行政执法典型案例汇编、行政执法短视频教程，探索情景式执法培训。

（六）强化监督制约，行政权力依法规范运行

各方面监督和制约是行政权力规范透明运行的保证，也是建设法治政府的关键。

一是主动接受各方监督。政府自觉依法接受人大和政协监督，办理全国人大代表建议 16 件、全国政协提案 7 件；办理市人大代表建议 1221 件、市政协提案 1117 件，满意率均达 100%。持续加强政务公开工作，全年累计主动公开政府信息 160 万余条，减税降费、稳岗就业、疫情防控等重点信息公开到位，32 个领域基层政务公开规范有力，公共企事业单位信息公开有序推进。全市各级政府机关发布各类政策解读信息 1 万余条，召开新闻发布会 300 余场，开展面对面政策解读活动 1 万余场，有效回应社会关切。

二是加强诚信政府建设。开发上线涉党政部门执行案件智慧督办平台，健全涉政务诚信行政案件定向推送机制，自动比对机构代码、抓取案件信息并转发至区县政府，实现"一键督办"。扎实开展防范和化解拖欠中小企业款项专项行动，排查全市党政机关、事业单位、大型企业拖欠中小企业款项行为。

三是督促负责人出庭应诉。印发《关于加强行政机关负责人出庭应诉

工作的通知》（2022 年 11 月印发），定期收集全市出庭应诉情况，约谈"零出庭"或出庭应诉率较低的单位，督促行政机关负责人出庭应诉。全市办结一审行政诉讼案件 8169 件，行政机关负责人出庭应诉率达 83.2%，较 2021 年提升 15.2 个百分点。

（七）夯实基层基础，基层依法治理能力大幅提升

推动平安重庆建设，关键在夯实基层基础。

一是持续深化基层治理。深入实施乡镇（街道）扩权赋能、法律服务普惠万村、纠纷化解联调联动、重点人群精细管理、夯实基础固本强基"五大行动"，提升基层治理法治化水平。推进"大调解"体系建设，制定《重庆市行政调解办法（试行）》（2023 年 1 月 20 日印发）。推进信访"治重化积"专项工作，常态化开展扫黑除恶专项斗争，实施夏季治安打击整治等专项行动，社会大局保持平安稳定。

二是改进行政复议工作。深化行政复议体制改革，机构人员编制全面落实，基本建成统一高效、科学有序的行政复议工作体制。深入推进行政复议规范化、信息化、专业化建设，创新建立复调对接、审理回避等工作机制，探索建立行政复议助审员管理制度，试点推广"掌上复议"。2022 年全市办理行政复议案件 8011 件，调解终止 2425 件。

三是增强普法守法实效。抓住"关键少数"，组织 1.4 万余名市级单位干部职工参加旁听庭审，60 万余名国家工作人员参加法治理论知识考试。开展"宪法宣传周""全民反诈"等专题宣传活动 26 万余场次，推动群众学法常态化。在村（社区）建设"法律之家"540 个、培育"法律明白人"3.55 万名，新申报、创建民主法治示范村（社区）126 个。

二 存在的问题

2022 年全市法治政府建设虽然取得了明显成效，但距党中央、国务院及市委要求和人民群众的期待还有一定差距。主要表现在以下方面。

（一）政府职能转变有待进一步深化

"放管服"改革仍需持续推进。少数基层单位行政权力事项与上衔接不够紧密、流程不够清晰；少数行政审批事项下放不够精准，存在基层承接不住或未按规定承接的情况，一些行政服务中心授权不够充分，"明放暗不放、内部搞审批""只放责任、不放权力"等情况依然存在。有的职能部门在依法"严管""善管"方面存在短板，事中事后监管存在脱节，"放管服"改革还需进一步深化，信息化、网络化政务服务尚有潜力可挖。

（二）重大行政决策制度实施有缺位

重大行政决策在形成过程中公开征求意见不够广泛，引导社会公众建言献策不足。政府法律顾问和公职律师参与不够深、作用发挥不充分，科学民主决策有待进一步加强。有的政府部门在起草行政规范性文件和重要文件时，征求意见方法简单，运用论证会、听证会、社情民意调查等方式不充分，且征求意见对象的代表性不强、民主性不够，普通群众参与不多、反馈意见较少。个别基层政府在合同管理方面存在尽职调查和订立程序不规范的问题，合同签订前，对合同对方当事人调查不充分，对自身履约能力预估不足。

（三）社会信用体系亟待健全

市级部门在主导和引领社会信用体系建设方面还需进一步强化责任担当、理顺机制、依法作为，社会各方面对信用信息的采集、使用、公布、管理还不够规范，信息孤岛、条块分割等现象普遍存在。有的部门契约精神和诚信意识缺失，随意变更或解除行政协议，不履行或不按约定履行民事合同；有的区县政府在招商引资中争相提供优惠政策、争取企业入驻，但政策承诺并未能真正落到实处，导致不公平竞争和恶性竞争，严重损害了政府的信誉和形象；个别房屋土地征收部门为追求提升行政效率，在订立行政协议时，对明显无法履行、超越职权甚至违反法律规定的约定仍作出承诺，最终致使协议无法履行，导致被起诉并承担败诉责任。

（四）行政执法还需进一步规范

据社情民意问卷调查，行政执法问题较为集中的是执法公平性问题。37.9%的受访者反映执法"一刀切"或合理性不足，如执法过于严苛、简单粗暴执法、以罚款为目的的执法等；34.2%的受访者反映存在多头多重执法、监管检查过于频繁等问题；31.2%的受访者反映执法检查不公正，如选择性执法、执法标准不统一、自由裁量权过大、处罚畸轻畸重等在一些领域和地方不同程度地存在。全面推行综合行政执法改革后，委托执法需进一步规范，委托执法协议、执法文书格式不够统一，有的委托事项、权限、期限等未及时公布；个别市级部门委托后不问不理，不进行培训和指导，仅交办执法任务，只进行考核考评。乡镇街道综合执法机构职责权限不够明晰，执法力量依然薄弱，存在"看得见管不着、管不好"等问题。

（五）法治意识和法治能力还需进一步提高

法治政府建设在各区县之间、部门之间、行业之间的推进力度还不够平衡，有待进一步补齐短板、强化整体合力。有的政府工作人员包括领导对"重大改革于法有据"认识不到位，部分基层干部法治意识淡薄、法律知识匮乏、法治能力不足，不善于运用法治思维和法治方式解决问题。有的行政机关应诉意识和能力不足，存在行政机关负责人"出庭不出声、应诉不应答"走过场的现象。基层法治保障水平与形势任务要求不相适应，法制机构建设滞后，法治力量配比不足，越往基层越突出。

三 下一步工作打算

2023年，我们将坚持以习近平新时代中国特色社会主义思想为指导，持续深入学习贯彻习近平法治思想，全面贯彻党的二十大和党的二十届二中全会精神，认真贯彻落实党中央、国务院决策部署和市委工作要求，在市人大的监督支持下，全面落实《法治政府建设实施纲要（2021—2025年）》，锚定法治政府建设走在中西部前列目标，坚持稳进增效、除险清患、改革求变、惠民有感工作导向，围绕服务成渝地区双城经济圈建设、优化法治化营商环境、乡镇（街道）综合执法改革、夯实基层社会治理等重点，深入推进数智变革，打造具有较高重庆辨识度、影响力的法治政府建设标志性成果，为新时代新征程新重庆建设开好局、起好步提供有力的法治保障。

（一）着力强化成渝双城经济圈建设法治保障取得新进展

完善成渝地区双城经济圈法治一体化建设推进机制，合力优化两地法治化营商环境。健全重点领域协同立法机制，强化两地行政执法协作联动。加大两地司法鉴定、公证、仲裁等合作力度，打造西部法律服务产业聚集群。积极推进两地法治人才统一培训、互访交流等机制，提供有力的法治人才支撑。

（二）着力推动法治化营商环境建设取得新成效

深入实施营商环境创新试点法治保障 60 项措施，全面开展营商环境制度优化、行政备案规范管理、专项执法监督检查、行政复议助企见效、行专调解化解纠纷、营商环境普法宣传、万律助万企、公证惠企等八大行动。

（三）着力推进严格规范公正文明执法展现新作为

扎实开展道路交通安全和运输执法领域突出问题专项整治，全面提升道路交通安全和运输执法领域依法行政水平。着力推进乡镇（街道）综合行政执法改革，深化市、县、乡三级贯通行政执法协调监督体系建设。推动市级执法部门普遍建立行政处罚裁量基准，健全执法辅助人员管理机制。优化升级"行政执法信息和监督网络平台"，开展重点领域执法监督检查。

（四）着力推动基层依法治理提升水平

纵深推进基层治理"五大行动"，推动出台乡镇（街道）赋权事项指导目录，持续深化村（居）法律顾问配备等"四大工程"，健全完善行政调解运行机制，深入实施市民法治素养提升行动，深入推进自治、德治、法治、智治相结合的民主法治示范村建设。

（五）着力完善法治政府建设推进机制取得新效果

迭代升级法治政府建设指标体系，完善法治政府建设数据库，动态监测、直观反映、"晾晒比拼"法治政府建设工作成效。扎实开展市级法治政府建设示范创建活动，形成法治政府创新示范集群。推广基层法治观测点和法治观察员制度，解决群众关心的热点难点法治问题。

（六）着力推动数字法治建设实现新突破

升级重庆法律服务网，实现其与"渝快办"融合共享。优化升级"政策文件库""掌上复议"等双端应用，探索拓展行政执法监督平台应用场景。迭代升级"智慧调解""村（居）法律顾问"等具有重庆特色的数字化应用，不断提高人民群众的知晓率、首选率、满意率和认可度。

数字政府建设

Digital Government Construction

B.13
公共数据治理的多角透视

汪玉凯*

摘　要：　数据治理是指组织对数据事务所采取的行动，其核心是组织中与
　　　　　数据事务相关的决策权及相关职责的分配。在数据治理中，公共
　　　　　数据的开发和利用对于促进政府治理现代化具有重要意义。在具
　　　　　体实践中，公共数据治理面临很多难题和挑战：人工智能的快速
　　　　　发展与个人数据保护的冲突；政府数据开放与公共数据安全的冲
　　　　　突；数据治理立法的现实性与数据产业发展的冲突。盘活政府海
　　　　　量数据资产，需要变革体制和机制，消除盘活政府海量资产的体
　　　　　制和机制障碍；提升政府数据治理能力；打造惠及民生的超
　　　　　级 App。

关键词：　公共数据　数据资产　数据治理

---

* 汪玉凯，中央党校（国家行政学院）教授、博导，第三、第四届国家信息化专家咨询委员
会，中国行政体制改革研究学术委员会副主任，中国信息化百人会学术委员。

一　数据治理的理论和逻辑

人类已经进入大数据时代，这也许是最不具有争议性的一个命题。大数据时代到来，必然会提出一个无法回避的问题，即数据治理。那什么是数据治理呢？如果要下一个最简单的定义，数据治理是指组织对数据事务所采取的行动，其核心是组织中与数据事务相关的决策权及相关职责的分配。当然，这样的解释只是高度抽象和概括，如果进一步分析，我们会发现，数据治理涉及面十分宽泛，有着更加丰富的内涵。

从数据治理的边界看，数据治理涉及数据的所有权、使用权、管理权、数据的安全等核心议题，也涉及数据的责任和数据制度规范等；从数据治理的技术看，数据治理涉及数据的采集、数据的归集、数据标准、数据开发利用、数据的清洗、数据的传输、数据保存等；从数据治理的结构来看，数据治理包含宏观数据治理、中观数据治理和微观数据治理三个层面：宏观数据治理主要指数据治理的原则、制度，数据治理的决策、激励，以及数据治理的战略方针、组织架构、职责分工等；中观数据治理主要包括建立数据治理的规则、权利、个人责任以及信息系统等；微观数据治理更多地侧重于数据治理的程序、规范以及工具等，微观数据治理具有问题导向、场景化、针对性等特征。

从数据治理的服务架构来看，数据治理包括数据全生命周期的数据治理平台设计，如数据采集系统、数据处理系统、数据服务系统等。也包括围绕数据治理进行的规划设计、制度规范、数据标准、数据梳理等相关的一系列具体工作。

数据治理的复杂性和多样性，本质上说是由大数据时代数据所具有的时代特征决定的。

第一，在大数据时代，人类处理数据的能力随着技术的进步大幅提高。在云计算技术出现之前，人类社会的各种数据也是客观存在的，只是那时候人类处理数据的能力有限，许多数据不可能被广泛收集，更谈不上发挥更大的作用了。现在的情况则发生了本质性变化，就是随着云计算技术的快速发展，人类处理数据的能力大大提高，云计算、大数据这些新的概念也应运而生。当然，云计算和大数据说到底是一个问题的两个方面，如果没有算力的提高，就很难收集和处理海量数据，也就无所谓大数据了。云计算能够快速处理海量的、零散的、有价值的数据并释放出价值，是技术进步的产物，也是大数据时代到来最显著的特征。

第二，在数字化转型的过程中，数据整合的趋势越来越明显。一般来说，政府掌控了大量的公共数据资源，也是相对最具权威性的数据资源。还有相当一部分公共数据被企业所掌握，特别是被互联网企业所掌握。这些企业如中国的三大通信运营商以及阿里巴巴、百度、腾讯、嘀嘀、美团、抖音等互联网巨头在提供网络服务的时候，收集了大量个人和企业的数据，成为数据资源的重要拥有者。不管是政府数据，还是企业数据，抑或是社会数据，从发展趋势看，其整合的趋势愈发明显。打通政务、企业、社会数据的边界，通过技术手段和安全保障措施进行科学整合、合理使用，无疑是未来的发展方向。

第三，大数据应用领域不断扩大，这是数据治理成为社会关注话题的最直接动因。从当前中国社会的实际情况看，大数据已经在政治、经济、社会、文化、生态等各个领域有着巨大的应用需求，有广阔的应用前景。特别是在数据资源备受关注的形势下更是如此。从国际社会看，世界各国特别是发达国家在数据资源的开发利用方面，进行了大量探索，已经形成全球性的潮流和趋势。如构建数据基础制度、深化数据资源的开发应用、建立相应的安全保障机制、把数据资源开发利用纳入法治框架等。

第四，围绕大数据应用的创新持续活跃。随着政务数据开放制度的逐步确立，数据交易市场的建立，人们对数据资源开发利用方面出现了前所未有的热情，吸引大量资本涌入，新业态、新模式、新应用场景不断出现，市场的活力得到空前的释放，个人的创造性也被大大地激活。可以毫不夸张地说，大数据催生了一个前所未有的创新时代。

在数据治理中，政务大数据的开发和利用无疑处于特别重要的地位。从政务大数据的属性看，政务大数据属于公共属性范畴。换句话说，政务大数据整体上属于公共产品，这与政务大数据是靠纳税人上缴给国家的税收所形成的公共财政资金所产生的，并与政府部门的职责紧密相连。从这个意义上说，政务大数据至少具有四大特征：一是政务数据是政府及其公共部门履行职责最重要的依据，也是其履行职责的结果；二是政务数据来源于社会、服务于社会，用纳税人的钱收集采集公共数据、造福社会是其最基本的功能。三是政务数据具有海量性。现代国家有着庞大的国家机构，担负着繁重的国家治理职责，这些机构在运转过程中，不断地产生动态的实时数据，支撑着国家决策、执行、监管和服务等各种功能，涉及国家的内政外交以及政治、经济、社会文化、生态等各个领域。如横向的部门、行业公共数据，纵向的中央、地方和基层等公共数据。四是政务数据有很高的权威性。这种权威性来源于政府自身作为凌驾在社会之上最具权威的公共机构的属性和定位。正因为如此，公共数据治理的重要性是不言而喻的。

首先，提升公共数据治理能力，是实现政府治理现代化的重要组成部分。不可想象，一个对数据治理反应迟钝，甚至没有一定现代数据治理意识的政府，能治理好一个国家。道理很简单，精细化治理的基础，是数据资源的高效配置和利用。

其次，加强公共数据治理，可以极大地整合公共数据资源，提高公共数据的共享水平。这是公共数据治理的难点，但又是重点。数字化治理主要通过构建各种各样的平台来实现，而任何平台如果没有有效的、足够数量的数据资源作为前提，平台本身的作用是有限的。

最后，加强公共数据治理，可以更好地造福社会，为群众最为关心的医疗、教育、养老、社会保障等民生服务，应成为公共数据治理的首要前提，也是以人民为中心施政理念的直接体现。

二　公共数据治理面临的难题和挑战

前面我们着重分析了数据治理的一些基本理论问题，但在具体实践中，数据治理面临的问题会更多，也更加复杂。

从公共管理的发展方向来看，智能化管理、智慧化服务已经成为数字化时代政府公共治理的新目标，这一目标也是实现国家治理体系和治理能力现代化的重要组成部分。为了实现这一目标，政府要不断地通过行政改革和数字化驱动，使政府整体朝着"六化"方向发展，即政府结构扁平化、政府运作智能化、社会治理网格化、公共安全数字化、民生服务智慧化、公权力约束精准化。而实现"六化"目标的一个关键的问题，就是如何破解政务大数据运用中的难题，最大限度地激活数据资源，使其发挥更大的作用。从当前我国政务大数据应用的实际状况看，国家在顶层设计、平台构建、基础数据库的运行等方面，已经取得了很大成就，在政务服务中发挥了重要作用，但整体协同能力还有待提升。这无疑是一个比较大的问题。在过去若干年间，我们各级政府都曾投入巨大资金建设基础数据库，如人口库、法人库、地理信息库、宏观经济数据库以及大量的专题库、主题库等，这对推进我国的信息化进程发挥了重要作用。但也有一些地方即使在某些基础数据资源方面，开发利用得也并不理想。

造成上述现象的原因是多方面的。一是官僚制的传统治理思维，对政府数据的开放形成潜在阻力。如严格的等级制、权力思维、人治思维。这些东西不一定看得到、摸得着，但是对政务数据开放应用是潜在的一个阻力，改变传统的治理思维，这成为价值层面一个不容忽视的问题。目前我国的公务员队伍大体 730 万人，如果加上事业单位的 3000 多万人员，总共近 4000 万人，这是一个非常庞大的队伍，假如这些处于管理岗位的公职人员对大数据没有清晰的认知，看不到政务数据资源开发利用的巨大价值，政务数据的开放、开发利用都会受到影响。

二是政府横向、纵向的科层结构，对大数据共享也形成了一些壁垒，最主要的是条块分割，横向的部门壁垒和纵向的层级壁垒。政务大数据共享和有效利用的成和败，更多地取决于对体制机制障碍的排除。

三是根深蒂固的部门利益造成的数据分割、信息孤岛，仍然比较突出。可以说，数据开放的显性和隐性阻力都不可小觑。政府管理中一个最大难题就是部门利益，这些年我们的许多领域都走向市场化了，但最不该市场化的公共权力，在少数地方也被市场化了，政府机构拥有的一些职能和权力，成为与民争利的工具。只有对部门利益进行有效的遏制，才能真正提高政务数据资源的共享水平和应用水平。

四是数据开放共享的法律、政策环境还没有真正形成，包括开放共享的法律保障、责任追究等。这一方面我们还有不少缺失需要解决，特别是一些已经过时的部门的法律规章等，长期得不到及时清理，成为业务流程优化、数据资源共享的拦路虎。因此，加快包括法治环境在内的数据生态建设，加快补上某些短板，是从根本上解决问题的唯一出路。

如果说上面的分析只是政府在公共管理方面有关数据治理面临的一些趋势性问题以及潜在性的阻力，那么，在现实生活中数据治理还要直面以下三种冲突。

一是人工智能的快速发展与个人数据保护的冲突。近些年来人工智能发展很快，不仅在产业领域和社会领域，乃至个人的生活领域，人工智能也正在快速渗透，已经不知不觉地影响到每一个社会成员的生活了。一个最简单的例子，就是一个普通人只要住宾馆，在入住登记的时候，除了展示身份证之外，还必须进行人脸识别。类似的例子还包括乘飞机和高铁出行，都要进行人脸识别。这就意味着，人脸识别已经和每个公民的日常生活密切相关了。在这样的场景下，对个人数据的保护无疑会提出一系列新的挑战。2022年上海市曾经出现两次个人信息大面积泄露的事件，令社会震惊。目前的状况是：一方面是人工智能在个人生活领域的全面渗透，另一方面是维护个人信息安全的国家法律已经正式实施，而许多人脸识别的系统开发应用大多在个人信息保护法出台之前就已经上线，这方面存在的风险隐患是显而易见的。对于公共政策的制定来讲，如何平衡好两者之间的关系，就很重要。这也是公共政策制定必须遵循的一个基本原则。有矛盾冲突就需要政策来解决，就需要法治。既要避免妨碍人工智能本身的健康发展，又要对人工智能的应用边界等做出明确的规定，建立起一套有效的数据保护的规范、制度、架构。毫无疑问，这是对我们数据治理智慧的一种极大的考验。

二是政府数据开放与公共数据安全的冲突。现在大家都在强调政务数据的开放，社会对其有很高的期待，这无疑是一个大的趋势，政府一定要顺应时代的潮流，加大公共数据开放的力度。但从实际情况来看，这些年政府数据开放的推进并不顺畅。其中一个重要原因，就是公共数据开放的边界还不很清晰，和数据安全之间的关系还没有处理好。如果我们仅仅强调只要不涉及国家机密、商业秘密、个人隐私，一般政务数据都要向社会开放，其实是远远不够的，具体操作领域的灰色地带也是很宽泛的，如果没有明确的操作边界和流程、制度等，是很难在实践中实现的。还有，在我国除了政府之外，还有党的机构、事业单位以及公共企业，如电信服务商，承担供水、供气、供暖、供电等公共事业的企业，也都涉及公共数据开放的问题。而当下有些政府机构是和党的部门一体化的，或者是党政合一的，如国家新闻出版广电总局、国家版权局等机构，都是与中宣部融为一体的，国家民族事务委员会、国家宗教局等，也是与中央统战部合署的，对于这类机构，公共数据开放需要有明确的边界和法律安排，否则就很难操作。可见，政务大数据向社会开放是一项十分复杂的事情，必须明确界定政务大数据开放和维护国家数据安全的边界，建立相关的制度、规范和流程，这样才能将之真正落到实处，而不会因为政务数据的开放，对国家安全造成威胁。这两者关系的处理，也是非常复杂和富有挑战性的。

三是数据治理立法的现实性与数据产业发展的冲突。在公共政策制定中，有一个问题长期困扰着政府，这就是先发展后立法，还是先立法后发展问题。如果先不让它发展就立法的话，可能把它框死了，很难发展起来了。如果发展到一定程度以后还不予以规范、立法的话，可能会造成一些混乱。实际上在大力发展人工智能、智能制造和通过立法规范人工智能的应用、保护个人信息安全等方面，我们似乎就面临这样困境。一方面国家要促进人工智能、信息化的快速发展，提倡新技术的应用；另一方面又要及时规范人工智能等新技术应用的边界、范围，保护产业安全和个人信息安全，处理好这两者之间的关系。只有这两个方面都不偏废，才能真正促进人工智能的健康有序发展。

三　盘活政府海量数据资产

盘活政府海量数据资产，与政务数据开放利用有直接关系，也是大数据时代政府需要做的一篇大文章，其中解决盘活数据资产的体制机制障碍，提高公共数据治理能力以及通过应用牵引，构建超级 App 是三个重要的方面。

（一）变革体制和机制，消除盘活政府海量资产的体制和机制障碍

政府海量数据资产无疑是一座金矿，有着巨大的开发利用价值。但这座金矿能不能开发好、利用好，首先取决于我们在体制机制的变革方面能否有真正举措，消除一些制约政务数据资源开发利用的体制机制障碍。应该指出，在过去政府数字化转型过程中，我们的一些地方政府在这方面是有很多探索和创新的，并在实践中取得了显著成效。在行政体制改革和数据资源的整合利用方面，一些地方政府组建行政审批局，将分散在各个部门的行政审批事项，通过组织变革，实现审管分离，就是一种大胆有益的尝试。比如银川市，通过行政改革，设立行政审批局，将原来 58 个章子管审批变为一个章子管审批，把以往的一些部门利益对审批事项干预的风险最小化，企业、老百姓再也无须为办一件事到多个部门重复填表、报送，而是面对一个审批局即可完成所有审批事项。这不仅极大地方便了企业和群众，也为推进行政审批事项的数据资源整合利用提供了重要的组织保障。未来，如果我们的改革能够借助数字技术，进一步实现对政府组织结构的优化，如横向的大部制改革，减少部门设置过多、分工过细等弊端，纵向减少行政层级，推进行政结构扁平化，就可以最大限度地减少盘活政府数据资源的诸多体制机制障碍，在这方面我们似乎还有很长的路要走。

在这方面，温州龙港镇改市的创新探索，尤其值得我们关注。2019 年 8 月，经国务院批准，浙江省温州市正式撤销苍南县龙港镇，设立县级龙港市，以原龙港镇的行政区域为龙港市的行政区域，由浙江省直辖、温州市代

管。在镇的基础上设立一个市，在我国现行体制下无疑是一件新事物，也是极具挑战性的。尽管国家的批复中赋予了龙港市县级行政管理权限，但在严控编制的状态下，必须用改革的思维、大胆创新才有可能成功。基于这样的认识，龙港提出了大部制、扁平化、低成本、高效率、新型城镇化与行政改革联动的创新思路，并进行了一系列制度创新的探索。

从大部制看，龙港党政共设置 15 个机构，在大部制内部实行模块化的工作机制，通过职能重构、流程再造，大幅向市场和社会放权，更好地发挥市场在资源配置中的决定性作用，从而形成了一枚印章管审批、一支队伍管执法。目前，龙港市除公安和市场监管外，其余 3000 多项执法权都由市执法局行使。龙港的经济发展局，集成了经济发展的所有职能，对应温州市的 8 个部门和 97 个处室。从扁平化治理看，借助数字赋能，在纵向管理层级方面，进行了大胆探索。我们知道，数字时代最显著的特征，就是信息传递的方式发生了根本性变化。不论是民众获取信息的渠道，还是政府间传递信息的方式，都与过去不可同日而语。这在一定意义上为实施扁平化治理提供了重要的技术支撑。基于此，龙港一改传统的科层制层级架构，在市下面没有组建乡镇街道等中间管理层次，而是形成了党建引领、联勤处置、组团式服务的市直管社区治理体系。其主要做法是，将全市 199 个行政村整合为 102 个社区，组建社区联合党委与社区联勤工作机制，再设一个综合服务中心，实现"三位一体"的运行架构。这一基层治理模式，实现了管理重心下移，突出了党的领导，集成了基层的服务和管理，收到了明显成效。

从低成本和高效率看，龙港在镇改市的全过程中，始终把降低行政成本、提高效率放在突出地位，并用这一标准衡量改革探索的各项实践。与其他县级市的机构动辄几十个，行政和事业编动辄数以万计相比，龙港市总共只有 700 多个行政编和 4600 多个事业编，即使加上按照规定临时聘用的人员，总体来看，仍然要精干得多。据龙港提供的数据，改市两年来，龙港的 GDP 与财政的增幅、市场主体的增长都出现了非常好的态势。GDP 增幅和财政收入基本上都排在温州 9 个地市、12 个县市区的前三。工业增加值的增幅排在温州的第一；两年新增市场主体 2 万多家；人口也从设市前的 38

万人发展到 46 万人；在民营经济发展、产业富民、数字化转型、实现共同富裕等方面都出现了良好势头。

（二）提升政府数据治理能力

政务数据资源的共享之所以重要，就在于很多情况下政府的治理活动都是多部门协作的。比如一个小小的健康码，涉及公安、卫健、工信、人社、交通等多个部门的数据。当健康码在社会中广泛应用后，就会牵动到一系列有关部门的数据资源的统筹调度。疫情防控可以说是公共数据治理的一个大的应用场景，也给了我们许多深刻的启示。在疫情应对过程中，国家在公共数据的应用领域可以说上了一个大台阶。其中，最主要的就是通过健康码这样的应用场景，破解了政务大数据应用中的诸多难题。

首先，要破解数据开放的难题。作为一个综合性应用，健康码涉及公安、卫健委、人社部门、工信部门以及交通部门等众多的数据资源的开放和利用问题。如果这些数据都躺在数据库里，相互不能开放，那它什么作用都发挥不了。一个航旅纵横 App 应用软件，给乘飞机出行的人提供了极大的方便。如航班信息、值机选座、登机口变化、航班延误等。这个软件能够提供这样精准的服务，原因是国家民航局向社会开放了民用航班动态的实时数据。正是基于数据的开放，企业就可以利用实时数据开发出丰富的应用。可见，开放是公共数据治理的第一个关键词。更深层次地说，至少要实现三个层面的开放：政府信息要定期向社会开放；部门与部门之间的数据要开放；政府的公共数据要定期向社会开放。政府掌握海量的公共数据资源，如果不向社会开放，是发挥不了更大作用的。

其次，公共数据治理还涉及数据的共享、整合等诸多环节。整合度低、共享度低、开放度低，这是以往我们在公共数据治理方面遇到的一些普遍现象。而这"三低"，直接影响数据治理能力。因此，公共数据资源如何由"三低"变"三高"是治理能力提升的环节。那么，在开放和共享的基础上，未来，政府海量数据资产如何才能被真正地盘活呢？

第一，以需求为导向，以应用场景为牵引。政府部门应该有意识地开辟一些跨部门的数据应用场景，驱动各部门机构之间打破行政壁垒，把该共享的数据拿出来。应该看到，在社会管理和公共服务领域，可以创新构建许多数据应用场景，教育、文旅、医疗、应急、养老、社保等民生领域都存在大量这方面的需求。这就需要政府部门有意识地以宏观决策、民生服务、社会管理、市场监管、生态环境保护为中心，构建综合性的跨部门应用系统，不断提高政务数据的应用水平，造福于社会和民众。

第二，加强对公共数据基础设施建设的统筹，最大限度地避免重复建设和浪费。要看到，盘活政府的数据资产，提高政府的数据治理能力，绝不意味着不顾客观实际到处大手笔地建设数据中心，这样势必会造成很大的浪费。目前全国70%以上的地级市都建设了政务大数据中心，很多数据中心的数据上架率还是很低的。因此，加强省级统筹、协调数据资源基础建设，显得尤为重要。要通过改革，加大公共数据资源的整合力度，提高公共数据资源的共享度。要逐步把政府、事业单位、公共企业乃至部分互联网机构所掌握的公共数据，从管理和技术等多个层面进行一些有效的整合，使其能够更好地为经济社会的发展、为改善民生提供高质量的数据服务。

第三，要进一步完善政府的清单制度，为政府盘活政府数据资源提供制度保障。从以往的实践看，许多地方政府构建"三张清单一张网"制度还是比较成功的，即权力清单、责任清单、负面清单，建立统一的社会管理和公共服务一张网。比如，浙江省在省、市、县三级全部构建起"四张清单一张网"，它们还加了一个"专项公共资金使用清单"。清单制度对规范政府权力的行使无疑具有重要意义，也可以为盘活政务数据资源扫清一些障碍。未来如果能在这方面有更大改革力度，并逐步加以规范，就能在盘活政府的海量数据资产方面发挥更大作用。

第四，通过数据化的市场交易，驱动数据自由流动。从发展趋势看，数据流动越充分，数据使用的效率会越高，从这个意义上说，建立数据市场，把数据流动纳入市场这个大的机制中，是没问题的。目前在数据的市场交易方面遇到的最大难题主要有两个：一是公共数据交易的边界问题。在笔者看来，不是所有的公共数据都是可以上市交易的，甚至可以说有相当一部分公共数据是不能上市交易的，比如国家建立的人口数据库，它涉及每一个公民的个人隐私，我们能拿出去在市场交易吗？当然不能。所以，基于用公共财政所采集的公共数据，有些是根本无法进行交易的。可见，数据市场交易的数据，其来源要具有合法性。在这方面必须有严格的立法加以规范，数据市场交易才能健康地运行。二是政府不同部门所拥有的大数据资产，通过数据市场交易后所获得的利益，不能变为政府部门自己的小金库，必须进入国家的公共财政收入的盘子，也就是说，要把政府数据资产交易产生的价值仍然回归国库，而不是变成部门自身的收入。只有在这些涉及政府数据资产关键的方面，有了明确的界限，有法可依，公共数据交易才能被激活，通过数据流通，让数据产生新价值。

（三）应用牵引，打造惠及民生的超级 App

在盘活政府海量数据资产中，通过信息网络技术，打造超级 App 无疑是一个重要途径。经过多年发展，围绕政务服务、便民服务乃至市民的生活服务，各地方政府都开发了大量的政务 App，有的一个部门就开发出数十个政务 App，这些 App 虽然在方便群众方面起到了一定的作用，但也给民众带来诸多不便。于是，一场大刀阔斧的整合数据资源，服务市民、社会的超级App 便应运而生。

"随申办"是上海市人民政府为市民和企业办事服务提供的一款超级App，也成为一网通办移动端政务服务的品牌。"申"代指上海，取"随身办"的谐音，寓意用户只需掏出手机，就能随时、随地、随身办理各类政务服务事项。2021 年 1 月，随申办 App 推出"老年专版"方便老年人操作使用。上海市的随申办，可以提供 1000 多项政务服务和民生服务，给市民工作和生活带来极大的方便。

"浙里办"则是浙江省推出的一款便民、惠民、利民的政务掌上通。浙里办包含了"掌上办事""掌上咨询""掌上投诉"三大核心功能板块，以及查缴社保、提取公积金、交通违法处理和缴罚、缴学费等数百项便民服务应用。目前，浙里办 App 还推出公共支付、生育登记、诊疗挂号、社保证明打印、公积金提取、交通违法处理等 17 个类别、300 余项便民应用，提供省级掌上办事 168 项、市级平均 452 项、县级平均 371 项。

"穗好办"是广州市政府推出的一款专门为市民提供线上政务服务和生活服务的软件。App 提供官方的办事指南和海量的政务服务事项，为企业、公众提供了极大的方便。民众戏称，有了穗好办，不愁办事难。

"i 深圳"是深圳市统一政务服务 App 的简称。市民和企业用一个 App 畅享全市政务服务。2018 年，深圳相继推出 2 批共 300 项"不见面审批"服务事项，实现了全市 95%以上的事项可在网上办理，降低市民和企业办事成本，实现审批不见面、办事零跑腿。同时，深圳在全国率先启动"秒批"改革，通过"网上申请、自动审批、即时结果、动态监管"的"互联网+政务服务"新模式，改写了政务服务的"深圳速度"。

"南通百通"是南通市人民政府推出的一款掌上便民服务 App。该软件集知识资讯、业务办理等多种功能于一体。通过这款软件可以实现服务网点、智慧医疗、商户等的查询；可线上进行身份证申领、卡挂失、账户刮刮卡充值、手机号修改、交易记录、短信服务、密码修改等服务。该 App 还可以向用户发布南通生活服务资讯等，为市民的工作、生活提供广泛的服务事项，受到社会公众的好评。

除了上面提到的全国一些有代表性的城市的超级 App 外，全国绝大多数的大城市都构建起自身的 App。通过这几年的实践，我们以为，城市超级 App 不仅在盘活政府海量数据资产方面发挥了重要作用，而且也事实上变成了"移动政务的总门户，为民服务的场景的集结地，政务服务、市场、社会协作的大平台，便民利民的大通道"。

城市超级 App 出现，与政府 App 发展中暴露出的问题直接有关。以往的政务 App，都是由政府的各个部门直接开发，甚至像上面提到的，有的一个政府部门就有数十个政务 App，这给群众带来极大使用方面的问题。其主要的问题表现在：标准不一，各自为政；缺乏整合，给公众带来极大的不便；缺乏政策规范，可能导致个人信息外泄等诸多隐患；服务不规范，缺乏有效的监督和监管。而超级 App 的出现，在一定意义上解决了企业公众在这方面遇到的问题。从未来的发展趋势看，第一，要进一步整合政府、企业、社会等各类与公共服务管理密切相关的 App 应用，把公共服务、社会治理和老百姓关注度高的问题进行有效整合。使其具有更加强大的功能。第二，政府要及时出台相关的政策框架，加强国家在这方面的立法，用法律规范超级 App 的运作和管理。第三，要破解不同机构属性之间的制度壁垒。其实，推动超级 App 发展，除了要解决技术问题外，更主要的是政府要有数据整合能力，有效打破 App 背后隐藏的各部门机构的制度壁垒尤为重要。就像当初开发健康码，当时由于处于应对新冠疫情的紧急状态，因此国务院召开一次会议，要求公安、交通、工信、卫生、人社等政府部门必须开放数据，谁影响到健康码开发，就追究相关责任，结果过去长期扯皮的问题很快都迎刃而解了。这再一次说明，政府数据的共享，政府数据资源的盘活，主要不是技术问题，而是体制机制问题。第四，在盘活政府数据资产时，一定要把便民利企作为价值导向，以此为龙头进行整合，拓展政务服务、公共服务、社会治理等方面与社会公众密切相关的应用，比如医疗、教育、交通、出行、养老、就业、公共安全等，要优先予以重视，并不断让公众从中得到方便，把以人民为中心的执政理念落到实处。

B.14
2022年我国数字政府建设的
回顾与展望

关欣 刘云 徐志艳[*]

摘　要： 2022年，党和国家加强数字政府建设的顶层设计和宏观指导，在一体化政务大数据体系建设、政务服务体系标准化建设、跨省通办、政务数据资源体系建设、发挥数据要素作用等方面完善制度设计。2022年数字政府建设成效显著：在线政务服务的规模和普及率进一步提升，服务范围进一步拓展；中国在全球电子政务中的排名有所提升；一体化政务服务能力进一步增强。未来数字政府建设应从需求导向、技术驱动、人才赋能等维度出发，进一步实现需求驱动和完善"一体化政务服务"，并在人力资源和数据资源建设方面予以大力保障。

关键词： 数字政府　一体化政务服务　数据治理

　　党的二十大报告对于"数字中国"作出了重要的部署，提出了新的更高要求。报告提出"到2035年基本实现新型工业化、信息化、城镇化、农业现代化，深入推进国家治理体系与治理能力现代化"。数字政府作为数字中国不可或缺的重要组成部分，是推进数字中国建设、提升国家治理体系和治理能力现代化的重要支撑。2022年，我国数字政府建设取得显著进展。

---

　　* 关欣，中国科学院大学公共政策与管理学院副教授；刘云，中国科学院大学公共政策与管理学院长聘教授、副院长；徐志艳，中国科学院大学公共政策与管理学院硕士研究生。

一 数字政府建设的顶层设计得到进一步加强

2022年，党和国家加强数字政府建设的顶层设计和全面部署，出台了一系列重要的政策文件，为"十四五"及面向2035年数字政府的建设与发展提供了行动指南。

为了贯彻和落实党中央、国务院关于"数字政府建设"的重大决策与部署，2022年6月，国务院办公厅发布了《国务院关于加强数字政府建设的指导意见》（国发〔2022〕14号）（以下简称《指导意见》），对我国数字政府建设进行了全面部署，成为数字政府建设的纲领性指导文件。《指导意见》对于我国数字政府建设的现状、不足及需求进行了总结，并提出了数字政府建设的指导思想、原则和目标。它指出"到2025年，与政府治理能力现代化相适应的数字政府顶层设计更加完善、统筹协调机制更加健全，政府数字化履职能力、安全保障、制度规则、数据资源、平台支撑等数字政府体系框架基本形成，政府履职数字化、智能化水平显著提升，政府决策科学化、社会治理精准化、公共服务高效化取得重要进展，数字政府建设在服务党和国家重大战略、促进经济社会高质量发展、建设人民满意的服务型政府等方面发挥重要作用；到2035年，与国家治理体系和治理能力现代化相适应的数字政府体系框架更加成熟完备，整体协同、敏捷高效、智能精准、开放透明、公平普惠的数字政府基本建成，为基本实现社会主义现代化提供有力支撑。它从七个方面提出了数字政府建设的主要任务和具体要求，包括构建协同高效的政府数字化履职能力体系、构建数字政府全方位安全保障体系、构建科学规范的数字政府建设制度规则体系、构建开放共享的数据资源体系、构建智能集约的平台支撑体系、以数字政府建设全面引领驱动数字化发展、加强党对数字政府建设工作的领导"。《指导意见》是贯彻落实党中央、国务院关于加强数字政府建设的重大决策部署的具有里程碑意义的指导性文件，对于进一步推进和全面开创数字政府建设新局面具有重要意义。

在中央全面深化改革委员会第十七次会议、《国务院办公厅关于建立健全政务数据共享协调机制加快推进数据有序共享的意见》（国办发〔2021〕6 号）中，对于建构全国一体化政务大数据体系、强调政务数据融合共享、建立健全政务数据共享协调机制、支撑数字政府建设、推进国家治理体系和治理能力现代化等方面进行了重要部署。2022 年 10 月，国务院办公厅印发《全国一体化政务大数据体系建设指南》（国办函〔2022〕102 号），提出的建设目标是：2023 年底前，全国一体化政务大数据体系初步形成，基本具备数据目录管理、数据归集、数据治理、大数据分析、安全防护等能力，数据共享和开放能力显著增强，政务数据管理服务水平明显提升；到 2025 年，全国一体化政务大数据体系更加完备，政务数据管理更加高效，政务数据资源全部纳入目录管理①；并提出了 7 个"一体化"建设任务以及"1+32+N"三类平台和全国一体化政务大数据体系的总体架构等。

同年，国务院针对数字政府建设存在的突出问题，出台了《指导意见》，加快推进电子证照扩大应用领域和全国互通互认、加快推进政务服务标准化规范化便利化、扩大政务服务"跨省通办"范围、进一步提升服务效能等指导意见，以推进数字政府建设中的管理机制改革以及政务服务的标准化规范化便利化。

2022 年 2 月，国务院办公厅发布了《关于加快推进电子证照扩大应用领域和全国互通互认的意见》（国办发〔2022〕3 号），要求从国家层面解决电子证照标准规范不健全、互通互认机制不完善、共享服务体系不完备、应用场景不丰富等问题②，以建立全国一体化政务服务平台电子证照共享服务体系，实现企业和群众常用证照基本电子化，推进电子证照在政务服务领域广泛应用。此项政策出台后，我国各部委以及各地区积极开展电子证照的落地实施工作。

2022 年 3 月，国务院办公厅发布了《国务院关于加快推进政务服务标

---

① 《全国一体化政务大数据体系建设指南》，2022 年 10 月 28 日。
② 《关于加快推进电子证照扩大应用领域和全国互通互认的意见》，2022 年 2 月 22 日。

准化规范化便利化的指导意见》（国发〔2022〕5号）。提出政务服务标准化的总体目标是：2022年底前，国家、省、市、县、乡五级政务服务能力和水平显著提升；国家政务服务事项基本目录统一编制、联合审核、动态管理、全面实施机制基本建立；政务服务中心综合窗口全覆盖，全国一体化政务服务平台全面建成，"一网通办"服务能力显著增强，企业和群众经常办理的政务服务事项实现"跨省通办"。2025年底前，政务服务标准化、规范化、便利化水平大幅提升，高频政务服务事项实现全国无差别受理、同标准办理；高频电子证照实现全国互通互认，"免证办"全面推行；集约化办事、智慧化服务实现新的突破，"网上办、掌上办、就近办、一次办"更加好办易办，政务服务线上线下深度融合、协调发展，方便快捷、公平普惠、优质高效的政务服务体系全面建成①。

2022年10月，国务院办公厅发布了《国务院办公厅关于扩大政务服务"跨省通办"范围进一步提升服务效能的意见》（国办发〔2022〕34号），强调聚焦企业和群众反映突出的异地办事难点、堵点，统一服务标准、优化服务流程、创新服务方式，充分发挥全国一体化政务服务平台"一网通办"枢纽作用，推动线上线下办事渠道深度融合，持续深化政务服务"跨省通办"改革，不断提升政务服务标准化、规范化、便利化水平，有效服务人口流动、生产要素自由流动和全国统一大市场建设，为推动高质量发展、创造高品质生活、推进国家治理体系和治理能力现代化提供有力支撑②。对于扩大"跨省通办"事项范围，提升"跨省通办"服务效能，加强"跨省通办"服务支撑进行了具体部署；并给出了"全国政务服务'跨省通办'新增任务清单"。

此外，党和国家还高度重视数据基础制度建设。2022年12月，中共中央和国务院发布了《中共中央　国务院关于构建数据基础制度更好发挥数据要素作用的意见》（以下简称《数据二十条》）。为解决数据要素化进程中的现实困境，《数据二十条》提出了要建立保障权益、合规使用的数据产

---

① 《国务院关于加快推进政务服务标准化规范化便利化的指导意见》，2022年3月1日。
② 《国务院办公厅关于扩大政务服务"跨省通办"范围进一步提升服务效能的意见》，2022年10月5日。

权制度，建立合规高效、场内外结合的数据要素流通和交易制度，建立体现效率、促进公平的数据要素收益分配制度，建立安全可控、弹性包容的数据要素治理制度[1]。

总之，2022 年，党和国家加强数字政府建设的顶层设计和宏观指导，在一体化政务大数据体系建设、政务服务体系标准化建设、跨省通办、政务数据资源体系建设、发挥数据要素作用等方面完善制度设计。在 2022 年，国家层面出台系列的重要政策部署和行动指南，有力地推动了全国各地数字政府建设的改革与实践。可以说，数字政府、数字化治理已成为党中央、国务院高度关注的议题，并将数字政府建设提升为国家战略。

二 数字政府建设的总体成效

2022 年度数字政府建设的总体成效主要体现在以下几个方面。

（一）在线政务服务的规模和普及率进一步提升，服务范围进一步拓展

2023 年 3 月，中国互联网络信息中心（CNNIC）发布了第 51 次《中国互联网络发展状况统计报告》。本次报告显示，截至 2022 年 12 月，我国网民规模达 10.67 亿人，互联网普及率达 75.6%。在线政务服务用户规模达9.26 亿人，在线政务服务用户占网民整体的 86.7%。.gov.cn 域名政府网站数量为 14487 个，占 ".CN" 域名总数的比例为 0.1%。新浪微博中官方认证的政务机构微博数量为 14.5 万个。其中，河南省各级政府总计开通政务机构微博 10017 个，居全国首位；其次为广东省，共开通政务机构微博9853 个[2]。政务小程序数量达 9.5 万个，超 85%用户在日常生活、出行办事

---

① 《中共中央 国务院关于构建数据基础制度更好发挥数据要素作用的意见》，2022 年 12 月 2 日。

② 中国互联网络信息中心（CNNIC）：第 51 次《中国互联网络发展状况统计报告》，2023 年 3 月。

中使用政务微信小程序办理政务事务①。可见，我国政务服务用户规模庞大，政府网站、政务微博、政务微信为用户提供了便利的在线服务模式。

在政务服务场景方面，针对新冠防疫，我国已有 30 个省（区、市）政务平台小程序提供健康码、核酸疫苗、政务便民服务等。2022 年，北京"健康宝"、上海"随申办"、浙江"浙里办"等都在不断完善和丰富服务功能。针对便民服务开设的"一码通办""智慧社区""零工超市"等服务场景更贴近生活所需。针对社保服务，全国已有 31 个省（区、市）和地区支持通过微信支付缴纳社保，年缴费超过 8.8 亿笔。27 个省（区、市）的社保办理提供了便捷的微信小程序。

（二）中国在全球电子政务中的排名有所提升

2022 年 12 月，联合国经济和社会事务部发布了两年一次的调查报告——《2022 年联合国电子政务调查报告》。报告对联合国 193 个会员国的电子政务发展水平进行了评估与排名。本次报告的主题为"数字政府的未来"，重点关注数字政府推动一体化政策和服务，使数字服务趋于高效、问责和包容，进而弥合数字鸿沟并推进社会公平。

报告显示，丹麦、芬兰、韩国、新西兰、冰岛、瑞典、澳大利亚、爱沙尼亚、荷兰、美国的电子政务发展指数位列前十，属于全球电子政务发展水平非常高的国家。中国的电子政务发展指数为 0.8119，全球排名第 43 名，较 2022 年提升 2 名，在全球属于较高水平。在三个主要指标的得分上，我国"在线服务"指数得分为 0.8876，相对最高，"电信基础设施"指数得分为 0.8050，"人力资本"指数得分为 0.7429。报告还引入了政府数据开放指数（OGDI）。政府数据开放指数包含政策、平台和影响三个维度共 26 个指标，我国 2022 年该指数得分为 0.8873，在第一梯队"非常高"水平。

在地区电子政务发展方面，报告从全球选取了 193 个城市，对其在线服

---

① 腾讯研究院：《2023 行业突围与复苏潜力报告》，微信，2023 年 1 月。

务指数进行评测与排名。上海为中国的代表城市，其地方在线服务指数为0.8838，在全球193个城市中排名第10，进入第一梯队"非常高"水平①。

（三）一体化政务服务能力进一步增强

参照联合国电子政务调查评估（EGDI）框架，在国办电子政务办的指导下，从2015年起，中央党校（国家行政学院）电子政务研究中心一直在开展"一体化政务服务能力调查评估"工作。2022年9月，中央党校（国家行政学院）电子政务研究中心发布了《省级政府和重点城市一体化政务服务能力调查评估报告（2022）》。

本次报告指出，具有中国特色的一体化政务服务平台体系正在加速形成。数据显示，2021年度省级政府一体化政务服务能力总体指数平均值为88.07。其中，指南准确度指数相对较高，平均值为93.00。服务成效度指标得分84.64，提升最快。全国一体化政务服务平台以国家政务服务平台为总枢纽。

在省级政府层面，16个省级政府的一体化政务服务能力总体指数为非常高（超过90），占比50.00%。12个省级政府的一体化政务服务能力总体指数为高（90~80），占比37.50%。4个省级政府的一体化政务服务能力总体指数为中，占比12.50%。

近年来，北京、上海、江苏、浙江、广东、贵州等地，在一体化政务服务能力方面持续保持全国领先水平，正在发挥很好的引领和示范作用。北京的"数字政务"、上海的"一网通办"、江苏的"不见面审批"、贵州的"五个通办"，以及浙江和广东的数字政府建设都累积了一批创新经验，特别是深圳在数字政府创新示范建设方面取得了一定成绩，体现出了不少亮点。

在重点城市层面，12个重点城市的一体化政务服务能力总体指数为非

---

① 联合国经济和社会事务部：《2022年联合国电子政务调查报告》（中文版），中央党校（国家行政学院）译，2022年12月。

常高（超过 90），占比 37.50%。17 个重点城市的一体化政务服务能力总体指数为高（90~80），占比 53.13%。3 个重点城市的一体化政务服务能力总体指数为中，占比 9.38%。

近年来，广州、南京、杭州、深圳等重点城市，在一体化政务服务能力方面持续保持全国领先水平，正在发挥很好的引领和示范作用。

报告还指出，我国在一体化政务服务能力方面，存在与一体化发展相匹配的政务服务行政体制建设相对滞后、一体化统筹建设仍需加强、跨越"数字鸿沟"仍需持续努力、多渠道服务无缝衔接仍需大力推动、政务服务数据共享还不能满足普遍需求等问题。在此基础上，提出了以效能提升为方向持续提升一体化政务服务能力、以数据驱动为核心创新行政管理和服务方式、以场景服务为重点全面优化提升用户体验等发展建议①。

三　数字政府的建设实例

（一）全国一体化政务服务平台

具有中国特色的一体化政务服务平台体系正在加速形成。建设全国一体化政务服务平台是我国数字政府建设的重要战略性任务，有助于推进国家治理体系和治理能力现代化，推进我国一体化政务服务实现跨层级、跨省份、跨部门的协同业务处理。平台建设至今运行平稳，且取得了预期的成效。

一是实现建设全国政务服务"一张网"。国家政务服务平台是全国一体化政务服务平台的总枢纽，成功链接了我国 31 个省（区、市）和新疆生产建设兵团、46 个国务院部门平台。面向 14 多亿人口和 1 亿多的市场用户主体，在全国范围内实现了平台村村通、政务掌上实时办。

二是在社会以及市场中的认可度不断提升。截至 2022 年末，国家政务

---

① 中央党校（国家行政学院）电子政务研究中心：《省级政府和重点城市一体化政务服务能力调查评估报告（2022）》，2022 年 9 月。

服务平台注册认证的用户为 8.08 亿人，用户累计访问和使用量达到 850 亿人次。全国一体化政务服务平台实名注册认证的用户超过了 10 亿人。其中，服务应用不断创新，企业和群众满意度和获得感不断提升。目前，90.5% 的省级行政许可事项实现网上受理和"最多跑一次"，政务服务"一网通办"能力显著增强。平台运行至今已经得到良好的社会和市场的认可、参与和体验。

三是政务服务创新的应用场景在不断扩大，应用能力也在不断提升。国家各地区、各部门政府机构依托全国一体化政务服务平台，聚焦公众和企业办事中的"急、难、愁、盼"的问题，大胆创新，因地施策。从"最多跑一次"到"一次不用跑"，从"不见面审批"到"秒报秒批"，都在显示着为公众和企业提供便利途径，最大限度地提升政务服务效率。很多地区数字政府的创新性项目和举措起到了很好的示范作用，大大地激发了各地的学习和效仿，呈现良好的竞争氛围，同时也为全面推进数字政府建设、打造一体化政务服务体系积累了丰富经验。

四是公共服务支撑能力不断提升。截至 2022 年底，国家政务服务平台已归集汇聚 32 个地区和 26 个国务院部门 900 余种电子证照，目录信息达 56.72 亿条，累计为地方政务服务平台提供电子证照共享应用 79.5 亿次，身份认证核验服务 67.4 亿次。全国一体化政务服务平台的公共服务支撑能力不断提升，实现了高效快捷的为民办事。

（二）上海的"一网通办"

在全球电子政务中的排名中，上海作为中国的代表城市，在全球 193 个城市在线服务测评中排名第 10，在线服务能力处于全球领先水平。上海"一网通办"作为数字政府建设实例，在一体化政务服务能力方面起到了良好的引领和示范作用。

2018 年 3 月，上海印发《全面推进"一网通办"加快建设智慧政府工作方案》，同年 10 月，上海"一网通办"的门户网站正式上线。上海"一网通办"平台包含了门户网站的 PC，"随申办"的 App，支付宝小程序和微信小程序四个端口。上海"一网通办"的服务事项涵盖了个人办事、部门办事、法人办事和办事热点四大模块。个人办事为个人打造全生命周期的数字化生活服务体系。部门办事可以直接链接上海市各个政府部门，用户可以快速访问相应政府部门、办理相应政务业务事项。法人办事面向全生命周期，为企事业的法人提供相应的政务业务服务事项。办事热点主要针对长三角"一网通办"、疫情防控、就业社保等特定的业务事项来展开专项业务的政务服务工作。

上海"一网通办"坚持设置一个总门户，服务事项全覆盖，全市通办、全网通办，建设理念是用户只跑一次、一次办成。截至 2022 年 10 月，上海"一网通办"接入事项 3556 项，实名个人注册用名超过 7396 万个，企业注册用户超过 290 万个，累计完成办件量 2.63 亿件。

上海"一网通办"仍在不断升级，开展创新服务，体现出了不少亮点：长三角"一网通办"业务专区建立了覆盖长三角 41 个城市的跨省市通办的协同业务，具体包含了 138 项政务业务服务事项；"高效办成一件事"设计并提供 12 个业务事项，并辅助 AI 智能化办理政务服务，还创新服务提供了政策找人、政策找企的业务服务事项；上海"一网通办"的国际版，包含了信息发布、政务服务、营商环境、城市形象这四个主要服务模块，截至 2022 年末，累计服务了 27 万境外人员以及 9 万多家外资企业；"随申办"开通了长者版和无障碍专区，完成了服务平台服务老人和残障人士等弱势群体的创新改造，帮助这部分群体跨越实现数字鸿沟，实现无差别服务。上海"一网通办"的建成及推广，是上海市政府数字化转型的重要举措，聚焦群众需求，坚持问题导向，打造高效、便捷的政务服务，推动政府职能转变，推动治理能力与治理体系现代化建设。

（三）深圳数字政府的创新示范建设

广东省在一体化政务服务能力方面处于全国领先水平。深圳作为广东省"数字政府"综合改革试点城市之一，以数字政府改革为先导，提升政务服务。深圳在 2022 年提出以先行示范标准推进智慧城市和数字政府建设，并在数字政府创新示范建设方面取得了一定成绩。

深圳在数字政府方面，2022 年发布了系列的重要政策部署。本年度深圳发布了《深圳市数字政府和智慧城市"十四五"发展规划》（以下简称《规划》）、《深圳市智慧城市建设综合改革试点实施方案》、《深圳市推进政府治理"一网统管"三年行动计划》等政策文件，高效推进重点工作的落实、落地与落细。《规划》提出，到 2025 年，打造国际新型智慧城市标杆和"数字中国"城市典范，成为全球数字先锋城市；到 2035 年，数字化转型驱动生产方式、生活方式和治理方式变革成效更加显著，实现数字化到智能化的飞跃，全面支撑城市治理体系和治理能力现代化，成为更具竞争力、创新力、影响力的全球数字先锋城市[①]。

深圳在全国首创"电子哨兵+场所码+白名单"的社区疫情防控模式。2022 年，深圳继续坚持利用数字技术手段开展防疫工作。在全国率先推出防疫"电子哨兵"，采取"白名单"方式精准管理和服务公众；利用大数据、AI 等技术分析疫情数据，精准掌握疫情的态势；建设数字孪生城市以辅助疫情中的流调。

建设掌上政府，实现掌上办事。深圳在全国政府网站绩效评估中名列前茅。2022 年，深圳市统一政务服务 App"i 深圳"已上线 8500 余项服务，下载量超 2605 万次，注册用户超过 1730 万个，累计为市民提供指尖服务超 45 亿次（均不含健康码数据），基本实现政务服务线上掌上办理。

升级"一件事一次办"，围绕企业发展周期和市民日常生活工作等业务场景，开展人机交互问答，系统自动计算和匹配，为申请人提供一套专属的申报表单，大大增加了企业和公众的良好体验感。

此外，深圳在数字政府创新示范建设方面还体现出了不少亮点。

一是在政务服务方面实现了"一网通办"，城市一体化政务服务能力保持全国领先水平。深圳持续完善政务服务渠道，2022 年实现了自助式的政

---

① 深圳市政务服务数据管理局、深圳市发展改革委：《关于印发深圳市数字政府和智慧城市"十四五"发展规划的通知》，2022 年 5 月 24 日。

务服务事项进驻 140 个银行网点的 1400 台 STM 终端。2022 年 4 月，上线了"全市域通办"服务专区，打破业务事项办理的地域以及层级的限制，实现了政务服务事项跨区、跨层级进行登记与处理。

二是在政府治理方面实现了"一网统管"，打造 CIM1.0 平台，提出了"1+6+N"体系架构，开发"深治慧"决策指挥平台。2022 年，深圳进一步推进数字孪生城市建设，用信息化手段提升城市治理精细化水平。

三是在政府行政办公方面实现了"一网协同"，建设了全市一体化协同办公平台，形成了市、区两级协同办公体系。2022 年，深圳政务服务数据管理局建设智能办公系统工作，搭建协同办公标准化体系，实现跨部门、跨层级的业务联动协同。

四是在公共数据应用方面实现了"一网共享"。设置数据经纪人，开展"数据海关"试点，建设粤港澳大湾区大数据中心，以实现充分释放数据要素价值。2022 年，深圳前海深港现代服务业合作区与市前海管理局联合设计数据经纪人、"数据海关"试点工作方案，推动开展数据跨境传输，探索安全有效的跨境数据流通模式。2022 年 11 月，深圳成立数据交易所，涵盖金融科技、数字营销、公共服务等 61 项数据交易场景。截至 2022 年底，线上数据交易规模突破 12 亿元，并成功实现国内首批场内跨境数据交易。

深圳市数字政府建设成效显著，"一网"策略下业务流程不断优化，全域感知、全网协同、全业务融合和全场景智慧的数字政府与智慧城市逐步建成，塑造城市新发展格局。

四 我国数字政府建设的展望

2022 年度，我国数字政府建设成效显著，涌现了一批示范性地区和示范性应用。国家也出台多项政策，在全国一体化政务服务平台建设、政务服务标准化建设、数字政府建设行动指导、跨省通办建设与提升、政务数据资源体系建设等方面提出了具体要求。各地、各级政府在政策指引下，积极贯彻落实并推进创新突破。未来数字政府建设应从需求导向、技术驱动、人才赋能等维度出发，进一步实现需求驱动和完善"一体化政务服务"，并在人力资源和数据资源建设方面予以大力保障。

（一）迈入"一体化政务服务"的全新阶段，推进政府的整体治理与协同治理

首先，要建立"以人民为中心"的数字政府，建立全国一体化政务大数据体系，开展一体化政务服务。强调公众需求的满足，着眼公众的政务服务体验与感受，是推进治理能力与治理体系现代化的根本性要求。2022 年 4 月，中央全面深化改革委员会第二十五次会议指出："要把满足人民对美好生活的向往作为数字政府建设的出发点和落脚点，打造泛在可及、智慧便捷、公平普惠的数字化服务体系。"在我国数字政府的建设实践中，需以国家一体政务服务平台的建设为基础，并积极对接和联系到各级政府、各政府部门、各类政务业务，建立一体化政务服务标准体系，提升数据质量，强化数据应用与服务能力。此外，还需要处理好政府、市场以及社会公众之间的关系，强化主体间的意见反馈与交流，注重政策及系统评价等，建设"以人民为中心"、需求导向式的一体化政务服务体系。

其次，要扩大和细分数字政府政务服务的应用场景和服务群体。数字政府提供的政务服务可以应用到更多场景之中，服务于更加细分的用户群体之中。在服务场景设计中，可以将数字政府同数字经济发展、数字乡村建设、数字社区服务等具体场景相融合。在服务人群细分中，不但设计面向绝大多数用户的常见性的政务服务业务事项、针对满足少数特殊用户群体的政务服务需求，也需要建立细分的服务事项与专题等。针对少数特殊群体，如老年人群体、妇女儿童群体、残疾人群体，需要推进数字政府服务细分和满足这些特殊群体用户需求，在无障碍平台建设方面也不断实现升级与改造，提升全体社会公众的体验感知，减少数字鸿沟问题所带来的负面影响。

再次，要实现基于一体化政务服务平台的整体治理和协同治理。一体化政务服务是要实现政府管理和服务一体化、业务的高度集成化。各级政府在线政务服务提供统一入口，整合与链接辖区各个政府部门。这需要各个政府

部门之间实现业务高度联结、数据充分共享，为政府跨部门的整体治理和协同治理提供技术平台及数据的支撑。加强各级政府之间的战略对接与层级联动，强化同级部门之间直接的连接、共享与业务协同。

最后，要重视地方数字政府创新服务实践经验的推广，提升地方政务服务创新的示范性作用。在全国推广较为成熟的"最多跑一次""一网通办""一网统管""跨省通办""全程网办""云政务"等政务服务创新成果；牵头部门制定数字化战略，进行统筹规划，明确各个部门的数字化目标和规划，促使数字化建设更有组织性和协同性；政府部门与高等学校、科研机构、信息技术企业、社会团体、市场资本等建立合作关系，形成合力一同推进国家一体化政务服务的建设任务。

（二）建设数字战略人才高地，打造高端数字人才队伍

"人"是数字化改革最核心的要素，数字化改革需要依靠人的智慧来解决复杂问题①。数字政府建设既需要高素质技术人才，又需要高素质干部人才。数字化人才是建设数字政府、实现国家治理体系和治理能力现代化的重要人力资源保障。数字政府建设现阶段对于数字化人才的需求有所增加，对于数字化人才的专业化程度也有了更高的要求。因此，亟须加强数字化人才的培养和引进战略，不断壮大政府部门中的数字化人才队伍的规模；切实提升数字化人才的质量，形成完备的培养体系，建立业务能力、管理能力、技术水平都俱佳的数字化人才队伍。

在人才教育和培养方面，高校以及科研院所需要面对国家数字化人才战略需要，应不断建立和完善相应的学科与专业，在网络安全、人工智能、大数据等方向开设特色化的学科专业，为数字人才的培养和输送提供保障。

在人才保障和人才引进方面，出台数字化领域的专业人才保障和引进的相关制度及政策，面向数字政府建设，帮助搭建政府的数字化人才队伍。

---

① 黄璜：《"人"是数字化改革最核心的要素》，《浙江日报》2021年3月9日，https://new.qq.com/omn/20210310/20210310A00Z6M00.html。

在职业培训方面，定期开展政府公职人员专业技术培训活动，为政府培养数字政府治理人才。

在终身教育方面，积极开设面向社会公众及组织的数字素养拓展活动及课程等，帮助公众及组织参与数字政府的数字化协同治理。

（三）重视政务数据治理体系建设，优化数据资源配置，释放数据资源价值

高度重视政务数据治理体系建设。第一，在政务数据安全保障方面，建立和健全政务数据安全保障的相关法律规章制度，建立相应的数据资源管理办法、数据共享和修改规范等，以保护政务数据安全与防范政务数据使用风险。第二，在标准规范方面，建立并完善政务数据资源的标准规范体系，来保证各治理主体在数据采集整理、数据存储服务、数据访问应用等业务流程中数据的标准规范统一。第三，在业务职能方面，围绕数据所有权、管理权和使用权，进一步优化政务大数据治理职责权限。第四，在平台支撑方面，建设国家政务数据治理统一平台，并将政务数据治理纳入国家治理体系的范畴。第五，在共享开放方面，畅通政务数据的共享机制，化解层级间、部门间的政务数据壁垒，并优化政务数据资源的配置，推动政府的政务信息系统与社会公共信息系统中数据资源的整合与共享，促进政府数据资源与社会数据资源的对接共享。第六，在领域应用方面，完善全国各地各部门政务数据治理服务体系，推动数据开放与数据应用，最大限度地释放数据资源的应用价值。

B.15

2022年中国数字政府发展报告

邓　攀[*]

摘　要： 近年来，我国政府数字化转型步伐加快，以数字化促改革、助决策、提服务的理念日渐深入人心。随着数字中国概念的提出，我国数字政府在国家发展战略中的地位不断提升。本文从政策规划、基础设施、业务应用、数据要素和技术创新五个方面，梳理了数字政府改革现状和发展成效，以及各地的模式创新和实践创新，指出了数字政府建设正在向纵深发展，以技术为驱动力，以场景为载体，实现政府治理的高效、公平、透明和创新。通过对数字政府的发展趋势、主要做法和实践案例的探讨，为数字政府的理论研究和实践探索提供参考和启示。

关键词： 数字政府　数据要素　技术创新　政策分析

一　数字政府顶层设计不断强化

（一）宏观政策解读

在中央层面，2022年6月，国务院发布了《关于加强数字政府建设的

---

* 邓攀，博士，北京航空航天大学软件学院副教授、博士生导师，研究方向为大数据科学、精准人工智能、政务大数据等。

指导意见》（以下简称《指导意见》）①，系统谋划了我国数字政府建设的发展蓝图，旨在顺应经济社会数字化转型的趋势，充分释放数字化发展的红利，全面开创数字政府建设的新局面。随着数字技术的快速发展和广泛应用，数字政府已经从单纯的信息化工具逐渐成为推进国家治理体系和治理能力现代化的重要手段和载体，其在国家发展战略中的定位发生了转变。

一是数字政府的地位不断提升。《指导意见》将数字政府建设定位为网络强国、数字中国的"基础性与先导性工程"，认为它是"推动数字经济、引领数字社会、营造数字生态"的根本性动力。这说明数字政府建设在国家发展中的作用、价值与地位已经发生根本性变化，数字政府建设不仅要提供电子政务服务，还要通过促进数字经济发展来实现更大的价值。

二是数字政府的目标不断清晰。《指导意见》中提到，数字政府建设是为了"适应新一轮科技革命与产业革命趋势"和"与政府治理能力现代化相适应"，因此，2022 年之后数字政府建设的重点将从单纯的服务向更深层次的治理转变，从关注公众体验的口碑向提升管理者的数字素养转变，以此来保证数字政府发展的可持续性。

三是数字政府的内涵不断深化。《指导意见》强调了"加强党对数字政府建设工作的领导"，这是数字政府建设的组织决策体系的重大变化，数字政府建设不仅是政府范畴的工作能力建设，更是执政党的数字素养与执政能力建设，数字政府的建设重点将包括着力提升干部队伍的数字化意识与数字素养，体现了数字政府工作领域前所未有的决策高度与考核力度。

在地方层面，各地也颁布了数字政府建设的政策规划，但侧重点有所不同。其中，部分地区针对数据要素市场化做出了强调，例如广东省在《广东省数字政府改革建设 2022 年工作要点》② 中指出要以数据要素市场化配置改革为引领，推进"数字政府 2.0"建设的全面深化，要健全公共数据管

① 国务院：《关于加强数字政府建设的指导意见》，2022 年 6 月 23 日，http：//www.gov.cn/zhengce/content/2022-06/23/content_ 5697299.htm。

② 广东省人民政府办公厅：《广东省数字政府改革建设 2022 年工作要点》，2022 年 3 月 13 日，http：//www.gd.gov.cn/zwgk/zdlyxxgkzl/zdgz/content/post_ 3395900.html。

理和运营体系，完善数据交易流通平台和机制，加强数据要素相关标准和技术研究，实现数据要素市场化配置改革新突破。

部分地区侧重于服务型政府的构建，如江苏省在 2022 年 4 月发布的《江苏省政府关于加快统筹推进数字政府高质量建设的实施意见》① 提出到 2025 年，要统筹推进数字政府高质量建设，实现服务便捷、治理精准、运行高效、开放透明、公平普惠、安全可控的目标，显著提升政务服务"一网通办"和城市运行"一网统管"的整体水平，建设现代数字政府新样板。

部分地区针对数字政府带动数字经济建设做出了规划指导，例如浙江省在 2022 年 8 月发布的《浙江省人民政府关于深化数字政府建设的实施意见》② 指出要以数字政府建设助力数字浙江发展，发挥数字政府的数据和应用场景优势，推动数字技术与实体经济深度融合，促进数字经济"一号工程"升级版的实施。

（二）专项政策解读

数字政府建设是一项系统工程，中央和地方在 2022 年均出台了多项专项政策。

在政务服务领域，为了更好地服务公众、提升国家治理现代化水平，政府需要推进政务服务数字化，打通数据服务的区隔化难题。2022 年 2 月，国务院办公厅印发《关于加快推进电子证照扩大应用领域和全国互通互认的意见》③，旨在优化营商环境，拓展企业电子证照应用领域。政府部门可以通过电子证照共享方式查询和核验企业办事所需信息，无须企业提供纸质材料或实体证照，从而为企业节省成本、增加便利。2022 年 10 月，国务院

---

① 江苏省人民政府：《江苏省政府关于加快统筹推进数字政府高质量建设的实施意见》，2022 年 4 月 1 日，http://www.jiangsu.gov.cn/art/2022/4/1/art_ 7290_ 10000097.html。
② 浙江省人民政府：《浙江省人民政府关于深化数字政府建设的实施意见》，2022 年 8 月 1 日，http://www.zj.gov.cn/art/2022/8/1/art_ 1229180610_ 62789280.html。
③ 国务院办公厅：《关于加快推进电子证照扩大应用领域和全国互通互认的意见》，2022 年 2 月 22 日，http://www.gov.cn/zhengce/2021−11/03/content_ 5669118.htm。

办公厅发布《全国一体化政务大数据体系建设指南》①，旨在整合构建全国一体化政务大数据体系，加强数据汇聚融合、共享开放和开发利用，促进数据依法有序流动，充分发挥政务数据在提升政府履职能力中的重要作用。国务院办公厅于 2022 年 10 月发布的《关于扩大政务服务"跨省通办"范围进一步提升服务效能的意见》② 要求，继续推进"跨省通办"改革，提高政务服务的标准、规范和便利性，为人民打造优质生活，助力国家治理体系和治理能力的现代化。在城市治理领域，聚焦应用场景开放，提升城市精细化治理水平。2022 年 7 月国家发展改革委发布的《"十四五"新型城镇化实施方案》③ 提出推进智能化改造，增强城市运行管理、应急处置和决策辅助能力，丰富数字技术应用场景，发展智慧出行、智慧街区、智慧楼宇、智慧安防和智慧应急等应用场景。

随着中央专项政策的出台，地方层面也不断加强政务服务等领域建设的政策引导。上海市发布的《2022 年上海市全面深化"一网通办"改革工作要点》④ 指出，要坚持业务和技术双轮驱动、线上和线下协同发力、效率和普惠统筹兼顾、发展和安全相辅相成，以用户视角全面提升线上线下服务体验，加快形成"一网通办"全方位服务体系，强化发证单位和用证单位主体责任，深化电子证照应用，持续推进上海市数字政府建设。深圳市发布的《深圳市推进新型信息基础设施建设行动计划（2022—2025 年）》⑤ 中提到加速推进 5G 基站、数字感知设施、车联网

---

① 国务院办公厅：《全国一体化政务大数据体系建设指南》，2022 年 10 月 28 日，http://www.gov.cn/zhengce/2021-10/29/content_ 5668350. htm。

② 国务院办公厅：《关于扩大政务服务"跨省通办"范围进一步提升服务效能的意见》，2022 年 10 月 5 日，http://www.gov.cn/zhengce/2021-10/29/content_ 5668349. htm。

③ 国家发展改革委：《"十四五"新型城镇化实施方案》，2022 年 7 月 28 日，http://www.gov.cn/zhengce/2021-10/29/content_ 5668348. htm。

④ 上海市人民政府办公厅：《2022 年上海市全面深化"一网通办"改革工作要点》，2022 年 1 月 5 日，http://www.shanghai.gov.cn/nw2/nw2314/nw2319/nw12344/u26aw67369. html。

⑤ 深圳市人民政府办公厅：《深圳市推进新型信息基础设施建设行动计划（2022—2025 年）》，2022 年 2 月 21 日，http://www.sz.gov.cn/zwgk/zfxxgk/zfwj/szfbgth/content/post_ 9634931. html。

路侧设施、智慧停车等设施的建设，为智慧城市和数字政府提供创新场景应用服务。

二　数字基础设施呈现体系化趋势

（一）5G基础设施建设

为推动数字政府建设，5G技术是关键的支撑力量，要适度超前地建设5G基础网络，形成"以建促用"的良性模式，为各行各业的应用发展提供坚实的基础。以5G为代表的数字基础设施"大动脉"能够赋能数字政府、数字经济、数字社会建设，释放出更强的"数字生产力"。

为了加快数字化发展，我国在过去两年内积极投入5G网络建设。截至2022年底，我国已建成231万个5G基站（见图1），占全球总数的60%以上[①]，覆盖全国所有地级市和县城城区，建成了规模最大、技术最先进的5G网络，通过规模化建设，5G网络实现了引领作用。同时，我国也构建了涵盖系统、芯片、终端、应用等各环节的完整产业链。在"十四五"规划期内，我国将持续拓展5G网络覆盖的深度和广度，深化网络共建共享，推动5G技术和产品在各行各业的深度应用。

在2023年，5G基础设施投资建设仍将继续推进，以拓展5G网络覆盖的范围和深度。我国将坚持适度超前、按需建设、精准投资的原则，实现5G网络在乡镇、农村等地区的连续覆盖，以及在热点区域、重要园区等应用场景的深度覆盖。同时，我国也将加强5G共建共享，降低建设成本和能耗。中国电信、中国联通、中国移动、中国广电已经签署5G共建共享协议，根据工信部等部门发布的《信息通信行业绿色低碳发展行动计划（2022—2025年）》[②]，到2025年，新建5G基站的共享率将达到80%以上，为我国新基建发展提供强劲动力。

---

① 工业和信息化部：《2022年通信业统计公报》，2023。
② 工业和信息化部：《信息通信行业绿色低碳发展行动计划（2022—2025年）》，2022年8月。

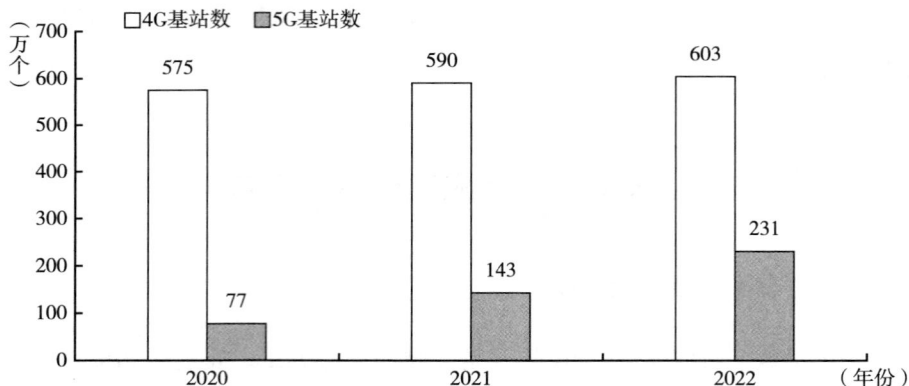

图1 2020～2022年基站发展情况

资料来源：2022年通信业统计公报。

（二）算力基础设施建设

算力是支撑政府治理向纵深推进的重要驱动力，对政府数字化转型有着重要作用，亟待全国范围内分布式、集约化统筹布局。政府治理的大部分场景是非实时算力需求，通过建设跨东西部区域的国家算力网络，可以将东部地区的非实时算力需求场景迁移到西部地区，既能减轻东部的能耗压力，又能利用西部的闲置算力。

2021年5月，国家发展和改革委员会等部门联合印发《全国一体化大数据中心协同创新体系算力枢纽实施方案》①，明确了在京津冀、长三角、粤港澳大湾区、成渝、内蒙古、贵州、甘肃、宁夏等地建设全国一体化算力网络国家枢纽节点的目标，加快推进"东数西算"工程的落地。2022年2月，"东数西算"工程全面启动，8个国家算力枢纽节点相继投入建设，并完成了10个国家数据中心集群的规划，全国一体化大数据中心体系总体布局设计完成，"东数西算"工程进入了实施阶段。截至2022年底，我国智

---

① 国家发展改革委、中央网信办、工业和信息化部、国家能源局：《全国一体化大数据中心协同创新体系算力枢纽实施方案》，2021，http：//www.ndrc.gov.cn/xxgk/jd/wsdwhfz/202106/t20210602_1282500.html。

能算力规模达 268EFLOPS①，超过 30 个城市在建或筹建智算中心②，"东数西算"工程取得初步成效，全国算力网络加快构建，西部地区数据中心占比上升，全国算力结构优化。

在 2023 年，为推动全国算力一体化协同发展，将聚焦提升 8 个算力枢纽的集聚力和影响力；为保障数据的高效流通，将建设一批"东数西算"示范线路，提高网络传输质量；为提升数据中心的绿色发展水平，将强化能源布局联动，优化能源结构和消纳方式；为促进数据中心与相关产业的协同发展，将加快完善数据中心产业生态体系，推进相关政策措施的出台和落实，激发市场主体活力和创新能力。

（三）云平台基础设施建设

政务云平台是数字政府建设的重要组成部分，为政务部门提供云计算、大数据、人工智能等技术支撑，是实现数字化治理的基础性条件和关键性保障。

2022 年 9 月，《国务院办公厅关于印发全国一体化政务大数据体系建设指南的通知》③ 提出我国将构建全国一体化政务云平台体系，包括国家级政务云中心节点和 36 朵省级区域政务云，并探索建立政务云资源统一调度机制。

截至 2022 年 12 月底，我国省级政务云基本建成，地级政务云建设加快推进。全国 31 个省级行政区已基本建成省级政务云，超过 70% 的地级行政区建成或在建地级政务云，平台支撑能力显著提升。各省级政务云按照统筹原则开展政务云建设，集约提供政务云服务，实现了跨部门、跨层级、跨区

---

① IDC、浪潮信息：《2022～2023 中国人工智能计算力发展评估报告》，2023，https：//www. sohu. com/a/624872840_ 121614580.

② 《全国超 30 城市正建或筹建智算中心》，央广网，2023 年 1 月 11 日，http：//news. cnr. cn/native/gd/20230111/t20230111_ 526120807. shtml.

③ 《国务院办公厅关于印发全国一体化政务大数据体系建设指南的通知》（国办函〔2022〕102 号），2022 年 9 月 13 日，http：//www. gov. cn/zhengce/content/2022－10/28/content_ 5722322. htm.

域的数据共享和业务协同。政务云平台托管了多个重点共性应用和信息资源库,为公共服务和社会治理提供了有力支撑。如全国一体化在线政务服务平台、全国投资项目在线审批监管平台、全国公共资源交易平台、全国信用信息共享平台、全国法人基础信息库等,实现了"一网通办""最多跑一次""一次不用跑"等便民利企目标。

各省份的政务云平台建设也各有特色。贵州省的"云上贵州"是全国第一个以省级为单位建设的政务云平台,统揽省市县三级所有政府部门信息系统和数据,面向全省提供统一的云计算、云存储、云管控、云安全等云服务,实现"一云统揽"政务信息化建设模式。广东省政务云平台覆盖了57个省直部门的1000多个系统以及21个地市政务信息系统,提供了从底层基础设施到上层基础应用软件的超300种服务。浙江省政务云平台则采取了"1+11"架构,打造物理分散、逻辑集中的云体系,实现基础设施统建共用、信息系统整体部署、业务应用有效协同。

三 重点业务应用

(一)政务服务

近年来,数字政府建设正在以数字化改革助力政府职能转变,通过将数字技术应用于政务服务,实现了政务服务效能提升、政务透明度增加、公众参与度提高,逐步向人民满意的"服务型政府"迈进。

政务服务效能提升。数字政府建设提升了政务服务效率和群众满意度,促进了服务从政府供给导向向群众需求导向的转变。深圳市在2022年创新推出"全市域通办",通办事项占全市事项80%以上,打通为民服务"最后一公里",截至2022年底,深圳市已实现253个事项"秒报秒批一体化",393种电子证照、5603个事项"免证办",智慧政务改革不断深化。山东省在2022年不断拓展"网上通办"的广度和深度,从群众和企业的全生命周期出发,创新"智慧办"智能审批便捷模式,到2022年底山东省政务服务事项中90%以上可以网上办理。

政务透明度增加。利用数字技术，政府能够实现政务公开的深化，使公开成为权力运行和政务服务的常态。江苏省建立的政务信息公开平台，按照"严格依法、真实有效、及时便民"的原则，实现对政府决策、执行、管理、服务和结果的全面公开。湖北省人民政府门户网站在2022年创新增加了智能推送服务，及时将政策分级分类、统一公布，让公众能够了解公共政策的制定、执行和监督等过程，增进公众对政府工作的信任和支持，提高政府治理的透明度，强化对公民权利的保障。

公众参与度提高。政府可以通过互联网与民众互动，为民众提供更多参与公共管理和治理的途径。深圳市盐田区在通过"深圳盐田政府在线"门户网站收集民众诉求的基础上，利用现代信息技术手段，从海量数据中分析出有价值的社情民意，及时反馈给决策者，将自上而下的决策与自下而上的民意反馈相结合，提高决策的科学性和民主性。

（二）智慧监管

为适应新的市场发展态势，我国正在建立现代化市场监管体系，探索智慧监管新模式。市场监管工作正向"标准化""智能化"方向转变，以标准化为引领，以大数据技术为支撑，提高了市场监管能力与成效，优化了市场经营环境，激发了市场主体活力，保障经济社会高质量发展。

智慧监管体系逐步完善。2022年1月，国务院印发《"十四五"市场监管现代化规划》①，要求积极推进智慧监管，提升市场监管效能。2022年北京市以办好"一件事"为目标，构建"无事不扰、无处不在"的"6+4"一体化综合监管体系，打造以"风险+信用"为基础、以"科技+共治"为驱动、以"分级分类+协同"为关键的新型智慧监管体系。

监管数据创新应用。为了实施精准化、差异化监管，充分利用监管数据进行创新应用。2022年，我国市场监管总局和各省级市场监管部门基本建

---

① 国务院：《"十四五"市场监管现代化规划》，2022年1月27日，http://www.gov.cn/zhengce/content/2022-01/27/content_5670717.htm。

立完善企业信用风险分类管理系统。河南省企业信用风险分类管理系统是"智慧监管"系统的重要模块，通过收集和整合500万条互联网数据、13类6000余条政府部门信息数据等，实时监测企业的身份、位置和行为，对全省246.4万户企业进行风险分析和预警，同时通过4类48个指标构建，在海量数据中筛选出需要优先和重点监管的企业，感知潜在风险并有效引导监管方向。云南省基于信息化和信用信息归集，打造了企业信用风险分类管理平台，该平台截至2022年底，已累计归集6283.05万条市场监管系统企业信息，以及750.87万条来自3709个省州县部门的信息，基于企业信用风险的分类结果，合理设定抽查比例，执行差异化监管。

监管机制协同联动。通过建立协同联动的监管工作机制，借助数字化监管体系构建、监管数据汇聚、系统互联互通等契机，实施"一处发现、多方联动"的联合监管。陕西省通过推进监管系统的市县分级应用，强化纵向联动协同，形成全省一体化监管大平台和审管联动机制，主动及时发现监管风险和线索，提高智慧监管的协同化和精准化水平，解决监管手段滞后和监管力量不足等问题。江苏省打造的跨部门联合监管平台实现了智能化建库、跨部门联合检查、协同监管，形成全链条监管闭环，截至2022年底，江苏省90%以上的监管部门开展了跨部门联合监管，覆盖省、市、县三级3510个部门。

（三）生态保护

生态环境保护是政府应履行的职能之一，数字技术让生态环境保护正在经历从"人工处置"到"智能监测"，从"被动应答"到"主动预警"的转变，数字化转型提升了生态环境、国土空间和资源利用的科学性和适宜性，应创新生态环境的决策、监管和服务，建立数字化和智能化的生态环境治理新模式。

生态环境监测感知能力增强。利用数字技术，构建天空地一体化的生态环境监测感知能力体系，适应国家生态环境治理能力现代化要求。2022年湖北省以"实现大检测、确保真准全、支撑大保护"为目标，优化织密全省生态环境智慧监测"一张网",完成 148 个样地监测任务,为生态环境智能监管和智慧决策提供真实、准确、全面的数据基础。

生态领域系统资源共建共享。各级政府在生态领域加强合作和协调,共同建设和共享数据、技术、标准、平台等系统资源,提高资源利用效率和管理水平。2022 年浙江省"无废城市"信息化平台将省、市、县三级的固废管理系统进行整合,建立了"一舱六板块"的功能架构和多元化全方位的服务体系,实现了对重点固废的全流程监管,形成了纵横覆盖的监管格局和服务模式,提升了固废治理的现代化水平。河南省用数据共享打造黄河流域生态保护"河南样板",建立健全部、省数据共享交换机制,深度应用国家、省、市三级共享数据,赋能黄河防洪保安全体系构建、推动水利管理智慧化等八大应用场景,提升黄河流域河南段协同化、智能化治理水平。宁波市在 2022 年上线的建筑垃圾处置智管服务应用联动了市、区县、街镇三级,通过数据接口打通住建、交通、公安、综合执法等跨部门跨领域数据壁垒,实现建筑垃圾运输全流程数字化监管,大幅提升执法效率。

生态环保协同治理能力提升。建立生态环境一体化管理平台,实现数据资源综合利用,推进重点区域流域环境协同治理。浙江省绍兴市 2022 年上线的"曹娥江流域预报调度一体化"应用汇集多部门数据,构建跨应用场景,通过改革机制和流程业务,实现技术创新、业务协同、流程重塑,推动灾害防治从"经验防御"转变至"智慧防御"。2022 年,《数字孪生黄河建设规划(2022—2025)》发布,推动构建具有"四预"功能的"数字孪生黄河",对现实中的黄河流域全要素和保护治理活动全过程进行数字映射、智能模拟、前瞻预演,以实现对黄河流域的实时监控、问题预警、优化调度。

四 数据要素市场化

(一)三权分置的数据确权认定

在数字经济时代,数据要素是政府治理的核心和基础。政府治理的数字化转型需要以数据为关键要素，实现数据的高效利用和安全保障。为了构建数据要素市场、实现数据的流通与交易，必须首先对数据进行确权。中共中央、国务院于2022年12月印发了《关于构建数据基础制度更好发挥数据要素作用的意见》①（以下简称"数据二十条"），建立了数据分级分类确权的大框架，从关注数据"所有权"转向强调数据"持有权""使用权"，从数据"两权分置"转向"数据资源持有权、数据加工使用权、数据产品经营权"三权分置，平衡了社会各方的利益诉求，拓展了数据要素市场的流通利用方式。

明确数据的归属、价值和使用范围才能进一步保障数据的安全和合规流通。广东省从数据采集、数据管理、数据公开和数据使用四个方面对数据权责进行了明确的框定②，推进建立公共数据资产确权登记和评估制度，探索公共数据资产凭证的全流程管理，以提高公共数据的可信度和可交易性，实现了多部门的行为约束与权责明晰，数据要素价值得到了更有效的释放。上海市发布的《上海市数据条例》规定了数据权益保障、数据流通利用、数据安全管理等方面的内容，明确了数据的管理主体、提供主体、利用主体等各方的权利和义务。四川省发布的《四川省数据条例》全面推行行政权责清单、行政备案事项清单、公共服务事项清单等管理制度，建立数据资源分类分级管理制度，为不同类型和级别的数据制定合适的利用策略，以提高数据的利用效率和价值。

（二）可信流通的数据要素市场

数据要素要发挥价值，就必须在加工、传输、使用等环节"动"起来，数据的价值随着数据的流通实现升值，利用区块链技术，通过全流程记录和追溯数据要素交易过程，建立起数据安全交易和信任机制，推动数据要素在

---

① 中共中央、国务院：《关于构建数据基础制度更好发挥数据要素作用的意见》，2022年12月19日，https：//zycpzs.mofcom.gov.cn/html/gwy/2022/12/1672128008887.html。
② 广东省人民政府：《广东省公共数据管理办法》（粤府令第290号），http：//www.gd.gov.cn/attachment/0/476/476374/3584934.pdf。

市场上的自由交易和流动，满足"数据二十条"中提出的建立数据来源可确认、使用范围可界定、流通过程可追溯、安全风险可防范的数据可信流通体系要求。

为保障数据所有权基础上实现数据的可信流通，目录区块链应运而生，通过存储目录信息、明确数据共享规则、记录数据访问过程，实现数据共享的自动执行、全程追溯和安全可控。北京市西城区在 2022 年疫情防控等数据应用中，逐步开展基于场景的数据流通探索，由数据联合生产应用部门共同确定的数据加工主体对原始数据进行打标签式更新和订正，并将标签化数据反哺至市级大数据中心，实现市区街居不同生产与加工主体之间的数据要素跨层级流通，保证了数据准确性，增强了数据可用性，从而提升了数据价值水平，实现了数据价值再创造。目录区块链助力了市区街居四级协同，推动数据要素流通，形成应用赋能、校验更新、循环反哺的闭环路径。上海市建立的上海数据交易所以构建数据要素市场、推进数据资产化进程为使命，承担数据要素流通制度和规范探索创新、数据要素流通基础设施服务、数据产品登记和数据产品交易等职能。通过建立数据交易链，利用区块链存证和智能合约等技术使这些业务环节更加安全、高效和透明，探索了数据从登记到增值的生态体系，推动了数据要素的价值挖掘、流通交易和开发利用。为规范数据流通交易活动、保护数据要素权益，广东省起草了《广东省数据流通交易管理办法（试行）》，促进数据要素自主有序流动、配置高效公平，探索建立数据经纪人制度，利用行业整合能力，通过开放、共享、增值服务、撮合等多种方式整合利用有关数据，促进行业数据与公共数据融合流通，并制定了遴选与认定、授权用数、安全交易新范式等方面的规则，推动实现数据流通交易可控可信可用可追溯。

（三）全程控制的数据安全保护

数据安全对于数据要素市场的正常运行至关重要，在数据流通过程中，数据安全技术能够维持数据的有效保护和合法利用，保障市场参与者权益，推动市场的良性运行。国际数据公司（IDC）预计，到 2025 年，中国的数据总量将达到 79.5ZB，占全球的 28.7%，对 GDP 增长的年均贡献率将为 1.5%~1.8%[①]，如此庞大的数据量携带的数据风险可能造成巨大的损失，因此，在数据要素市场化的过程中，守牢数据安全底线非常关键。

在制度方面，为了保障数据安全，我国制定了一系列相关的法律法规，其中 2021 年《数据安全法》和《个人信息保护法》相继颁布，强调了数据的保护与利用要相互平衡，建立了数据安全治理的基本框架，明确了数据处理者的安全责任。2022 年浙江省发布的《浙江省公共数据条例》划定了公共数据的安全线，建立了安全方面的制度规范体系、技术防护体系和运行管理体系。按照"谁收集谁负责、谁使用谁负责、谁运行谁负责"的原则明确数据安全主体责任，在遵守数据安全底线的基础上，充分发挥公共数据的作用。河南省在 2022 年印发的《河南省政务数据安全管理暂行办法》要求各政务部门同步规划、同步建设、同步运行政务数据安全防护体系，开展等保和密评工作，制定安全传输策略，进行数据备份等，为政务数据上了把"安全锁"。

在技术方面，我国正在构建一套涵盖数据全生命周期的技术保障体系。浙江省 2022 年的"智慧医保"数据安全项目囊括了数据安全咨询类、数据安全防护类、数据安全运营类服务，覆盖了数据安全的全生命周期管理。北京市在 2021 年 12 月建立了数据安全合规管理平台，指导企事业单位利用主机安全、网络安全和应用安全等传统信息安全技术，以及针对数据采集、存储、流通、应用和销毁等环节的专项技术，在数据采集阶段进行身份认证和数据分级，在数据存储阶段开展加密、脱敏、备份和权限控制，在数据流通阶段实施溯源和合规管控，在数据应用阶段完成行为监测和内容审计，在数据销毁阶段保证定期销毁，从而形成一个完整的数据安全保障闭环。

---

① International Data Corporation.（2021）. IDC：China's data sphere will reach 79.5ZB in 2025, accounting for 28.7% of the global data sphere. Retrieved from https：//www.idc.com/cn_ eng/ getdoc.jsp？containerId=prCHC47206221.

五 技术创新和场景应用

（一）人工智能

人工智能技术在数字政府治理中的应用，以软硬件一体化应用为趋势，结合智能运算分析，改变原有治理模式，提升政府治理效率。

AI+政务服务领域，上海市"一网通办"多项业务应用了人工智能技术。上海市规资局推出"《工程规划许可证》新办"，企业申请许可证时，系统将根据项目编号自动获取项目基本信息，实现申请表单预填，避免申请企业重复填写。基于新开发的"AI解析图形文件生成指标表"功能，系统自动解析矢量图材料上各项指标信息，以一条30公里管线工程为例，AI解析图形功能可在10秒内自动解析出图纸上近百个断面的600多项数据指标，准确率可达100%，有效避免申请企业反复录入。

AI+社会治理领域，上海市田林街道通过AI技术可智能感知生命通道堵塞及电动车入电梯，推动解决占用、堵塞消防车通道难题，为消防救援赢得黄金扑救时间，并有效解决楼栋消防隐患问题，为街道居民生命安全提供有力的保障。电瓶车进入电梯后会被智能识别到，电梯内会发出警报声，提示车主将电瓶车推出。如车主未按要求退出，智能识别设备将记录该行为并形成工单推送给街道综合执法队，执法队会在规定时间内上门教育，宣传电瓶车进电梯的危害，平均处理时长降低至3小时。

AI+疫情防控领域，北京市在全市范围内推广"电子哨兵"技防设备，通过刷脸、扫身份证，不需要扫北京健康宝、不用摘口罩、不用抬手测温，"电子哨兵"就会在识别后精准出现该居民的姓名、体温、核酸检测情况、疫苗接种情况和是否到访过中高风险地区等信息，卡口值守人员检查无异常即可通行，实现了"数据及时互通"的"智能守门"方式，为居民生活带来了实实在在的便利。

（二）区块链

区块链是一种底层技术，利用数据协议、共识机制、加密算法、点对点传输等技术的融合应用，构建一种分布式、安全可验证、不可篡改、可以溯源的存储数据库，形成一种新的信任体系[①]。区块链技术可以为数字政府治理提供一种基础数据信任体系架构，这种架构具有分布式的数据确权认定、完整性保护、隐私保护和共享共治等特点。因此，区块链技术是撬动数字"大棋局"的关键支点，它的特性使其在数据治理方面具有独特的优势，在降低数字政府运营成本、促进政务数据共享、提升政务协同效率等方面发挥着重要的作用。

利用区块链技术，可以构建多元主体参与的数据治理机制，既能激励政府内部的数据提供者，又能为政府外部的数据提供者提供产权和收益证明，增加了数据资源种类，从而促进了数据资源生产的多元化。四川省攀枝花市在 2022 年疫情防控工作中，利用区块链技术，实现对不同级别的数据进行识别、确权和追溯，并通过分布式技术保证数据要素的"安全存储"和分级分类保护，在通行口岸、职能机构、社区居委会之间建立了数据互通、信息联动的数据架构，运用"区块链+治理"的模式，以统计数据为支撑，有效信息实现"链式"传播，便利了群众积极参与基层治理，提升了基层治理效能。河北省在省政务区块链平台基础上搭建了省电子证照链，将全省的证照目录信息、加注信息、授权信息等关键信息进行上链管理，并与"省电子证照库、河北政务服务网、冀时办 App"实现了数据互联互通，确保电子证照的可信可管、可知可控、互信互认，提高了政务服务协同效率和安全性。辽宁省在 2022 年基于区块链技术上线了 12345 政务服务系统，将人社厅、省住建厅、省营商环境局等多元主体作为区块链节点参与者，实现了接诉即办业务数据的链上管理和多方数据协同，建立

---

① 曹海军、侯甜甜：《区块链技术如何赋能政府数字化转型：一个新的理论分析框架》，《理论探讨》2021 年第 6 期。

了纵向穿透和横向联动的数据"流通体系",提高了诉求事项的关联性和透明度。

(三)政务元宇宙

政务元宇宙是一种新型政府治理模式和体系,它将现实世界和数字空间融合,运用虚拟现实、数字孪生、人机协同等先进技术,创造出交互性、沉浸式、场景化的政府决策、管理和服务模式,实现政府治理的互动、参与、高效、开放,构建智慧便捷、泛在可及和公平普惠的数字政府体系。

厦门市思明区在2022年9月进行了全国首场元宇宙庭审,采用密码入庭的身份核实方法,保证了法庭秩序和庭审安全性,在虚拟庭审现场,可以清楚地看到庭审笔录和证据材料的投屏展示,只要移动手指,就能体验元宇宙庭审的便捷和高效。广州南沙政务服务中心于2022年10月开设了全国首个元宇宙政务大厅,利用高精度三维重建技术和三维感知交互技术,将线下政务大厅1∶1还原为实景三维仿真场景,并加入丰富多彩的数字化内容,实现全套感知交互服务。截至2022年底,元宇宙政务大厅1.0版本已经开启了实景应用和互动办事两大功能,让办事群众能够在虚拟空间沉浸式体验元宇宙。政务平台以数字化政务大厅为载体,推动了政务体系的多元化发展和跨时代变革。2022年11月,厦门市海沧区税务局在元宇宙空间进行了税务行政处罚执法,这是全国行政系统首次利用元宇宙进行执法。纳税人只需通过电脑或手机实名认证,就能扫码或点击链接,进入税务行政执法的虚拟空间,这种"元宇宙"执法方式提高了税务执法的公开性、透明度和效率。

B.16
我国数字政府建设的成就、困境与进路

张雪芬 刘海军*

摘　要： 数字政府是数字中国建设的重要组成部分和主导力量，在中国式现代化新征程上发挥着举足轻重的作用。经过多年努力，我国数字政府建设成效明显，制度体系不断健全，典型案例持续涌现，有力地推动政府职能转变。然而，技术创新应用不足、数据治理能力偏弱等短板不容忽视，制约了全国范围内数字政府整体水平提升。世界各国都在积极推进数字政府建设，有些经验做法可以成为我们的参考借鉴。从战略规划、制度机制、技术应用和数据治理等多个维度一起发力，是建设有为可信、人民满意的服务型数字政府的现实路径。

关键词： 数字政府　中国式现代化　制度优势　数据治理

以数字化和智能化为特征的新一代信息技术飞速发展，先后经历科技创新、广泛扩散与深度转型各阶段，不断影响经济社会进步与全球治理变革。世界各国纷纷推进数字化治理向纵深拓展，电子政务、数字政府逐步成为全球公认的政府治理新形态。2022年6月，国务院印发《关于加强数字政府建设的指导意见》（以下简称《指导意见》），细化了2025年、2035年两个节点要实现的数字政府建设目标，同时提出七大方面的重点任务，把数字

---

* 张雪芬，博士，北京联合大学副教授，主要从事智慧城市研究；刘海军，中央党校（国家行政学院）二级调研员，主要从事大数据与治理现代化研究。

政府建设提升到了国家战略高度。① 这份《指导意见》发布后，我国数字政府建设的路线图更加清晰，各地纷纷出台具体细致的战略规划以加快推进相关工作。党的二十大报告擘画了开启中国式现代化的新征程，作出加快建设网络强国、数字中国，促进数字经济和实体经济深度融合等重大战略部署，将数字化及其驱动作用摆在新的更高位置。在数字中国建设整体布局中，数字政府建设是对现代政府治理范式的重要变革，在数字化、智能化等手段的有力支撑下，数字政府以更高效率提升公共服务品质，不断优化决策方式，用更高质量的治理效能加快推进中国式现代化进程。

一 我国数字政府建设的主要成就

第51次《中国互联网络发展状况统计报告》显示，截至2022年12月，我国网民规模达10.67亿，较2021年12月增长3549万，互联网普及率高达75.6%。② 截至2023年3月，全国有31个省（区、市）相继出台数字政府建设有关规划，为我国互联网政务服务发展注入新的活力。《2022联合国电子政务调查报告》显示，我国电子政务水平一路"高歌猛进"，世界排名从2012年的第78位飙升到第43位，成为全球增长幅度最大的国家。总的来看，我国数字政府是一种顶层规划布局、中层谋划设计与基层积极实践的力量传导模式，从中央到地方逐级推进。③ 2022年7月中央网信办发布《数字中国发展报告（2021年）》，在总结成绩时提到，我国数字政府"治理效能明显提升，电子政务在线服务指数居全球第九位"，高度肯定了各地的积极探索。

（一）战略规划描绘数字政府发展蓝图

党中央、国务院高度重视政府数字化转型，要求各地以信息化推进治理

---

① 国务院：《关于加强数字政府建设的指导意见》，http://www.gov.cn，2022年6月23日。
② 中国互联网络信息中心：第51次《中国互联网络发展状况统计报告》，http://www.cnnic.net.cn/。
③ 张艺馨：《我国数字政府的发展现状分析》，《河南科技》2022年第11期。

体系和治理能力现代化，统筹发展电子政务，构建一体化在线服务平台等。从党的十九届四中全会明确"推进数字政府建设"任务，到党的十九届五中全会作出"加强数字政府建设"决策部署，短期内两次党的全会都强调了数字政府建设，深刻反映出党和国家对数据赋能国家治理的认识在不断深化，用数字化引领国家治理现代化得到更多重视。《国民经济和社会发展第十四个五年规划和 2035 年远景目标纲要》《"十四五"数字经济发展规划》在梳理"十三五"时期我国数字政府建设情况和问题基础上，进一步提出了数字政府建设的规划目标和发展方向。2021 年 7 月，《广东省数字政府改革建设"十四五"规划》印发，成为全国首份针对数字政府的省级专项规划以及未来 5 年广东数字政府建设发展的总纲。2022 年 12 月 19 日，《中共中央 国务院关于构建数据基础制度更好发挥数据要素作用的意见》（以下简称"数据二十条"）对外发布，从数据产权、流通交易、收益分配、安全治理等方面构建数据基础制度，提出 20 条政策举措。"数据二十条"的出台，将充分发挥中国海量数据规模和丰富应用场景优势，激活数据要素潜能，做强做优做大数字经济，增强经济发展新动能。

与此同时，随着 31 个省区市 2023 年政府工作报告纷纷出炉，各地数字政府发展规划都基本明确。其中，以"政府数字化转型"规划为主的省份有 2 个：《海南省人民政府办公厅关于印发海南省政府数字化转型总体方案（2022—2025）的通知》（2022 年 7 月 15 日实施），浙江省以深化"最多跑一次"改革推进政府数字化转型工作为主题发布实施方案（2018 年 12 月 28 日实施）。其他以"数字政府"建设为规划主题的省份有江苏、浙江、山西、湖北、宁夏等十多个。国家级、省级、市级数字政府总体规划、改革建设方案、实施细则等一系列政策规划，织出一张宏大的战略规划图，为数字政府建设营造了良好的发展环境。

（二）基层实践促进数字政府模式变革

数字政府制度体系是各级政府推进数字化转型的一系列规章和约束，有政策法规、标准规范等多种形式。政府数字化转型是一场基础性、全局性和系统性的政府治理模式创新，相应的制度体系是不断优化完善形成的。从运行方式看，我国省级行政单位在数字治理实践过程中，逐步形成了三种典型模式。① 一是顶层设计模式。政府部门的制度规约和机构设置等，在数字治理体系中发挥着至关重要的作用，比如广西、贵州等。二是政企合作模式。突出发挥政府主导作用，政府部门带领相关企业一起执行制度和政策，通过协作的方式完成有关项目建设，推进政府治理能力稳步提升，广东、浙江和海南是该模式的典型案例。② 三是数据治理模式。更加强调数据要素的地位和作用，各级政府有关部门及时公开和共享政务数据，围绕数据的确权、流转等建立相关制度，并完成具体的政务事务和治理活动，重点放在城市治理的数字化转型上，比如上海市。总体而言，各省市在持续推进数字政府建设和发展过程中，有不同的发展面向和侧重点，符合各自实际的体制机制都在逐步健全之中。

目前来看，省级政府数字政府推进力度较大，各省份的数据管理机构设立较早，但级别配置存在一些差异，越高级别的数字政府主管机构具有越强的统筹能力，在组织数字政府建设具体工作中遇到的阻力越小。同时，地方政府对中央政策的回应强度和政策积极性等，对数字政府建设产生了不同程度的影响。为此，出现了"社会—技术—环境协同型""环境驱动型""环境核心—社会回应型""环境驱动—社会回应型""技术核心—社会回应型"等五种数字政府建设模式。③ 按照项目建设类型，数字政府的基层实践主要涉及市场监管、社会管理、政务服务、应用支撑和智慧城市等领域。比如，苏州工业园区打造"强连接，大协同"理念下的数字机关"数园区·政务通"信息管理平台，就是一个比较好的示范案例。根据区域划分，"社会—技术—环境协同型"数字政府的案例有北京、上海、广东、浙江、福建等

① 李晴等：《数据赋权、网络协同、信任支撑：数字政府建设中政企合作的路径优化》，《新视野》2023 年第 4 期。
② 郭高晶、胡广伟：《我国数字政府建设绩效的影响因素与生成路径——基于 31 省案例的模糊集定性比较分析》，《重庆社会科学》2022 年第 3 期。
③ 宋晔琴、贾小岗：《"社会-技术"框架下数字政府建设绩效的影响因素及提升路径研究——基于 31 省份的定性比较分析》，《科学与管理》2023 年第 4 期。

经济水平较发达地区;"环境驱动型"覆盖贵州、海南、天津、吉林等地区;"环境核心—社会回应型"包括河南、广西等中西部地区;"环境驱动—社会回应型"则涉及安徽、江西等中部地区以及辽宁等东北部地区等,有些典型案例正在成为全国"模板"。

(三)信息基础设施打牢技术支撑底座

实际上,数字政府就是在现有行政组织框架基础上,综合利用数字技术对政府的治理理念、治理机制、治理手段和治理方式的重新组合,是通过转变政府职能促进政府治理效能提升的过程,也可以简单理解为行政机关完成数字化转型的过程。各级政府尤其是省市一级政府在新技术创新应用方面进行了许多尝试,先后涌现出电子政务、政务信息化等技术应用的好经验。数字政府建设中5G等网络基础设施建设、云计算等新技术基础设施建设、数据中心等算力基础设施建设等,是新基建中信息基础设施建设的核心要素。在党和国家大力发展新基建的大潮下,新基建为数字政府进一步发展建设打牢了根基。全国范围内以互联网、大数据、人工智能、数字孪生、元宇宙为支撑,加快技术赋能与数字化转型,全面提升政府经济调节、市场监管、社会治理、公共服务、生态保护等能力,推动"一网统管"等领域密切协同。比如,广东省发挥其独特的制造业优势,在5G、人工智能、数据中心等新基建方面"先行一步",用科技创新推动新技术在政府治理中的应用,就取得了非常好的效果。①

国家"十四五"期间,大数据、5G、互联网、数字孪生、元宇宙等新技术与智慧监管等行政事务深度融合,飞速发展的数字技术不断为政府数字化转型增加新动能。各地新基建发展都以数字政府新基建为首要任务,逐步向各行业各领域拓展延伸。数字政府新基建的进度和程度,不仅体现了政府对数字技术的应用水平,也反映出新基建的建设水准。新基建中5G是个重

---

① 吴克昌、闫心瑶:《数字治理驱动与公共服务供给模式变革——基于广东省的实践》,《电子政务》2020年第1期。

点领域，2022 年我国新建 5G 基站 231 万座。数据中心成为新的治理中心，2022 年"东数西算"等国家重大工程陆续启动，各地数据中心建设项目纷纷上马，不断夯实数字政府的技术支撑。人工智能加快向政府治理领域延伸，截至 2022 年底，我国人工智能代表企业数量多达 4227 家，约占全球总数的 16%。通过"云、网、数、用"一体化的技术体系，推动资源集约、网络高效、数据共享，统一构建应用平台，为群众、行业和企业等提供丰富的应用服务。技术进步为数字政府建设提供了各类数据信息库和数据处理平台，并通过技术创新应用提升了数据采集、处理、分析、应用能力，进一步促进了政务数据的开放和共享。

（四）数据开放共享加快数据治理转型

我国数字政府经历了近 40 多年的发展，从"办公自动化""三金工程"到一系列金字工程的行业系统建设，再到"最多跑一次""一网通办、一网统管"，各级政府数据治理能力不断提升。这是我国推进政府职能转变的过程，也可以看作服务型政府的成熟过程，是推进中国式现代化的题中应有之义。各地政府数字化转型稳步推进，政务服务平台、监督平台和全国信用系统基本建成。数字政府新形态逐步成为实现政务数字化转型、推动各地区经济高质量发展的重要引擎，数据治理在更多领域拓展延伸。其中，开放共享是数据治理的前提条件，既可以保证人民群众积极参与，还能较好地打通政府各部门间的数据壁垒，优化政务服务业务流程，提升公共服务能力。在党和国家一系列利好政策指导下，各地政府因地制宜，根据自身特点开展数字政府建设，涌现出一大批数据治理新模式。[①]

广东、浙江、上海等地积极探索适应数据要素新特点新需求的治理方式，健全数据要素生产、流通、应用、收益分配机制。作为数据要素市场化改革"先行军"的广东省，就出台了国内首个省级公共数据管理办法，首创"公共数据资产凭证"，明确企业用电数据可以作为贷款依据，在数据治

[①] 翟云：《中国数字政府建设的理论前沿问题》，《行政管理改革》2022 年第 2 期。

理方面走在了全国前列。在数据确权、安全防护、可靠应用等方面也在逐步形成制度优势，为其他省份提供了参考借鉴。《广东省数据要素市场化配置改革行动方案》提出构建二级数据要素市场结构，包括以政府行政机制为主对公共数据进行运营的一级市场，以市场竞争机制为主促进社会数据要素优化配置的二级市场等。《深圳经济特区数据条例》明确"市场主体对其合法处理数据形成的数据产品和服务享有财产权益"，等等。"数据二十条"指出，要"推动建立企业数据确权授权机制""允许并鼓励各类企业依法依规依托公共数据提供公益服务""鼓励企业积极参与数据要素市场建设，推动企业依法依规承担相应责任"，以此建立安全可控、弹性包容的数据要素治理制度，构建政府、企业、社会多方协同的治理模式。此外，省级、市级（城市为主）数据开放平台数量持续增长，不断夯实数据共享开放基础。数字化、智能化应用大幅提升一体化政务服务能力和行政工作透明度，人民群众关切得到及时有效回应。疫情防控期间数据的有效利用，也为数字政府建设积累了新经验，对长远推动数字政府建设具有一定的参考价值。[①]

二　我国数字政府建设面临的困境

与其他国家相比，我国数字政府建设总体进度相对滞后，离中国式现代化的目标要求仍有较大差距。在发展进程上，我们还处在信息化向数字化的转型与过渡阶段，而主要发达国家已经步入政府数字化、智能化的高级阶段，我们相差一代以上。在具体模式上，其他国家多把注意力放在新技术应用和数据驱动作用发挥上，数字政府建设的重点已经不是简单的"网络化"，而是更加开放的数据共享型政府，重心在于政府各部门业务流程的再造。相对而言，我国数字政府建设还是沿用了政府主导、企业参与的老路子，相应的思想观念也没有完全跟上，技术治理与传统管理的融合嵌入还存

---

① 高妍蕊：《加快推进数字化转型　全面开创数字政府建设新局面》，《中国发展观察》2022年第 7 期。

在许多阻碍，政府内部之间以及与外部之间数据交换仍然是个老生常谈的"新"问题。由于国情社情民情不同、制度体制不同，我国数字政府建设还具有一些我们自己的特色，与其他国家的"代差"还比较明显，不同地区也各具特色。

（一）发展理念相对落后，规划落地周期过长

我国在 2015 年正式提出"互联网+政务服务"战略，经过多年努力取得一些积极进展。比如说，电子政务和数字政府建设始终以人民为中心，借助全国一体化的政务信息平台，在政务服务、社会保障和基层治理等多个领域释放能量。但从战略执行的效果看，现阶段我们对数据要素的地位作用认识还不到位，离"最初的梦想"还有很长一段距离，数字政府规划能力从中央到地方呈现逐级递减趋势，公共数据只在很小范围内开放共享，社会开放程度还远远不够，与有些国家数据治理的高级阶段比，我们需要加快"赶超"速度。数字政府建设是优化政府治理方式、加快实现治理现代化的有效尝试，数据驱动下政府业务运行呈现动态性、多元性、周期性、复杂性等新特征，基于数据流转规律制定专项规划、优化业务运行路径，才能不断提升数字政府辅助决策能力。[①] 虽然这是我们的努力方向，但就现阶段而言，数字政府相关战略规划的指导作用发挥还不够。我国数字政府整体处于初始阶段，数字政府体系化特征进一步彰显，但标准规范、应用场景、综合计划等方面还有上升空间，数字政府项目管理、数据治理和计划监督等机制需要进一步构建。

（二）体制机制较为保守，协同治理难以奏效

为应对互联网、数字化飞速发展带来的冲击与挑战，党和国家加快推进机构改革，已有二十多个省级政府先后成立了大数据管理局或大数据中心

[①] 高波：《国家治理现代化背景下数字政府建设研究》，中共黑龙江省委党校硕士学位论文，2021。

等，统筹推进本地区信息化、数字化工作，这些单位多为厅级或副厅级，以履行管理职能居多，不过部门性质和归属尚未完全统一。[①] 比如，北京市大数据中心是隶属于市经济和信息化局的事业单位，天津市大数据管理中心归市委网信办"管辖"，福建省大数据管理局、江西省大数据中心皆由发展和改革委员会管理等。虽然已经形成高位统筹的组织领导格局，但国家与地方存在牵头部门"对不齐"的现象。在新组建国家数据局之前，国家层面由国务院办公厅负责组织推进，省市层面牵头部门主要有政府办公厅（含代管政务服务局）、大数据管理部门和政务管理部门等。一方面，各级数字政府牵头部门不同，履职职责也往往差异较大，上级部署的数字政府建设任务，直属下级部门由于缺少相应职权往往"接不住"，非常不利于形成省、地市、县区一体化统筹局面。另一方面，部分地区牵头部门职责权限不高，在横向统筹推进本地区数字政府建设时，没有办法和能力在项目审批、资金分配、流程监管等方面，有效协调管理各条线部门的共同建设需求，从而出现"小马拉大车"等现象，往往显得"心有余而力不足"。

（三）融合发展梗阻较多，技术嵌入阻力重重

数字政府是一种技术融合、业务融合、数据融合，各部门整体协同的行政体系，行政事务处理的不同阶段均会产生不同类型的数据，只有通过各司其职管理这些数据才能实现一体联动。从 2018 年起，国家统一的政务服务平台启用，地方政府平台陆续接入、逐步"成网"，但实际运行过程中数据共享和交换仍然存在不顺畅、不便利和不可靠等问题。[②] 对于数字政府建设中跨部门数据共享问题的关注虽日渐增多，但目前来看还没有针对性的实际举措，暴露出我国数字政府建设缺乏必要的制度规范，相应的政策试点向制度构建的演进之路仍然较为漫长。如何将我国的制度优势，更好地通过数字政府这一新型载体转化为治理效能，是当前和今后一个时期理论与实践共同

---

① 陈鹤、万丁丁：《我国数字政府发展水平的影响因素和提升路径分析——基于 27 个省会城市的组态研究》，《科学与管理》2022 年第 6 期。
② 董米娜：《数字政府建设中跨部门数据共享研究》，吉林大学硕士学位论文，2022。

关注的热点话题。数字政府建设普遍重技术设计而轻运维管理，建设与运维缺乏统筹考虑。在具体的项目实施过程中，存在资源分配头重脚轻现象，比如把更多资源投入平台系统的设计、优化、整合上，而运维资金往往不能及时到位。新技术在公共服务领域还有更多应用空间，比如服务交付、政策公示、过程参与、共同创造和情境智能等。在人员与系统建设的组合上，存在体系化、专业化水平不高等问题，比如运维单位及其人员缺少前瞻性思考，项目建设阶段与运行维护阶段连接不顺畅，专业知识和操作技能明显不足，导致实际运维过程中困难较多。数字政府相关应用系统建成后，往往没有必要的"事后"检查或考核，比如系统运维中多以被动发现问题和紧急解决问题为主，在日常运维、网络安全等方面都没有形成可被推广、复制的长效机制。

（四）数字素养整体不高，数据治理效能微弱

从各地数字政府建设的实际情况来看，数字化人才还比较少，政府部门懂信息化的没有机会参与业务工作，"主持"业务工作的"核心"人员大多数是文科出身，没有接受过信息化和数字化的专业培训，因而使用技术工具时"前怕狼后怕虎"直至不愿使用。项目实施中缺乏专业运营队伍，还没有从数据归集共享拓展到提升数据分析、数据决策的匹配运营能力和运营经费，即使有的地方政府成立了平台公司或设立了技术部门，但与互联网企业等专业厂商相比，仍然缺乏专业人才与技术实力。还存在项目开发人员对政府业务流程理解不透等情况，与最了解工作流程的业务部门和基层单位协同力度不够，很难做到利用数字化来优化政府服务流程和提升政府履职能力。总体来看，对于数字政府效能到底如何缺乏科学性、规范性和有效性的评估手段，各地政府只管建不管用、不关心用得怎么样，对数字政府成熟度了解不及时。① 美国、加拿大等国提倡借助第三方力量评估，我国大多采用上级评估下级的传统模式，国家层面的标准化数字政府效能评估也没有统一。有

---

① 王伟玲：《中国数字政府绩效评估：理论与实践》，《电子政务》2022年第4期。

的地方数字政府评估缺乏时效性和可操作性，甚至只是查看一下政府网站，问一问有多少台服务器、上了几套应用系统等，没有严格的操作规范和评判标准。有些地方虽然组织了较为正规的效能验证，但结果怎么用、用在哪里等问题没有解决好，考核成了走过场，没有释放数据治理效能。

三 加快推进数字政府建设的着力方向

数字政府已经成为世界各国的"新宠"，丹麦、新加坡、英国和美国等国家起步早、收效快，它们的成功做法为其他国家做出了"表率"。"他山之石可以攻玉"，借鉴这些国家的先进经验，结合我国实际情况适当优化调整，是我们实现"弯道超车"最快捷的途径。加快建设中国式现代化需要的数字政府，要从战略、制度、技术、数据等多个方面发力，尽快走出一条具有中国特色的数字政府建设之路。

（一）注重规划先行：加强战略指引与项目指导

世界各国都把数字政府战略规划摆在重要位置，注重用规划、计划等"预设式"方案指导相关工作。随着技术的迭代升级，对应的数字政府战略规划也在及时更新，呈现持续性、时效性和现代化等特征。不仅有国家层面的顶层战略，还有各级地方政府的行动规划，微观层面也有相应的实施计划。比如，英国政府每个阶段发布的数字政府战略都是站在国家高度的。在数字政府各类规划执行过程中，都是政府主导"先行先试"，站在国家发展的全局统筹政府数字化转型。[1] 美国的做法则更加注重"法治"，通过法案和规划文件等形式出台数字政府建设指导意见。微观层面，各国都有详尽的数字政府建设实施计划，比如怎么将新一代信息技术引入政府治理，如何优化政府数据开放和共享效果等，更加重视政府的统管与监督。此外，各国注重借助数字技术本身的优势加强对数字政府建设过程的监督，实现政府部门

---

[1] 孙璐璐：《英国政府数字化转型及其对我国的启示》，山东师范大学硕士学位论文，2020。

技术、算法、代码和程序的数字化管理，极大地消除了不同部门重复投资、重复建设的风险和"恶疾"，在统一的数字基础设施支撑下，实现战略规划在操作层面的有效统合。①

对于我国数字政府建设而言，顶层设计可以参考体制创新、技术创新与业务创新推动数据治理和管理创新的思路。既要及时出台国家层面的前瞻性战略，还要鼓励地方结合自身制定一些具体的专项性规划，"一事一议"专门指导政府数字化转型相关工作。中观层面，还要适时补充一些操作性比较强的综合类计划，比如以部门规章或阶段性政策等形式，就某一方面问题或某一重点领域作出"临时性"指导，以此为因地制宜落实好各项制度奠定基础。一是宏观战略层面，已经颁布一些政策法规，需要把数字政府建设的相关标准和规则"统"起来，用"从上到下逐级传导"的方式破除不同部门之间的数据壁垒。二是微观实施层面，要把对政务服务的评价和评估摆在更加突出的位置，用实际效果倒逼各类规划的设计与制定。以大平台共享、大数据慧治、大系统共治为基本原则，组织好各类项目建设和应用系统开发。三是中观指导层面，市级政府可以及时制定一些城乡融合、一体推进的市域数字政府行动规划，及时充实国家战略规划的"间隙"，兼顾新型基础设施建设、智慧城市发展与数字乡村建设，加快实现政府数字化转型与政府治理模式创新有机结合与整体推进。

（二）突出过程管理：优化制度体制和运行机制

数字政府建设必须有完善的组织管理体系作为支撑，为此诸多国家设立了专门的管理机构，比如英国的政府数字服务局（GDS），美国的首席数据官（CDO）制度等。其中，美国联邦总务署（GAS）在数字政府中的职能发挥，为我国机关事务管理提供了一系列经验启示。在美国数字政府发展进程中，GAS主要扮演三种重要角色，即优质数据服务的提供者、技术性

---

① 蒋敏娟、黄璜：《数字政府：概念界说、价值蕴含与治理框架——基于西方国家的文献与经验》，《当代世界与社会主义》2020年第3期。

解决方案的设计者以及创新型项目的领导者，承担了数字政府建设的大部分工作。[①] 反观我国的行政机关，各级各地政府及有关部门对数字化转型工作重视不一，数字形式主义屡见不鲜，数据管理平台或信息应用系统建设难以满足实际业务需要等。实践证明，强化职能部门联动协作能力，可以提升数字政府管理水平。在数字政府建设过程中，其他各国实际上都在尝试用"扁平化""网络化"的组织架构来代替传统的"金字塔式"管理体制，从而实现政务数据在不同部门之间顺畅流转。通过国家层面出台制度以统合各类政务数据和社会资源等，加快推动公共服务事业跟政府部门业务工作紧密结合，不断提升数字技术对政府治理的支撑作用，为社会、企业、个人等提供一站式的政务服务。[②]

对于我国数字政府建设而言，要注重用数字化手段凸显或验证制度优势，建立数字治理的地方制度数据库或政策数据库，搭建基层实践案例的数字化平台，逐步建立"数字化"的制度执行机制。一是统一标准规范。建立严格规范的信息技术标准，减少各级政府部门之间以及各地区之间的信息孤岛，及时调整政府组织结构，明确、细化各部门和各机构的权力和职责，推进公共服务流程标准化、规范化、模式化，实现跨层级、跨部门的整体联动。二是增加配套制度。"好差评"政务评估制度已经国务院发文明确，智治联动社区治理制度、接诉即办制度等在各地取得实效，要综合施策、多措并举用好这些具体制度；还要根据技术应用情况进一步完善政务公开制度，科学界定信息公开边界与职能，通过技术嵌入制度等途径求得"最优解"。[③]三是创新模式机制。优化技术创新应用的切入方式和行动路线，鼓励跨部门合作、课题组协作等技术融入数字政府建设的新形式。四是加强事后监督。群众是否满意是检验制度优势和治理效能的直接标准，同样也是评判行政机

---

① 吴田、张帆：《机关事务管理与数字政府建设——美国联邦总务署（GSA）实践研究及启示》，《江苏师范大学学报》（哲学社会科学版）2020年第3期。

② 江文路、张小劲：《以数字政府突围科层制政府——比较视野下的数字政府建设与演化图景》，《经济社会体制比较》2021年第6期。

③ 薛粟尹：《山西省数字政府建设的现实困境和优化路径研究》，山西财经大学硕士学位论文，2022。

关工作效率是否提高的关键指标。为此，要把运用新技术新手段开展理论宣传情况、数字经济数据治理相关领域研究成果等，统一纳入对有关党政机关的评价，以考促优、以评促优，提高工作质量。

（三）坚持融合发展：引入成熟技术并推广应用

从其他国家的经验来看，数字政府就是借助新技术实现政务服务过程优化和业务工作流程再造，围绕数据流转重新分配资源、提供公共服务，并通过数据管理平台收集公众需求、使用、反馈等意见，继而形成的一种新的政府治理方式。① 许多国家已经构建"政府即平台"数字政府建设架构，这些都是把最新技术与治理理念有机融合的"典范"。无论是经济发达国家，还是发展中国家，技术应用的普及性在政府数字化转型中发挥着关键作用，这也启发我们要重视技术的兼容性、融合性和成熟度等因素，处理好与数字政府的相互嵌入问题。各国都主推政企合作模式以寻求技术支持，比如"数字丹麦"的成功就离不开企业的"默默奉献"。大数据、区块链和人工智能等新兴技术与政府治理活动密不可分，为此各国都非常关注新兴技术的研发与应用，重视数字共享技术普及推广。比如，自然语言、知识图谱在政府效能验证中的应用，再如大数据分析在定量研究方面的长足进步等。新技术的普及应用正在成为全球化的竞争高地，云计算、移动通信等不断拓展政务服务渠道，加快政府服务方式创新。比如，2017 年起，美国就开始推行移动政府建设（Mobile Government），由主管"digitalgov. gov"网站的公民服务和创新技术办公室负责，实现了多平台一体化问政，这一做法在许多国家得到了"复制推广"。②

对于我国数字政府建设而言，要坚持"两条腿走路"，既要充分发挥党的领导、政府主导等制度优势，在核心技术攻关、科技自立自强等方面走中国式创新之路；还要学会"弯道超车"，加快推广最新、较成熟技术的应

---

① 章燕华、王力平：《国外政府数字化转型战略研究及启示》，《电子政务》2020 年第 11 期。

② 辛璐璐：《国际数字政府建设的实践经验及中国的战略选择》，《经济体制改革》2021 年第 6 期。

用，提升技术嵌入的精准性和匹配度，用"战术"弥补技术应用的不足。一是鼓励技术创新应用。采取试点先行、重点部门先用、重点领域先上等方式，缩短新技术从"进场"到生效的周期。及时引入可信区块链等更加安全可靠的信任科技，利用"去中心化"的数据分享模式与理念，实现不同类型数据在统一平台交互共享，真正做到跨部门跨业务的"一次录入终身使用""一键登录全网通用"等。① 二是加快技术制度融合。充分利用宣传培训、科学普及等多种手段，努力摆脱新技术"高不可攀""无从下手"等固有形象，增加新技术的亲和度。充分预估新旧技术一起使用是否可以同时生效等问题，技术由谁提供、谁来运行维护、谁来操作使用等要有专门的责任清单和任务清单。三是优化多元合作机制。正确处理多方力量参与数字政府建设时的各种关系，防止"技术打架""官商联结"等，加强政府与企业合作中的第三方监督，积极鼓励民营经济和相关企业承担数字政府建设有关项目等。四是建立考核验收机制。对数字政府建设过程中的各类项目、各种应用系统等，要及时验收评估、掌握进度，确保开发建设过程中资源投入的有效性和时效性。注重用智能化手段、反馈式举措，加大对已有规划和计划落实情况的实时展示，防止在执行过程中出现新的问题。

（四）强化核心能力：数据治理与安全防护兼顾

数字化发展进程中的数字鸿沟在所难免，而且会随着数字化推进而有所增强，为此世界各国都在积极想办法解决这一"麻烦"，通过减少数字空间的相互排斥，加快促进实体空间的数实融合。比如，新加坡有非常完备的数字治理体系及运行机制；美国联邦政府数据治理体系的特点是数据开放的先进性、贯通性，以开放数据为中心，把建设方向、发展理念和行动方法等诸要素，都嵌入具体的计划方案和政策规划中，确保公开数据可以在任何一个

---

① 沈费伟、曹子薇：《社会质量视角下数字政府发展的现实困境与优化路径》，《电子政务》2022年第7期。

环节通畅流动，形成"全数据"的治理模式。① 通过因材施教配套相关政策工具，将各类治理主体相互协同作为核心，在一系列政策和计划的支撑下，组织层面上根据开放数据的流转路径形成跨层级的密切协同。数据治理实现了机构内部"畅通无阻"，并"由点到面"逐步向整个政府系统扩散，在数据驱动下数据治理打通了各级政府与社会力量之间的"隧道"。数字政府的底层逻辑，就是将数据分析处理后发挥辅助决策功能，对应的数据保护与隐私防护等就成了不能回避的数字治理难题。② 美国政府出台了一系列法律法规，来防止数据滥用带来的潜在风险；丹麦在 2018 年起实施新的网络信息安全防护战略，责令政府有关部门必须熟知且能及时预判各类数字风险。实践证明，攻防为主的旧安全防护理念无法应付数字时代的新风险，亟须跳出"狭隘"的攻守思维，要通过多方协作、多措并举，形成政府、企业、社会和个人多方合力，加快构筑数据安全防护共同体。

对于我国数字政府建设而言，"数据二十条"明确提出要"充分发挥政府有序引导和规范发展的作用，守住安全底线，明确监管红线，打造安全可信、包容创新、公平开放、监管有效的数据要素市场环境"，为提升数据安全水平提供了政策基础与现实指引。各地各部门可以参考这些办法，及时出台相应的指导意见和政策法规，引导好数据的安全、合理、合法使用。一是要走"标准化"的行动路线。通过设立数据标准管理机构、制定数据治理相关制度、搭建数据治理综合应用平台等，先从统一本地区、本部门的数据标准做起，走好数据治理的"最先一公里"。二是重塑"可视化"的业务流程。把群众"获得感"作为数据治理的出发点，在考虑清楚技术"能不能用"和管理"有没有效"等问题的同时，更要弄明白群众对于"好不好使"的实时反应，把握好数据治理的温度、尺度和效度。③ 根据数据流转的路径

---

① 周文泓等：《美国联邦政府数据治理的实践框架研究——基于政策的分析及启示》，《现代情报》2022 年第 8 期。
② 朱锐勋：《政府数字化转型与电子政务深化发展面临的挑战与对策》，《行政管理改革》2022 年第 2 期。
③ 郑磊：《数字治理的效度、温度和尺度》，《治理研究》2021 年第 2 期。

和形成，实时查看政策执行情况和业务办理情况，实现各项政务事务办理所见即所得、所得即所想，办理过程更加透明公开，办理结果更加符合群众预期。三是倡导"去中心"的评估方式。加强对数字政府实际效能的评估，借助高端智库力量，整合社会优质资源，细化优化数字政府成熟度评估各项指标，按照省、市、县各级政府选定要素和子指标，在部门市县优先开展评估试点，或者聚焦市域社会治理等新领域，基于试点效果进一步优化完善该评估方法等。① 四是夯实"数字化"的人才支撑。在发挥高等教育优势基础上，突出干部教育、职业教育在提升全民数字素养中的地位作用，制定并实施数字人才专项培养计划，积极构建产学研用一体的数字人才培养机制等，源源不断地为推进数字政府建设输送人力资源和智力资源。

---

① 郭高晶：《面向公共价值创造的数字政府建设：耦合性分析与实践逻辑》，《广西社会科学》2022 年第 7 期。

B.17
数字时代文化产业治理的特点、
困境与适应性策略

祁述裕　闫　烁*

摘　要： 数字时代我国文化产业治理环境日趋繁复，呈现治理对象模糊性、治理过程动态和治理内容嵌合性等新特点。传统文化产业管理在理念、机制和方式上的不适应问题愈加凸显。推动数字时代文化产业高质量发展，迫切需要采取适应性治理策略。在治理理念上，应遵循敏捷包容的原则。在治理主体上，应推动多元主体协同治理。在治理手段上，应采取刚柔并济的方式。在治理流程上，应从前置审批走向事中事后治理。在治理体制机制上，应由分业管理转向综合治理。

关键词： 数字技术　文化产业　治理现代化

党的二十大报告中明确提出，到 2035 年"基本实现国家治理体系和治理能力现代化"的总体目标。作为战略性新兴产业的文化产业，如何适应数字时代的要求实现治理现代化，是一个迫切需要研究的重大问题。近年来，以大数据、区块链、人工智能等为代表的前沿数字技术引发文化产业领域的深刻变革，新业态不断涌现，极大地提升了文化生产力、创造力和传播力。近些年，我国数字文化经济快速发展，元宇宙、数字人、NFT 数字藏品、ChatGPT 等新的应用场景层出不穷。在此背景下，文化产业管理的不确

---

* 祁述裕，中央党校（国家行政学院）教授；闫烁，中央党校（国家行政学院）博士生。

定性和复杂性因素增多，文化产业管理与数字时代不适应问题凸显。因此，厘清数字时代文化产业治理理念、机制和手段，对于激发文化创新创造活力、促进文化产业高质量发展等具有积极意义。

面对数字技术进步带来的机遇和挑战，欧盟率先作出制度安排，先后颁布了《数字服务法案》（2020）、《数字市场法案》（2022）、《数据法案》（2022）等一系列创新性政策，基于欧盟规则和价值观构建数据、技术的使用标准，对全球数字经济与数字治理具有重要影响，甚至产生了"布鲁塞尔效应"①。我国迫切需要创新文化产业管理理念，探索符合数字时代要求的文化产业管理机制，参与文化科技、文化产品及服务的国际规则和标准制定，努力把握国际文化产业治理体系建构话语权。

一 数字时代文化产业发展及其治理特点

（一）数字时代文化产业发展的主要特点

当前，数字技术已成为推动文化产业高质量发展的主要动力。数字技术从过去的单点突破转向多技术集成创新的阶段，带来了文化创作、生产、消费、传播等全链条变革。总的来看，数字时代文化产业发展具有以下五个突出特点。

第一，业态融合成为文化领域的发展趋势。创意要素、技术要素和数据要素等文化生产要素经由重新组合和优化配置，渗透到相关产业的生产过程中，使得产业联动的边际成本持续降低，文化产业内部的细分行业融合以及文化产业与其他产业的融合不断加深，有声出版、创意农业等新兴业态相继

---

① 布鲁塞尔效应是指欧盟凭借市场力量推行制度规则，并以此单方面监管全球市场的能力。例如，Google、Facebook等国际互联网企业为了欧盟地区的业务不得不遵循《欧盟通用数据保护条例》（GDPR）。同时，这些公司也将基于欧洲语境的政策推广到全球各地。其他国家也将参考欧盟所制定的治理范式，如2019年泰国颁布的《个人数据保护法》（PDPA），其内容大多借鉴《欧盟通用数据保护条例》（GDPR）。

出现。第二，文化产品和服务呈现快速迭代特征。工信部电信研究院发布的《移动互联网白皮书（2013）》指出，移动互联网发展迭代周期已经从 18 个月缩减到 6 个月，并且还将以这个速度发展 3~5 年。与此相适应，我国发明专利审查周期也不断压减，从 2019 年的 22.7 个月压减至 2023 年的 16.0 个月（见图 1）。第三，生产者与消费者的界限被打破，"产消合一"成为文化产业的新模式。比如，哔哩哔哩平台的 UP 主，既是平台的消费者，同时也是平台内容提供方。第四，数字平台成为全新的文化生产组织形态。基于数据、算法和平台的运营模式成为文化企业重要的盈利模式，许多不同类型的市场主体共同构成了平台生态。第五，区块链、大数据、人工智能等技术，使得文化供给主体更加多元化、复杂化，即主体的边界逐渐消失。同时，数字文化产品及服务具有可复制、易篡改、非独占等特点，加剧了盗版侵权风险。

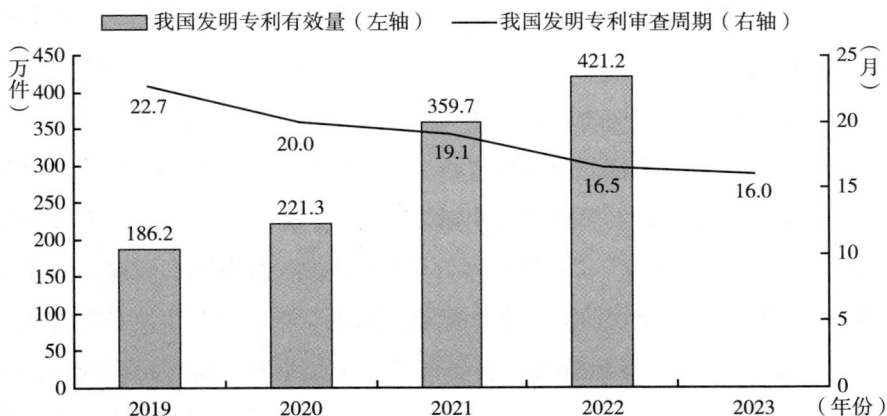

图 1　我国发明专利有效量与发明专利审查周期变化趋势

资料来源：国家知识产权局信息发布。

（二）数字时代文化产业治理的差异化特征

数字时代文化产业管理环境日趋复杂，治理目标、治理对象、治理流程等发生深刻变化。具体而言，数字时代文化产业治理的特征可以概括为治理对象的模糊性、治理过程的动态性和治理内容的嵌合性。

首先，治理对象呈现模糊性特征。这种模糊性是由文化业态的快速更迭和技术的迅速变化所引发的信息不足等原因造成，主要表现为公共管理部门难以明确界定应该治理哪些文化产业行为主体或产消链条。以往文化产业管理对象有着清晰的边界和范畴，比如某一文化行业的产品质量、内容安全等。数字时代文化产业发展出现明显的路径跃迁，使得政府在选择治理策略的过程中缺乏参照物，短期内仅能形成较为模糊性的对象认知。特别是前沿技术的使用，进一步凸显文化产业治理对象的模糊性。究竟是技术引发的治理风险，还是经营主体的主观过失，变得难以界定，这对文化产业治理的问责机制提出挑战。比如，短视频平台采用算法自动化决策将侵权视频向其他用户进行推送的事件中，其责任主体是用户、内容服务提供者还是平台运营者，存在广泛争议。

其次，治理过程呈现动态性特征。数字时代文化产业治理的动态性特征体现在其通过密切关注外部环境变化，不断更新机制和方法，以适应新技术、新场景、新需求的变化。技术参与是数字时代文化产业治理的突出特点。数字技术参与到文化产业治理过程中，可以快速地响应和适应不断变化的环境和需求。比如，上海市文化和旅游局设立数字文旅中心，通过搭建"一网通办""一网统管"的网络平台，以文旅大数据为技术支撑，实现全域感知、全数汇融、全程协同、全景赋能，满足文旅企业和市民游客的相关需求。① 另外，文化产业治理活动需要密切关注产业发展动态，研判其中可能存在的风险。因为各类文化新模式、新业态处于快速迭代过程中，其自身特点及风险因素也随之变化。比如，在网络视听平台结合用户行为大数据，不断调整其付费模式，从会员付费衍生出订阅打赏、超前点映等。因此在网络视听产业的治理过程中，政府的治理行为也要随之进行动态更新和调整。

最后，治理内容呈现嵌合性特征。数字时代的文化产业治理面临着多重

---

① 《上海在全国率先上线文旅专业领域"两网"大厅》，https：//www.mct.gov.cn/whzx/qgwhxxlb/sh/202301/t20230131_938835.htm，2023年3月2日。

市场失灵、多重系统失灵和多重政策目标，不同治理问题之间相互交叉和嵌套。这种嵌合性使得解决一个问题往往需要考虑其他问题的影响和关联，而这些问题之间的相互作用可能是复杂的、不可预测的。这种情况过去也存在，比如17世纪发生在荷兰的郁金香泡沫事件。但随着业态融合的加速推进，嵌合性正在成为文化产业治理内容的普遍特征。典型的例子就是关于NFT数字藏品的治理。作为一种非同质化货币，数字藏品既具有文化消费属性，又包含金融、交易等属性。因此，治理过程中不仅要考虑到文化消费权益保护、知识产权保护、文化内容合规等问题，同时还要注意金融风险防范。2022年4月，中国互联网金融协会、中国银行业协会、中国证券业协会发布的《关于防范NFT相关金融风险的倡议》中明确指出，既要发挥NFT在推动产业数字化、数字产业化方面的正面作用，还要坚守行为底线、防范金融风险。再如，围绕电竞酒店的治理同样具有嵌合性特点。这种商业模式既具有网吧的性质，又有传统住宿业的特点。但由于缺乏对行业属性的清晰界定，主要按酒店行业管理。治理内容的单一化滋生出未成年人游戏防沉迷等问题，引发广泛争议。

二　数字时代我国文化产业治理的困境与调适

（一）数字时代我国文化产业治理面临的多重困境

由于无法适应数字时代快速变化的治理环境，我国传统文化产业管理存在管理效率低下、管理成本高企、管理质量不佳等问题。具体而言，传统文化产业管理面临的困境可以归纳为以下几点。

第一，"竖井式"文化产业管理体制权责不清。我国传统的文化管理模式是依据文化传播载体确立的分业管理模式。如报纸和杂志属于原新闻出版总署管理，电视台、有线网属于广电总局管理，通信网和互联网属于网信办管理。由于早期信息流通速率不高，文化内容或服务供给较为单一，所以通常以此来实现对基于不同传播平台内容业务的管理，并形成典型的"竖井式"管理体制。这种分业管理模式面对不断融合、层出不穷的新兴文化业态，存在权责不清、职能交叉、成本过高等问题。

第二，"事无巨细"的文化产业管理模式效率低下。我国文化内容管理具有无所不包、无所不管等特点。面对信息大爆炸的数字时代，这种模式效率低下、成本高企的问题日益凸显。以弹幕治理为例，作为虚拟文化世界中一种很重要的文化信息，其关乎网络世界的舆论导向和价值取向，受到政府管理部门的高度重视。哔哩哔哩是国内弹幕文化大本营，其年度弹幕数量从2010年的1000万条增加至2021年的100亿条，成为一种广泛参与的大众文化。但是无论是广电总局还是各省局，文化管理人员数量十分有限。在此背景下，文化管理部门开始要求平台方进行自我审查，比如，中国网络视听节目服务协会发布的《网络短视频平台管理规范》和《网络短视频内容审核标准细则》提出，平台上播出的所有短视频均应经内容审核后方可播出，包括节目的标题、简介、弹幕、评论等内容。平台须维持的内容审核员人数原则上应当在该平台每天新增播出短视频条数的千分之一以上。这意味着，伴随互联网内容井喷式发展，审核员的数量只会有增无减，无形中增加了企业的成本负担。据统计，截至2020年底，哔哩哔哩有2413名员工属于内容审核岗，抖音集团内容审核员超2万人，以这两家为例，审核员人数超过总人数的20%。与此同时，由于技术很难保证审核的准确性，为了避免审核漏洞，文化企业仍然坚持人工审核的方式。但是，人工审核大多需要依靠个人的主观判断，这受审核员的认知水平和趣味喜好的影响，故内容管理质量参差不齐。

第三，文化产业政策的滞后和缺失导致"监管真空"。管理主体尚未触及的文化领域，存在"监管真空"，导致各类乱象频现。比如，较长时间以来，数字藏品缺乏规范的合法授权流程，造成版权纠纷或用户财产损失。我国文化管理体制沿袭自计划经济时代的科层制度，管理层级烦琐，决策流程较为缓慢。同时，由于各类文化行业协会的自主性和独立性缺失，面对线下日益复杂多变的数字文化形态和前沿应用场景时，这种管理体制便会表现出响应时间过长、治理效率低下等问题。另外，由于科层制更注重规避风险和责任，而不是积极地推进政策的制定和实施，易导致重视程序而忽略实际效果、责任推诿等问题，这也可能影响相关政策出台速度。此外，我国传统文化管理建立在压力—反应机制上，公共部门缺乏针对特定情境的应急管理预案，故无法及时应对新兴文化业态和模式带来的风险因素。

第四，单一文化产业治理目标损害多方主体利益。文化生产往往涉及多种利益相关主体，这就导致针对特定主体设计的治理手段或措施容易损害其他利益相关方的利益。比如，在网络社交媒体发达的今天，明星艺人的违法失德行为容易引发年轻群体的效仿，进而产生负外部性。抵制违法失德艺人的做法，在国内外皆有。比如在欧美发达国家，往往会对涉及种族歧视、性别歧视等问题的文艺工作者采取行业抵制，禁止其参与到文化产品生产过程中。不同的是，国内的监管更为集中、力度更大。往往对违法失德艺人的作品采取"下架"和"封杀"的策略，甚至出现"一刀切"和"层层加码"。而对于文化产品而言，其生产制作往往涉及多方利益主体，内容"下架"必定会使投资主体及商务合作机构产生经济损失。此外，对市场生产端的干预，还会传导至需求方，从而导致公众的文化需求难以得到满足。

（二）数字时代我国文化产业的治理调适及其不足

面对数字时代文化产业出现的新现象和新问题，传统文化治理理念的不协调、不适应问题愈发凸显。为了达到既定目标，文化管理部门采取更具变通性的"一刀切""运动式治理"等手段，以此适应不断变化的外部环境。从风险防范的角度来看，这种重视结果而忽视规则和过程的策略取得了一定的治理效果，却造成"一放就乱、一管就死"的局面，阻碍了文化产业高质量发展。

首先，"一刀切"管理阻滞文化产业创新。在公共政策的研究中，"一刀切"是管理主体缺乏差异化情境的考量，在治理复杂的事务时，采取过于简单化和机械化的处理方式而造成的。当前，"一刀切"问题在文化产业领域时有发生。比如，网络内容审核中针对网络关键词的屏蔽、对游戏版号数量的限制以及对线上线下网络视听节目采用统一管理标准等。这种治理策略主要是由计划经济文化管理体制产生的路径依赖所造成的。相比之下，西方发达国家更多采取分类管理模式。比如，英国通信管理局将电视台划分为公共电视（public service broadcasting）、商业电视（commercial broadcasting）等，并对其进行分类管理。"一刀切"的文化管理模式虽然能够很大程度上避免产业问题的发生，但是会遏制文化产业创新，与文化产业高质量发展的目标相违背。以网络游戏出版审批为例。根据原国家新闻出版广电总局发布的《关于移动游戏出版服务管理的通知》，移动游戏属于电子出版物，沿用图书出版物的管理方式，实施版号管理制度。同时，对于游戏版号数量也有明确限制，甚至在 2021 年 8 月到 2022 年 3 月，国内游戏业经历了持续 8 个月的版号暂停发放，导致大量游戏企业被迫转向海外市场。

其次，运动式治理难以形成对文化产业的持续治理。"运动式治理"是指暂时打断、叫停官僚体制中各就其位、按部就班的常规运作过程，以自上而下、政治动员的方式来调动资源，集中各方力量和注意力来完成某一特定任务。[①] 面对文化产业治理过程中的突发性事件以及层出不穷的文化新业态新模式，运动式治理具有一定的制度合理性。近年来，密室逃脱、剧本杀等娱乐休闲方式得到消费者青睐。面对这一文化新业态，自 2022 年下半年开始，安徽、宁夏、内蒙古、山东、重庆、黑龙江、吉林、辽宁等多地"扫黄打非"部门，对辖区"剧本杀"等娱乐经营场所开展专项检查。尽管运动式治理的做法见效快，但存在被动性、临时性和事后性的问题，过高的动员成本也注定其无法常态化，很难达成对新兴文化业态持续有效的治理效果，进而陷入"内卷化"的困境。[②] 比如，尽管国家网信办、全国"扫黄打非"办会同最高人民法院等 8 部门进行多次网络直播行业专项整治行动，

[①] 周雪光：《运动型治理机制：中国国家治理的制度逻辑再思考》，《开放时代》2012 年第 9 期。

[②] 潘泽泉、任杰：《从运动式治理到常态治理：基层社会治理转型的中国实践》，《湖南大学学报》（社会科学版）2020 年第 3 期。

但每次专项整治过后网络低俗内容又会死灰复燃。①

"一刀切"与"运动式治理"共同指向了同一个问题，即传统文化管理手段和方式已经无法适应文化新业态的快速更迭。因此，如何调整策略，平衡好新兴业态健康发展和维护市场正常经营秩序便显得尤为重要。

三 数字时代我国文化产业治理的适应性策略

治理是各种公共的或私人的个人和机构管理其共同事务的诸多方式的总和。它是使相互冲突或不同的利益得以调和并且采取联合行动的持续的过程。也就是说，其实质是在多种目标的博弈过程中寻求一种平衡。对于文化产业治理而言，其治理目标在于激发文化创新创造活力、满足文化消费需求和助力精神文明建设。其中，只有在激发文化创新创造活力的前提下，才能满足文化消费需求、助力精神文明建设。随着数字时代文化业态的加速更迭，治理过程中的不确定性因素日益增多，急需转变文化产业治理理念，推动适应性策略在文化产业治理领域的运用。

"适应性"是一个生态学术语，主要指生物体通过自我调节来与环境相适应的现象。随着现代社会快速发展，公共事务变得愈发高度复杂和不确定，学者们将适应性治理理论应用到公共事务治理的研究中。Ostrom（2000）观察到公共事务的治理环境日趋复杂和多变，提出针对复杂系统中公共事物的适应性治理（Adaptive Govemance）理论。Dietz（2003）等总结了适应性治理需要满足的五个要求，包括提供信息（providing information）、处理冲突（dealing with conflict）、诱导遵从规则（inducing rule compliance）、提供基础设施（providing infrastructure）、为变化做好准备（be prepared for change）。② 文化产业适应性治理是指为适应复杂不确定性的治理情境，行

---

① 《央视频繁点名直播乱象背后：一批涉黄直播平台"死灰复燃"》，https：//baijiahao.baidu.com/s？id=1671720249181412232&wfr=spider&for=pc，2023 年 3 月 2 日。

② Thomas Dietz，Elinor Ostrom，Paul C. Stern. The Struggle to Govern the Commons ［J］. *Science*，2003，302（5652）：1907–1912.

政管理部门通过对文化产业治理事务进行快速识别响应、内置规则调适、精准情境匹配，最终选择合适的方案来采取适应性行动。文化产业适应性治理的主要优势表现为治理行为的灵活性、治理方法的匹配性、治理流程的协作性、治理机制的敏捷性和治理目标的持续性，更加符合数字时代的文化产业治理情境。结合适应性治理理论，本文提出以下几点数字时代文化产业适应性治理的思路。

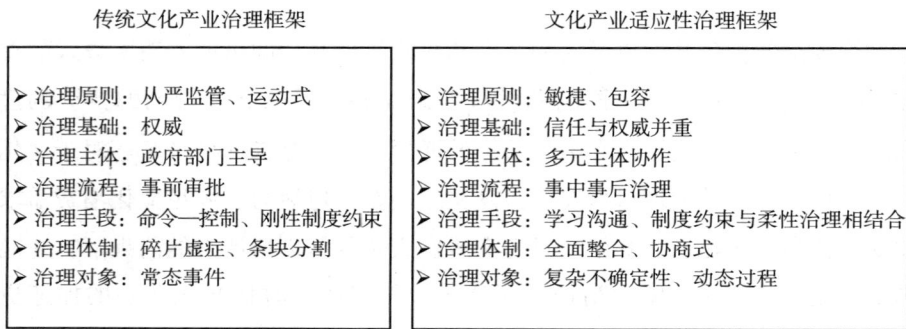

传统文化产业治理框架　　　　　　文化产业适应性治理框架

> 治理原则：从严监管、运动式
> 治理基础：权威
> 治理主体：政府部门主导
> 治理流程：事前审批
> 治理手段：命令—控制、刚性制度约束
> 治理体制：碎片虚症、条块分割
> 治理对象：常态事件

> 治理原则：敏捷、包容
> 治理基础：信任与权威并重
> 治理主体：多元主体协作
> 治理流程：事中事后治理
> 治理手段：学习沟通、制度约束与柔性治理相结合
> 治理体制：全面整合、协商式
> 治理对象：复杂不确定性、动态过程

图 2　传统文化产业治理与文化产业适应性治理的框架对比

（一）治理原则：数字时代文化产业治理应遵循敏捷包容的原则

数字时代的文化治理，摆在第一位的就是激发文化创新创造活力，这就需要治理主体平衡好监管、创新与产业发展之间的关系。敏捷包容的文化产业治理原则对于促进文化产业高质量发展，同时预防产业发展过程中可能出现的各类风险挑战是至关重要的。

首先，文化产业治理应秉持敏捷治理原则。世界经济论坛于 2018 年提出"敏捷治理"的理念。这一理念不仅意味着治理响应速度的增加，而且需要重新思考和设计更具灵活性和适应性的政策框架。同时，敏捷治理将促进社会福利和价值定位为优先事项，以指导新兴技术开发和利用。[①] 敏捷治

---

① 薛澜、赵静：《走向敏捷治理：新兴产业发展与监管模式探究》，《中国行政管理》2019 年第 8 期。

理原则体现在文化产业领域，主要是通过多元目标平衡、多元主体协作、多元工具组合，提高政策灵敏度，以此应对瞬息万变的文化产业治理事务。

其次，文化产业治理应坚持包容治理原则。2019 年，联合国发布《数字相互依存的时代——联合国数字合作高级别小组报告》，被视为引领全球数字经济未来发展的纲领性报告。报告提出了一个重要倡议——全球应为数字经济提供包容性成长的政策环境。包容不是纵容。如果管理部门对新问题置之不理，新生事物在野蛮生长的道路上难免引发混乱。因此，要秉持"在发展中逐步规范，在规范中不断发展"的态度，采取包容审慎的治理原则，避免"一刀切"、运动式的治理。比如，文化和旅游部等五部门出台的《关于加强剧本娱乐经营场所管理的通知》，通过设置政策过渡期，为企业规范经营留足时间。引导企业利用一年过渡期，开展自查自纠，实现合规化经营等。

（二）治理主体：数字时代文化产业治理应加强多元主体协作

坚持法治、自治与共治相结合是文化产业治理应对数字时代不确定性因素的重要方式。由于数字时代文化生产、消费和流通中产生了庞大的数据，政府难以将之全部纳入治理管理范围，需要政府法治、企业自治和多主体共治相互配合。当前，赋予文化企业高度自主权和灵活性的自我治理方式仍然反映在大多数国家级法规中。例如，美国《通信规范法》（*Communication Decency Act*）无条件地为平台方提供了第三方内容豁免权；欧洲电子商务指令提供有条件的免责条款。根据这些规定，公司自愿承诺对内容进行监控和自我执行审核，并阻止、过滤和删除不恰当的内容。共同监管则是建立包含多利益相关者的制度，包括行业、广告商和消费者组织或其他公共利益团体。例如，目前在欧盟内部规划的数字服务协调员，这种监管形式的优势包括将标准制定和监督的成本转移给行业，同时也激励行业有意识地遵守公共利益，因为国家施加了更强的问责制和合规机制。合规治理是立法监管、自我监管和共同监管的集中体现。为了鼓励企业合规经营，除了告诫公司保持良好的合规经营行为，还需要创造条件确保合规经营能够与盈利目标保持基本一致。政府一方面可以制定和实施严格的法律，另一方面也可以发布和推荐自愿性的行为准则，以此鼓励合规。比如，上海市政府出台的《上海市网络交易平台网络营销活动算法应用指引》《上海市盲盒经营活动合规指引》等一系列指导性规则，及时为新业态、新模式提供运行规范，以跨前服务强化预防式监管。

（三）治理手段：数字时代文化产业治理应采取刚柔并济的方式

第一，由命令—强制型监管转向命令与激励并重。激励型治理是指行政主体使用经济诱因方式和手段间接引导市场主体行为，以实现其既定的政策目标的治理方式。例如，日本为了促进中小企业的技术进步，制定的与技术进步有关的法律就有《中小企业振兴资金助成法》《中小企业基本法》《中小企业现代化促进法》《中小企业高度化资金贷款特别会计法》《中小企业指导法》《中小承包企业振兴法》等。在文化领域，通过财政支持、税收优惠、金融扶持、政府采购、转移支付、市场优先准入、提供经营便利等方式，调节各类文化主体的行为，有助于激发目标群体的积极性，从而推动治理目标的实现。

第二，采取分级分类的治理方式，避免"一刀切"。不同的新兴文化业态特点各异，管理部门要明确不同文化业态、不同企业类型的风险特征和风险程度，分别确定监管内容、方式和频次，制定合理的治理手段。比如欧盟发布的《数字服务法案》采取"不对称措施"，即与较小的竞争对手相比，大型高科技公司受到的审查和处罚更多。充分体现出区别对待、分类施策的监管导向，较好地实现了市场效果和社会效果的有机统一。

第三，探索以监管沙盒等为代表的试验型文化治理方式。"监管沙盒"是英国金融监管局于2015年率先提出的创新监管理念，其借鉴沙盒运行原理，具体指规制部门划定范围允许一部分高科技、互联网领域新企业在真实的市场环境中，以真实的个人用户与企业用户为对象测试创新产品、服务和商业模式，有助于减少创新理念进入市场的时间与潜在成本，并降低监管的不确定性，以实现风险控制和创新的双赢。这种治理模式类似于我国改革开放试点中的"先行先试""试错容错"的做法，既可避免监管对创新的桎梏，又有助于减少创新风险，非常适合数字时代文化新业态快速更迭的特点。

（四）治理流程:数字时代文化产业治理应从前置审批走向事中事后治理

传统文化管理模式强调事前审批，通过设置准入标准来规范文化领域的主体行为。考虑到数字时代文化产品和模式的快速迭代，这种治理流程反而阻碍了文化创新发展。因此需要优化治理流程，转向事中事后治理。首先，以信用评级优化事前监管路径。在深化"放管服"改革的背景下，信用监管逐步取代重点监管成为文化市场监管的主要方式。根据不同的文化企业信用等级，对信用等级好的企业放松监管，延长审查周期；对信用等级差的企业加大检查力度和检查频率。这种做法有利于优化监管程序，聚焦主要问题，提高监管效率。其次，要把更多行政资源从事前审批转到加强事中事后治理上来。比如，文化和旅游部等五部门出台《关于加强剧本娱乐经营场所管理的通知》，以告知性备案方式将场所以及场所使用的剧本脚本清单纳入政府部门监管视野，监管重点从传统的事前审批转向事中事后监管。除了准入后监管之外，还要实施准入前负面清单管理。通过建立"非禁即入"的制度安排，将监管关口后移，以便集中行政资源投入事中事后监管，同时提高文化治理的透明度，激发文化市场主体活力。比如，成都市文广旅局等部门联合制定《成都市促进剧本娱乐行业健康有序发展的办法（试行）》，提出建立剧本"红黑榜"发布机制，其实质就是清单式管理。

（五）治理体制：数字时代文化产业治理亟须由分业管理转向综合治理

面对业态融合所带来的权责不清等问题，文化治理体制的建构基础应从分业管理转向综合治理。第一，建立健全文化治理的内部协调机制。打破文化体制上的条块分割，打通准入、生产、流通、消费等治理环节，充分发挥联席会议制度、工作小组等协同治理机制，统筹多部门的治理目标，实现治理标准互通、处理结果互认，形成治理合力。第二，建立面向如文化大数据等特定领域的专门化管理机构。比如，欧盟设置了统一的数据监督机构——欧洲数据保护委员会，其成员国也各自设立数据管理机构，如英国设置信息专员办公室，荷兰、西班牙均设立数据保护局，对数据处理行为进行监督。

此外，在治理方法上，数字时代的文化治理应保持以人为本的治理温度，避免泛道德化倾向。比如，区别作为职业的演员和作为道德的人，尊重个人的知识产权成果。在监管对象、下架范围、惩戒时长等方面形成明晰的机制和规则。比如，若问题艺人在文化产品中出现的频次不高、内容敏感性不强，可以考虑保留，维持作品的完整性；再如，在社会舆论白热化的阶段，对作品适时采取下架措施，表明管理方的价值立场。当相关涉事主体已经承担责任和付出代价后，可以考虑重新上线产品。通过保持监管弹性，避免过度监管阻滞资本在文化领域的有序流动、破坏文化创作活力。同时，在治理过程中，还要关注弱势群体，保护未成年人的合法权益。

B.18
杭州上线"空间智治"应用，赋能空间治理现代化

杭州市规划和自然资源局*

摘　要： 提升城市国土空间治理能力是处理好自然资源保护和社会经济发展关系、引领多重约束下城市内涵发展的必然要求。杭州为破解空间规划不够协调、空间利用不够高效、空间监管不够有力、地质安全不够牢靠等问题，聚焦"一块地、一件事"，以"守底线、保安全、提效率、减负担、降风险"为改革目标，坚持多跨协同、数据共享、流程重塑，提升"空间大脑"能力。全面提升新时代城市空间治理现代化水平，要重点夯实"一张底图"，形成空间规划、资源保护、协同审批、确权登记、空间利用、地质安全的闭环治理体系，构建整体智治、高效协同的"空间智治"数字化应用。

关键词： 国土空间治理　空间智治　数据共享

推进国家治理体系和治理能力现代化是全面深化改革的总目标，国土空间治理是推进国家治理体系和治理能力现代化的关键环节。杭州聚焦空间资源配置利用，以规划管理、土地供给、审批服务和安全监管为重点，强化数据集成，开发建设"空间智治"应用，赋能空间治理现代化。该应用已于

---

* 执笔人：叶智宣，杭州市规划和自然资源局调查监测处处长，教授级高工；尹贵，杭州市规划编制中心专职副书记；徐越，杭州市规划和自然资源局调查监测中心助理工程师。

2021 年 8 月在省域空间治理平台和数智杭州门户上线，有效提升了杭州空间治理的数字化、智能化水平。其中，地质灾害风险隐患双控试点获市改革创新最佳实践案例特等奖、市民呼我为最佳实践案例，获部领导批示肯定，全国现场会在杭州召开；"土地码"赋能工业项目审批服务获市改革创新最佳实践案例优秀奖，具体做法在省委改革办《竞跑者》上刊发；不动产登记、交易和缴纳税费"一网通办"、多测合一等 5 项全国营商环境创新试点获国务院发文复制推广；"新建商品房交房云登记 打造高质量公共服务"入选浙江高质量发展建设共同示范区城市范例最佳实践（第一批）；在 2022 年省域空间治理数字化平台综合评价中，排名全省第一，多规合一、规划一点通等场景全省复制推广。

一　杭州在国土空间治理现代化进程中面临诸多挑战

在经历快速城镇化之后，国家提出生态优先、绿色发展的理念，城市发展从外延粗放式向内涵集约式转型。在此背景下，党中央、国务院于 2018 年组建自然资源部，明确自然资源部"统一行使全民所有自然资源资产所有者职责，统一行使所有国土空间用途管制和生态保护修复职责"，建立国土空间规划体系并监督实施。新的部门职责和空间规划体系，对空间治理提出了新的要求。杭州市之前在推进国土空间治理现代化过程中，主要面临以下几个方面挑战。

（一）空间信息不够集成

主要表现在部分空间数据缺失，数据分散在各个部门，数据关联度不高。部分城市国土空间治理的本底数据尤其是地下数据获取较为困难，数据的质量和准确性难以保障，尚未形成地下—地表—地上全方位覆盖的城市空间信息框架；各部门数据分散保管，与自然资源有着紧密联系的经济社会发展数据由建委、经信等部门分别保管，导致数据的关联紧密度不足，没有深入挖掘人类社会和各类自然资源间的关联，尚未形成覆盖全面、时空多维的城市空间信息基底，难以履行"统一行使所有国土空间用途管制和生态保护修复职责"。

（二）空间规划不够协调

新的国土空间规划体系要求将主体功能区规划、土地利用规划、城乡规划等空间规划融合为统一的国土空间规划，实现"多规合一"。但农业、交通、水利等跨部门规划自成体系，不在相同的工作底图上开展规划工作，导致规划之间缺乏协同，规划打架、冲突等问题时常发生；总规、详规等规划纵向传导不够、穿透不足，以致上位规划要求难以有效落实，亟须通过数字化改革，加强规划编制统筹和规划实施监督，统筹考虑城市生态、民生、社会要素，强化杭州国土空间规划协同穿透。

（三）行政审批不够高效

"一块地"的全过程管理涉及用地报批、土地供应、工程规划许可、不动产登记等诸多业务环节，不同业务环节可能由不同单位部门、业务系统负责，如何追溯一块地的"前世今生"成为土地管理的难点之一。同时，各部门系统间的数据存在壁垒，无法有效地进行数据共享，导致建设单位有些报审材料需要多次反复提供，办事人员反复跑行政审批窗口的情况时有发生；审批环节较多，导致整个审批流程耗时较长，不利于营商环境优化。

（四）空间利用不够集约

工业用地是保障实体经济可持续发展的关键，不管是传统制造业转型升级，还是新兴制造业布局建设，都离不开工业土地的有效供给。杭州市工业用地亩均税收总体还不够高，工业用地相对"低、小、散"，与制造业高质量发展的要求还有一定差距。在未来增量空间有限的情况下，更需要向内挖掘潜力，盘活存量空间，加大工业"三地块"尤其是低效工业用地的利用力度，助推城市转型发展。

（五）空间监管不够有力

杭州市域面积1.68万平方公里，"七山一水两分田"的空间基底使得耕地呈零散状分布，少有大片的集中农田，不利于耕地的日常监管，耕地"非农化""非粮化"、土地闲置等违法违规行为时有发生。杭州市对于侵占耕地、"非农化""非粮化"行为的及时发现和制止等机制建设仍处于探索阶段，亟须通过加强监测感知和智能识别应用，提升"早发现、早制止"违法问题的能力。

（六）地质安全不够牢靠

杭州虽然不属于地质灾害重灾区，但易风化岩层出露地区面积较大，导致滑坡事故频发，也有人为活动造成的塌陷，在汛期、台风期常常会发生严重的地质灾害风险。由于技术力量薄弱，对地质灾害难以提前预警、及时响应、快速处理。地质灾害隐患排查、风险识别和监测预警能力有待提高，灾害发生后的风险处置协同性不足，亟须建设智能化防控场景，提升防控能力，确保实现地质灾害"不死人、少伤人"目标。

（七）交房登记不够便捷

从交房到领证，不动产登记涉及开发商、买受人、抵押权人等多方主体，群众往往需要"多头跑、跑多次"，从不同主体获取登记各流程所需的材料，办理手续繁杂，时间跨度较长；群众进行不动产登记要通过产权交易行业中介服务机构，往往还要交一笔价格不菲的中介费用，中介服务安全性和窗口登记准确性也无法100%保障，群众花了钱也难省心，尤其是急需落户、入学入托的更是焦急万分。

（八）权益保障不够到位

规划公示、房屋征迁、用地审批等业务往往会涉及群众的利益，在切实保障群众知情权、参与权和监督权的基础上，更要提升群众体验。规划查询渠道不畅、规划成果过于专业，使得市民群众对规划了解不多，距离"太远"，亟须提高规划的知晓度；房屋征迁涉及群众的切身利益，也是政府工作中的敏感问题，群众重点关注拆迁安置的补偿标准、补偿是否到位、信息是否公开、业务是否规范，而现有群众对相关信息的知晓渠道不畅。

二 数字化改革赋能空间治理现代化的目标和思路

针对以上挑战，杭州聚焦"一块地、一件事"，从空间规划、资源保护、确权登记等方面着手，开启了"空间智治"数字化改革，希望通过数字赋能，助力实现国土空间治理体系和治理能力现代化。

（一）总体目标

杭州"空间智治"数字化改革的总体目标具体可以概括为"守底线、保安全、提效率、减负担、降风险"。守底线，就是通过"天巡人查""卫片执法"等手段对违法用地问题实现"抓早抓小抓了"，坚决制止破坏国土资源的行为，坚定不移地守住资源保护的底线；保安全，就是通过"智防+人防"，贯通单兵移动设备到乡村基层，实时智能预警，实现地质灾害精准避险，千方百计保护人民生命财产安全；提效率，就是通过数字赋能"一码协同"，打造新增工业用地"赋码上云、按码供地、码上服务、见码发证"数字治理闭环，重塑业务流程机制，想方设法提高行政审批等工作效率；减负担，就是通过网上办、去中介，推动"最多跑一次"改革和"不见面"办事，减轻企业群众办事的财务成本、时间成本，强化获得感，同时也能减轻窗口业务办理人员的工作压力，提升服务质量；降风险，就是通过数字化规范权力运行，全程留痕，及时归档，实时追溯，降低党风廉政风险。

（二）建设思路

杭州在"空间智治"具体的数字化改革过程中，坚持多跨协同，按照

"大场景、小切口、大牵引"的思路和急用先行的原则，构建特色场景，打通部门内外业务衔接的堵点，实现"一块地"业务线上全周期贯通、规划编制全过程线上闭环管理；坚持数据共享，按照"底图化应用、系统化办公、实时化归集"的要求，实现业务在线办理、空间精准落位，确保图、数、线一致，做到数据应归尽归，推动数据"纵向贯通、横向联通、内部融通"；坚持以数字化改革为牵引，按照工作量化闭环的要求，梳理业务、再造流程、重塑制度，推动空间治理深层次变革，提升国土空间治理能力；坚持动态监测，打造"一屏总览"数字看板，实现数据贯通穿透，统筹显示规划编制和要素保障等各项工作进程，动态更新，实时监督，智慧预警，辅助国土空间治理决策。

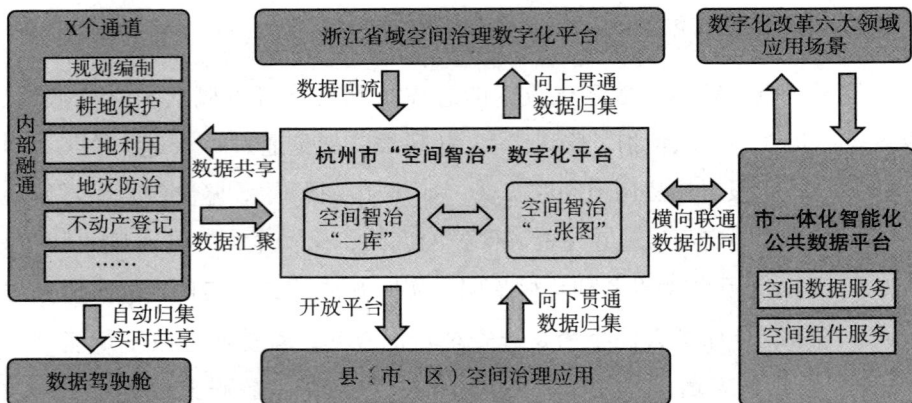

图 1 数据"三通"示意

三 "空间智治"数字化改革的具体路径

杭州以数字化改革为引领，由市规划和自然资源局牵头，发改、数据资源、生态环境等多个部门协同推进，深化"一图一库一箱"，形成了以三维实景数据为基础的"空间智治"一张底图；围绕问题导向和目标导向，针对空间治理现代化过程中出现的各种问题，开发建设各大应用场景。

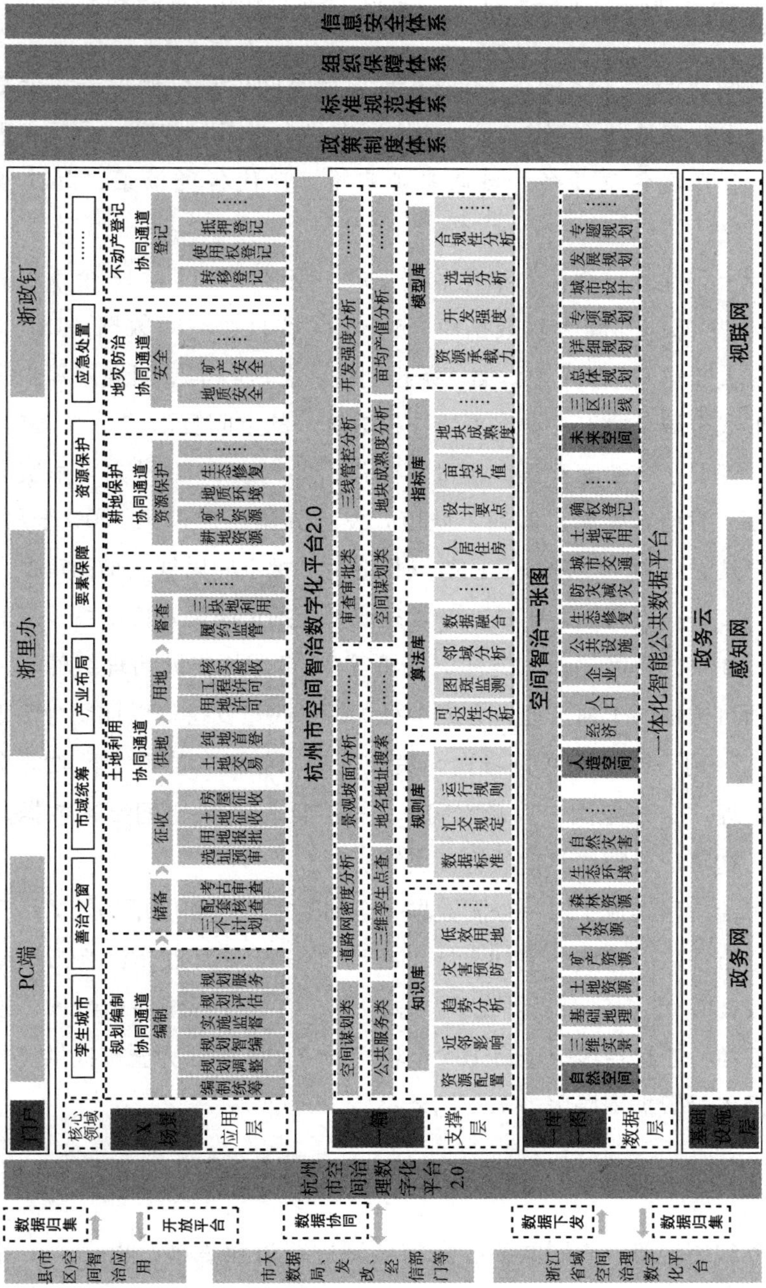

图 2　空间治理数字化平台 2.0 架构

283

（一）提升"空间大脑"能力，打造"空间智治"一张图

打造空间智治"一张图"，争取实现市域空间信息全域覆盖、全量归集。在宏观上，坚持"多规合一"，加快形成"一张图"统筹，力争实现在"一张图"上开展各项业务、贯通各项审批、迭代各类场景、沉淀各种数据。

在微观上强化立体感知和细化数据集成。整合局内已有 18 个系统并接入外部 60 余个部门空间大脑数据库，建成 93 类自然空间数据，131 类人口、企业等人造空间数据，192 类三条控制线、各级各类空间规划等未来空间数据，形成全域全要素、动态更新、权威统一的空间智治"一张图"；在此基础上，开展了高精度实景三维底图建设，共完成 2850 平方公里实景三维数据获取、质检和入库，做到了城镇开发边界集中建设区 100% 全覆盖，实现了底图从二维向三维的提升；重点打造了一批空间谋划、辅助审批、公众服务和决策分析类智能化工具，开发完成了包括道路网密度测算、控制线管控分析、地块成熟度评估、类住宅分析等 26 个通用空间治理组件，为规划编制、项目选址、土地出让、方案审批等提供决策支持。以地块为治理单元，以"人—地—产"为数据导向，集成人口、企业、能源、税收等多部门数据，梳理"自然空间—人造空间—未来空间"三大空间要素数据间的关联关系，初步形成数据驱动的管理决策机制。

空间智治应用实现了对一张图数据、空间治理组件和应用场景的综合集成，成为全市统一、权威的空间大脑。截至 2023 年 5 月底，已为市委政法委、市发改委等 65 个部门提供在线共享服务，有效支撑统一地址库、疫情防控精密智控、亚运在线等全市 106 个场景的应用，累计为全市提供实景三维底图以及矢量数据图层服务 7.2 亿余次。

（二）统筹规划编制，协同空间治理

对规划编制统筹、协同共治、实施监测进行流程重塑，出台"一张底图"编规划规程（试行）文件，全市在统一的平台上开展规划项目申报、

立项、批准、编制、审查、入库工作。建立国土空间规划"一张底图"，在"三条控制线"的基础上，根据城市重要蓝绿空间、历史文化遗产、重要基础设施、公共服务设施、重要景观地区风貌管控等工作需要，集成"3+X"底图；将全市各级各类空间规划项目全部纳入平台管理，依托"底图"管控分析工具等空间治理组件，通过各类空间规划的智能比对，及时发现解决各部门规划间的矛盾，实现"一张底图"编规划、一个平台审规划，将规划突破底线、打架等以前难以解决的问题消弭在编制过程中；将项目选址方案及时上平台比对，根据比对结果及时优化项目方案，确保规划刚性管控要求落地。截至 2023 年 5 月底，将全市 300 多个规划编制项目纳入平台管理，对 122 项规划指标进行动态监测，在线使用部门达 206 个。

（三）一码串联"一块地"全周期，提高工作效能

在全国率先推出"土地码"，作为一块地唯一空间身份识别码，它贯穿规划、征收、报批、做地、供地、审批、验收、登记、监管等建设全生命周期（见图3），"一码"汇集数据，再造流程、重塑机制，实现要素保障更精准、土地利用更集约、审批服务更高效、利用监管更实时。

"一码"做地促供地。通过土地赋码全过程监管，及时预警快要到做地时间节点的项目，统筹全市做地主体加快收储进度，将原来近 5 年的做地周期压缩到 3 年以内，做到大大缩短做地周期，确保有充足的土地等待项目。按照"以供定储、按需做地"原则，编制"三年滚动计划"，确保库中有地。

"一码"批地促投资。重构业务协同，利用土地码打通规划资源、发改、建委等部门数据关联，挖掘审批提速空间，将需企业提供的材料减至 4 项，为企业节省 15~20 天时间，工业项目全流程审批服务环节由 21 个压缩到 8 个，审批时间由 84 个工作日压缩到 12 个工作日，审批材料由 142 件减少到 28 件，工业用地不动产登记实现"零资料、零跑动、零等候"。

"一码"管地促消化。打通发改、建设、经信等多部门数据，实现工业"三块地"全部矢量上图、实时动态呈现，做到监测预警处置消化全闭环线

上管理。通过场景应用，加快消化进度，在全省率先完成批而未供土地消化工作。

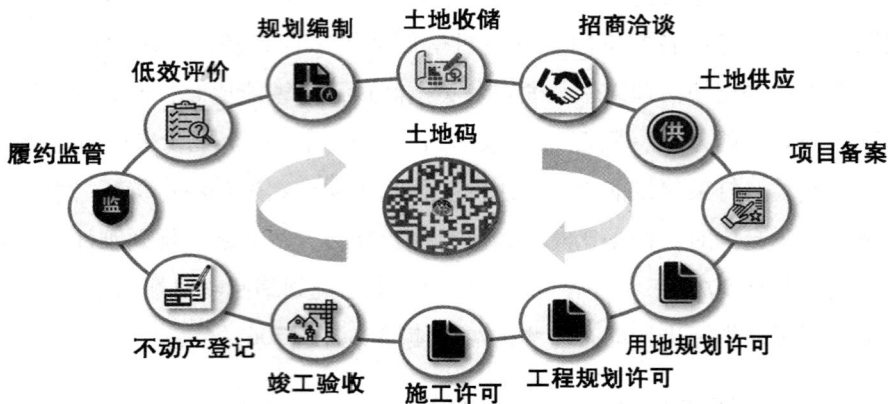

图3　土地码串联"一块地"全生命周期示意

（四）严守资源保护红线，切实提升补充耕地质量

为严守耕地保护红线，杭州以富阳区为试点，建立"耕地智保"场景，动态生成耕地空间账簿，实时掌握全市耕地资源信息。依托"人防"加"技防"，构建耕地保护"天巡地查"机制，利用卫星遥感影像比对分析，实现违法占耕"天上看"；通过田长巡查现场拍照举证上传，实现违法实况"随手拍"；建立视频监控和电子围栏，实现重点保护区域的"实时看"。同时，开发日常巡查、任务派发、跟踪核查功能，形成源头发现、在线核查、核实整改的闭环，实现违法占耕"早发现早制止早整改"。2022年，全市通过2860个铁塔探头，对违法用地实时智能预警，核查认定并整改问题，问题处置率100%；依靠田长对问题图斑进行整改，对所有预警问题已全部完成整改；通过探头视联判读，对整改问题进行核实销号。探头预警之外，将卫片监测作为补充，对耕地违占、山体破坏等现象进行智慧提取，提高问题发现效率，对全年发现疑似违法图斑均完成核查整改。

耕作层一般都要经过数百年才会形成，在快速城镇化的过程中，城市治理不够精细，大量优质的表土会被建设活动覆盖而浪费。优质表土的剥离回用，事关资源精细化利用及城市治理现代化水平。为提高垦造耕地质量，杭州建设"垦造提质"场景，在桐庐、富阳等地试点应用的基础上全市推广，力争以数智赋能实现近3年全市域优质表土应剥尽剥、高质量回填，持续形成耕作层资源高质量利用"杭州方案"，进一步构建耕地高质量保护新格局。将全市2022年新实施的土地整治项目以及省级系统中仍处于建设、验收和管护阶段的项目全部纳入场景管理，实现了从新增到存量的全覆盖，同时重点完善了项目立项和后期管护功能，实现了垦造项目从立项、实施到验收、管护的全过程智能化监管。截至2023年5月底，系统中共有1677个土地整治项目，实现了项目立项整体时限可缩短7～10天，表土剥离整体时限可压缩50%，有效地提高了项目审批工作效率和垦造耕地质量。

（五）筑牢安全底线，落实基层治理

为筑牢生命财产安全底线，杭州市以临安区为试点，建成地灾智防应用体系。实现地质灾害的有效识别、精准预测和高效处置。聚焦地灾防治"不死人"、"人防"＋"智防"双控，做到地质灾害应避尽避。

形成全域地质风险一张图。通过对全市57个重点乡镇的地质调查，摸清地灾风险防范区分布、避险路线、受威胁人员情况等地灾风险底数，动态维护好全域地质风险一张图。督促全市2500多名防灾责任人安装地灾智防App，对全市场景用户和单兵持有人展开培训，通过App下发汛期防灾任务，通过单兵联通防灾一线，实现防灾流程的全程可追溯和可视化。

智慧预警地质灾害风险。与气象、水利部门对接，将雨量监测数据纳入场景并和风险防范区绑定，自动研判地灾风险等级并发布预警预报信息至各级防灾责任人和受威胁群众，实现风险预警精准化、智能化。将可利用的雨量监测站点从529个提升到895个，大幅提升了风险防范区和雨量站的匹配程度，实现了更精准的实时预警。全市撤离人数从上年的10084人降低到今年的4074人。

建立地质灾害避险管理机制。形成风险管理、确定对象、预警巡查、发出预警、撤离返回、灾后调查的科学闭环，提升响应速度，为人员转移争取了更多时间。如临安场景应用于 2020 年 6 月上线至今，成功避险 4 起，其中清凉峰镇通过场景预警提前转移了 20 户 50 位村民，实现了成功避险。

（六）不动产登记"全程网办"，助力优化营商环境

构建不动产财产登记模块，打通公安、税务、住建等 8 个部门共 12 类数据，实现不动产登记工业企业"三零发证"、企业个人抵押登记全程网办、开发企业拿地即发证、个人新建商品房交房即交证。同时构建网办模块，实现杭州、宁波不动产抵押登记跨市通办。其中，2022 年 1 月份上线商品房交付"交房即交证 3.0"移动端，一手商品房办证由以往至少跑 5 次、中介环节耗时约 1 个月，变为全程网购式服务、24 小时自助化操作，已为群众办证 9388 笔，惠及 350 余个新交付商品房小区，云端办证同期占比超过 80%，预计全年可为群众节约中介费 3000 多万元，获新华每日电讯点赞；抵押登记全程网办实现登记资料信息与银行闭环流转，同时采用云计算、人脸意愿核验、区块链电子签章等新技术确保登记精准安全。不仅减少了企业群众线下来回跑动的频次，还避免了工作人员手工录入材料可能产生的差错。

图 4　不动产登记场景

（七）优化办事体验，提升群众获得感

杭州市"空间智治"通过相关场景建设，针对群众关注的规划、征迁等重点事项进行改革提升，保障群众知情权、参与权和监督权，优化群众办事体验。

"规划一点通"聚焦"规划"这一核心业务，强化数智赋能，全面提升规划显示度。整合海量规划数据到数字平台上，构建起社情民意数字平台，推出附近规划、详规一张图、民生设施、热点规划、规划公示、交流互动等功能模块，通过手机扫一扫浙里办、支付宝、微信等渠道，零距离向公众展示规划工作成果，收集社情民意，接受市民群众对规划的监督。同时与市园文局、市民政局、市教育局等多个部门实现多跨合作、数据共享，更好地满足企业市民的需求。建立"规划一点通"工作机制，搭建内容更新、意见建议办理反馈流程，再造全链条闭环，让市民群众意见建议件件有回音。场

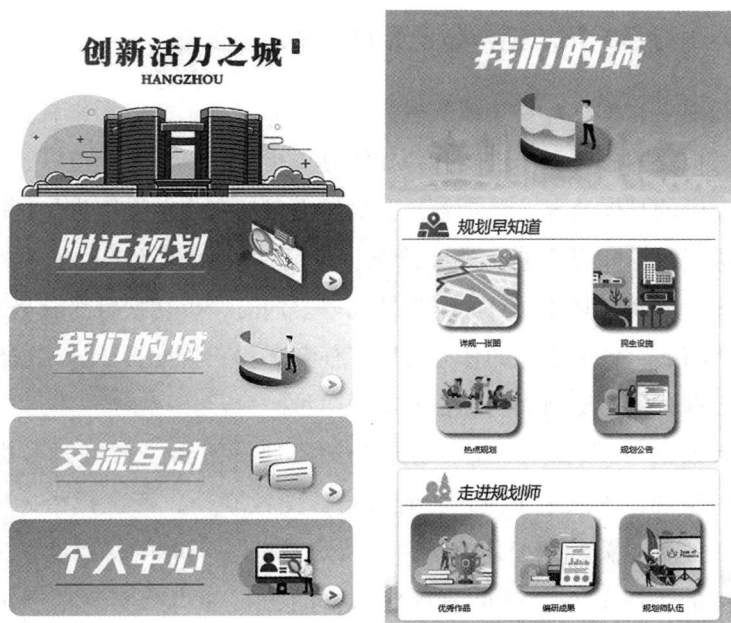

图5　"规划一点通"场景

景于 2022 年 10 月上线，截至 2023 年 5 月底，浏览总量达 24 万次，用户总数近 6 万人，收到咨询建议近 600 条，实现广大市民群众"点点手机了解规划、动动手指参与规划"，有效地起到了收集器、缓冲器、减压阀的作用，拓展了公众参与渠道。

优化征迁程序，加强征迁保障。建立数智征收场景，持续优化完善征地与勘测定界成果、用地报批等程序衔接工作，深化场景联动、部门协同，强化对征地业务事前、事中、事后监管，确保征地推进又快又好。同时优化群众反馈渠道，扩大信息公开面，提升群众参与度，拓展安置方案审查、征地资金监管、安置房进度管理等功能，确保群众权益得到全方位保障。将 2022 年全市新实施 291 个项目全部纳入场景进行线上办理，实现了征收流程标准化、征收信息公开化、征收补偿落实透明化、征收过程监管数字化。系统上线后，纳入场景的项目均未发生信访、诉讼复议。

（八）打造一屏总览看板，实时监测智慧预警

围绕中央、省、市委决策部署，打造全局重点工作的形象看板，直观地展示各大板块的总体工作进度和各板块分项指标的具体工作进度；分级展示了每项指标的具体情况，包括各区县的进度目标和当前进度进展情况、分时间段的进度目标和当前进度进展情况、进度计算标准（进度说明）和进度预警情况，以及各具体项目的详细情况等。同时，可切换台账看板，以列表的形式清晰展示各个指标的任务类别、任务名称、年度目标、完成值、工作进度、数据时间、更新周期和任务来源单位。

看板数据与平台中的各个场景全部贯通，做到了与场景数据同步更新、实时呈现，无须手工录入；看板指标图数联动，可选择指标项查看空间具体落位和相关数据变化情况，项目与空间一一对应，深度挖掘数据和图形之间的关联关系，强化项目数据空间分析能力，实现项目的图斑化管理。

四　以数字化为牵引推动空间治理深层次变革

（一）建立"一张底图"空间统筹治理机制

通过落实"一张底图编规划、一张底图落项目"的要求，建立"一张底图"的空间统筹治理机制，让"一张底图"成为规划编制、实施的刚性约束，解决空间布局不合理、规划衔接不充分、规划传导不精准、建设项目难落地等问题，真正实现"多规合一"。明确好规划中的三条基本控制线，以及紫线、绿线、黄线、蓝线、橙线等控制线的分类分级标准和具体管控范围及要求，形成数字化成果，实现一个平台上数据共享，为行政办公和业务推进提供统一的工作底图，提高国土空间规划、开发、建设、保护的质量和效率，提升政府空间管控水平和治理能力。

（二）建立"纵横贯通"空间协同治理机制

通过数据的"纵向贯通、横向联通、内部融通"，建立"纵横贯通"的空间协同治理机制，实现业务跨层级、跨部门、跨区域的多跨协同。跨部门统筹协同空间规划，通过规划项目统筹、统一底图编制、成果智能审查、项目依规策划，实现规划有效传导、精准实施；跨层级实现耕地云上监管，发挥市、县、乡三级党委和政府，自然资源、农业农村、林业等7个部门，以及耕地保护协会、田长等多元主体力量，实现耕地保护"天巡地查"，第一时间发现和处置问题；跨系统协同防控地质风险，横向贯通应急、气象、城管、交通等部门系统，纵向贯通省、市、县、乡镇、村五级，形成风险处置数字化标准流程，一键发送预警信息、一键发布调度指令、一键智控转移人员。

（三）建立"底线管控"空间安全治理机制

坚持不突破底线原则，通过数字赋能对接近底线的危险行为及时预警、对突破底线的违法行为第一时间发现和查处，建立"底线管控"的安全治理机制，保障杭州市国土空间和人民生命财产安全。严格把控耕地保护红线，遏制新增耕地"非农化"，解决对违法占用耕地发现不够及时的突出问题，明确第一时间发现界定标准，做到违法占用耕地第一时间发现，应发现尽发现，实现问题发现率100%；坚决落实安全底线，实现对地质灾害、生态破坏等风险精准化识别、智能化预警、高效化响应，做好地灾防控、生态修复等重点工作。

（四）建立"一地一码"空间高效治理机制

立足"一块地"全生命周期"一件事"，创新运用"土地码"，建立"一地一码"的空间高效治理机制，提高空间治理能力，优化城市营商环境，助力经济高质量发展。通过"一码"动态集成发改、规资、住建、园文、人防等多个部门的数据，贯通从用地规划、项目策划、土地出让、用地审批、竣工验收、登记发证到批后监管的全过程，做到工业用地"规划编码、按码策划、带码供地、见码许可、以码监管"，实现"一码"做地、批地、管地；加快收储进度，做到项目等地；促进审批提速，做到拿地即开工；动态监测预警，做到"三块地"及时消化。

（五）建立"动态可视"数据驱动决策机制

通过开发重点工作看板和"一张图"实施监测系统，建立"动态可视"的数据驱动决策机制，辅助国土空间治理决策，提高科学决策水平。立足业务实际，围绕重点工作，分屏、分级搭建了重点工作形象看板，形成可视化数据管理，直观地展示了各项工作总体进度和具体项目进度；打通场景，实现数据动态呈现；图数联动，实现项目图斑化管理；动态监测，实时掌握工作进度，对进度相对滞后的工作及时预警提醒，为各项工作的考核监督提供依据。

政务服务标准化

Standardization of Government Services

我国政务服务标准化的实践探索与成效

摘　要： 政务服务标准化是推进政府治理现代化、建设人民满意的服务型
政府的重要举措。党中央、国务院高度重视政务服务标准化工
作，相关主管部门和各地从多个方面大力推动政务服务标准化工
作：持续推进政务服务标准化地方探索和试点、示范；完善政务
服务标准化顶层设计；加强政务服务标准化工作的组织领导和专
家指导；推动政务服务大厅（政务服务中心）标准制定和实施；
开展"互联网+政务服务"标准化建设。我国政务服务标准化工
作取得重要进展和成效，为提升政务服务水平、优化营商环境、
增强企业和群众的获得感、促进经济社会发展发挥了重要作用。

---

* 王满传，中央党校（国家行政学院）公共管理教研部主任，全国行政管理和服务标准化技术
委员会政务服务分技术委员会主任委员，教授，博士生导师；孙文营，中国行政体制改革研
究会政府治理现代化研究中心主任，全国行政管理和服务标准化技术委员会政务服务分技术
委员会委员兼秘书长。

关键词： 政务服务标准化　互联网+政务服务　服务型政府

我国的政务服务标准化工作迄今走过了 20 多年的发展历程。20 多年来，党中央、国务院对政务服务标准化工作的重视程度日益提升，作出了系列重要部署。相关主管部门和各地采取多方面措施，从组织开展试点探索到加强顶层设计，从开展理论研究到建立完善工作体制机制，从标准的制定修订到标准的宣贯实施，持续推动政务服务标准化工作向前发展。不断深化的政务服务标准化实践，为提升政务服务水平、优化营商环境、增强企业和群众的获得感、促进经济社会发展发挥了重要作用。

一　组织开展政务服务标准化地方探索和试点示范

从 21 世纪初开始，国家积极推进政务服务标准化探索，经历了地方率先探索、试点示范、经验推广等阶段。

（一）一些地方开展政务服务标准化自主探索

2003 年，山东省新泰市政务服务中心成立后不久便开展了政务大厅服务标准化实践探索，提出"用制度管人、管事、管权"，建立了人员管理、服务规范、监督考核等 30 多项规章制度和近 300 项审批事项办理规程。2005 年，该中心借鉴企业标准化理念，开展了标准化窗口创建活动，制定了窗口展示、窗口服务、窗口办件、窗口管理等 4 大类 26 项最基础的工作标准，在国内率先建立了覆盖比较全面、务实易行的政务服务标准体系。山东济南、浙江台州、江苏南通等地也开展了政务服务标准化探索。

（二）国家层面组织开展政务服务标准化试点

政务服务标准化工作是全国服务业标准化框架体系的重要组成部分。我国自上而下的政务服务标准化工作的序幕是随着国家服务标准化工作的试点而拉开的。

为发挥标准化对服务业发展的促进作用，通过标准化提高服务业整体发展水平和国际竞争力，促进和谐社会建设，培育服务品牌，2007 年 1 月，国家标准委、国家发改委、民政部、商务部、国家体育总局、国家旅游局六部委联合发布《关于推进服务标准化试点工作的意见》（国标委农联〔2007〕7 号），在全国范围内启动了国家级服务业标准化试点工作。2007 年 3 月，《国务院关于加快发展服务业的若干意见》（国发〔2007〕7 号）提出"加快推进服务业标准化，建立健全服务业标准体系，扩大服务标准覆盖范围"，为贯彻落实国发〔2007〕7 号文提出的政策措施，促进"十一五"时期服务业发展主要目标任务的完成，2008 年 3 月，国办印发《国务院办公厅关于加快发展服务业若干政策措施的实施意见》（国办发〔2008〕11 号）。

政务服务是服务业的重要组成部分。在《关于推进服务标准化试点工作的意见》和《国务院关于加快发展服务业的若干意见》的推动下，一些地方开始了政务服务标准化试点工作。2007 年 5 月，山东省出台《关于贯彻落实〈关于推进服务标准化试点工作的意见〉的实施意见》，把"行政审批服务中心标准化"作为服务业标准化试点工作的重点内容之一，明确要求："选择建立行政审批服务中心标准化试点；围绕着行政审批服务中心的日常工作，建立行政审批服务标准体系，使行政审批事项、依据、申报材料、办事程序、承诺期限、收费标准、服务窗口、行为规范、工作监督考核等都有标准可依、按标准实施。进一步规范行政审批各项工作，方便人民群众，提高政府形象。"2007 年 6 月，济南、枣庄、济宁、聊城等 11 家政务服务中心被山东省质量技术监督局批准为山东省服务标准化试点单位。

2007 年 11 月，聊城市政务服务中心被国家标准委确定为第一批国家级服务标准化试点，成为全国同行业首个试点单位，开了国家级政务服务中心标准化试点工作的先河。2007 年 12 月《聊城市政务服务中心标准化体系建设实施方案》出台，明确了"管理程序化、服务标准化、标准电子化"的工作思路，探索建立了《聊城市政务服务中心服务标准体系》，全面涵盖了业务运行、服务规范、环境建设、卫生管理、考勤考核等工作领域。

2009年7月，国家标准化管理委员会、国家发展和改革委员会联合制定了《服务业标准化试点实施细则》（国标委服务联〔2009〕47号），首批试点中确定建立健全标准体系、制定相关服务标准、开展标准的宣传培训、组织标准实施、开展标准实施评价、制定持续改进措施、创建行业品牌等7项试点任务。福建省龙岩政务服务中心、青海省西宁市人民政府政务服务中心等四家政务服务中心是首批国家级服务业标准化试点。

在国家标准委的指导下，在先行试点成功经验的基础上，其他有条件的地方陆续开展试点项目。自2009年以来，国家标准化管理委员会共下达了161项政务服务标准化国家级试点计划，其中江苏、浙江、安徽、河南、湖南、福建、青海七省率先开展政务服务标准化试点工作。一批试点单位通过标准化，建立了一套行为规范、运转协调的工作机制；办事流程更加规范，审批效率明显提高；服务方式得到改进和创新，政务服务质量得到提升，营商环境得到优化。浙江省在总结省级政务服务标准化试点经验的基础上，陆续制定和发布了多项政务服务地方标准，政务服务标准化工作加速推进。[①]

此外，未被确定为试点的地方也纷纷展开标准化工作，政务服务标准化建设工作在全国如火如荼地开展。诸多地方政务服务中心运用标准化的理念、原则和方法，通过制定和实施政务服务标准，完善政务服务设施环境、理顺政务服务流程和程序、规范政务服务行为，提高政务服务效率和质量、提升政务服务绩效。

在进行实践探索的基础上，各省份积极制定发布政务服务领域的地方标准。总体分为两类：一类是对政务服务中心标准体系的构成和要求进行规范，指导省内政务服务中心建立完整的标准体系，实行政务服务的全面标准化；另一类是对政务服务中心的一部分具体服务和管理事项进行规范，建立

---

① 刘红莉、郑培：《浙江省政务服务标准化建设现状及对策分析研究》，《标准科学》2020年第12期。龚颖：《湖南：推进人社政务服务标准化、信息化、人性化》，《中国人力资源社会保障》2020年第7期。黄昆成、闵芳：《安徽省政务服务标准化现状与建议》，《标准实践》2019年第10期（下）。

专项地方标准。这些地方标准包括政务服务中心的基础设施与人员、管理及服务规范、质量监督与考核、标准体系的建立、文件的编写规范等，涉及政务服务的方方面面。2008 年 12 月，山东省在新泰市行政审批服务中心标准化试点实践的基础上发布了《行政服务标准体系·要求》《行政服务标准体系·服务质量标准体系》《行政服务标准体系·服务管理标准体系》《行政服务标准体系·服务工作标准体系》《行政（审批）服务规范》等政务服务标准，在国内率先建立了覆盖比较全面、务实易行的标准体系并全程实施，有力地规范了政务服务行为，提高了政务服务效率和服务品质。山东省发布的这套标准在省内外引起了强烈反响，成为全国政务服务领域首套省级标准，并荣获中国标准贡献奖。2009 年 1 月，湖南省政务服务地方标准开始实施。安徽、四川、吉林、山东、云南、黑龙江、青海等 17 个省市在总结本地国家级或省级政务服务中心标准化试点经验的基础上，陆续制定发布了191 项政务服务地方标准。

（三）在中央指导下开展社会管理和公共服务标准化全面试点示范

2012 年 8 月，为落实党中央关于加强和创新社会管理的重大部署，以及《中华人民共和国国民经济和社会发展第十二个五年规划纲要》提出的"加强和创新社会管理，推进基本公共服务均等化"等要求，配合《国家基本公共服务体系"十二五"规划》《质量发展纲要（2011-2020 年）》，国家标准化管理委员会（下称"国家标准委"）会同有关部门，制定《社会管理和公共服务标准化工作"十二五"行动纲要》（国标委服务联〔2012〕47 号）。社会管理和公共服务标准化是推进行政管理和服务创新的重要抓手，是助力公共服务质量和效率提升的有效手段，其中包括政务服务标准化。

2013 年，在总结地方探索实践的基础之上，国家质量监督管理总局、国家标准委同国务院 26 个部门建立了社会管理和公共服务综合标准化工作联席会议制度，针对公共服务标准化出台专门文件，发布《社会管理与公共服务综合标准化试点细则（试行）》（国标委服务联〔2013〕61 号），并成立社会管理与公共服务综合标准化联席会议办公室，选取部分地方，针对特定工作和环节，开展了社会管理和公共服务标准化试点。试点项目覆盖了政务服务、政务热线、城市管理、社会治理、司法服务、医疗救助等多个领域，多个轮次的试点建设工作覆盖区域与领域不断扩展、内容更加完善。

2014 年，为贯彻落实国家标准委、国家发改委等 27 个部门联合印发的《社会管理和公共服务标准化工作"十二五"行动纲要》，按照《社会管理和公共服务综合标准化试点细则（试行）》（国标委服务联〔2013〕61号），全国开启了社会管理和公共服务综合标准化试点工作。国家级社会管理和公共服务综合标准化试点项目广泛分布于 31 个省、区、市。在第一批项目中确定了 18 家政务服务中心作为试点，第二批确定了 17 家政务服务中心作为试点，第三批确定了 36 家政务服务标准化试点，第四批确定了 19 家政务服务标准化试点，第五批确定了 20 家政务服务标准化试点。

国家标准委会同 26 个部门联合印发的《社会管理和公共服务标准化发展规划（2017—2020 年）》明确要求，积极推进政务服务领域的标准化试点示范建设，在政务大厅服务、便民政务服务、政务公开等领域开展 50 个以上的标准化试点示范建设，通过试点示范带动政务服务整体水平提升；组织开展一批政务服务相关标准实施情况评估，推动政务服务标准应用。2014年至 2021 年，在行政审批、政务大厅服务、政务热线、公共安全、社会保险服务、医疗救助服务、司法服务等领域，全国分 7 批共开展了 729 个社会管理和公共服务综合标准化试点项目。随着标准化试点范围扩大，标准化探索经验不断积累，涌现出了一批政务服务标准化标杆单位。国家标准委在对地方试点总结考核基础上，评选社会管理和公共服务综合标准化试点典型案例。2021 年 10 月 14 日，国家市场监管总局发布《市场监管总局办公厅关于推介第一批社会管理和公共服务综合标准化试点典型案例的通知》，共评选出 13 个试点典型案例，对这些经验做法进行推广。其中包括：浙江台州市实施全链条政务标准，推动民营经济发展提质增效；银川市实施政务服务四级标准，打造活力温馨阳光银川品牌；江苏南通市一套标准管审批，引领政务服务高质量发展；广州市标准贯穿全流程，打造"接通即答、接诉即办"总客服;济南市的"一号受理"标准化助推社会治理现代化;北京市东城区数据信息标准引领新一代网格化社会治理新模式等;等等。

二 完善政务服务标准化顶层设计

在积极推动地方试点、示范的同时,国家对政务服务标准化工作进行了顶层设计和总体部署,出台了一系列重要政策文件,为政务服务标准化工作指明了方向。

(一)制定公共服务标准化五年发展规划

2012 年,国家标准委会同国家发展和改革委员会等制定的《社会管理和公共服务标准化工作"十二五"行动纲要》(简称《"十二五"行动纲要》)正式印发实施,标志着"十二五"时期我国社会管理和公共服务领域的标准化工作战略布局正式形成。《"十二五"行动纲要》提出了包括建立社会管理和公共服务标准体系、加强重点领域标准制修订工作等"十二五"时期我国社会管理和公共服务标准化工作在内的 4 项重点任务,以及包括基础通用标准及标准化评价体系建设工程在内的 11 项重大工程,初步形成了全面覆盖、重点突出的社会管理和公共服务标准体系,建立了运转顺畅、协调高效的标准化工作机制。

2017 年 11 月,国家标准委等部门联合印发的《社会管理和公共服务标准化发展规划(2017—2020 年)》,明确了"十三五"时期社会管理和公共服务工作的指导思想、基本原则和发展目标,对全国社会管理和公共服务标准化工作进行全面部署,明确未来重点围绕基本社会服务与管理等 12 个重点领域,开展政务服务标准化提升工程等 12 项重大工程。该规划提出,要发挥行政审批和政务服务两个标准化工作组的积极作用,逐步建立政务服务标准化工作体系,为政府职能转变提供标准支撑。

(二)出台国家标准化工作专项规划

2015 年 2 月,国务院常务会议专题研究深化标准化改革工作。2015 年

3月，国务院颁布了《深化标准化工作改革方案》（国发〔2015〕13号），提出了此后一个时期深化标准化工作改革的总体要求和一系列重要举措，明确要求更好地发挥标准化在推进国家治理体系和治理能力现代化中的基础性、战略性作用，促进经济持续健康发展和社会全面进步。

2015年12月，国务院办公厅印发《国家标准化体系建设发展规划（2016—2020年）》，这是我国标准化领域第一个国家层面的专项规划，为政府管理领域标准化建设指明了方向。该发展规划明确提出，要"加强政府管理标准化，提高行政效能"，要推动权力运行监督、基本公共服务、政府绩效管理、执法监管、电子政务服务、信息安全保密等方面的标准化工作。

（三）出台推进政务服务标准化、规范化、便利化的指导性文件

2022年3月1日，国务院印发《国务院关于加快推进政务服务标准化规范化便利化的指导意见》（国发〔2022〕5号），从政务服务事项标准化、政务服务事项实施清单标准化以及健全政务服务标准体系等方面作出新的部署。该意见提出，设置帮办代办窗口，为老年人、残疾人等特殊群体提供帮办代办服务；推动公共教育、劳动就业、社会保险、医疗卫生、养老服务、社会服务、户籍管理等领域群众经常办理且便民服务能有效承接的政务服务事项以委托受理、授权办理、帮办代办等方式下沉至便民服务中心（站）办理。该意见针对政务服务标准不统一、线上线下服务不协同、数据共享不充分、区域和城乡政务服务发展不平衡等问题，通过推进政务服务事项标准化、推进政务服务事项实施清单标准化、健全政务服务标准体系等措施推进政务服务标准化，通过规范审批服务、规范政务服务场所办事服务、规范网上办事服务、规范政务服务线上线下融合发展、规范开展政务服务评估评价等措施推进政务服务规范化，通过推进政务服务事项集成化办理、推广"免证办""就近办""网上办、掌上办"、推行告知承诺制和容缺受理、提升智慧化精准化个性化服务水平、提供更多便利服务等措施推进政务服务便利化。此后，很多省份陆续出台落实指导意见的实施方案。截至2023年1月，福建、黑龙江、江苏、内蒙古、青海等省份已经出台了实施方案。

三 加强政务服务标准化工作的组织领导和专家指导

（一）国务院部门建立社会管理和公共服务标准化工作联席会议制度

为贯彻落实《国务院关于印发深化标准化工作改革方案的通知》（国发〔2015〕13号），加强部门间协调配合，推进标准化工作，2015年6月，经国务院同意，国家标准化管理委员会、国家发展和改革委员会等39个部门和单位建立了社会管理和公共服务标准化工作联席会议制度，统筹规划全国社会管理和公共服务标准化工作，组织开展包括政务服务标准化在内的重点工程，就推进社会管理和公共服务标准化工作中的有关问题进行协商协调。该联席会议制度建立后，相关成员单位加强联系，定期召开联席会议，有力地推动了全国社会管理和公共服务标准化工作。

（二）国家层面成立政务服务标准化技术组织

2015年9月，在总结先行地区探索经验的基础上，国家标准化管理委员会成立了全国行政审批标准化工作组（SAC/SWG14）和全国政务大厅服务标准化工作组（SAC/SWG15）。两个工作组作为行政审批和全国政务大厅标准化建设的专业技术组织，主要承担行政许可和全国政务大厅服务领域国家标准体系规划的编制、国家标准的研究制定与审定、标准化学术交流和标准实施效果评价等工作。两个工作组的成立，标志着我国政务服务标准化工作进入了新的发展阶段。

两个工作组成立后，加强对行政管理和政务服务标准化工作的技术指导，组织开展相关标准的审查，加快了政务服务标准化进程。为适应标准化工作新形势，2021年，在国务院办公厅政府职能转变办公室的指导下，国家标准化管理委员会组织推动在两个工作组基础上，筹建全国行政管理和服务标准化技术委员会及全国行政管理和服务标准化技术委员会行政管理分技术委员会、全国行政管理和服务标准化技术委员会政务服务分技术委员会。

2022 年 2 月，国家标准委正式发布《国家标准化管理委员会关于成立全国行政管理和服务标准化技术委员会等 3 个标准化技术组织的公告》，全国行政管理和服务标准化技术委员会及其下设的两个分技术委员会正式成立，同时注销全国行政审批标准化工作组和全国政务大厅服务标准化工作组。新成立的技术委员会及其下设的两个分技术委员会主要负责行政审批、政务服务、公务公开、监管执法、政务热线、数字政府管理、营商环境建设等方面的基础通用、服务规范、评价准则相关国家标准制修订工作。全国行政管理和服务标准化技术委员会及行政管理分技术委员会秘书处由中国标准化研究院承担；政务服务分技术委员会秘书处由中国行政体制改革研究会承担。三个技术委员会均由国务院办公厅政府职能转变办公室负责日常管理，国务院办公厅负责业务指导。

（三）一些地方成立政务服务类标准化技术委员会

地方标准化技术组织是推动我国政务服务标准化工作的重要力量。2014 年 3 月 21 日，为全面落实国务院《国家基本公共服务体系'十二五'规划》和国家标准化管理委员会、国家发改委等 27 个部门联合发布的《社会管理和公共服务标准化工作"十二五"行动纲要》文件精神，广东省公共服务标准化技术委员会在中共广东省委党校宣布成立。2019 年 12 月，浙江省政务服务标准化技术委员会成立，由衢州市营商环境办公室作为秘书处承担单位，负责浙江省政务服务方面的标准化技术归口工作的组织。

四　推进政务服务标准制定和实施

在政务服务标准化建设过程中，国家标准委等部门和一些地方在总结试点经验的基础上，根据行政体制改革和服务型政府建设的需要，组织制定全国性和地方性政务服务标准，初步建立了政务服务国家标准体系框架。

（一）推进政务服务大厅（政务服务中心）服务标准的制定与实施

自 20 世纪 90 年代以来，为满足企业、群众及其他主体办理政务服务的需求，各地及有关部门积极建设政务服务大厅。这些政务大厅名称多样，如行政审批大厅、行政服务中心、政务服务大厅、市民服务大厅等，组织形式、承担的业务功能、管理体制也千差万别。近年来，为提升这些政务大厅的建设、管理和服务规范化水平，越来越多的地方和部门依照《国家标准化体系建设规划（2016—2020年）》，将标准化手段引入政务大厅的建设和日常管理中。

2010年和2011年，国家标准化管理委员会分别下达国家标准制修订项目计划。从2010年开始，山东省新泰市政务服务中心联合国家行政学院电子政务研究中心、山东省质量技术监督局、山东省标准化研究院、福建省龙岩市政务服务中心、北京市西城区综合政务服务中心、安徽省广德县政务服务中心，在国家级服务标准化试点项目经验和地方标准化实践基础上，开展政务服务中心领域国家标准编制工作，起草《政务服务中心标准化工作指南》《政务服务中心运行规范》两个系列6项标准。

2015年10月12日，由全国服务标准化技术委员会（SAC/TC264）提出并指导制定的《政务服务中心运行规范》《政务服务中心标准化工作指南·第1部分：基本要求》《政务服务中心标准化工作指南·第2部分：标准体系》《政务服务中心运行规范·第1部分：基本要求》《政务服务中心运行规范·第2部分：进驻要求》《政务服务中心运行规范·第3部分：窗口服务提供要求》《政务服务中心运行规范·第4部分：窗口服务评价要求》等7项国家标准正式发布，并于2016年5月1日起开始实施。这是我国首批关于政务服务中心建设、管理、运行的国家标准，适用于各类政务大厅运用标准化手段进行服务规范化建设。"政务服务中心标准化工作指南"系列标准从基本要求和标准体系两个方面对各级各类政务服务中心标准化工作提供了指导，"政务服务中心运行规范"系列标准则从基本要求、进驻要求、窗口服务提供要求、窗口服务评价要求四个方面对政务服务中心的管理、运行进行了统一规范，有利于解决各地政务服务中心职能定位不统一，进驻的部门、项目存在较大差异，窗口服务不规范等问题。这些政务服务中心国家标准的制定，为政务服务中心开展标准化建设，真正实现一个窗口对外、一站式办理、一条龙服务目标，建设人民满意的服务型政府提供了有效途径。

2018 年 3 月 15 日，由全国政务大厅服务标准化工作组（SAC/SWG15）提出并归口的 3 项国家标准（《政务服务中心进驻事项服务指南编制规范》、《政务服务中心服务现场管理规范》及《政务服务中心服务投诉处置规范》）发布，于 2018 年 7 月 1 日正式实施。其中，《政务服务中心进驻事项服务指南编制规范》对政务服务中心进驻事项服务指南的编制要求、要素设置要求，以及服务指南管理进行了明确规定。《政务服务中心进驻事项服务指南编制规范》对进驻政务服务中心的事项类别、管理，编制办理服务事项的要求、流程、时限等指南进行了规范。《政务服务中心服务现场管理规范》规定了政务服务中心服务现场的管理主体和职责，明确了对人员服务、空间、秩序、物品、设施设备、文档、监督考核等方面的管理标准。《政务服务中心服务投诉处置规范》对政务大厅投诉方式，以及处理机构、原则、程序和结果运用做了统一规定，为各地政务服务中心投诉处置工作提供了明确的遵循准则。3 项国家标准对于提升政务中心服务的便利性、规范性和改善群众的服务体验具有重大意义，为促进"放管服"改革取得成效、建设人民满意的服务型政府提供了重要的支撑。

同时，为加快推进政务服务的信息化、网络化，相关部门和专业机构制定政务服务中心信息化建设的标准。2016 年 4 月，由全国信息技术标准化技术委员会（SAC/TC28）提出并归口的《政务服务中心信息公开数据规范》《政务服务中心信息公开编码规范》和《政务服务中心信息公开业务规范》等 3 项国家标准发布，用于规范政务服务中心信息公开业务的信息处理和应用系统设计、开发、建设、维护等事项。2020 年 4 月，全国信息技术标准化技术委员会提出并归口的《信息技术　大数据　政务数据开放共享　第 1 部分：总则》《信息技术　大数据　政务数据开放共享　第 2 部分：基本要求》《信息技术　大数据　政务数据开放共享　第 3 部分：开放程度评价》等 3 项国家标准发布，为应用信息技术推进政务数据开放共享、提升政务服务水平提供了技术规范。

在标准化的推动和助力下，各地提升政务服务中心建设质量，拓展政务服务中心功能，延伸政务服务链条，政务服务中心实现了从 1.0 版本到 4.0 版本的飞跃。在很多地方，与群众密切相关的审批服务事项已经全部入驻政务大厅，实现了"进一个门办多件事"的高效服务。同时，推进政务大厅线上线下融合发展，对线上电子市民中心和线下政务服务大厅统一规划发展、统一服务规范，实现了线上线下功能互补、无缝衔接、全程留痕。

（二）推进行政许可标准制定与实施

行政许可标准化是服务于审批制度改革，促进行政许可规范化、便利化的重要工作内容。

2016 年 7 月 26 日，由国务院审改办、国家标准委按照国家标准编制程序组织制定的《行政许可标准化指引（2016 版）》正式发布。该指引以《行政许可法》为依据，对行政许可事项、行政许可流程、行政许可服务、行政许可受理场所建设与管理以及监督评价等五个方面作出规定，提出了具体可操作的工作指导。对于实践中已经成熟的做法，该指引在总结提炼基础上作出了明确的规定，例如行政许可事项清单管理、流程环节划分及要求、服务指南编制等；对于有待探索完善的事项，该指引给出了方向性的建议，例如行政许可事项编码管理、流程的梳理和优化、网上服务、评价等。

2017 年，国务院审改办下发《关于开展国务院部门行政许可标准化测评的通知》（审改办发〔2017〕2 号），于 2017 年 5 月开展针对国务院 58 个部门的行政许可标准化测评，要求按照《行政许可标准化指引（2016 版）》的各项要求，按照 29 项指标的测评体系，对国务院部门共 700 多个事项进行行政许可标准化测评。测评结果显示，国务院各部门均按照标准要求规范行政许可行为，较好地落实了国务院"以标准化促进规范化"要求。

2018 年 5 月 23 日，中共中央办公厅、国务院办公厅印发的《关于深入推进审批服务便民化的指导意见》明确提出，大力推行审批服务集中办理。根据企业和群众办件频率、办事习惯，不断优化调整窗口设置。对涉及多个部门的事项，建立健全部门联办机制，探索推行全程帮办制。2018 年 12

月，由全国行政审批标准化工作组（SAC/SWG14）提出并归口的国家标准《审批服务便民化工作指南》发布，为推进政府审批服务便民化指明了工作路径。

2020年3月，由全国行政审批标准化工作组（SAC/SWG14）提出并归口的国家标准《行政许可申请与受理规范》《行政许可审查与决定规范》发布。

（三）推进政务公开标准制定与实施

2011年6月，中共中央办公厅、国务院办公厅印发《关于深化政务公开加强政务服务的意见》（中办发〔2011〕22号），提出"建立健全政府信息公开条例配套制度，制定政府信息公开的评估标准和程序，逐步实现政府信息公开的系统化和标准化"，第一次在中央文件中提出要加强政务公开的标准化建设。

2016年2月，中共中央办公厅、国务院办公厅印发《关于全面推进政务公开工作的意见》，提出"要推进政务服务中心标准化建设，统一名称标识、进驻部门、办理事项、管理服务等"，明确了政务服务中心标准化工作的主要方向和内容。同年11月，《国务院办公厅印发〈关于全面推进政务公开工作的意见〉实施细则的通知》（国办发〔2016〕80号），要求着力推进决策、执行、管理、服务、结果公开，将"五公开"要求落实到公文办理程序和会议办理程序，对公开内容进行动态扩展和定期审查。

2017年5月，国务院印发《开展基层政务公开标准化规范化试点工作方案》，以北京市、浙江省、广东省等15个省的100个县（市、区）为试点区开展相关工作，标准内容涉及服务中心的现场管理、投诉处置、信息公开、网上服务、运行规范等方面。

2019年12月，国务院部门制定下发26个试点领域基层政务公开标准，通过全流程网上办理，实现"让数据多跑路，让群众少跑腿"。2020年1月8日，《国务院办公厅关于全面推进基层政务公开标准化规范化工作的指导意见》（国办发〔2019〕54号）发布，要求充分运用基层政务公开标准化规范化试点成果，以全国统一、系统完备的基层政务公开标准体系为引领，健全公开制度，规范公开行为，提升公开质量，提出"到2023年，基本建成全国统一的基层政务公开标准体系"。

（四）地方政府探索制定政务服务地方标准

在党中央、国务院推进政务服务标准化建设意见指导之下，除了国家层面组织开展的政务服务标准化试点工作外，地方政府采取多方面措施推进政务服务标准化建设，出台了一批地方性法规与地方性标准，对行政审批流程、政务服务大厅建设运转、政务服务网站等作出规范与指引。地方政府发布和实施的政务服务标准主要集中在省级，也有少数地级市政府发布和实施了政务服务标准。从内容上看，地方政府发布和实施的政务服务标准主要分布在电子政务以及"互联网+政务服务"、政务服务中心以及政务服务热线、政务服务集成办理与跨域通办、政务服务公开与评价等领域。此外，地方政府还制定和颁布了很多政务服务标准化工作文件，尤其是在国务院加快推进政务服务标准化规范化便利化的指导意见发布之后，多个省级和地级市政府从服务事项、服务场所、服务平台以及监督评价等方面加快推进政务服务标准化工作，探索政务服务标准化建设的新路径。

五 推动线上政务服务（"互联网+政务服务"）标准化建设

"'互联网+政务服务'不是实体政务服务中心的简单上网，而是要以互联网的思维构造一体化、全过程、无缝隙的政务服务体系。"[①] 推进"互联网+政务服务"标准化，需要各级政府依托政府门户网站，推动政务服务流程再造，加强政务服务事项梳理，理顺跨区跨部门跨层级政府业务办理机

[①] 陈涛、董艳哲等：《以平台化思维推进"互联网+政务服务"建设》，《电子政务》2016年第8期。

制，构建统一的在线服务平台。为此，国家出台了系列政策文件，制定和实施了系列国家标准。

（一）出台推进"互联网+政务服务"及其标准化的指导性文件

一是出台"互联网+政务服务"总体指导性意见。2015年，国务院印发《关于积极推进"互联网+"行动的指导意见》，提出大力推进"互联网+"政务服务，实现部门间数据共享，让居民和企业少跑腿、好办事、不添堵。2016年9月，国务院印发《国务院关于加快推进"互联网+政务服务"工作的指导意见》，标志着"互联网+政务服务"正式成为国家战略层面的议题，对一体化网上政务服务平台建设提供了指引。该意见规定，到2020年底前，实现互联网与政务服务深度融合，建成覆盖全国的整体联动、部门协同、省级统筹、一网办理的"互联网+政务服务"体系，大幅提升政务服务智慧化水平，让政府服务更聪明，让企业和群众办事更方便、更快捷、更有效率。

二是出台"互联网+政务服务"技术体系建设指南。2017年1月，国务院办公厅印发《关于印发"互联网+政务服务"技术体系建设指南的通知》，《"互联网+政务服务"技术体系建设指南》总结了各地区各部门开展政务服务工作的现状，并归纳了存在的问题，明确平台架构，以及电子证照、统一身份认证、政务云、大数据应用等标准规范，为各级政府组织开展"互联网+政务服务"平台建设提供了技术路线指南。《建设指南》强调规范各地区各部门网上政务服务平台建设，实现政务服务事项清单、办事指南、审查工作细则、考核评估指标标准化等。

三是出台"一网通办"的标准规范。2018年6月，国务院办公厅印发《进一步深化"互联网+政务服务"推进政务服务"一网、一门、一次"改革实施方案》，就加快推进政务服务"一网通办"和企业群众办事"只进一扇门""最多跑一次"等作出部署，提出建立健全"一网通办"的标准规范，要求重点领域和高频事项基本实现"一网、一门、一次"，省级政务服务事项网上可办率不低于90%，省市县各级100个高频事项实现"最多跑一次"。

四是出台在线政务服务具体工作规范。2019 年 4 月，国务院出台《国务院关于在线政务服务的若干规定》（第 716 号），提出推动实现在线政务服务事项全国标准统一、全流程网上办理，对具体在线政务服务的工作规范有了统一要求。该规定强调按照全国统一标准规范化编制政务服务事项办事指南，并实现电子证照跨地区、跨部门共享和全国范围内互信互认等；加快清理修订不适应"互联网+政务服务"的法律法规和有关规定，明确电子证照、电子公文、电子签章等的法律效力，着力解决"服务流程合法依规、群众办事困难重重"等问题。

五是出台电子政务标准体系建设指南。2020 年，国家市场监管总局办公厅、中共中央办公厅机要局、国务院办公厅电子政务办公室、中央网信办秘书局、国家发展改革委办公厅、工业和信息化部办公厅联合印发《国家电子政务标准体系建设指南》，明确基于中央网信办的国家电信政务统一协调机制构建标准化建设管理框架，构建电子政务标准体系。该标准体系框架包括总体标准、基础设施标准、数据标准、业务标准、服务标准、管理标准、安全标准七大部分。在此基础上，提出了政务数据开放共享标准子体系、公共数据资源开发利用标准子体系、电子文件标准子体系、"互联网+政务"标准子体系，子体系与总体系相互依从、统筹协调。其中，"互联网+政务"标准体系由数据标准、业务标准、服务标准、管理标准、安全标准组成。《国家电子政务标准体系建设指南》提出，在"互联网+政务"标准体系中，加强电子证照、业务系统、服务应用等方面的标准化建设，研究完善业务系统、"互联网+政务服务"平台、"互联网+监管"系统、政务服务终端的总体框架、数据、接口、应用、运维、安全、管理等标准规范，实现业务协同、服务统一、监管有力。

（二）推动全国政务服务平台标准化建设

国务院办公厅主办、国务院办公厅电子政务办公室负责运行维护的国家政务服务平台于 2018 年开始试运行、2019 年正式上线运行，形成了全国一体化政务服务平台，为跨地区、跨部门和跨层级信息共享和业务协同提供了基础支撑。此后，国家制定并不断完善全国一体化在线政务服务平台总体框架、数据、应用、运维、安全、管理等标准规范。

2018 年 7 月，国务院印发了《国务院关于加快推进全国一体化在线政务服务平台建设的指导意见》（国发〔2018〕27 号），就深入推进"互联网+政务服务"、加快建设全国一体化在线政务服务平台、全面推进政务服务"一网通办"作出重要部署，推动实现各地区和国务院有关部门政务服务平台标准统一、互联互通、数据共享、业务协同。

2018 年 8 月，国务院办公厅印发的《全国深化"放管服"改革转变政府职能电视电话会议重点任务分工方案》提出，要推动各地区、各部门网上政务服务平台标准化建设和互联互通，实现政务服务同一事项、同一标准、同一编码，五年内政务服务事项全面实现"一网通办"。该方案明确要求，积极推进投资项目审批改革，进一步清理精简审批、核准等事项，加快投资项目承诺制改革，分类清理投资项目审批事项，组织开展投资审批事项清单化、标准化工作，规范审批实施方式，统一公布投资项目审批事项清单；打造全国一体化政务服务平台，坚持"联网是原则、孤网是例外"，做好地方平台、部门专网、独立信息系统的整合接入工作，推进审查事项、办事流程、数据交换等方面的标准化建设。

（三）出台"互联网+政务服务"系列标准

2018 年以来，国家出台了系列"互联网+政务服务"国家标准，见表 1。

表 1　2018~2022 年"互联网+政务服务"国家标准

年份	国家标准
2018	《信息安全技术电子政务移动办公系统安全技术规范》《信息安全技术基于互联网电子政务信息安全实施指南》《电子政务标准化指南》
2019	《信息安全技术政务和公益机构域名命名规范》

年份	国家标准
2020	《全国一体化政务服务平台政务服务事项基本目录及实施清单》《政务服务平台接入规范》《政务服务平台基础数据规范》《政务服务平台基本功能规范》《信息技术大数据政务数据开放共享》
2021	《政务服务中介机构信用等级划分与评价规范》《信息安全技术政务信息共享数据安全技术要求》《基于云计算的电子政务公共平台技术规范》《基于云计算的电子政务公共平台管理规范》《基于云计算的电子政务公共平台总体规范》《基于云计算的电子政务公共平台服务规范》《基于云计算的电子政务公共平台安全规范》
2022	《信息安全技术政务网站系统安全指南》《政务信息系统定义和范围》《政务服务满意度评价规范》《全国一体化政务服务平台线上线下融合工作指南》

总的来看，当前以电子政务、"互联网+政务服务"以及政务服务中心为主要领域，以推荐性国家标准、地方标准以及标准化工作文件为主要载体的线上政务服务标准体系初步形成。多地也出台了电子政务相关的地方标准，主要措施包括：建立电子档案，对事项名称、法律依据、办理流程、办结时限等梳理入档，集结成册、综合受理、全街同办；强化过程管理，实现办事材料目录化、标准化、电子化；开通在线填报、提交和审查业务，实行网上预审和验证核对，形成"一口受理、网上运转、并行办理、限时办结"工作模式；依法有序开放网上政务服务资源和数据，畅通网络沟通渠道。这些举措有效推动了政务服务的智能化、规范化和标准化。

（四）将线上政务服务标准化工作融入数字政府建设

2021年，党中央、国务院印发《国家标准化发展纲要》，明确提出推动行政管理和社会治理标准化建设，加快数字社会、数字政府、营商环境标准化建设，"数字政府标准化"应运而生。2022年6月，国务院印发《关于加强数字政府建设的指导意见》，单设篇幅明确标准化相关工作任务。2023年，中国电子技术标准化研究院在主管部门指导下，牵头开展数字政府标准框架研究，开展重点标准编制工作，以标准形式引领数字政府变革。

六 政务服务标准化工作的成效

20多年来，特别是党的十八大以来，在党中央、国务院大力推动下，我国政务服务标准化工作快速发展，取得显著成效。主要是：各级政府部门和领导干部及工作人员的标准化意识明显增强，对政务服务标准化工作的重要性的认识不断深化；推进政务服务标准化工作的政策体系和管理体制已经建立；政务服务标准体系框架已经形成并不断完善；一批政务服务标准已经颁布和实施。

不断深化的政务服务标准化工作为提高政务服务质量、优化营商环境、促进经济社会发展、增强企业和群众获得感发挥了重要作用。2023年《政府工作报告》指出，多年来国务院部门共取消和下放行政许可事项1000多项，中央政府层面核准投资项目压减90%以上，工业产品生产许可证从60类减少到10类，工程建设项目全流程审批时间压缩到不超过120个工作日，企业开办时间从一个月以上压缩到目前的平均4个工作日以内，推进政务服务集成办理，压减各类证明事项，加快数字政府建设，90%以上的政务服务实现网上可办，户籍证明、社保转接等200多项群众经常办理事项实现跨省通办。2003年至2019年，世界银行每年对全球190多个经济体的营商环境进行评估和排名，并发布《营商环境报告》。2019年，我国营商环境排名从2013年的第96位提高到第31位。2020年7月，世界银行发布了《中国优化营商环境的成功经验——改革驱动力与未来改革机遇》，专门介绍和推广中国在优化营商环境方面的改革经验。政务服务标准化，促进审批事项减少、审批环节简化、办事流程优化、办理方式和手段创新、"就近办""网上办"推行，使企业和群众办理政务事项的时限大幅缩短，便利度显著提升，办事成本实质性下降，而且减少了"跑路""托关系"的麻烦，受到市场主体和人民群众的普遍好评。

政务服务标准化工作虽然取得明显成效，但还存在多方面不足，主要是：政务服务标准化工作理论支撑不足，政务服务基本事项标准不统一，政务服务标准框架体系不完善，标准制定的技术水平不高，政务服务标准化工作在区域、城乡之间进展不平衡；政务服务标准的实施不到位，部分政务服务工作人员的标准化意识不强，推进政务服务标准化的制度和体制不完善，线上政务服务标准化建设滞后，线上和线下政务服务的标准不统一，政务服务标准化需要的法律法规支撑不足等。

新时代新征程，全面建设社会主义现代化国家，以中国式现代化全面推进中华民族伟大复兴这一光荣使命和中心任务，对政府治理现代化提出了更高要求，对政务服务标准化工作提出了新目标。为此，需要进一步采取措施加快推进政务服务标准化，主要包括：健全从中央到地方的政务服务标准化工作领导和推进体制，完善政务服务标准化发展规划，优化政务服务标准框架体系的设计，推动线下、线上政务服务标准的融合发展，加强对政务服务标准化工作的考核和评估，深化政务服务标准化理论研究和经验交流，强化政务服务标准化工作的法治保障等。

B.20
推进政务服务标准化的路径选择

杨宏山　胡轶凡*

摘　要：　加强政务服务标准化建设，优化政务服务质量，直接关系到公众的满意感、获得感。在行政体制改革持续推进过程中，政府职责不断明确；政务服务供给从内容和流程多个维度得到优化；以电子政务与"互联网+政务服务"以及政务服务中心为主要内容，以推荐性国家标准、地方标准以及标准化工作文件为主要载体的政务服务标准体系初步形成。中共中央、国务院发文进一步推进政务服务标准化、便利化，诸多地方实践也为政务服务标准化提供了新的方向与思路。本文系统梳理我国政务服务标准化建设的历程以及最新实践，总结政务服务标准化建设存在的问题，提出以数字平台建设为抓手，搭建跨部门信息平台，依靠技术赋能提升政务服务水平。

关键词：　政务服务　服务标准化　整体治理　数字平台

一　政务服务标准化的发展历程

政务服务是政府部门及其所属机构面向公民、企业、社会组织等提供的行政性、支持性、公益性服务，包含行政管理以及公共服务两大主

---

* 杨宏山，中国人民大学公共管理学院教授，博士生导师；胡轶凡，中国人民大学公共管理学院博士研究生。

要内容，具体涉及行政许可、行政强制、行政裁决等 11 类事项。政务服务的现代化发展关乎国家治理能力的现代化。随着新公共管理运动的发展，诸多市场化的手段对公共管理产生了深刻影响，源于工商管理的一些手段和工具被公共部门吸纳，公共服务标准化以及质量管理即其中的典型代表。首先，标准化明确了政务服务的权责范围，也让服务接受者了解服务流程与预期，为工商业活动带来便利化；其次，标准化也为政府提供公共服务提供了可供衡量与比较的尺度，使不同主体提供的政务服务可以有效对接，为绩效考评提供了依据。我国政务服务标准化经历了较长时段的探索与尝试，在"放管服"改革中得到进一步发展，政务服务便利化程度与质量水平不断提升。

（一）国家推进政务服务标准化建设的历程

在世界范围内，政务服务标准化属于新兴事物。我国政务服务标准化开始于 21 世纪初，起步较晚，在探索中得到了快速发展。我国政务服务标准化是随着整体层面标准化建设的开展逐渐起步的。自 2001 年国家标准化管理委员会成立以来，标准化建设成为推动市场经济健康发展的重要工具，政务服务标准化也在这个进程中不断发展。我国政务服务标准化建设经历了局部试点到全局推广的过程。

1. 起步探索与局部试点阶段（2007~2012 年）

2007 年 1 月，国家标准化管理委员会、国家发展和改革委员会等六部门联合发布《关于推进服务标准化试点工作的意见》，政务服务是其中主要内容。在中央精神指导之下，2007 年 6 月，山东省出台意见，以行政审批中心标准化为起点开启了政务服务标准化建设，并选取济南、聊城、枣庄等11 家行政服务中心作为首批试点单位。2007 年 11 月，聊城市行政服务中心被确认为首批国家级服务标准化试点单位，国家级政务服务中心标准化试点工作正式开启。

2. 中央指导与全面试点阶段（2013~2020 年）

2013 年，在地方探索与总结反馈的基础之上，国家标准化管理委员会联合国务院有关部门针对公共服务标准化出台专项文件，发布《社会管理和公共服务综合标准化试点细则（试行）》，并成立社会管理与公共服务综合标准化联席会议办公室，选取不同地方针对特定专题开展试点建设工作。试点项目覆盖了政务服务、政务热线、城市管理、社会治理、司法服务、医疗救助等多个领域，经过多个轮次的试点建设，在总结经验的基础上，政务服务标准化的覆盖区域与领域不断扩展，内容更加丰富。

3. 经验推广与顶层设计阶段（2021年至今）

2021年，经历全国范围内7个批次、729个试点之后，国家标准化管理委员会在对地方试点总结考核基础上评选出第一批社会管理和公共服务综合标准化试点典型案例，国家市场监管总局随后也发布《关于推介第一批社会管理和公共服务综合标准化试点典型案例的通知》，对试点典型案例的经验做法进行推广。2022年，《国务院关于加快推进政务服务标准化规范化便利化的指导意见》发布，中央政府从政务服务事项标准化、政务服务事项实施清单标准化以及健全政务服务标准体系等方面提出新要求，致力于更好地满足公众以及市场主体办事需求。

表1　2018~2022年发布实施的政务服务国家标准

标准类别	实施时间	标准名称	标准号
政务服务平台	2022年	全国一体化政务服务平台线上线下融合工作指南	GB/T 40756-2021
	2022年	政务服务满意度评价规范	GB/T 40762-2021
	2021年	政务服务评价工作指南	GB/T 39735-2020
	2021年	政务服务"一次一评""一事一评"工作规范	GB/T 39734-2020
	2021年	政务服务中介机构信用等级划分与评价规范	GB/T 39683-2020
	2020年	全国一体化政务服务平台 政务服务事项基本目录及实施清单	GB/T 39554-2020
	2020年	政务服务平台接入规范	GB/T 39044-2020
	2020年	政务服务平台基础数据规范	GB/T 39046-2020

标准类别	实施时间	标准名称	标准号
政务服务平台	2020 年	政务服务平台基本功能规范	GB/T 39047-2020
	2018 年	政务服务中心服务现场管理规范	GB/T 36112-2018
	2018 年	政务服务中心进驻事项服务指南编制规范	GB/T 36114-2018
	2018 年	政务服务中心服务投诉处置规范	GB/T 36113-2018
电子政务与"互联网+政务服务"	2022 年	信息安全技术 政务网站系统安全指南	GB/T 31506-2022
	2021 年	政务信息系统定义和范围	GB/T 40692-2021
	2021 年	基于云计算的电子政务公共平台技术规范	GB/T 33780-2021
	2021 年	基于云计算的电子政务公共平台管理规范	GB/T 34077-2021
	2021 年	基于云计算的电子政务公共平台总体规范	GB/T 34078-2021
	2021 年	基于云计算的电子政务公共平台服务规范	GB/T 34079-2021
	2021 年	基于云计算的电子政务公共平台安全规范	GB/T 34080-2021
	2021 年	信息安全技术 政务信息共享 数据安全技术要求	GB/T 39477-2020
	2020 年	信息技术 大数据 政务数据开放共享	GB/T 38664-2020
	2019 年	信息安全技术 政务和公益机构域名命名规范	GB/T 36619-2018
	2018 年	电子政务标准化指南	GB/T 30850-2017
	2018 年	信息安全技术 基于互联网电子政务信息安全实施指南	GB/Z 24294-2018
	2018 年	信息安全技术 电子政务移动办公系统安全技术规范	GB/T 35282-2017

资料来源：国家标准化管理委员会、全国标准信息公共服务平台。

在政务服务标准化建设进程中，中央政府发布了一系列推荐性国家标准，形成了政务服务国家标准体系框架，实现标准的统一与规范。在全国标准信息公共服务平台的检索结果中，政务服务国家标准共有 44 件，发布最早的为电子政务数据元、电子政务业务流程设计方法通用规范以及电子政务主题词表编制规则三项标准，均发布实施于 2004 年。总体来看，政务服务国家标准的发布实施主要集中于 2018~2022 年，共有 25 件。标准内容主要集中于政务服务平台建设以及电子政务与"互联网+政务服务"两大领域，分别有 12 件和 13 件。政务服务国家标准不断更新拓展，作为政务服务标准化建设的基础设施规范着政务服务的供给，同时也对地方政府政务服务标准的建立发挥指导作用。除了不断推进政务服务国家标准体系的建立和完善，中央政府也通过试点学习、考核评价以及督查问责等方式推进标准的实施，不断提升政务服务标准化与便利化水平，进而提升群众政务服务满意度。

（二）地方政府推进政务服务标准化的做法

在中央政府推进政务服务标准化建设意见指导之下，除了中央指导下的政务服务标准化试点建设工作外，地方政府以多种形式推进政务服务标准化建设，出台了多项地方性法规与地方性标准，对行政审批流程、政务服务大厅建设运转、政务服务网站等做出了规范与指引。

相较于国家标准，政务服务地方标准发布更新更加灵活，内容也更为细致。根据全国标准信息公共服务平台的数据，2022年发布以及实施的政务服务标准主要集中在省级，也有少数地级市政府发布以及实施了政务服务标准。从内容上看，2022年地方政府发布以及开始实施的政务服务标准总计88件，主要分布在四大领域。其中电子政务与"互联网+政务服务"领域数量最多，共有52件；其次是政务服务中心以及政务服务热线领域，共有15件；政务服务集成办理与跨域通办领域有5件；政务服务公开与评价领域有9件；其他包括政务服务编码以及特定领域政府服务规范等有7件。

除了正式标准外，地方政府也出台了多层次的政务服务标准工作文件，尤其是在中央政府加快推进政务服务标准化规范化便利化的指导意见发布之后，多个省级和地级市政府从服务事项、服务场所、服务平台以及监督评价等方面开展新时期政务服务标准化工作，并在实践中探索政务服务标准化建设的新路径。

表2　2022年发布与实施的政务服务地方标准（部分）

标准类别	发布主体	标准名称	标准号
电子政务与"互联网+政务服务"	河北省	政务服务中电子营业执照应用接入规范	DB13/T 5481-2022
	四川省	四川省一体化政务服务平台系统接入规范	DB51/T 2943-2022
	湖南省	政务信息化项目网络安全审查规范	DB43/T 2313-2022
	江西省	电子政务外网企事业单位接入技术规范	DB36/T 1584-2022
	黑龙江省	政务服务综合受理数据规范	DB23/T 3369-2022

续表

标准类别	发布主体	标准名称	标准号
政务服务中心	北京市	政务服务综合窗口人员能力与服务规范	DB11/T 2068-2022
	陕西省	政务服务中心管理规范	DB61/T 1516-2021
	海南省	12345政务服务便民热线诉求分类规范	DB46/T 567-2022
	山西省	7×24小时政务服务自助区建设运行规范	DB14/T 2614-2022
	阳泉市	政务大厅服务礼仪规范	DB1403/T 13-2022
政务服务通办	福建省	政务服务"省内通办"管理规范	DB35/T 2102-2022
	四川省	"天府通办"政务服务平台技术规范	DB51/T 2941-2022
	广西壮族自治区	政务服务"一事通办"工作规范	DB45/T 2432-2021
	河北省	政务服务"一窗(网)集成办"工作规范	DB13/T 5552-2022
	西藏自治区	政务服务"一网通办"业务规范	DB54/T 0264-2022
公开与评价	黑龙江省	营商政务服务环境监测规范	DB23/T 3210-2022
	湖南省	政务公开评估规范	DB43/T 2433-2022
	沈阳市	街道和乡镇政务诚信评价指标与规范	DB2101/T0047-2022
其他	广西壮族自治区	政务服务"容缺受理"工作规范	DB45/T 2433-2021
	威海市	基层政务服务代办规范	DB3710/T 181-2022
	鄂尔多斯市	政务服务限时办结服务规范	DB1506/T 32-2022

资料来源：国家标准化管理委员会、全国标准信息公共服务平台。

以电子政务与"互联网+政务服务"以及政务服务中心为主要内容，以推荐性国家标准、地方标准以及标准化工作文件为主要载体的政务服务标准体系初步形成。综上所述，地方政府推进政务服务标准化具有以下做法。

1. 推进政务服务平台标准化

政务服务平台、行政审批中心以及"跨域通办"改革是政务服务标准化建设的基础和起点。部分地方出台专门的政务服务平台规范、电子政务网络规范，以平台建设为政务服务标准化赋能。在此基础上，地方政府在特定政务服务领域开展"跨域通办"试点，通过政务服务渠道的拓展以及端口的联动提升政务服务的便利性，着力提升政务服务供给质量以及群众公共服务满意度。

2. 以"权责清单"推动政务服务标准化

多个地方以"权力清单"、"责任清单"以及"事项库"等形式确定政务服务供给范围，法定职责必须为，法无授权不可为；各类清单目录根据实践反馈不断调整，实现政务服务标准的动态优化。部分地方实现市级以及县级政务服务项目库的统一与规范，将项目清单向社会公开，使公众以及市场主体获得政务服务供给责任以及办理流程等相关信息，并实现社会对政府的监督。

3. 编制地方政务服务标准，构建标准体系

地方政府建立了涵盖多个层面的政务服务标准体系，标准层级维度包含国家标准、地方标准、行业标准以及单位标准等，标准内容维度包含通用基础标准、服务提供标准、管理标准、岗位工作标准等。多个维度的政务服务标准，以及推进政务服务标准化的意见和工作办法等政策文件，构成了地方政府推进政务服务标准化工作的政策体系。

在中央政府的指导与地方试点的有序推进过程中，我国政务服务标准化建设取得了阶段性成果，政务服务标准体系初步形成，有力支持了"放管服"改革，提升了群众的满意度和获得感，政务服务标准化为数字政府新技术的进一步运用打下了基础，标准化推动的政务服务平台体制创新也探索出了整合治理的新路径。总体来看，我国政务服务标准化建设具有以下特征。

第一，政务服务标准化以公众需求为导向，电子政务与"互联网+政务服务"以及行政审批中心是政务服务标准化建设的主要载体；第二，政务服务标准化以中央政府指导、地方政府试点的方式进行探索；第三，地区之间政务服务标准化建设水平存在较大差异，比较而言，东部地区发展较中西部地区更快。

二 政务服务标准化实践中存在的问题

在中央指导、地方试点的实践探索过程中，地方政府出台了多项政务

服务地方标准，着力推进政务服务标准化、便利化，但是现有政务服务标准体系仍不完善，对政务服务的指导与规范作用有待提高。在 2022 年发布的地方政务服务标准化工作方案中，数字政府建设背景下的线上线下融合发展、审批业务数字化集成化办理、"跨域通办"等服务机制，一体化政务服务平台枢纽功能基础上的"最多跑一次""一件事一次办"等服务理念尚未纳入一些地方的政务服务标准，政务服务标准化工作仍然独立于政务服务体制和技术的创新发展。我国政务服务标准化实践主要存在以下问题。

（一）地方政府政务服务标准差异较大

制定政务服务标准，首先要明确政务服务的供给职责，随着改革的深化，政府职能仍处于不断转变当中，哪些是政府应当提供的政务服务，以及各项政务服务提供的质量标准都处于探索与发展之中；除此之外，如何合理划分中央政府与地方政府之间的事权与支出责任，进而明确各项政务服务的主体责任，也有待深化探索，这些现实问题给当前政务服务标准化建设带来了挑战。

政务服务职责范围不明确。首先是对政务服务的供给范围缺乏明确定义，行政许可、行政审批以及公共服务等都属于政务服务的内涵范畴，哪些服务需要明确的标准以及能够划定科学的标准，这些问题影响着政务服务标准化的进一步推进。在实践中，地方政府主要将政务服务大厅服务标准以及划定标准的服务事项先行纳入政务服务标准化建设的范畴之中，围绕相关内容出台地方标准，而对其他相对模糊的政务服务暂缓制定标准，使得现行政务服务标准体系涵盖的范围有限。

政务服务标准内容不完善。政府提供的公共服务存在事实尺度、程序尺度与价值尺度等多重评价，当前地方政府制定的政务服务标准大多侧重程序尺度，指明特定行政审批服务的办事流程与操作规范，而对于各项政务服务应当达到的质量标准缺乏明确定义，使得政务服务标准在质量评价方面难以发挥作用。

（二）地方政府财政能力水平差距较大

政务服务标准旨在为政府提供政务服务划定可供评价、比较的尺度，在统一标准的基础之上推进特定维度政务服务的跨域通办，提升政务服务的质量以及便利化水平。"跨省通办"、"跨市通办"以及政务服务横向比较等目标的提出，要求政务服务标准尽量做到区域统一乃至全国统一，发挥更加清晰明确的指导和规范作用。但在当前，政务服务标准主要是地域性的，由地方政府探索制定适用于本地的政务服务标准，不同地方的政务服务标准存在适配对接方面的困难，全国性的政务服务标准建设进程相对缓慢。

财力差异造成政务服务质量差异。不同地方由于其经济基础以及财政能力的差异，在政务服务提供水平方面存在差异；政府职责始终处于改革发展与调整优化过程当中，由于发展阶段的不同，不同地方工作重心与主要任务存在差异，造成了政务服务供给的主要内容以及侧重点存在差异，制定全国统一的政务服务标准存在现实困难。

地方政府事权与支出责任不匹配。我国不同地区在社会经济发展水平以及财政能力方面存在较大差异，当前单纯从职责维度出发建立的政务服务标准在一定程度上忽视了地区财力状况，因此制定的政务服务标准可能会超出地方财力范围，从而使制定出的政务服务标准"悬浮"，难以实现原本的政策目标；而对于社会经济发展水平高、地方财政能力强的地区，市场经济活动以及社会流动状况对政务服务有着更高水平的需求，发达地区的地方政府也有能力提供更高质量、更大范围的政务服务，不考虑本地区"增量"建立的政务服务标准，会制约提升政务服务供给质量的主动性与积极性，影响政务服务绩效的进一步提升，难以满足经济社会高质量发展的需要。

（三）地方政府政务服务联通不畅

政务服务标准化建设以平台为载体，线下的政务服务大厅、行政审批中心以及线上的政务服务网站、政务 App 和小程序是政务服务平台的主要形式。不同地区在政务服务平台建设方面差异较大，影响了政务服务标准化建设进程。

政务服务平台类型与建设水平差异大。无论是实体的政务服务专门机构还是虚拟的线上政务服务端口，政务服务平台缺少统一的建设规范与标准，由地方自行设立。不同地方政府平台机构类型定位、承载职能、运行方式等存在很大差异，实际的建设水平与运行成效也各有不同，少数地方甚至没有建立起政务服务平台，制约了政务服务标准的建立及规范。

地方之间政务服务平台对接仍不畅通。地方政务服务平台建设存在属地化的特征，面向区域内公众以及市场主体提供政务服务；由于缺乏统一标准，地方之间政务服务平台建设存在差异，信息与数据的口径不同，限制了地区之间政务服务的互联互通，"数据烟囱""数据孤岛"的情况仍然存在。平台对接的困境限制了统一政务服务标准化的推进，使得基于平台的政务服务"跨域通办"存在障碍。

三 政务服务标准化的新实践

现行政务服务国家标准与地方标准从服务内容、组织架构以及技术路径等维度搭建起了政务服务标准体系，中央和地方政府也在不断出台新的指导意见和工作方案，以推进政务服务标准化工作。随着"放管服"改革的持续推进，诸如"权力清单""责任清单"等"放管服"改革工具为政务服务标准化建设打下了基础。除了以明确主体、优化内容、规范程序等方式推进政务服务标准化之外，政务服务中心、电子政务平台等新技术、新工具也通过"流程再造"的方式为政务服务标准化赋能，拓展了政务服务标准化的实现路径。

以平台技术赋能整体治理是当前政务服务标准化建设的基本思路，分散的技术性标准积累背后的整体逻辑是政务服务平台的搭建。解决当前政务服务标准较为分散的问题，需要从整体治理理念出发，使各类政务服务标准服务于平台建设需要，从而相互衔接协调。聚焦回应公众诉求的北京市"接诉即办"改革以及针对简化行政审批流程的上海市"一网通办"改革为政务服务标准化建设进行了创新探索。

（一）北京市"接诉即办"改革经验

北京市"接诉即办"改革通过构建平台整合公共服务职责、快速回应公众诉求，推进了精细化治理。"接诉即办"改革从"街乡吹哨，部门报到"为主要内容的基层治理体制改革发展而来，"吹哨报到"旨在解决基层治理需要与部门乡镇职责匹配的问题，构建起以回应需求为导向的响应机制。

在"吹哨报到"改革基础上，2019 年以集中平台整合公共服务供给职责与流程、回应更大范围的公众诉求为导向的"接诉即办"改革应运而生，公众通过"12345"政务服务便民热线以及配套的网络平台反映诉求，平台在整合政务服务供给职责的基础上进行流程再造，高效对接供给与需求双方主体，便利了政务服务的生产以及公众与市场主体获取服务，并且以内容分析、评价反馈等方式优化服务质量，提升政务服务标准化、便利化水平。北京市"接诉即办"改革对于政务服务标准化建设具有以下经验启示。

1. 以党建引领统合治理力量

"接诉即办"改革将党的组织体系与政府公共服务供给体系相结合，各级党组织承担主要责任并统合多元治理力量，以党建引领并强化公共服务的供给；同时，党建的嵌入也进一步强化了政务服务供给以及标准化建设工作的政治势能，强化了相关部门的注意力投入。

2. 以平台联动整合服务职责

政务服务标准化建设明确了不同部门与主体的公共服务供给职责，集中统一的政务服务平台在明确职责的基础上整合上下游与前台后台，优化行政流程，不同部门协同参与的需要也推动了统一政务服务标准的建立。这种平台化的政务服务供给改革超越了政务服务大厅以及行政审批中心的整合模式，对传统的结果与程序导向的政务服务标准提出了新要求，也为新时期国家治理体系与治理能力现代化背景下的政务服务标准化建设提供了新思路。

3. 以绩效考评促进标准建设

平台化的运作机制不仅将政务服务的供给链条进一步简化，同时也将全过程的监控、评价纳入政务服务供给体系之中，回应处理数量、完成情况、时效、满意度以及问题集中领域等重要信息通过大数据分析得以呈现。党政主要领导能够基于"接诉即办"平台数据对地区、部门进行问责，对问题集中突出的领域重点关注、加大投入，促进问题解决以及群众满意度的提升。

（二）上海市"一网通办"改革经验

随着信息技术的发展，"互联网+政务服务"逐渐成为深化"放管服"改革的重要工具。上海市贯彻中央要求，开展"一网通办"改革，通过技术赋能与流程再造，推进智慧城市与整体政府建设，为政务服务标准化探索了新路径。

2018年，上海市出台《全面推进"一网通办"加快建设智慧政府工作方案》，并成立专门机构上海市大数据中心，开启了"一网通办"改革，建立起集中门户平台、协同办理机制以及数据联通路径。"一网通办"改革以需求为导向，将本来由各个委办局分散受理的200多项服务集中纳入"一网通办"总门户，努力实现"一网受理，只跑一次，一次办成"的改革目标。上海市"一网通办"改革对于政务服务标准化建设具有以下经验启示。

1. 以需求导向建立统一平台

立足服务性工具属性，上海市"一网通办"平台针对市民日常生活以及企业生产经营分别整合关键领域重点服务事项，构建"数字生活服务体系"以及"营商环境服务体系"。在职能与事项整合的基础之上，上海在"三级平台、五级应用"框架之下统一服务平台端口，在"中国上海"网站开通"一网通办"总门户，并整合"随申办"市民云App、支付宝以及微信等社交平台"随申办"小程序，实现端口统一、线上线下标准统一。

2. 以技术赋能实现流程再造

传统的政务服务由于职能部门之间存在信息壁垒，职能难以整合，公众以及市场主体办事程序烦琐复杂。"一网通办"改革通过技术赋能实现流程再造，以平台为载体，以数据作为媒介进行职能的接入和整合，除了纵向行政层级、横向职能部门的整合与协同外，"一网通办"从政务服务流程链条进行前端、终端、末端服务的整合，并将"一网通办"与"一网统管"两张网有序融合，以智慧城市与整体政府建设为政务服务标准化探索新路径。

3. 以社会驱动推进价值共创

"一网通办"改革是服务导向、用户导向的政务服务改革，通过技术赋能对科层制之下的政府部门专业分工进行优化与整合，实现政府服务的用户本位。同时也再造了政务服务的绩效维度，以公众维度的显性绩效代替部门维度的隐性绩效，在供给侧与需求侧的互动过程中实现公共价值的共同创造。

地方政府政务服务标准化建设的实践探索表明，数字平台是标准化建设的重要抓手，基于平台明确政府职责、促进流程再造从而回应服务需求，是提升政务服务标准化、便利化水平的宝贵经验。在新技术、新工具的发展之下，数字平台的建立为政务服务标准化探索了新的路径，在平台与数据的赋能之下，政府能够对重点领域、重点事项的服务供给进行研判，从而开展"未诉先办"等主动治理改革。北京市、上海市等地探索的有益经验不断得到其他地方政府的学习与推广，制度体系逐步完善，有效推进了我国政务服务标准化建设进程。

四 推进政务服务标准化的政策建议

在全面深化改革的背景下推进政务服务标准化建设，不仅要加强对标准制定与标准应用的重视与投入，更要从国家治理体系与治理能力现代化的维度强化政府职责体系优化、事权与支出责任划分改革等工作。"接诉即办"

"一网通办"等改革基于整体治理的理念，以公众需求为导向，通过新技术、新工具为政务服务平台赋能，带动政务服务流程再造，促进政务服务标准化的迭代升级，更好地满足企业和群众办事需求，为政务服务标准化建设提供了新的路径。

（一）以公众需求为导向，搭建跨部门数字平台

面向公众需求简化办事流程，需要构建数字平台，依靠技术赋能，整合相关部门职能。政务服务的供给需要多个政府部门参与，不同部门处于服务供给流程的不同阶段和环节，制定政务服务标准需要多方协作，从而提升标准的科学性与可执行性；除此之外，标准的一大作用即促进不同主体之间的统一与适配，因此标准的制定与运用都需要多元主体的参与和协商，使整个政务服务供给流程有序、高效衔接。

1. 以平台建设促进部门协同联动

政务服务标准化是跨部门的职能整合与流程再造，需要多部门配合，搭建跨部门的数字平台。"放管服"改革持续深入推进，一系列简政放权与优化服务的举措使政务服务便利化程度不断提升、政务服务内容不断完善、流程不断简化。以政务服务大厅、网上政务服务平台为代表的新技术、新工具整合了分散化的部门职责，"一网通办""最多跑一次"等改革带来了政务服务的流程再造。在总结经验的基础之上，进一步整合政务服务平台，提供政务服务的科学流程，理顺部门间职责权限，进而在政务服务大厅标准、电子政务网络标准的基础上建立政务服务平台标准，规范并简化跨部门业务办理的操作模式，有利于提升政务服务便利化、快捷化程度，降低政府运行的行政成本。

2. 以信息集成提升公众诉求的回应性

跨部门政务服务平台也为数据收集与集成提供了可能性，"数据多跑路，群众少跑路"成为政务服务提供的宗旨。"接诉即办"平台整合社会公共服务需求以及政务服务资源，做到即时匹配对接，并辅之以全过程的监督与绩效评价，确保服务提供的及时高效，保证政务服务的质量。"城

市大脑""智慧城市"等平台汇集了城市运行中产生的海量数据，运用大数据与云计算技术，优化城市政务服务的资源配置，做到主动提供、精准提供，是政务服务数字平台的升级版。数据与信息是标准化建设的内核，政务服务数字平台集聚并整合了大量数据信息，为政务服务标准的制定提供了支持；同时，政务服务标准的制定也需要跟上技术发展的步伐，制定大数据平台发展情景下的政务服务标准，指引并规范相关政务服务的建构与供给。

（二）优化政务服务标准制度，建立分层次标准体系

推进政务服务标准化建设，最根本的还是加强标准体系的建立，出台不同类型、涵盖政务服务不同领域的多层次标准文件。只有在建立了标准的基础之上，才能够不断完善标准、加强标准的规范和指引作用，促进区域之间的交流合作以及政务服务的交互对接、跨域通办，不断提升政务服务的标准化与便利化水平。

1. 明确政府责任，建立政务服务标准制度

在"放管服"改革成果基础上，划定政务服务责任清单，按照政务服务标准制定的难易程度进行层次划分，明确政务服务标准制定规划，分层次、分阶段推进标准制定工作，对职责清晰、范围明确以及流程固定的政务服务项目先行制定标准，对仍在调整与探索中的政务服务制定指导性标准，并在实践中进一步优化。从科层体系的纵向维度来看，政务服务的主要提供者是地市级、县级人民政府，因此，政务服务标准制定主体以及受规范的主体也集中于这两级。制定市县级的政务服务标准化体系，对于提升标准的指导规范作用以及提升政务服务的便利性与质量水平、提升公众满意度，有着更为直接的影响。

2. 事权与财权匹配，构建分层次的标准体系

对于满足个人以及市场主体基本生活与生产经营需求的基础性政务服务，制定清晰、完备的政务服务底线标准，指导和规范地方层面的政务服务供给，保障基础性政务服务的质量；对于这类政务服务标准，中

央政府需要在地方标准探索的基础上，出台国家层面硬性规范标准，实现全国范围的底线政务服务标准化，也使政务服务的"跨域通办"成为可能。

对于财政能力基础好的地方而言，政府主动提供更加优质、覆盖范围更广的政务服务，这种超出法定职责范围的政务服务是增量性质的，供给责任属于特定地方，这类增量性政务服务的标准制定责任应归属于地方政府，其主要作用在于为政务服务的供给者以及需求者提供清晰的行为指南；同时，随着社会经济的整体高质量发展，其他地方也可以学习借鉴先进地方的政府服务供给经验，提升本地区政务服务标准，这时候增量性政务服务标准也扮演着政策学习与扩散的角色。

（三）加强绩效评价与问责，推进政策落实与服务优化

对政府制定的规划、政策、项目以及部门服务开展绩效评价，对于优化公共部门产出至关重要。依据政务服务标准对政务服务的供给进行绩效评价，并对标准化建设的政策执行情况开展绩效评价，基于评价结果进行信息反馈与问责，有利于提升政务服务质量以及公众满意度。

1. 以政务服务标准作为评价尺度

政务服务标准的根本目标在于提升政务服务便利化、高效化水平，优化政务服务质量。政务服务标准是科学、客观的体系，能够为绩效评价提供准确的信息以及可供对照的尺度，提升结果反馈与问责的科学性与针对性，为绩效改进以及政策优化提供方向指引。因此要加强标准的应用，以政务服务标准作为工具对政府提供政务服务的行为与结果进行监督与评价，发挥政务服务标准的衡量尺度作用，对程序的正当性与便捷程度、产出的效率效果与满意度等指标进行绩效评价。并加强绩效结果运用，将政务服务的绩效评价结果反馈到服务规划与提供环节，以评促改，优化服务质量，更好地满足公众以及市场主体的服务需求。

2. 加强标准化建设，强化对政策执行的绩效评价

发挥绩效评价促进政策落实的作用，对地方政府政务服务标准化建设工

作的进展开展绩效考评。对地方政府贯彻落实中央推进政务服务标准化建设的工作部署、建立的相关标准制度以及依托标准化建设切实提升政务服务质量的情况加强过程监控以及结果评价，并通过评价结果反馈与问责，促使地方政府抓好政策落实。对地方政府政策执行情况加强绩效评价与问责，有助于确保政策方向的准确性，避免政策在执行中出现走样与偏差，减少调适与变通、象征性执行的空间，有利于推进政务服务标准化建设工作，切实提高公共服务满意度。

参考文献

1. 梁正、侯俊军：《标准化与公共管理：关于建立标准化知识体系的思考》，《中国标准化》2012 年第 1 期。

2. 胡业飞、向森：《作为新兴治理工具的政务服务标准：功能与逻辑》，《中国行政管理》2023 年第 1 期。

3. 郁建兴、秦上人：《论基本公共服务的标准化》，《中国行政管理》2015 年第 4 期。

4. 魏礼群：《推进政务服务标准化 提升政府治理现代化水平》，《行政管理改革》2015 年第 12 期。

5. 杨宏山：《公共服务供给与政府责任定位》，《中州学刊》2009 年第 4 期。

6. 翟云：《整体政府视角下政府治理模式变革研究——以浙、粤、苏、沪等省级"互联网+政务服务"为例》，《电子政务》2019 年第 10 期。

7. 孟天广、黄种滨、张小劲：《政务热线驱动的超大城市社会治理创新——以北京市"接诉即办"改革为例》，《公共管理学报》2021 年第 2 期。

8. 杨宏山、邱鹏：《城市运行管理的行动逻辑与组织模式》，《北京航空航天大学学报》（社会科学版）2022 年第 6 期。

9. 宋林霖、赵宏伟：《论"放管服"改革背景下地方政务服务中心的发展新趋势》，《中国行政管理》2017 年第 5 期。

10. 薄贵利：《建设服务型政府的战略与路径》，《国家行政学院学报》2014 年第 5 期。

B.21

构建智慧审批标准化服务体系
发展数字政务协同高效服务生态

——以沈抚改革创新示范区管委会为例

王鹤锦*

摘　要： 行政审批是政务环境的重要组成部分，深化改革是行政审批的永恒命题。本文从树立改革思想、规范审批行为、打破权力壁垒、强化服务意识、了解企业需求、打造良好环境等方面阐述了政务服务标准化、规范化、便利化改革的必要性。围绕市场主体全生命周期，总结了沈抚改革创新示范区在审批服务改革上的主要举措和取得的显著成效，从尊重需求、梳理业务、创新理念、技术革新、拆分精简事项5个方面总结了体会。同时，从构建智慧审批标准化服务体系方面谋划下一步改革思路。

关键词： 智慧审批　政务服务　标准化

政务环境是营商环境的重要组成部分，行政审批是政务环境的重要内容，在世界银行评价体系、中国特色评价体系等众多版本的营商环境评价指标中，行政审批内容都担当了重头戏。行政审批是合理配置公共资源、行使公共权力的集中表现，是服务企业及社会的渠道和手段，对于经济和社会发展有着至关重要的作用。2022年，国务院出台《关于加快推进政务服务标准化规范

---

* 王鹤锦，辽宁省沈抚改革创新示范区管委会行政审批局局长。

化便利化的指导意见》（国发〔2022〕5号），持续优化政务服务，便利企业和群众生产经营与办事创业、畅通国民经济循环、加快构建新发展格局，更好地满足企业和群众办事需求。辽宁沈抚改革创新示范区围绕政务服务标准化规范化便利化，以人民为中心，以需求为导向，以行政审批制度改革为重点，以"新理念、智审批、简办事、优服务"为核心，实施"园丁式"审批服务，构建智慧审批标准化服务体系，发展数字政务协同高效服务生态，打造亲民、规范、智能、便捷、高效、廉洁的政务服务环境，实现"办事不用求人、办事依法依规、办事方便快捷"，提升企业群众的体验感、获得感、满足感。

一 加快推进政务服务标准化改革的意义

（一）政务服务运行标准化是顺应发展趋势的必然要求

在各领域快速发展的时代，企业群众对公开、透明、可预期的政务服务环境的需求度越来越高，在办理政务服务事项中希望更多地节约时间成本、资金成本，降低机会成本。而行政审批工作，不管是线上服务还是线下服务，执行的主体都是具体的工作人员，往往会因个人的主观意识不同、思想观念不同、行为习惯不同，造成执行标准不统一，执行效果不理想，使企业群众的体验感、获得感较差。为此，推进政务服务运行标准化、政务服务事项标准化、实施清单标准化，健全政务服务标准体系，对于提升政务服务水平、改善营商环境尤为重要。

（二）以标准化建设推动政务服务规范化建设

新中国成立70年，经过70年的发展，就行政审批而言，依申请行政权力事项的设立是科学的，审批程序是严谨的，审批环节是合理的，但不少地区仍存在因种种情况在行政审批中融入人为因素而产生有违行政审批规范的行为。例如：编制权力藩篱，抬高审批门槛；批管不分、以批代管，为了规避监管风险，在审批要件中加入管理性要件，造成同一事项在不同地区审批标准不一致；同时政务信息不公开、不透明，即使网上公示了各事项的办理指南，也常常存在与现场办理不一致的情况；政府与服务对象之间的信息差，更是滋生了权力寻租的土壤。以标准化建设推动政务服务规范化建设，是彰显政府工作态度、工作作风、工作效率，树立市场主体信心的关键之举。通过规范服务场所、规范线上线下服务、规范审批事项、规范审批标准、规范审批流程、规范审批行为，实现行政审批的动态监督和持续改进，有效预防和治理行政审批环节腐败，为推动改革提质扩面提供坚实的支撑保障。

（三）以标准化建设持续提升政务服务便利化水平

政之所兴，在顺民心。以人民为中心、建设人民满意的服务型政府，是各级政府工作的核心。在实施"放管服"改革过程中，各地不断推进行政审批制度改革，转作风优环境取得显著的阶段性成果。自我革命，政府自身建设是持续优化、永无止境的。在现实工作中，个别部门仍存在官本位思想，固守自身的权力与利益，壁垒高筑、各自为政，数据信息不共享、信息烟囱林立，固守原有流程标准，难以流程再造、难以并联审批，互相推诿、企业群众不是跑多个部门就是在一个大厅里跑多个窗口。归根结底就是将审批视为自身权力，无法舍弃既定利益。每砍一道程序、取消一项审批，都是对部门利益的调整。为此，要进一步推动行政审批制度改革，打破部门间固有的权力藩篱，理顺部门间的权责关系，"动自己的奶酪"，破除固化的"条条块块"，真正实现流程再造、信息共享，最终让企业、群众感受到优质、高效、便捷的政务服务。

（四）强化服务意识是推动政务服务标准化规范化便利化发展的必然要求

服务是实现各项改革效果的"最后一公里"，也是与企业群众接触的"第一站"，是政府形象的对外展示，是办事方便的根本保障。李强总理提出：凡事要多作"应不应该办"的价值判断，不能简单地只作"可不可以办"的技术判断。只是用规章制度生硬评判能办还是不能办，引用法律条文只为告知为啥不能办，而不告知怎么办，这是以往行政审批工作中常常出现的工作状态，是影响企业群众感受的具体体现。建设服务型政府，就是要摒弃"官本位"思想，真正地树立公仆意识，站在企业群众的角度去考虑问题、去决策工作、去制定举措。

（五）聚焦企业群众需求是推动政务服务改革、提升政务服务效能的基本导向

改革中常常出现一个误区，就是改革举措未从企业群众的需求出发，而是政府部门自说自话，未深入研究企业群众需要什么，而只是考虑自己能做什么，造成政府部门付出了大量人力、物力进行改革，而企业群众却没有什么明显感受。比如，现各级部门都在推行网上办理，意在简便企业群众办事，但存在某些网办系统未从服务对象的角度设计研发，而是单纯将线下程序电子化、变成线上办理，网办程序复杂、指引不清晰，未达到简便企业群众办事的效果，网办使用率并不高。改什么，怎么改，改革方向、改革思路、改革措施，都要来源于企业群众的需求，按需整改才会收到显著的满意效果。

（六）打造政务服务"强磁场"，激活区域高质量发展新动能

资本选环境而居，企业择良地而栖。优质的政务服务环境就像强大的磁力场，承载要素流动，吸引项目落地，凝聚企业创业。企业发展有"窗口期"，项目落地需要计算时间成本、资金成本、机会成本。打破不公平的市场准入和退出，持续降低制度性交易成本，持续推进政务服务标准化、规范化、便利化，打造统一、开放、有序、公平、可预期的政务服务环境，是赢得发展空间、推动区域发展的破题之举。

二　加快推进政务服务标准化改革的主要举措

（一）锚定"标杆区"目标定位，打造政务服务"沈抚样板"

2017 年，辽宁省委、省政府启动沈抚改革创新示范区创建工作；2018

年9月，国务院正式批复《沈抚改革创新示范区建设方案》，确立了建设东北地区改革开放的先行区、优化投资营商环境的标杆区、创新驱动发展的引领区和辽宁振兴发展的新引擎"三区一引擎"的目标定位；2020年4月，中央编办批复设立中共辽宁省沈抚改革创新示范区工作委员会、辽宁省沈抚改革创新示范区管理委员会，为省委、省政府派出机构，正厅级建制。

五年来，示范区始终按照国家赋予的"建设东北地区优化投资营商环境标杆区"的目标定位，把建设"办事方便、法治良好、成本竞争力强、生态宜居"的市场化、法治化、国际化营商环境作为高质量发展的先手棋。通过党建引领、扁平高效管理、产业建设、基础设施完善、行政审批制度改革、全员招商、社会治理、社会服务、对外开放9个维度，全员参与、全面发力，实现了营商环境建设的系统性推进、整体性重构，形成了客商纷至沓来、主体安心创业、产业加速聚集、人才趋之若鹜、百姓安居乐业、生态绿水青山、党建风清气正的生机勃勃良好局面。第二届中国国际化营商环境高峰论坛暨《2020中国城市营商环境投资评估报告》发布会上，示范区荣获"国际化营商环境建设标杆区"称号。在中国经济时报社"伟大变革·新发展理念实践案例"征集活动中，示范区"以营商环境标杆区建设引领高质量发展"被评为全国创新发展20个典型案例之一。沈抚示范区行政审批局获得2022年数字政务发展年会"政务服务标准化规范化便利化建设先进单位"奖项。

（二）围绕市场主体全生命周期，不断深化政务服务机制改革

示范区秉承"以人民为中心的发展思想"，将"人民至上"体现在工作中的各个环节，始终围绕企业群众所需所想，聚焦市场主体全生命周期"准入—生产经营—退出"，打造办事方便的政务服务环境。企业群众的堵点、难点就是改革创新的着力点，企业群众的所思所盼就是进一步办事方便的工作方向，真心实意地带着感情工作，让各项改革举措、创新做法，能够真正地接地气，能够让人们看得见、摸得着、体会得到，从而让企业群众真正感知到政府工作的温暖。

在审批过程中，填表难是企业最大的困扰。示范区研发"零填表"系统，只需采集服务对象的要素信息即可生成表格、完成事项办理。针对市场主体准入难、准营难，创新推行"企业开办全链条"简捷办理模式，实现"一窗受理集成服务、点选套餐智能申报、并联办理数据共享、全程网办自动流转、效能监察智能评价、服务管家及时跟踪"；并在东北地区率先开展"一业一证"改革，30个业态实现"准入即准营"。针对工程建设项目审批时间长，推出工程建设项目"拿地即开工"模式，政企联动协作，社会投资工业类项目在土地摘牌当天即可开工建设；同时推行工程建设项目审批"5+1"工作模式，强化指导服务、调整审批时序、精简审批环节，加速项目落地。针对企业注销难，实施企业注销"1+N套餐式"服务，通过便捷申报、智能提示、要件共享，进一步推进企业注销便利化。

（三）强化数据赋能，推进高效智能审批服务

沈抚示范区行政审批局始终坚持以为人民服务、对人民负责、受人民监督为出发点和落脚点，紧紧围绕市场主体"准入—生产经营—退出"三个重要阶段，形成了29项制度性创新成果，进一步降低了市场主体制度性交易成本。采用大数据及云计算等现代技术手段，通过打造全流程一体化政务服务平台，深耕数字化服务，拓展智慧化软硬件设施应用外延，推进政务服务由传统审批向智能服务转变，打造"互联网+政务"服务新模式，让政务服务更智慧，让群众办事更简便。

1. "全程网办+证照合办"助力市场主体便捷准入

一是将企业设立、印章刻制、申领发票和税控设备、员工参保登记、医疗保险登记、公积金缴存登记、银行开户7个环节纳入企业开办全流程，制定了《沈抚示范区企业开办全链条服务规范》，以标准化引领行政审批制度创新、管理创新、方式创新，形成了独具示范区特色的行政审批标准化样本。同时，实施企业开办"一窗受理、点选套餐、并联办理、全程网办、效能监察、服务管家"的全链条简捷办理改革，将一般性企业开办时间压缩至2小时以内。

二是为真正实现"准入即准营"，在市场监管、社会事业两大领域，开展了"一照通"改革。将市场主体经营涉及的食品经营、公共卫生等 32 项许可、备案事项与营业执照同步申请、并联审批、一次办结，构建了高频事项"证照合办"服务新模式。改革后，办理环节减少 48%，申请材料减少 53.49%，审批时限减少 94.67%。

2. "智能审批+智能监管"助力市场主体高效准营

一是根据国民经济行业分类特点并结合企业实际需要，实施了便利店、网吧、理发店等 30 个业态的"一业一证"改革。将企业准营涉及的多个事项串联审批改为并联审批，将多个单体事项梳理整合为企业和群众眼中的"一件事"。大幅提升服务效能的同时，大大降低了企业制度性交易成本，改革实施后，申请表格减少 92.23%，填表要素减少 74.70%，申请材料减少 36.54%，审批时限减少 94.41%。

二是通过开展承诺制审批改革，进一步贯彻落实国家"证照分离"改革精神，创新行政审批方式，培育市场主体诚信意识，有力推动示范区诚信体系建设。实施以"告知承诺、企业自律、信用公开、行政监管、社会监督、失信惩戒"为原则的全领域、全周期、全过程的承诺制审批，示范区信用承诺制改革有别于国内其他地区针对单独领域或单一事项的改革，在直接涉及国家安全、公共安全和人民群众生命财产安全以外的市场监管、社会事业、工程建设等行业、领域全面推行。改革适用范围涵盖 58 个大项、269 个子项，共减少审批环节 151 个，删减申请材料 466 件，审批时限较法定时限减少 96%。

三是在全国率先提出"一次变"改革。即市场主体在办理营业执照名称、住所等 7 类变更登记业务时，可以与其他 14 类许可、67 项中高频变更业务同步办理，"多项变更，一次办结"，实现了从以职能部门审批为中心的"单个变更事项审批"，转向以方便企业和群众办理为中心的"多个变更事项套餐式集中审批"，为"只提交一次材料"改革增加了多角度应用场景。改革实施后，申请材料减少 62.06%，申请表格减少 86.05%，填表要素减少 49.98%，审批时限减少 92.87%。

四是探索开展"秒批秒办"改革。通过以网络数据替代纸质材料，以标准化登记流程替代人工干预，以系统智能审批替代传统人员审核的方式，在公共场所卫生许可核发、变更等19项审批业务中，实现了从材料审查到制证签发全流程的无人干预、审批全流程的智能化"秒批秒办"。改革后，相关业务办理环节减少50%，申请要件减少86.21%，审批时限减少97%。

五是建立工程建设项目审批"5+1"工作模式。即"一人服务、一窗办理、一网通办、一次办结、一章审批，一套机制"，社会投资工程建设项目从立项到施工许可最快15个工作日内可完成审批。通过推行区域评估、采取提前介入、承诺制审批等方式，实现了社会投资工程建设项目"拿地即开工"。在项目立项阶段就为企业提供"工程建设项目专属服务包"。服务包内包含"工程建设项目一册通"、建设、规划、消防等项目审批所需全部申请表格等。在"工程建设项目一册通"里包含了项目各阶段提前告知书，项目审批相关部门联络表，七类工程建设项目的审批服务流程图、审批时限、办理部门，二维码告知单，示范区出台的工程建设项目承诺制审批等相关文件。企业可一次性了解工程建设项目审批全流程及所有需准备的材料，极大地方便了企业，尤其是第一次办理建设项目审批的企业。

3. "整合流程+套餐服务"助力市场主体快速退出

推行企业注销"1+N"套餐式服务模式，涵盖了市场监管、税务、医保、社保及食品、卫生等高频许可类事项，通过"情景式""向导式""问答式"的方式采集信息，将"一事一流程"整合为"多事一流程"，系统自动填报并生成各环节审批所需申报材料，各部门在线审核，一次性反馈结果。自2022年初改革以来累计办理企业注销332户，有效地促进了企业"新陈代谢"和结构优化，真正解决了企业"注销难"问题。

（四）打造全方位效能监察，推动权力公开透明

针对政务服务过程中"作风纪律、服务态度、办事效率、服务水平"等方面的常见问题，示范区自主研发了"行政审批效能监察系统"，贯穿于服务对象办事的全过程，通过把控服务对象在厅内办理业务的行动轨迹，监

控工作人员的工作状态，保证工作质量和效率；系统全面掌控服务对象等待时长、办件时长、跑动次数、满意度等信息，通过各类数据的归集、整理、分析、应用，融合预判预警、实时监察、动态监管、评价管理、流程追溯等一系列功能，实现事前监察预警化、事中监察可控化、事后监察可溯化，打造了"问题预警、响应及时、过程可控、结果可溯"的审批效能"阳光监督体系"。促进了办事效率和服务质量的提高，营造了规范、智能、高效、廉洁的政务服务环境。该系统获得了国家版权局颁发的《计算机软件著作权登记证书》。

（五）提供精准贴心服务，实现企业办事顺畅提速

构建"园丁式"审批服务体系，细心、用情、培育、创造环境，让企业在示范区落地生根、开花结果、发展壮大。以"新理念""智审批""简办事""优服务"为核心，在审批服务中变被动为主动、变评判为扶育、变制度为温度，不说"不行"，只研究"怎么行"，告知、指导、帮助服务对象满足审批条件，顺利通过审批。通过制定日常工作规范、一次性告知制度、首问负责制、否定备案制、服务管家制、延时服务制、预约服务制，改变了审批工作人员主动服务意识不强，被动性工作，工作方式单一的服务状态，打破了传统的思维模式和行为方式，变被动审批为主动服务，进一步激发了市场主体活力，促进了招商引资，保障了项目顺利落地，加快了项目开工建设，更好地服务于区域经济发展。

（六）服务效率质量"双提升"，换取企业最优办事体验

坚持"刀刃向内"，由管理者向服务者转变，从"我要怎么管、我能管什么"转换为"服务对象需要什么、我能做什么"，问需于企、解忧于民。通过多维服务模式有机结合，使企业群众充分体验到"家人般用心用情，管家般精准精细，专家般专业专注"的优质服务。线上提供24小时管家服务，线下提供主动靠前服务、延时服务、上门服务等，树立了政务服务金牌

形象。坚持所有工作都围绕服务企业群众、服务机关部门、服务示范区高质量发展来开展，守住底线、按需突破、便捷高效、服务大局。

三　标准化改革经验体会

（一）以公众需求为导向，是标准化改革成功的根本保证

政务服务改革创新的目的是什么？就是让企业群众办事更方便、更快捷，成本更低。为此，要紧紧围绕需求至上，以需求为导向，寻找解决企业群众办事堵点难点的突破口；将心比心，换位思考，站在企业群众的角度审视自身工作的不足，明晰改进工作的方向、路径、办法，务实有效地开展各项改革创新工作；干百姓最需要的事儿，解企业最急盼的难，只有这样改革创新才能接地气，才容易被接受，也才能具有推广复制的价值。"尊重需求就会永远领先，深化改革方能永续发展"，政务服务中服务对象的根本需求就是办成事、快办事、事办好。我们以成事的目标办事，创建以"尊重"为核心的管理文化，提高工作效率，把握服务精髓，从"办事"到"办成事"、"办好事"，最终目的是让服务对象满意。"尊重"文化，倡导工作人员要尊重自己的职业与事业，实现依法高效审批，这是"尊己"；为民服务中要尊重他人，实现快捷的办理、细致周到的服务，这是"尊他"；从而赢得服务对象的尊重，实现"他尊"，进而形成良性循环，促进社会和谐。

（二）梳理业务，是标准化重塑的夯基之举

高楼平地起，根基最重要。各项行政审批制度改革致力于提升审批效率，通过深化服务理念、梳理整合内部业务、简化重构流程、设计实施制度、研发优化工作系统等系列举措予以落实推进，其中业务梳理是基础，最为关键。每一项行政审批制度改革都要触及所涉业务的流程再造，如何使改革符合客观实际、精准有效并突破原有模式，都需要厘清业务关系，深挖各

要素、业务数据间的关联，找准症结所在，找到改革要点，在业务梳理中产生灵感、发现路径、明晰措施办法，"磨刀不误砍柴工"，业务梳理工作成为各项改革成功的关键所在。

（三）创新标准化理念，是改革成功的必然要求

"以人为本、效率为先、透明为要、规范为基"，面对新阶段、新理念、新格局，大力推进政务服务的便利化，不断深化行政审批制度改革，则必须不断创新审批标准化理念，基于更优的战略思维、更高的站位格局，增强敢于破旧立新的胆识，充分释放出改革创新的积极性、主动性、创造性，破除"中梗阻"，破解流程烦琐，加强部门协同，形成发展合力。同时，在改革的逐渐推进中，也要具备"把方便留给企业群众、把麻烦留给自己"的为民情怀，积极推进有利于企业群众便捷办事的改革举措，以达到企业群众、政府工作人员双简便的良好效果。

（四）标准化技术革新，是提升审批改革质效的必然条件

随着审批电子化、集成化、智能化的应用推广，审批标准化技术改革逐步实现了对审批流程的优化和升级，在提高审批效率和效果的同时，也减少了审批的不确定性和不合理性，为审批标准化改革目标提供了坚实的技术支撑。电子政务发展到今天，信息化已经从信息录入、无纸化处理，演变为一个由算法系统延伸到以人为核心的"系统"，包含了从理念、思路到目标、路径的系列认识与方法；对系统的研发包含了从调研、开发、使用到反馈，再到修正的全流程。在现在信息技术高速发展的时代，在政务服务工作中，必须充分运用人工智能、大数据等现代信息技术，开发易用、好用的工作系统，服务于企业群众办事，提升企业群众办事的便利度。我们的每一项行政审批制度改革都是按照发现问题、梳理业务、提出方案、研发系统、实施应用、完善升级的工作步骤开展的，用"智"达到"简"，用"智能"实现"方便"。

（五）标准化拆分精简审批事项，是改革成功的决定因素

细节决定成败。为企业群众服务不可有半点马虎，不可大而化之，必须关注、处理好每一个细节，要细到企业群众事前如何获知，事中的每个环节如何衔接，事后的温馨提醒与提示，从头至尾让服务对象感受到用心、周到、流畅、舒服。细微之处见真情，细微之处看能力。行政审批制度改革中，沈抚示范区坚持任何一项工作都有总体设计、有实现路径、有落实举措、有跟踪督导，以"最小颗粒化"原则处理每一项工作，建立"研究设计—形成制度—专人落实—调度推进—解决问题—形成结果"的闭环模式，将审批过程中的各个环节进行拆分和精简，实现"最小审批单元"的目标，通过审批反馈机制强化对审批过程的监督和管理，及时发现问题、改进措施，有效保障了审批的公正性、公开性和透明度。

四　接续奋斗树标杆，构建智慧审批标准化服务体系

沈抚示范区将持续以服务对象实际需求为导向，以数据共享、业务协同和智能服务等数字治理方式为手段，以标准化建设推动行政审批制度创新、管理创新、方式创新，形成独具示范区特色的行政审批标准化样本，推动"一件事一次办""只提交一次材料"改革不断深化，为示范区营商环境优化赋能增效。

明确跨行业数据融合应用业务标准，结合现代人工智能技术，充分赋能"一网通办"业务流程再造，以市场主体全生命周期改革为基础，在市场监管、社会事业以及工程建设领域，推动关联性强、办事需求量大、企业和群众获得感强的多个跨行业、跨业务政务服务事项"一件事一次办"。根据服务对象需求，不断完善一体化政务服务平台功能，提供个性化、主题式、套餐式服务，无限制集成化办理，再造服务流程。进一步拓宽"只提交一次材料"改革应用场景和方式，实现业务数据跨行业融合应用的横向、纵向

全覆盖。将"一网通办"逐渐向"一网好办、易办"转变，全面实现政务服务优化再提速。

（一）建立事项"最小颗粒化"制度

以"最小颗粒化"制度建设为契机，探索开展审批事项标准化改革。一是政务服务事项"最小颗粒化"。对政务服务事项的种类、情形、材料、时限等进行多维度分析研判，聚焦办事堵点、难点，以"应拆则拆、能分则分"为原则，将政务服务事项进一步梳理并合理拆分细化到最小单元。深入模拟企业和群众的办事场景，把"找不到要办的事属于哪个事项""看不明白办事流程""相关办事要求'难操作''不科学'"问题从根本上解决，尤其是把办事流程里的"其他""有关""相关"等困扰企业和群众的模糊概念变清晰，将要办事项的信息和所需材料清楚地列出并编入办理指南对外公示，做到"一看就能懂、一点就能办"。二是申报要素、材料"最小颗粒化"。跨行业、跨业务拆分事项申报的要素和材料，为建立业务数据协同标准做基础。

（二）建立业务数据协同标准规范

以示范区一体化政务服务平台为载体，构建结构化、标准化的业务数据体系。一是建立业务数据模型。对各类业务过程进行全面了解，按照实际需求、业务流程及业务信息开展抽象分析，建立业务数据模型，确保需要共享数据的结构化和可用性。二是数据规范化。建立业务数据协同标准规范，统一跨行业、跨部门、跨事项申请材料、审核要点等数据项的要素标准，并对相关数据项进行提取、规范和管理。通过梳理市场监管、社会事业、工程建设三大领域涉及业务的填报要素和申请材料等信息，建立业务数据协同对应关系表。

（三）建立数据汇聚共享规范

按照数据"应归尽归"原则，明确业务数据供给标准，拓展政务数据来源，挖掘政务数据价值，发挥政务数据效益。通过示范区一体化政务服务平台与省级共享交换平台以及示范区各自建系统的对接，将审批服务过程中产生的行政许可、备案等信息，以企业统一社会信用代码为源点，借助信息技术手段集中归集至企业名下，方便工作人员和企业在后续审批服务中随时调取调用，精准推送跨行业、跨领域数据，推动了跨层级、跨区域、跨业务数据的融合共享。

（四）优化一体化政务服务平台

一是在示范区一体化政务服务平台企业开办、一照通、一次变等改革模块及7类自建个性化审批系统，增加业务申报及后台审批智能辅助功能，将难懂拗口的审批"专业术语"转化为通俗易懂的"群众用语"，实现服务对象在申报过程中的情景化导引、智慧化提醒和智能化填报，以及工作人员在审批过程中的场景化指导、条目化索引和标准化辅助。二是精简申报材料。系统自动生成跨行业、跨领域联办事项清单，去除重复提交材料。通过"零填表"方式，自动生成表格、制度等制式材料。通过共享调用，营业执照、许可证等免于提交。三是优化审批结果领取方式。通过政务服务制证中心现场领取，免费邮寄送达，可自行下载电子证照。

基层行政改革与管理创新

Grassroots Administrative Reform and Management Innovation

B.22
以高质量发展推进县域
现代化的嘉善实践

中共嘉善县委　嘉善县人民政府*

摘　要： 2022年9月，中央全面深化改革委员会审议通过《新发展阶段浙江嘉善县域高质量发展示范点建设方案》，要求嘉善努力为全国县域高质量发展提供示范。嘉善县坚定不移沿着习近平总书记指引的方向，深入践行新发展理念，全力担当重大使命，积极探索县域高质量发展新路径新方法：坚持科创产业联动，提升经济优质度；坚持统筹协调发展，提升城乡融合度；坚持生态优势转化，提升环境友好度；坚持深化区域合作，提升县域开放度；坚持社会共建共享，提升群众幸福度；坚持党的全面统领，提升政治执行度。2022年，嘉善县以高质量发展推进县域现代化取得新的进展和成效，跻身中国工业百强县市第39位、全国综合实

---

* 执笔人：于红弟，嘉善县委推进办副主任；李维兴，嘉善县委推进办调研科科长；刘伟，嘉善县委推进办调研科副科长。

力百强县市 50 强。

关键词： 浙江嘉善　高质量发展　县域现代化

嘉善地处长三角核心区，习近平总书记给予其亲切关怀，亲自将其作为联系点进行调研指导，先后 4 次亲临视察、20 次作出重要批示。在习近平总书记的指引下，2013 年 2 月、2017 年 2 月，国家发改委两次印发方案推进嘉善县域科学发展示范点建设；2019 年长三角一体化发展上升为国家战略后，嘉善全域被纳入长三角生态绿色一体化发展示范区，成为落实国家战略的先手棋；2022 年 9 月，中央全面深化改革委员会审议通过《新发展阶段浙江嘉善县域高质量发展示范点建设方案》，要求嘉善努力为全国县域高质量发展提供示范。

嘉善县坚定不移沿着习近平总书记指引的方向，深入践行新发展理念，全力担当重大使命，积极探索县域高质量发展新路径新方法，以高质量发展推进县域现代化。2022 年，全县实现地区生产总值 863.48 亿元、增长 5%，人均地区生产总值达到 13.1 万元，财政总收入 138.1 亿元，一般公共预算收入 80.5 亿元，规上工业总产值达到 2050 亿元，跻身中国工业百强县市 39 位、全国综合实力百强县市 50 强。

一　坚持科创产业联动，提升经济优质度

加快转变发展方式，着力推动产业集聚化、集约化、高端化发展，探索科创产业联动发展新路径。2022 年，规上工业增加值 415.4 亿元、增长 11.2%，增速列浙江省 40 多个工业大县（市、区）第 4，获得"浙江制造天工鼎"，实现省"科技创新鼎"三连冠，科技进步监测指数排名浙江省第 6，列入全国创新型县建设名单。

（一）坚持"创新集聚"，增强内生动力

一是高标准建设创新载体。积极对接协同省内外科创资源，高标准打造科创平台和载体，高标准建设祥符荡创新中心，扎实推进浙大长三角智慧绿洲、嘉善复旦研究院、祥符实验室等高能级科创载体建设，探索共建张江（祥符荡）创新合作示范园区，嘉善高新区获省政府正式认定并与青浦、吴江共同成立全国首个跨省域高新区。2022年，建成省级新型研发机构2家，全社会R&D经费支出占比达到4%。二是高规格培育创新主体。实施科技型企业"双倍增"行动计划，通过"科技政策"精准培育、"三色评价"精准管理、"浙里加计扣除"系统精准服务，形成"育、管、服"的全流程管理服务体系，创新"企业出题、院校解题、政府助题"的产学研合作模式，推动院校和企业双向对接。2022年，新增国家高新技术企业152家，总数达到710家，四年翻两番；新增浙江省科技领军企业1家及领军型科技企业、省科技"小巨人"企业2家，国家知识产权示范企业1家。三是高起点引育创新人才。大力实施"星耀南湖·祥符英才"计划，出台人才新政3.0版，完善人才政策体系，提升海外引才工作站、高校引才联系点等载体功能，万人发明专利拥有量达到56件，引育省级以上高端人才35人。

（二）坚持"项目为要"，提振发展动能

一是突出产业项目招引。紧盯通信电子、新能源等主导产业，组建4个产业链招商专班，组建招商分队赴德国、深圳等开展驻点招商。举办善洽会等推介活动，集聚优质重大产业项目，引进产值百亿元的合盛硅业等优质产业项目146个、总投资762亿元。二是深化重大项目推进。聚力打造工业强县升级版，开展项目推进大比拼活动，建立专班联动机制，清单化、责任化推进，加快实施一批产业链协同创新项目，打造标志性引领性成果，全年有27个项目列入省级重点项目库，荣获省政府投资"赛马"激励。三是深化项目集成服务。完善重大项目要素保障机制，高质高效划定"三区三线"。实施企业投资项目联合评审，全面推进一般工业项目"拿地即开工"、"联合竣工验收"、施工许可"多合一"等改革举措。创新"178"投资项目全生命周期服务，办理环节从 11 个压缩至 5 个。组建"红色代办"队伍，开展"千名干部助千企"行动，以最优服务形成更大的推动力。

（三）坚持"转型提档"，优化产业结构

一是精准发力，做强新兴产业。大力培育数字经济、新能源新材料等"3+3"主导产业，加速培育数字经济千亿产业集群，数字经济产值近三年平均增速达到 70% 以上，集聚了立讯智造、兰钧新能源、格科微电子等一批标杆性企业。2022 年，规上高新技术产业增加值占比达到 84.8%，入选浙江省大力发展数字经济成效明显督查激励县。二是技术改造，赋能传统产业。实施制造业数字化、绿色化改造行动计划，以数字化应用推广和节能降碳为着力点，加大工业园区和工业企业有机更新力度，新增国家专精特新"小巨人"企业 11 家、国家级绿色工厂 1 家、省级智能工厂 1 家，制造业高质量发展评估列浙江省第 10。三是集约利用，提升发展效能。全面实施全域土地综合整治，盘活存量土地，深化耕地保护、结构优化、资源节（约）化、产业美化、红利转化、乡村美化"一保五化"模式。深化亩均论英雄改革，深入推进"退低进高""退散进集""腾笼换鸟"组合拳，加强工业"低产田"改造提升，促进优质企业加快发展，倒逼低效企业转型提升。2022 年，全县腾退高耗低效企业 598 家，腾出低效用地 5340 亩，规模以上工业企业亩均税收提高到 36.4 万元、规模以上亩均增加值提高到 235.92 万元，列入浙江省新一轮制造业"腾笼换鸟、凤凰涅槃"攻坚行动考核评价激励名单。

二 坚持统筹协调发展，提升城乡融合度

坚持新型城镇化和乡村振兴双轮驱动，提升城镇功能，做优乡村产业，构建工农互促、城乡互补、协调发展、共同繁荣的新型工农城乡关系，2022年城镇化率达到 74.5%。

（一）提升城市品质

一是城市龙头带动效应进一步显现。加快城市能级提升，高标准统筹推进高铁新城 CBD、中新新城 TOD、祥符荡 EOD 建设，完善高铁新城路网框架，稳步推进城市有机更新，梅花坊城市客厅、长三角（嘉善）金融创新中心、嘉善技师学院等一批标志性项目加快推进。二是中心镇节点功能进一步发挥。稳步推进就地城镇化，实施城镇更新攻坚专项行动，中心城镇人口集聚度、产业集中度、功能完善度不断提升，姚庄镇、西塘镇在省级小城市培育试点考核中连续四年获得优秀，全县农房集聚率达到 52%。三是城镇管理水平进一步提升。深化城市精细化治理，丰富社区服务场景，新增荷池社区、江南社区 2 个未来社区试点，新建、改造城市公园 3 个，完成绿道建设 28 公里，全域清零无物业管理小区，建成"席地可坐"城市客厅、样板路段、样板街区 6 个。

（二）推动乡村振兴

一是加快农业现代化。围绕打造"浙北粮仓"核心区，实施科技强农、机械强农行动，开展耕地"非农化""非粮化"专项清理，建设智种产业示范园、现代农业小微产业园，全年粮食总产量达到 14.5 万吨，建设高标准农田 3.5 万亩，引进亿元以上农业项目 4 个，建成现代农业小微产业园 7 个。二是增强农村发展活力。持续深化全国农村综合性改革试点，深入推进农村基础设施、公共服务与城镇无差别融合，建立专项资金+发展基金的"双金"模式。高标准建设布局数字乡村，把数字产业、数字服务、数字治理深入乡村振兴的每个环节。三是拓宽强村富民渠道。积极延伸农业产业链，大力发展民宿、文旅产业，实施第五轮"强村计划"以壮大村级经济，深化以"县域统筹、跨村发展、股份经营、保底分红"为主的"飞地抱团"发展模式，探索"薪金、租金、股金、福利金、养老金、创业金"组成的"六金"增收路径，村均集体经济经常性收入达到 450 万元，城乡居民收入倍差缩小至 1.54，连续 4 年获得浙江省乡村振兴战略实绩考核优秀单位，被授予浙江省首批"神农鼎·铜鼎"。

（三）建设交通强县

一是规划体系不断完善。发挥规划先导作用，立足《示范区嘉善片区综合交通规划》和《嘉善县综合交通"十四五"规划》，加快推进各专项规划研究落地，主动加强规划衔接，积极争取将重大交通项目纳入上位规划和"三区三线"划定的用地保障。二是互通格局加速形成。加快打造"轨道上的嘉善"，有序推进通苏嘉甬铁路浙江段、嘉兴至枫南和嘉善至西塘两条市域铁路、沪昆铁路嘉善段高架改造工程、沪杭高速公路嘉善联络线、嘉善大道快速路、兴善大道快速路等"三高四铁"建设，嘉兴至嘉善第三通道（嘉善段）率先建成。三是县域路网持续优化。高水平推进平黎公路城区段高架及西塘段道路拓宽、丁凝公路（大舜至红旗塘大桥）工程，实施城区主干道公路高品质改造提升，建立农村公路"路长制"，升级农村道路基础设施，优化调整公交线路，进一步织密公交网络，创新"物流+特色农产品+电商"客货邮融合发展模式，入选浙江首批交通强国试点县。

三 坚持生态优势转化，提升环境友好度

牢固树立绿水青山就是金山银山理念，坚持走生态优先、绿色发展之路，推动生态治理与生态经济融合发展、良性互动，打造江南水乡绿色发展全域秀美新图景。

（一）强化生态环境治理

一是深化"千万工程"，打造景区村庄。深入实施"千村示范、万村整治"工程，全域推动村庄景区化建设，因地制宜建设美丽乡村、发展美丽经济，推进农业面源污染治理、农村生活污水治理，建成省级美丽乡村示范镇1个、特色精品村3个、省级未来乡村3个，获评浙江省新时代美丽乡村示范县、深化"千万工程"建设新时代美丽乡村工作优胜县。二是坚持标本兼顾，攻坚环境治理。持续推进生态环境整治，着力实施截污纳管、污水

零直排、低散乱污企业整治、园区清洁化改造、水系连通工程等治水治污组合拳。全域系统推进水生态修复试点，打造祥符荡"水下森林"、盛家湾水生态修复样板，加强生物多样性保护，深入开展萤火虫回家行动，蝉联浙江省五水共治"大禹鼎"，获评全国水系连通及农村水系综合整治试点优秀县。三是实施"四美"联动，提升文明程度。深化美丽县城、美丽城镇、美丽乡村和美丽通道建设，扎实推进白水塘滨河公园、伍子塘滨水公园等一批重大项目，西塘—姚庄"未来幸福水乡"获评省级县域风貌样板区，开发区（惠民街道）、干窑镇获评省级美丽城镇样板镇。

（二）加速绿色低碳转型

一是大力推动低碳发展。强化绿色制造体系建设，实施低碳示范项目建设，出台高碳低效企业排查甄别工作指引，重点推进植绒、水泥、钢铁等高耗能行业淘汰落后产能，建立低碳生态科创联盟。单位 GDP 能耗下降 4.8%，入选省级低碳试点县，县、镇、村省级低碳试点实现全覆盖。二是积极倡导绿色生活。大力倡导绿色出行，逐步扩大公共自行车系统、公交系统覆盖面，加速布局加氢基础设施建设，统筹建成加氢站 3 座，探索多场景氢车示范应用，累计推广氢公交 100 余辆。基于资源循环、全民减废，扎实建设"无废城市"，提高资源利用率。三是创新生态价值转化。开展平原水乡生态产品价值（GEP）实现机制研究与实践，探索建立浙江省首个平原河网 GEP 核算技术规范，发放嘉兴市首笔"GEP 生态价值贷"，列入浙江省十大"绿水青山就是金山银山"样本。

（三）健全长效管理机制

一是完善环境监管机制。严守生态红线，实施环保审批制度改革新模式，开展"区域环评+环境标准"，健全河长制、湖长制等长效管理机制，完善"大生态"监管体系，生态环境质量公众满意度实现十连升。二是探索跨域水体协同治理机制。深化与青浦、吴江联保共治，推动联合巡河、监测、执法、保洁，创新"上下游联保、污水零直排、水生态修复"治水模式，县控以上断面全部达到或优于Ⅲ类水，太浦河长白荡饮用水水源地达到Ⅱ类水。三是健全资源有偿使用制度。健全资源总量管理和交易制度，实施环境质量和污染排放总量"双控制"、能源消费总量和消耗强度"双控制"，开展排污权有偿使用和交易，激活排污权交易二级市场，实现环境要素资源市场化配置。

四　坚持深化区域合作，提升县域开放度

充分发挥区位优势，实施全面接轨上海"第一站"首位战略，加快推进同城化、国际化，积极融入国际国内经济双循环。

（一）全面实施接轨上海首位战略

一是完善对接上海的体制机制。在规划衔接、科技创新、产业外溢、公共服务等领域全方位对接，实施柔性引才机制，推进沪善两地基层党建资源互通共享，与复旦大学共建研究院，复制上海自贸区通关便利化、保税监管等制度。二是构建分工协作的产业体系。深化与上海的合作配套、协同发展，利用成本优势积极承接上海制造业转移、现代服务业外溢，依托上海科创资源，探索建立接轨区域中心城市的协同科技创新机制，嘉善国际创新中心（上海）累计落地人才项目80余个。三是完善互通共享的公共服务。导入优质教育医疗资源，进一步深化与上海杉达学院的校地合作，成立上海理工大学附属嘉善实验学校、上海大学附属嘉善实验学校，跨省异地就医门诊费用实现直接结算，沪善同城效应进一步扩大。

（二）全面推进一体化示范区建设

一是发展蓝图共同协同。坚持以规划为引领，协同青浦、吴江共同编制年度行动方案、长三角生态绿色一体化发展示范区国土空间总体规划，实施示范区国土空间规划及专项规划共同编制、共同报批、联合印发。二是示范工程高标打造。大力实施"13820行动"，全面打造一个全域美丽的"金色

底板"、三条集中示范的"魅力路线"、八个特色鲜明的"示范组团"、二十大标志性项目，高水准承办示范区三周年现场会和开发者大会。三是制度创新一体推进。围绕规划管理、生态保护、土地管理、项目管理、要素流动、财税分享、公共服务、公共信用"八个一体化"，深入推进体制机制创新，累计推广跨界饮用水水源地共同决策、联合保护和一体管控机制等创新成果38 项。

（三）深入推进大开放，提升发展质量

一是持续优化营商环境。开展经济稳进提质专项行动，出台稳岗促产、惠企纾困帮扶、稳经济措施、稳外贸稳外资促消费等系列"政策包"，累计兑付金额 8.2 亿元，为企业减负 38.2 亿元。实施融资畅通工程升级版，持续推进小微企业"增氧计划""滴灌工程"，小微企业新增贷款规模 411.4 亿元，增长 26.7%。获评 2022 年城市营商环境创新县。二是加速集聚高端资源。实施招商引资"一号工程"，推行"基金＋股权＋项目"招商，开展外商投资股权投资企业试点（QFLP），组建总规模超 450 亿元的 25 支产业基金，合作建立 2 支总规模百亿元的先进制造业母基金。三是深化对外经贸合作。积极参与"一带一路"建设，支持企业"走出去"，优化出口产品和市场结构，出台扶助政策，开展稳市场、拓订单行动，创新推广境外"代参展"，实施浙江省首个海关特殊监管区域外保税维修业务，新增外贸出口实绩企业 143 家、出口额超 200 亿元企业 1 家，进出口总额达到 751.6 亿元，增长 32.2%，实际利用外资 4.69 亿美元。

五　坚持社会共建共享，提升群众幸福度

牢固树立以人民为中心的发展思想，将财政支出的近八成用于改善民生，深化全国文明城市建设，不断提升公共服务水平，着力打造浙江省"15 分钟公共服务圈"试点，切实保障和促进共同富裕。

（一）构建高质量就业保障体系

一是扎实推进就业创业。深入实施城乡一体的积极就业政策，深化大众创业促进机制改革，构建县、镇、村三级就业服务体系，联合出台全国首个跨省域共同富裕实施方案，建立大学生创业学院、创客空间等载体，设立首个长三角零工市场，建成长三角人力资源服务产业园。2022年新增城镇就业4.4万人，帮扶再就业1.1万人次，引育高技能人才6063人。二是积极促进富民增收。实施"扩中提低"改革，完善城乡居民增收与收入分配机制，实施城乡居民收入倍增计划，健全资本、技术、专利、管理等要素市场报酬机制，探索开展企业工资集体协商，协调开展行业性、区域性工资集体协商。积极拓宽农民增收渠道，引导农村劳动力转移就业、发展农村电商、壮大村集体经济，帮助农村就业困难人员就业创业。2022年城乡居民人均可支配收入分别达到72774元、47211元。三是稳步提高保障水平。不断完善社会保障体系，建立全域覆盖、城乡一体的养老、医疗等社保制度。深入推进社区精准康复、省级住房租赁等试点建设。规范被征地农民基本生活保障制度，率先出台长期护理保险制度，推行美团等新业态从业人员参加工伤保险等，长期护理保险参保人数达到51万人，惠及重度失能人员8074人，入选浙江省高质量发展建设共同富裕示范区试点。

（二）构建高水平公共服务体系

一是教育实现现代化。高质量配置教育资源，实施学校扩容提质工程，浙师大附属嘉善实验学校亭桥小学、上海理工大学附属嘉善实验学校建成投用。高标准推进义务教育学校标准化建设，建立5个教育集团、12个城乡义务教育共同体，"家育五灵"家庭教育共同体项目获评全国终身教育品牌。深入推进2个省级及以上教育数字化改革实验区建设，完善县域教育整体智治平台，持续深化中小学教师"县管校聘"管理改革。以高校助推、名校托管的方式推进合作办学，建立办学集团化、资源高端化、流动常态化新机制，深化与浙师大等7所高校（名校）的合作，建设和运行11所嘉善附属学校。二是医疗加快数字化。深化健康嘉善建设，推进县公立医院综合改革和基层医改，以浙大二院嘉善分院等 2 家县级医院为龙头联通 37 家沪杭三甲医院，实体化运作覆盖全部乡镇卫生院的医共体和 5G 智慧健康屋。实施县域急救体系软硬件提升工程，建成县镇村一体化急救体系并获评2022 年度浙江省综合医改十佳典型案例，院前急救水平位居全国前列，健康浙江考核列全省县（市、区）第一。三是养老服务多元化。深化国家级养老服务业标准化示范项目，推动养老机构、居家养老服务照料中心品牌化、连锁化、标准化运营。健全失智老年人照护服务体系，养老服务标准化示范项目获评全国唯一的县域示范项目。推进公办养老机构国企化改制，养老服务事业和产业协调发展，建成嘉善特色现代化养老服务体系，成为浙江省唯一的幸福颐养标杆区试点县。四是文化发展体现特色化。深入挖掘"善文化"地域特色人文资源，实施文化基因解码工程，发布"善文化"指数 2.0 版，入选浙江省首批"文化标志建设创新项目"名单。推动"善文化"融入百姓日常生活，组织开展"最美嘉善人"选树活动，充分展示全县各行各业"一嘉人·筑善城"的时代风尚。全域开展"浙江有礼·积善之嘉"文明实践，入选浙江省首批区域金名片，入选全市首批共同富裕最佳实践清单。提升遍布城乡的农村文化礼堂、善城智慧书屋、农村书场书屋等文化载体，成功创建浙江省农村文化礼堂建设示范县，实质化运行浙江省首家体育党群服务中心，打造城乡一体"10 分钟品质文化生活圈"，获评浙江省农村文化礼堂建设示范县。深入开展"善文化节""全民文化艺术节""江南民歌节"等文化活动，保护嘉善田歌、踏白船等地方文化遗产，持续提升西塘汉服文化周影响力，浙江省首批文旅产业融合试验区创建获评优秀，连续五年入选全国县域旅游综合实力百强县。

（三）构建现代化社会治理体系

一是改革便民服务模式。深入推进政务服务数字化转型，创新一窗办理、无差别全科受理等模式，实施企业从准入到退出、个人从出生到死亡全生命周期"一件事"改革 75 项，90% 以上的政务服务事项实现"网上办"。推进跨省域政务联动，1300 多项政务服务事项实现"跨省通办"，建设全国首个跨省域区块链平台"区域协同万事通"，搭建医保快速理赔、长三角"敬老通"等 13 个子场景，预防接种"一件事"、行政执法监督等 9 项应用纳入省级重大应用。创新打造城乡一体"颐养智享"应用，为 12.5 万老年人建立"数字画像"，获评浙江省数字社会最佳应用。二是创新平安建设机制。创新推进矛盾调处化解"最多跑一地"，建立县、镇、村三级联动社会治理机制，推行矛盾调处一窗受理、一门办理，提供矛盾调处化解全链式服务。全面推动警格、网格深度融合，落实辅警和网格员集中办公制，开展联合办公、联合走访、联合调解"三联工作"，确保小事不出网格。三是打造整体智治格局。以数字化改革赋能县域整体智治，深入建设一体化智能化公共数据平台和党政机关整体智治系统，建成智慧交通、智慧水务、数字城管等管理系统，深化智安街道建设，"智安小区"建设获评全国社会治理创新最佳案例并被推广。推进"大综合一体化"全域赋权改革，实施基层"一支队伍管执法"，开展推进基层治理"一件事"集成改革，构建全智治数字执法体系，"大综合一体化"行政执法改革指数和效能指数位列浙江省第 4。

六 坚持党的全面统领，提升政治执行度

大力发挥县委总览全局、协调各方的作用，通过增投入强基础、抓班子带队伍、改作风树形象，打造具有"双示范"鲜明标识的基层党建样板。

（一）树立党建统领政治导向

一是旗帜鲜明讲政治。始终把习近平新时代中国特色社会主义思想贯穿于经济社会发展各领域全过程，切实提升全县上下坚定捍卫"两个确立"、坚决做到"两个维护"的政治自觉、思想自觉和行动自觉。深入开展"六学六进六争先"学习实践活动，推动党的二十大精神在嘉善落地生根、开花结果。二是加强思想理论武装。守牢意识形态阵地，严格落实"第一议

题"制度，定期学习习近平总书记县域发展重要论述，通过"双示范"大讲堂、县委理论中心组等学习平台，着力推进习近平新时代中国特色社会主义思想学习制度化长效化。三是增强同心凝聚力。实行四套班子"一线工作法"，县人大、县政协领导牵头推动招商引资、社会治理、信访维稳等重点难点工作。发挥统一战线、群团组织优势，构建县、镇、村三级"同心之家"阵地群，不断增强高质量发展凝聚力和战斗力。

（二）建立党员干部选育管用机制

一是创新干部管理机制。突出政治标准首关，深入实施领导干部政治素质考察办法。2022年在疫情防控、招商引资等中心工作中提拔或进一步使用干部73人，调整不适宜担任现职干部21人，推动干部能上能下、能进能出。二是注重干部能力提升。注重干部挂职锻炼、基层锤炼，创新"一线赛马"等工作机制，开展"担当作为"大比拼，举办"善接未来"示范擂台赛系列活动。2022年选派22名县处级领导和1013名干部深入一线组团服务基层。三是完善干部关爱机制。深入开展干部心理健康"向日葵"行动，深化省社会心理服务体系建设综合试点，完善县级关爱中心和心理健康服务中心，构建维护干部心理健康服务体系。

（三）构建城乡一体基层党建格局

一是完善基层组织体系。建立两新组织片区党建联盟制度，推进新居民集聚地"双融"党建，深化企业、工地、楼宇等党组织建设，率先发布浙江省首个县级"红色工地"建设标准。二是织密党群服务网络。深化基层党建阵地建设，实施"红色根脉强基工程"，高标建设54个市县镇党建示范点，争创省级"红色根脉强基"示范县。激活党群中心服务功能，县镇村党群服务中心全覆盖。三是增强基层干部活力。加强基层组织带头人建设，深入实施"活力倍增""领雁带创"等计划，完善村（社区）党组织书记队伍建设"1+5"制度体系。

（四）打造风清气正政治生态环境

一是强化政治监督制度。实施党政负责人落实党风廉政建设"第一责任人"责任情况评估，建立党委（组）书记抓党建工作责任清单、领办党建重点项目、专项述职评议等制度。二是深化纪检监察体制改革。健全县、镇、村三级监督组织架构，高水平推进基层纪检监察工作标准化规范化建设。深入推进政治巡察，构建纪律监督、监察监督、派驻监督和巡察监督"四个监督"全覆盖的监督体系。三是打造"清廉嘉善"样板。加强"水乡清风"廉政文化品牌建设，深化领导干部廉洁从政从业"五个严禁"，健全"两个担当"良性互动机制，为11名党员干部澄清正名。

构建集约高效城市治理新体制的有益探索

——浙江龙港撤镇设市三周年行政体制改革评估

中国行政体制改革研究会课题组 *

摘　要： 龙港撤镇设市以来，坚持以习近平新时代中国特色社会主义思想为指导，以党建统领为原则，以数字化改革为路径，纵向推进扁平化，横向推进大部制，综合推进有为政府、有效市场、有机社会紧密结合，积极探索构建城市行政管理新体制和基层治理新模式。以简约精干的组织架构完成了新生城市的体制重建，为特大镇改市作出开创性探索，为推进新型城镇化发展和中小城市治理现代化进行了有价值的尝试，为推进城乡基层治理现代化提供了新的思路。龙港实行的一些行之有效的改革做法，对全省乃至全国小城市治理产生了一定的示范效应。国家应在总结龙港改革经验基础上，着眼于推进国家治理现代化和新型城镇化发展的战略布局，稳步推进特大镇设市改革。

关键词： 龙港市　扁平化　大部制　新型城镇化

浙江龙港是中国第一座农民城，长期以来得到习近平总书记的关怀和厚

---

* 课题指导人，魏礼群。课题组长：王满传。课题组成员：慕海平，中国行政体制改革研究会执行局副主席、研究员；田青，中国行政体制改革研究会智慧治理委员会副主任、研究员；赖先进，中央党校（国家行政学院）公共管理教研部教授；孙文营，中国行政体制改革研究会学术委员会秘书长；曹鸣玉，中央党校（国家行政学院）公共管理教研部博士后。执笔人：王满传、孙文营、赖先进。

爱。早在 2003 年，习近平同志到龙港调研时就指出："龙港现象值得进一步关注和研究。"2019 年 9 月，在习近平总书记的关心下，经国务院批准，浙江龙港撤镇设市（县级），成为全国首个"镇改市"。三年来，龙港市广大干部群众深入学习贯彻习近平新时代中国特色社会主义思想，按照国务院设市批复要求，在国家有关部委和浙江省、温州市的指导和支持下，锚定"机构最精、层级最少、职能最优、成本最低、效能最高、责权利相统一"的目标，不走简单套用一般县级市治理体制的老路，依托"镇改市"的有利条件，致力构建城市行政管理新体制和基层治理新模式。在撤镇设市三周年之际，为总结改革成效，研究解决改革进程中遇到的难题，以进一步完善龙港作为新生城市的治理体制，有效发挥龙港对我国新型城镇化发展和"镇改市"工作的示范引领作用，中国行政体制改革研究会组建课题组，对龙港撤镇设市三年来行政体制和基层治理模式改革实践开展了评估研究。课题组认为，龙港市干部群众牢记使命、感恩奋进，锐意创新、勇于突破，坚持党建统领和数字赋能，构建了一种全新的城市行政体制和治理模式，改革取得明显成效，为龙港镇改市后经济社会发展提供了体制保障，为创新特大镇改市的治理体制、推进新型城镇化作出了有价值的探索。

一 龙港撤镇设市后行政体制改革的实践探索

撤镇设市三年来，龙港坚持以习近平新时代中国特色社会主义思想为指导，以党建统领为原则，以数字化改革为路径，纵向推进扁平化，横向推进大部制，综合推进有为政府、有效市场、有机社会紧密结合，积极探索构建城市行政管理新体制和基层治理新模式。

（一）推进"扁平化"，探索城市治理新模式

一是首创"一级政府"城市管理架构。龙港撤镇设市后，没有像全国其他县级市那样设置"市—乡镇"两级政府架构，而是利用"镇改市"良机，秉持"不增层级增协同、不坐机关坐社区"的理念，突破性地构建了

市直接管社区、只有一级政府的城市管理架构，成为全国第一个不设乡镇的县级市。经过探索优化，将全市辖区划分为 26 个社区，由市级党委政府直接管理，实现了管理层级的扁平化。

二是构建党建统领的市直管社区基层治理体制。在实行一级政府的城市管理架构基础上，龙港充分发挥市级和社区党组织作用，构建党建统领的基层治理体制。市委成立基层治理委员会，领导全市基层治理工作；同时，全市所有 26 个社区都建立党组织，按照"一切工作到支部"的原则，打造了"市委—社区党组织—党支部（党小组）"的基层治理轴心。市委市政府在社区设立联勤工作站、社区综合服务中心，开展社区治理，服务人民群众。为使城市管理和服务更加精细精准，进一步将全市划分为 462 个全科网格，通过全域网格化，实现治理触角向基层"神经末梢"延伸，形成"党建统领、市管社区、分片服务、智能高效"的基层治理体制。

三是加强党建统领的现代社区建设。明确社区的性质为具有法人资格的基层群众性自治组织，在党组织领导下，依法承担部分服务性、事务性的政府职能，拥有对涉及本区域的重大决策、重大规划、重大项目的参与权和建议权。按照职责法定、权责一致的原则，制定《现代社区工作职责》，明确了现代社区党建工作、居民自治、集体经济、便民服务、网格治理五个方面的职责，厘清了现代社区与市级部门的职责边界。成立社区党委、社区居委会、社区居监会，建立社区党群服务中心、社区集体经济发展中心、社区网格服务中心和社区事务服务中心等工作平台，同步设置群团工作委员会、人民调解委员会、治安保卫委员会、文化体育委员会、安全生产委员会、民主协调议事委员会、共同富裕（关爱帮扶）委员会、乡贤理事会、美丽社区建设促进会等配套自治组织。

四是提升社区基层自治理能力。市政府向社区转移政府职能，推行市、社区事权同权化管理。在制定政府主体权责清单的基础上，出台社区事项清单目录，建立社区工作事项准入制度，将适合社区行使的权力下放给社区。实施社区干部职业化，激发社工队伍活力。建立了社区自治系列制度和机制，如建立社区联合党委的日常考勤管理制度、日常巡查制度和基层"固定日会议"制度，建立"联勤巡查、快速响应"处置机制，实现90%以上基层问题就地解决。

（二）推进"大部制"，打造治理组织新结构

一是党政机构"集成化"和人员精简化。撤镇设市以来，龙港按照"党政机构合一、职能相近部门合并、打破上下对口"的原则，从城市管理、企业发展、个人服务三方面找准改革突破点和制度重塑点，对党政机构进行系统性集成设置。整合原来12个镇内设机构、11个事业单位、18个县派驻机构共计41个部门，重新设立了15个党政大部门，其中党委机构6个（纪检监察机关1个、工作机关5个）、政府工作部门9个（经济发展局、公安局、财政局、社会事业局、自然资源与规划建设局、农业农村局、应急管理局、市场监督管理局、综合行政执法局），同时综合设置6个直属事业机构，不设乡镇、街道，构建了"简约高效"的大部制管理体制。相比改革前，机构数量压缩近50%，约为省内同类县（市）的30%。3年来，龙港坚定15个党政部门的构架不动摇。坚持行政管理人员精简化。目前，龙港市各类行政人员编制总数为776人，是苍南县2562人的30.3%，龙港市事业编制总数为4632人（含温州周转编制70人），是苍南县16775人的27.6%，其中用于党政群的事业编制1029名，只相当于同类县（市、区）编制的40%。

二是部门职能配置"模块化"。镇改市后，打破原有科室条线，以事项职责为"最小颗粒"，按照职能相关、相近、相通原则，重新组合科室职能，对任务进行精细分解，通过部门间的职能重构、部门内的大科室模块化重组，厘清部门间的职责边界，推动部门内跨层级、跨科室流程再造，统筹设置不同工作模块，实现了由原来一个科室对应上级一个机构，向一个模块对应上级一类业务的转变，实现了大部门制机构从"物理整合"向"化学融合"的转变。

三是公共服务供给"社会化"。按照"政府可转移、社会可承接"原则，积极探索多元化公共服务供给模式。实施"一张清单转职能"改革，

建立包括近 200 项事项的政府职能转移清单和社会购买服务清单，大力推进政府职能向社会转移，构建多元化公共服务提供机制。自 2020 年 9 月举行政府职能向社会转移项目集中签约仪式以来，已经有上百家社会组织、企事业单位、高等院校等陆续承接了涵盖监督评估、行业管理、社工服务等领域的近百项外转职能。

（三）推进"数字化"，建立整体智治新标杆

一是以数字化改革推动跨层级跨部门协同。龙港贯彻落实浙江省数字化改革部署，以数字化思维和方法，推进跨层级跨部门协同。第一是搭建社会治理中心（城市运行管理中心）"一网统管"数字化平台，以数字赋能统筹"大综治""大治安""大应急"事件调度，构建实战管用的社会治理联动新模式，建立高度融合、系统集成的市级全域智治中心，实现了"一个中心管运营"。第二是在浙江省首个实施全领域"一枚印章管审批"改革，创建了网上审批业务协作平台，实现跨层级跨领域一网办理。第三是以城市运行中心为支撑，构建监管执法"一张网"，迭代升级"一支队伍管执法"协作支撑应用系统，建立执法统一指挥平台，推动"传统执法"向"智慧执法"转变。第四是构建统一的政务信息资源共享和政务办理平台，整合、汇聚、联通分散在不同部门的数据信息，实现模块业务协同和数据共享。

二是以数字化改革提升基层治理智慧化水平。第一是建立龙网、龙港码、网格 E 助手、疫情防控多跨应用等智防智控体系，实现了"一张智网管全域"。第二是以党建统领网格建设和网格优化，开发基层党建扁平化智管系统，指令直达 102 个基层党组织、15 个党政部门、462 个全科网格。第三是推进网格信息化建设，全力打造智慧网格，充分整合专职网格员采集、物联感知设备采集等多渠道信息数据来源，实现"一个网格管落地"。第四是完善社区信息基础设施，搭建了高空巡检、水质监测、智慧农业、智能垃圾桶等 10 多个数字化功能平台，实现了社区治理智慧化。

三是以数字化改革增强经济发展新动能。龙港以印刷产业为核心产业，具有产业规模大、企业数量多、覆盖面广等发展优势，但同时面临龙头企业

少、规上企业弱、印后加工企业分散的问题。为解决这些问题，龙港与猪八戒网、温州电信、温州移动等互联网公司合作，开发建设印刷产业"大脑"，从政府侧和企业侧两个维度整合数据资源，让印刷业实现资源数字化、供应链数字化、产品数字化、管理数字化、营销数字化，引领全市印刷行业的产业互联网的变革。目前已整合龙港印刷包装行业协会等数字化资源，构建印刷行业数据库，产业"大脑"已在线运行。同时，龙港大力推行"未来工厂"建设，围绕印刷包装产业的数字化变革，积极引导印刷业龙头企业配备精密电子印刷、微刻等先进制造设备，不断提升厂房车间数字化程度。

二　改革取得的成效和经验

镇改市以来，龙港市以简约精干的组织架构完成了新生城市的体制重建，为推进新型城镇化发展和中小城市基层治理现代化作出有价值的探索，有力推动了经济社会发展和现代化进程。龙港实行的一些行之有效的改革做法，对全省乃至全国小城市治理产生了一定的示范效应。

（一）增强了发展自主权和资源配置能力

镇改市后，龙港行政主体法定地位提高，获得了与其经济体量相匹配的县级市拥有的事权、财权和人事权，增加了发展规划权和行政资源要素分配权，组织和财政保障能力大幅提升。三年来，先后获批农村宅基地、城市标准化、政府购买服务、全域土地综合整治等4个国家级改革试点和12个省级改革试点。与设市前相比，资源要素配置能力、融资能力、人才吸引能力显著加强。

（二）推动了经济社会高质量发展和共同富裕进程

设市三年来，龙港发展受到新冠疫情的冲击，但龙港不断创新治理模式和体制，深入推进"放管服"改革，营商环境持续改善，市场主体不断壮大，产业平台加速升级，经济社会高质量发展开创新局面。2020年、2021

年，全市地区生产总值分别同比增长 4.4% 和 4.8%；2022 年上半年增速达到 6.6%，名列浙江省第 6 位。同时，加快教共体、医共体、文共体等民生事业建设，公共服务水平大幅提升。教育从普及化向品质化发展，2021 年龙港"中学教育质量"总体水平跃居温州第 6。优质幼儿园比例目前达到 55.2%，是全市提升最快的县（市、区）。实现全域通公交、同城同票价，打造了"15 分钟便民服务圈"和"15 分钟品质文化生活圈"。医疗机构稳步增加，医疗卫生服务水平、服务能力显著提升。城乡差距缩小，城乡居民收入倍差降到 1.86，向共同富裕目标迈出坚实步伐。

（三）提升了行政效率和治理效能

通过城市治理模式和行政体制改革创新，降低了行政成本，提高了行政效率，实现了基层社会有效治理和公共服务高效供给的"双效益"。"大部制"改革后，党政机构数量减少近 50%，总数约为浙江省内同类县（市）的 30%，行政人员编制总数相当于同类县（市）的 40%。2021 年，全市一般公共服务支出为 3.08 亿元，仅为同期苍南县的 1/3、平阳县的 1/4。对市场主体和人民群众的服务水平大幅提升。一般企业投资项目审批时长仅需 40 天，是全省标准的一半。群众需要办理的事项 80% 以上可在网格一线办理，便利度大大提升，受到广大人民群众一致称赞。

（四）加快了城市建设和新型城镇化发展

镇改市以后，龙港以打造温州大都市区南部中心城市为目标，加快城市建设和发展。甬台温高速复线、鳌江四桥、鳌江五桥等对外交通相继通车；政务客厅、人才客厅、文化中心、"两个健康"先行区实践中心等相继投用；公共服务中心区、新人民医院、循环经济产业园等工程相继落地。三年来，累计拆除 17 个城中村，完成近 70 万平方米高品质安置房建设，实施了城市重点区域综合开发。龙港常住人口城镇化率从 64.16% 提高到 97.2%，新增公园绿地 675 亩，新改建微型城市公园 18 个，建设完成城市绿道 8 公里，城市基础设施更加完善，城市面貌更加靓丽。

（五）产生了良好社会影响和示范效应

龙港市的改革实践经验引起有关部门、地方和社会的关注和重视。2021年以来，中央深改办、国家发改委先后发文推广龙港经验。龙港"一枚印章管审批"改革入选浙江省级"最佳实践"。2020年11月，在国家信息中心、亚洲数据集团主办的亚太智慧城市发展论坛上龙港市被授予"2020中国领军智慧县级城市奖"。中央党校（国家行政学院）、浙江大学等学术机构的专家团队对龙港的改革实践开展了专题研究。中央编办主办的《中国机构改革与管理》与《浙江日报》等报刊发表文章总结龙港改革的做法和经验。龙港的实践经验为其他特大镇和中心城市发展改革提供了重要借鉴。

（六）积累了行政管理体制改革重要经验

镇改市以来，龙港市利用新生城市的有利条件，通过一系列改革创新举措，构建城市治理新体制，探索城市治理新模式，在推进城市治理现代化方面积累了不少有益经验。主要包括：一是坚持强化政治自觉。广大干部群众深刻感悟习近平总书记对龙港撤镇设市的关心关怀，珍惜龙港来之不易的历史机遇，切实增强政治自觉、思想自觉和行动自觉，秉持"无改革不龙港"的理念，高举改革大旗，勇扛探路使命，积极为推进新型城镇化发展探路。二是坚持党建统领。把加强党的领导贯穿于市域治理各领域全过程，通过扎实的党建完善党的领导，统领协调各方面力量，构建协同共治的城市治理体系，推动各方面各领域的发展改革。三是坚持人民至上。始终把维护好实现好发展好全市人民的利益作为不断深化改革创新的出发点和落脚点，尊重和发挥人民群众的首创精神，调动和支持社会各界参与改革，确保人民的主体地位，努力提升人民群众获得感、幸福感、安全感。四是坚持集约高效。按照推进城市治理现代化的要求，以集约高效为目标，纵向推进扁平化，横向推进大部制，深入推进改革创新，着力构建现代城市治理新体制。五是坚持数字赋能。抓住信息技术发展带来的机遇，充分运用数字技术，推动城市治理数字化转型，提升市域整体智治水平。

三 对龙港镇改市行政体制改革的总体评价

设市三年来，龙港市广大干部群众坚持以习近平新时代中国特色社会主义思想为指导，突出大部门制、扁平化和整体智治改革，不断完善各方面改革举措，为特大镇改市作出有价值的探索，为推进基层治理现代化提供了新的思路。

（一）龙港肩负并较好完成了为国家新型城镇化探路的使命

龙港是一个承载梦想、创造奇迹的地方，更是承载着习总书记和党中央国务院的关怀厚爱和殷切嘱托，承载着国家新型城镇化综合改革的试点先行和探路使命。根据《温州市苍南县龙港撤镇设市行政区划调整总体实施方案》，龙港撤镇设市肩负"打造新型设市模式全国样板，为国家新型城镇化发展探路"的使命任务。三年来，龙港广大干部群众坚持强化政治自觉，深刻感悟习近平总书记对龙港撤镇设市的关心关怀，把习近平总书记的关怀激励作为政治动力，努力成为基层治理体系改革的先锋，努力担当好党中央、国务院交给的使命任务。龙港市各项工作深入学习贯彻习近平新时代中国特色社会主义思想，着力推进基层政府治理体系和治理能力现代化，认真贯彻落实创新、协调、绿色、开放、共享的发展理念，尊重和顺应城市发展规律，提高新型城镇化质量和水平，增强城市综合承载能力。按照党的十九届三中全会关于构建简约高效基层管理体制的精神，统筹研究撤镇设市的行政体制改革事宜，细化量化严控机构编制的工作目标，严格执行中央关于厉行节约的规定和国家土地管理法规政策，通过实施大部制、扁平化、整体智治改革，有力推进了城市化发展、缩小了城乡二元结构、推动了共同富裕历史进程，打造了新生城市基层治理鲜活样板。可以说，广大干部群众肩负并较好完成了为国家新型城镇化探路的使命，也抓住了自身发展的历史机遇。

（二）龙港市行政体制改革具有独创性和鲜明的人民性

龙港撤镇设市是全国唯一，龙港市扁平化管理模式在当前相对成熟稳定的制度框架下，有些"特立独行"的味道，没有现成的经验可循，也面临改革于法无据的困惑。广大干部群众秉持"无改革不龙港"的理念，高举改革大旗，勇担探路使命，随着形势任务的发展变化，不断完善改革方案，不断推出改革新举措，注重处理好改革与稳定发展的关系，使改革蹄疾步稳、有序推进。所有改革举措坚持党建引领，坚持以人民为中心，始终把维护好、实现好、发展好全市人民的利益作为不断深化改革创新的出发点和落脚点，适应新型设市模式对龙港市政府公共服务职能提出的新要求，以努力提升人民群众获得感、幸福感、安全感为导向，全力提高服务水平。尊重和发挥人民群众的首创精神，支持各类社会组织、自治组织和社区居民积极有序参与社会治理，携手打造共建共治共享的社会治理新格局，激发人民群众参与社会治理的积极性和创造性，确保了人民的主体地位，彰显了以人民为中心的发展理念。

（三）龙港基层扁平化治理开创性实践探索了一条小城市基层治理新路

从国家治理现代化的高度说，基层治理现代化是国家治理现代化的基础。现在很多地方的基层治理改革出现反复，改革创新也存在形式主义、持续推进改革动力不足等问题。可以说，基层治理转型的深度推进，势必遭遇基层治理现有体制的阻碍，只有通过变革治理体制、实现政府内部"条块"纵向关系优化和外部"政社"关系整合的有机衔接、形成稳定的制度安排，才能最终实现基层治理现代化。龙港镇改市后，通过三年的扁平化、大部制改革探索，虽然还存在一些不足和问题，但新型行政管理体制已跨越磨合期的阵痛，正进入稳步运行阶段：对上，"大部制"部门可有效承接业务；对下，"没有乡镇街道"，任务也可有效落地实施；对内，机构关系进一步理顺、对外公共服务进一步优化。一些具体的改革做法获得上级或媒体的充分肯定和广泛的报道。扁平化改革是最大的改革亮点，"市管社区"的扁平化改革有助于基层社会的良性治理，为小城市基层治理体制改革提供了有益的借鉴。龙港改革经验的示范价值主要是在小城市。从我国的城市体系看，有

20万人口以下的小城市，也有人口在千万以上的超大城市，城市的实际情况千差万别，基层治理复杂程度也大不相同。因此，必须因地制宜推进城市基层治理体制改革，体现大、中、小城市治理的差异化策略。大城市的街道辖区人口规模较大，甚至达到中等城市人口规模，其公共服务和社会治理的任务就相当繁重，有必要设置街道办事处，承接政府管理职能和服务事项。但对龙港这样社区平均人口在4千人左右，人口流动较慢、地缘血缘相近的城市，采取"市管社区"扁平化治理技术就容易取得成功。因此，龙港基层扁平化治理创新实践为有序推进经济发达镇撤镇设市改革，以及为人口规模适中、辖区面积不大的小城市的基层治理体制改革提供了有益借鉴。

（四）龙港未来行政体制改革任务依然艰巨

目前，龙港改革中遇到一些亟待研究和解决的问题。要坚定扛起建设"全国新型城镇化改革策源地、基层治理样板区、高质量发展新高地"的政治使命，奋力建成全国新型城镇化改革策源地，为全国"镇改市"提供更多可复制、可推广、可实行的龙港经验，还面临很多艰巨的改革任务，特别是要在完善大部制改革、推进基层扁平化治理、打造全域整体智治示范城市、推动实现共同富裕等重点改革领域先行突破，形成更多具有龙港辨识度的原创性、标志性、引领性"硬核成果"。要完成好这些方面的行政体制改革任务，没有现成的经验可循，需要一个长期的探索过程。

四 国家稳步推进特大镇设市和全国新型城镇化工作的举措

撤镇设市是强镇扩权的延续，是特大镇发展到一定阶段后的自身要求。通过多年强镇扩权而逐渐获取县级权力的经济强镇，能够更好承接县级政权。龙港改革经验和发展成绩证明，国家"十四五"规划提出的"稳步有序推动符合条件的县和镇区常住人口20万以上的特大镇设市"是必要且可行的。为推动"十四五"规划落实，推进新时代新型城镇化发展，加快全面建设社会主义现代化国家进程，国家应在总结龙港改革经验基础上，着眼于推进国家治理现代化和新型城镇化发展的战略布局，稳步推进特大镇设市改革。

（一）加强对特大镇改市工作的顶层设计和组织领导

建议中央全面深化改革委员会办公室把特大镇行政管理体制改革列入我国推进基层治理现代化和新型城镇化的重要议题进行专门研究，总结和吸收龙港镇改市的探索与实践，对特大镇设市改革进行系统性的部署和设计。国家层面要组建特大镇设市协调机制，可由国家发展改革委牵头，中编办、民政部、财政部等有关部门参与，结合龙港市运行两年来遇到的瓶颈问题，制定支持特大镇设市工作专门的意见或办法，加快对特大镇设市后的新旧体制衔接等相关工作研究。省级层面，建立配套的协调机制，把镇改市后续改革纳入全面深化改革的重要内容，通过省级全面深化改革委员会出台镇改市后续的改革定位与配套改革文件，确保足够的改革赋权。有意向推进特大镇设市改革的地方必须立足当地实际，制定科学的调整方案，进行社会稳定风险论证评估，规范履行报批程序，稳妥有序地推进实施。

（二）研究制定完善的撤镇设市标准

"撤镇设市"牵涉广泛，实施行政区划调整和机构改革事关重大，与当地的经济发展、社会构成、历史文化、资源配置、建设规模、群众利益等密切相关，应谨慎对待。为防止一些地方不顾实际、一哄而起地推行镇改市，国家有关部门需要研究制定撤镇设市的标准，不宜笼统地套用龙港撤镇设市的模式，而是要按照有利于保持社会稳定、有利于释放经济活力、有利于提升行政效能的原则，根据各地实际，按照特大镇所处行政区类型，以及特大镇本身区位条件、人口规模、经济发展水平、区位发展要求、发展潜力等因素，使撤镇设市工作有标准可依，分类确定特大镇设市改革方案，审慎稳妥地推动特大镇的改革进程。

（三）明确镇改市后行政体制框架

要明确镇改市后的行政级别为县级。在推进撤镇设市改革中，有人认为，镇改市后，应为镇级市或副县级市（县下辖市），认为设立镇级市不仅能促进县域行政区划的稳定，减少行政区分割，更能节省县域政府行政开支；既可以克服传统切块设市的弊端，又可以克服撤县设市的不足。评估组认为，在当前我国现有的城市体系中，直辖市（省级）、地级市、县级市的各类级别设置已十分复杂，镇级市的推出难免会使体系更为混乱。"县下设市"虽然意味着县对市（镇级市）拥有了管辖权，但在当前我国宪法及相关条例中也没有相关法律依据，县下辖市与我国现行宪法和法律制度相悖。因此，国家应明确镇改市以后的行政级别为县级而不是副县级。

设市后的机构设置应采取适度的大部制。推动特大镇设市，不能走升格、翻牌、大幅度增加管理人员的路，必须要创出一个新型管理模式，要走小政府、大服务的模式，一定要提高行政效率、控制行政成本。从行政成本控制角度看，大部门体制是经济发达镇设市改革的基本选择。在我国金字塔式的行政体制下，面对全国 2 万多个镇，即使只有其中极少数经济发达镇具备改市条件，也是数量庞大的群体。如果镇改市时按照现有的县级市机构设置进行复制，必然会带来行政成本失控问题。因此，作为基层的县级市，在新设过程中，按照大部门体制的思路进行适度的机构合并，是经济发达镇体制改革的必然选择。当然，大部制也要根据履职需要设立，政府机构的设置和职能应该以事实为导向，不能一味地追求政府的简约而导致职能缺位。全国其他地方在推进特大镇设市过程中，应从本地区政府履职实际需要出发，不简单套用特大镇改革试点时期的行政体制。

（四）启动特大镇设市相关法律法规修订

目前，撤镇设市的政策文件的法律效力不足。在实践中，镇改市后的权力运行会受到法律制约。目前撤镇设市的法律依据是 2016 年的《国务院关于深入推进新型城镇化建设的若干意见》《2019 年新型城镇化建设重点任务》等规范文件。这些文件虽然涉及将特大镇有序置市,但依然缺乏具体标准化要求。要适应镇改市后工作需要,尽快启动特大镇设市的相关法律法规的修订和立法工作。撤镇设市的法律制度建设属于行政区划制度建设的一部分,法律制度建设跟进的同时要保持适度的弹性空间。此外,对于实施镇改市的地方,要充分利用地方立法权加强地方立法或依法进行授权,使镇改市工作和治理有法可依、依法而行。可学习和借鉴 2021 年浙江省十三届人大常委会第三十二次会议通过《关于促进和保障龙港市新型城镇化综合改革的决定》的方式,为镇改市后续改革进行法治化赋权。

附　录　2022年行政体制改革大事记

王　蓉*

国家层面

1月1日　2021年12月27日，国家发改委、商务部第47、48号令分别发布《外商投资准入特别管理措施（负面清单）（2021年版）》和《自由贸易试验区外商投资准入特别管理措施（负面清单）（2021年版）》，自2022年1月1日起施行。

1月4日　国务院常务会议部署全面实行行政许可事项清单管理的措施，规范权力运行，更大程度利企便民；决定实施企业信用风险分类管理，推动监管更加公平有效。

1月20日　中央依法治国办启动2021年法治政府建设实地督察反馈整改。

1月24日　中共中央办公厅、国务院办公厅印发《调整国家卫生健康委员会职能配置、内设机构和人员编制的通知》，国家卫生健康委员会负责管理副部级的国家疾病预防控制局。

1月27日　国务院印发《"十四五"市场监管现代化规划》（国发〔2021〕30号），对推进我国市场监管现代化作出全面部署。

1月30日　国务院办公厅印发《国务院办公厅关于全面实行行政许可

---

*　王蓉，中国行政体制改革研究会研究部主任。

事项清单管理的通知》（国办发〔2022〕2号）。全面实行行政许可事项清单管理，是深化"放管服"改革、优化营商环境的重要举措，有利于明晰行政许可权力边界、规范行政许可运行，为企业和群众打造更加公平高效的审批环境，对于推进政府治理体系和治理能力现代化意义重大。

2月 中共中央办公厅印发《关于加强新时代廉洁文化建设的意见》，强调要把廉洁文化建设纳入反腐败工作的基础性工程。

2月22日 国务院办公厅印发《国务院办公厅关于加快推进电子证照扩大应用领域和全国互通互认的意见》（国办发〔2022〕3号），就进一步加快推进电子证照扩大应用领域和全国互通互认，实现更多政务服务事项网上办、掌上办、一次办，进一步助力深化"放管服"改革和优化营商环境作出部署。

3月1日 国家市场监督管理总局发布了《中华人民共和国市场主体登记管理条例实施细则》（国家市场监督管理总局令第52号），为市场监管活动提供了更加细致、明确的法律依据。

3月5日 十四届人大一次会议上的政府工作报告指出，过去一年深化改革扩大开放，持续改善营商环境，推进法治政府建设和治理创新，保持社会和谐稳定。

3月11日 全国人大新修订的《地方各级人民代表大会和地方各级人民政府组织法》公布，3月12日施行。

3月12日 国家发改委、商务部印发《市场准入负面清单（2022年版）》（发改体改规〔2022〕397号），它是在全面修订《市场准入负面清单（2020年版）》后形成的。

3月14日 国务院常务会议提出，推进重点领域和关键环节改革，深化"放管服"改革，推动大众创业、万众创新，再推出一批便利创业创新、企业经营和居民办事的实招，推动更多事项异地办、一网通办。

3月16日 自然资源部办公厅印发《自然资源部办公厅关于深入推进城乡规划编制单位资质认定"放管服"改革的通知》（自然资办函〔2022〕450号），进一步优化营商环境、激发市场主体发展活力。

3 月 29 日　国务院总理令发布《国务院关于修改和废止部分行政法规的决定》，自 2022 年 5 月 1 日起施行。

4 月 2 日　国家市场监管总局印发《计量标准"双随机、一公开"监督检查工作实施指南（试行）》，切实规范和加强计量标准事中事后监管，持续保持获得计量标准考核证书的计量标准测量能力，提升量值传递溯源的有效性。

4 月 6 日　农业农村部发布《关于进一步深化"放管服"改革的意见》（农法发〔2022〕2 号），进一步深化农业农村领域"放管服"改革，持续优化营商环境。

4 月 19 日　习近平总书记主持召开中央全面深化改革委员会第二十五次会议时强调，要全面贯彻网络强国战略，把数字技术广泛应用于政府管理服务，推动政府数字化、智能化运行，为推进国家治理体系和治理能力现代化提供有力支撑。

4 月 22 日　国务院办公厅发布《2022 年政务公开工作要点的通知》（国办发〔2022〕8 号）。

4 月 26 日　国务院新闻办公室在北京举行新闻发布会，介绍《中国知识产权保护与营商环境新进展报告（2021）》，报告显示，2021 年，中国知识产权保护显著增强，营商环境优化持续发力，各项工作取得新进展。

5 月 4 日　国务院办公厅印发《深化医药卫生体制改革 2022 年重点工作任务的通知》（国办发〔2022〕14 号）。提出要发挥国家医学中心、国家区域医疗中心的引领辐射作用，发挥省级高水平医院的辐射带动作用，增强市县医院服务能力，提升基层医疗卫生服务水平，持续推进分级诊疗和优化就医秩序，加快构建有序的就医和诊疗新格局。

6 月 13 日　国务院办公厅印发《关于进一步推进省以下财政体制改革工作的指导意见》（国办发〔2022〕20 号）。

6 月 23 日　国务院印发《国务院关于加强数字政府建设的指导意见》（国发〔2022〕14 号），就主动顺应经济社会数字化转型趋势、充分释放数字化发展红利、全面开创数字政府建设新局面作出部署。

6 月 24 日　全国人大常委会通过了关于修改《中华人民共和国反垄断法》的决定。新的《反垄断法》强化竞争政策基础地位，引入公平竞争审查制度，强调数字经济反垄断，加大对违法行为的处罚力度。

7 月 11 日　国家成立了以国家发改委为牵头单位，20 个部门组成的数字经济发展部际联席会议。

7 月 12 日　国家发改委发布《"十四五"新型城镇化实施方案》，提出推进城市智能化改造，增强城市运营管理、应急处置能力。

8 月 6 日　国家市场监管总局发布《国家市场监管总局关于在全国范围内推进认证机构资质审批"证照分离"改革的公告》（2022 年第 28 号），进一步激发市场主体活力，持续深化"放管服"改革，营造法治化、国际化、便利化营商环境。

8 月 17 日　国务院办公厅印发《国务院办公厅关于进一步规范行政裁量权基准制定和管理工作的意见》（国办发〔2022〕27 号），这是我国首次从国家层面对建立健全行政裁量权基准制度作出全面、系统的规定。

8 月 29 日　国务院第十次全国深化"放管服"改革电视电话会议上发表重要讲话，部署持续深化"放管服"改革，推进政府职能深刻转变，加快打造市场化法治化国际化营商环境，着力培育壮大市场主体，稳住宏观经济大盘，推动经济运行保持在合理区间。

9 月 7 日　国务院办公厅印发《关于进一步优化营商环境降低市场主体制度性交易成本的意见》（国办发〔2022〕30 号），打造市场化法治化国际化营商环境，降低制度性交易成本，提振市场主体信心，助力市场主体发展，为稳定宏观经济大盘提供有力支撑。

9 月 9 日　国务院办公厅印发《市场监督管理综合行政执法有关事项的通知》（国办函〔2022〕94 号）。

9 月 13 日　国务院办公厅印发《全国一体化政务大数据体系建设指南》（国办函〔2022〕102 号），提出我国将构建全国一体化政务云平台体系，包括国家级政务云中心节点和 36 朵省级区域政务云，并探索建立政务云资源统一调度机制。

9月21日　国务院常务会议确定深入推进"一件事一次办"改革举措，为企业和群众增便利。

9月21日　国务院常务会议通过了《中华人民共和国行政复议法（修订草案）》。会议指出，要坚持依法行政，加强法治政府建设，有权不可任性。

9月26日　《民政部贯彻落实〈国务院关于加强数字政府建设的指导意见〉的实施方案》（民办便函〔2022〕856号）印发，明确了民政领域加强数字政府建设的总体要求、主要任务与保障措施，并有机衔接《"十四五"民政信息化发展规划》，对进一步推动民政数字化转型作出系统部署。

9月28日　国家税务总局制发《国家税务总局关于全面实行税务行政许可事项清单管理的公告》（2022年第19号）、《国家税务总局关于优化纳税人延期缴纳税款等税务事项管理方式的公告》（2022年第20号），全面实行税务行政许可事项清单管理，推进税务行政许可标准化、规范化、便利化，更大激发市场活力和社会创造力，促进经济社会高质量发展。

10月3日　《国务院办公厅关于加快推进"一件事一次办"打造政务服务升级版的指导意见》（国办发〔2022〕32号）出台，进一步加大了"一次办一件事"改革的力度与强度。

10月5日　国务院办公厅发布《关于扩大政务服务"跨省通办"范围进一步提升服务效能的意见》，要求继续推进"跨省通办"改革，提高服务便利性。

10月8日　国家发改委印发《长三角国际一流营商环境建设三年行动方案》（发改法规〔2022〕1562号），打造长三角国际一流营商环境，更大激发市场主体活力和发展内生动力，推动长三角更高质量一体化发展。

10月12日　全国深化"证照分离"改革经验交流座谈会召开。会议深入学习党中央、国务院领导关于深化"证照分离"改革的重要指示精神，认真总结一年来改革推进情况，研究分析突出问题，部署进一步深化改革的重点任务。

10月13日　国家发展改革委等部门印发《关于以制造业为重点促进外

资扩增量稳存量提质量的若干政策措施》（发改外资〔2022〕1586号），围绕优化投资环境，扩大外商投资增量；加强投资服务，稳定外商投资存量；引导投资方向，提升外商投资质量等方面提出了15条具体举措。其中提到，深入实施外资准入负面清单，尽快将开放政策转化为实实在在的外资项目。

10月16日 中国共产党第二十次全国代表大会胜利召开。习近平总书记在二十大强调："坚持全面依法治国，推进法治中国建设"。"扎实推进依法行政，转变政府职能，优化政府职责体系和组织结构，提高行政效率和公信力，全面推进严格规范公正文明执法。"

10月25日 国务院令第755号公布《促进个体工商户发展条例》，自2022年11月1日起施行。其中，各项具体扶持政策的内容共计19条，分别从登记注册服务、年度报告服务、各类信息服务、精准帮扶、经营场所供给，以及资金、财税、金融、社保、创业就业、社区便民、数字化发展、知识产权保护、纾困帮扶等多个方面，逐项进行了规定，为个体工商户发展提供全方位支持。

10月26日 国务院办公厅印发《第十次全国深化"放管服"改革电视电话会议重点任务分工方案》（国办发〔2022〕37号），提出40项具体举措。其中包括，落实好《促进个体工商户发展条例》；延续实施新能源汽车免征车辆购置税政策；实施好促进绿色智能家电消费政策；严厉打击商标侵权、假冒专利等违法行为；深入推进线上申领失业保险待遇；落实好阶段性缓缴社会保险费政策；集中开展涉企违规收费专项整治行动等。

10月26日 国务院常务会议部署持续落实好稳经济一揽子政策和接续措施，推动经济进一步回稳向上。一是继续狠抓稳经济一揽子政策和接续措施落地。二是更大力度激发市场活力和社会创造力。三是各地各方面都要履职尽责保民生。

10月26日 国家发改委、商务部令第52号公布《鼓励外商投资产业目录（2022年版）》，进一步扩大鼓励外商投资范围，自2023年1月1日起施行。

10月27日 生态环境部和最高人民法院、最高人民检察院、国家发展改革委等 18 家单位联合印发《关于推动职能部门做好生态环境保护工作的意见》，切实推动有关职能部门履行好生态环境保护职责。

10 月 28 日　国务院办公厅印发《全国一体化政务大数据体系建设指南》（国办函〔2022〕102 号），要求整合构建标准统一、布局合理、管理协同、安全可靠的全国一体化政务大数据体系。

10 月 31 日　国务院办公厅印发《国务院办公厅关于复制推广营商环境创新试点改革举措的通知》（国办发〔2022〕35 号），进一步扩大改革效果，推动全国营商环境整体改善。

11 月 14 日　国家市场监管总局印发《市场监督管理综合行政执法事项指导目录（2022 年版）》（国市监稽发〔2022〕99 号）。

11 月 18 日　国务院办公厅印发《国务院办公厅关于推广行政备案规范管理改革试点经验的通知》（国办函〔2022〕110 号），河北、浙江、湖北三省通过试点探索，有效提升了行政备案标准化、规范化、便利化水平，对消除市场准入隐性壁垒、激发市场主体活力等发挥了积极作用。

11 月 22 日　农业农村部第 9 号令公布《农业综合行政执法管理办法》，自 2023 年 1 月 1 日起正式施行。办法在总结农业综合行政执法改革以来执法队伍管理和能力提升实践经验基础上，进一步细化相关制度要求、增强可操作性。

12 月 19 日　中共中央和国务院发布了《中共中央　国务院关于构建数据基础制更好发挥数据要素作用的意见》，提出要建立保障权益、合规使用的数据产权制度，建立合规高效、场内外结合的数据要素流通和交易制度，建立体现效率、促进公平的数据要素收益分配制度，建立安全可控、弹性包容的数据要素治理制度。

地方层面

1 月 26 日　青海省委、省政府印发《青海省法治政府建设实施方案（2021—2025 年）》。

1 月 26 日 江苏省委、省政府印发《江苏省贯彻落实〈法治政府建设实施纲要（2021—2025 年）〉实施方案》。

2 月 1 日 内蒙古自治区人民政府印发《内蒙古自治区以更优营商环境服务市场主体行动方案》，以更优营商环境服务市场主体，保障和促进全区工业经济稳字当头、稳中有进、提质增效。

2 月 9 日 江西省委办公厅、省政府办公厅正式印发实施《江西省全面深化改革攻坚行动方案（2022—2024 年）》，大力实施全面深化改革攻坚行动，在更高起点上推动江西省改革走深走实，充分发挥改革在全面建设社会主义现代化江西中的突破性、先导性作用。

2 月 14 日 安徽省市场监督管理局印发《进一步创优营商环境发展壮大市场主体的若干措施》，出台 30 条举措创优营商环境、壮大市场主体。

2 月 15 日 江苏省印发《江苏省优化营商环境行动计划》（苏发〔2022〕9 号），出台"1+5+13"系列政策，围绕政策、市场、政务、法治、人文等 5 个环境，推出一批具有江苏特色、含金量高的政策举措，提升市场主体获得感和满意度，以高质量的政策供给为营商环境提供制度支撑。

2 月 22 日 上海市人民政府办公厅印发《2022 年上海市深化"放管服"改革工作要点》（沪府办〔2022〕11 号）。

2 月 27 日 深圳市人民政府办公厅印发《2022 年进一步优化深圳口岸营商环境若干措施》（深府办函〔2022〕17 号），围绕创新监管方式、强化科技赋能、规范口岸收费、高效利企便民 4 个方面，制定了 32 项任务措施。

3 月 12 日 海南省人民政府办公厅印发《海南自由贸易港营商环境评价工作方案》（琼府办〔2022〕16 号），开展对市县、重点园区和省级层面营商环境的评价。

3 月 17 日 湖南省人民政府办公厅印发《湖南省 2022 年纵深推进"放管服"改革全面优化营商环境重点任务分工方案》（湘政办函〔2022〕19 号）。

4 月 2 日 四川省人民政府办公厅印发《四川省深化"放管服"改革优化营商环境 2022 年工作要点》（川办发〔2022〕37 号）。

4 月 6 日 河北省财政厅印发《河北省 2022 年政府采购领域优化营商

环境工作实施方案》（冀财采〔2022〕6号），促进全省政府采购营商环境指标优化提升。

4月12日　陕西省发展和改革委员会印发《2022年第一批优化营商环境典型经验做法》（陕发改营商〔2022〕507号），总结提炼开办企业、办理建筑许可、惠企政策兑现等20个方面、36项优化营商环境典型经验做法。

4月15日　宁夏回族自治区人民政府办公厅印发《2022年全区持续优化营商环境工作要点》（宁政办发〔2022〕25号），列出80项任务清单，以进一步转变政府职能、激发市场活力和社会创造力。

4月19日　湖南省人民政府办公厅印发《湖南省优化营商环境三年行动计划（2022—2024年）》（湘政办发〔2022〕18号）。

6月1日　海南省人民政府办公厅印发《海南自由贸易港进一步优化营商环境行动方案（2022—2025年）》（琼府办函〔2022〕183号）。

6月1日　海南省优化营商环境工作专班印发《海南省2022年营商环境改革创新重点工作任务》（琼营商〔2022〕6号），提出20项重点工作任务，持续推进营商环境领域制度集成创新。

6月11日　重庆市人民政府办公厅印发《重庆市2022年优化营商环境激发市场主体活力重点任务清单》（渝府办发〔2022〕66号），聚焦企业生产经营全生命周期，从市场环境、法治环境、开放环境、政务环境、政商环境等5个方面，探索提出110条具有重庆特色的改革举措。

7月1日　《广东省优化营商环境条例》施行。

7月7日　河北省人民政府印发《加快推进政务服务标准化规范化便利化若干措施》，多举措全面提升河北政务服务标准化、规范化、便利化水平，更好地满足企业和群众办事需求。

7月15日　海南省人民政府办公厅印发《海南省政府数字化转型总体方案（2022—2025）》（琼府办〔2022〕33号），提出构建"五横五纵"政府数字化转型总体框架，到2022年底，"海易办"平台要成为全省政务服务总入口。

7月27日　宁夏回族自治区普法责任制内容清单、标准清单、措施清单、责任清单修订完成，助推形成"大普法"工作格局，为增强全民普法成效奠定了坚实基础。

8月1日　《海南省行政执法告知办法（试行）》正式施行。此为我国首个省级层面制定的行政执法告知办法。

8月6日　北京市人民政府办公厅印发《北京市助企纾困优化营商环境若干措施》（京政办发〔2022〕22号），出台34条改革举措，助力企业加快恢复发展。

8月24日　河南省人民政府办公厅印发《清廉河南建设实施"放管服"增效行动工作方案》（豫政办〔2022〕73号），持续深化"放管服"改革，打造一流营商环境，助推清廉河南建设提质增效。

9月28日　云南省第十三届人民代表大会常务委员会第三十三次会议审议通过《云南省优化营商环境条例》，自2022年12月1日起施行。

10月1日　湖北省市场监管局与湖北省司法厅、湖北省政务办联合印发通知，自10月1日起，湖北省新增16项"证照分离"改革事项，改革方式由"优化审批服务"调整为"实行告知承诺"。

10月27日　陕西省人民政府办公厅印发《进一步优化营商环境降低市场主体制度性交易成本具体举措》（陕政办函〔2022〕153号），从降低市场主体准入成本、减轻市场主体经营负担、降低市场主体办事成本、保护市场主体合法权益、稳定市场主体政策预期5个方面出台50项具体举措。

10月30日　江苏省人民政府办公厅印发《江苏省进一步优化营商环境降低市场主体制度性交易成本任务分工方案》（苏政办发〔2022〕75号），努力让各类市场主体在江苏运营成本最低、办事效率最高、贸易投资最便利、发展预期最稳定。

11月6日　新疆维吾尔自治区党委办公厅、自治区人民政府办公厅印发《自治区实施营商环境优化提升三年行动方案（2022—2025年）》，优化政务服务，加快政务服务重点领域改革。

11月8日　陕西省发展改革委向社会公布了一份包含144项惠企便民政策、涉及22个省级部门的惠企便民政策清单。

11 月 10 日　山西省人民政府办公厅印发《山西省"一业一证"改革实施方案》，以降低行业准入成本，持续推进市场准入领域审批服务便利化，让企业和群众"少跑腿""不跑腿"。

11 月 12 日　海南省人民政府办公厅印发《海南省综合行政执法协作暂行规定》和《海南省综合行政执法事项指导目录（2022 年版）》（琼府办〔2022〕52 号），是海南省深化综合行政执法体制改革、进一步提高行政执法效能、推进"市县一支队伍管执法"工作的有力举措。

11 月 12 日　海南省人民政府办公厅印发《关于进一步优化营商环境降低市场主体制度性交易成本的实施意见》（琼府办〔2022〕54 号），进一步推动海南省助企纾困政策落实，降低制度性交易成本，提振市场主体信心，助力市场主体发展，加快建设法治化、国际化、便利化营商环境，为稳定宏观经济大盘提供有力支撑。

11 月 28 日　上海市人民政府办公厅印发《关于进一步降低制度性交易成本 更大激发市场主体活力的若干措施》（沪府办发〔2022〕22 号），进一步深化"放管服"改革，持续优化营商环境，助力稳定宏观经济大盘。

12 月 7 日　北京市人民政府办公厅印发《北京市积极应对疫情影响助企纾困的若干措施》（京政办发〔2022〕30 号）。从进一步降低企业经营成本、加大金融支持力度、稳定产业链供应链、加力稳就业保民生等四个方面提出了 12 条措施。

12 月 7 日　广西壮族自治区人民政府办公厅印发《关于全面推行基层"一枚印章管审批（服务）"改革的指导意见》（桂政办发〔2022〕80 号），全面推进基层"一枚印章管审批（服务）"改革试点，创新实施"一门受理、一章审批、一套标准、一个协同"，彻底解决"往返跑、多头跑、盖章多、审批慢"问题。广西壮族自治区是全国唯一从省级层面推进基层"一枚印章管审批（服务）"改革的地区。

12 月 13 日　海南省营商环境建设厅在海口揭牌成立。海南成立全国首个营商环境建设厅，作为正厅级省政府组成部门，开创了营商环境建设体制机制创新的新格局，推动海南营商环境建设进入新的发展阶段。

Abstract

In 2022, China's administrative system reform continued to make significant progress and results in transforming government functions, optimizing the business environment, accelerating the construction of digital government, strengthening the construction of a rule of law government, and promoting the construction of a clean government. In terms of transforming government functions, we have continued to promote the reform of streamlining administration and delegating power, to modernize market supervision, and to optimize government services. We have Accelerated the construction of a unified national market, replicated and promoted the pilot experience of innovative business environments, and promoted the facilitation, legalization, and internationalization of business environments. The market vitality continues to be released, the operation of administrative power gradually becomes standardized, and the efficiency of the government has been improved. In terms of digital government construction, guiding documents for digital government construction have been issued, and a national integrated government service platform with the national government service platform as the overall hub has been established. Efforts have been made to promote the construction of a national integrated government big data system and open sharing of government data, to actively promote the digital reform of administrative law enforcement and the construction of an integrated platform for approval and supervision, and to accelerate the construction of a data infrastructure system. China's ranking in global e-government has improved; its ability to provide integrated government services has been further enhanced. In terms of the construction of a rule of law government, various regions have conscientiously implemented the "Implementation Outline for the Construction of a Rule of Law

Government（2021 – 2025）", abolished, revised, and formulated a batch of administrative laws and regulations, carried out inspections and demonstration activities for the construction of a rule of law government, comprehensively strengthened administrative power constraints and supervisions, and promoted the reform of the administrative law enforcement system. In terms of building a clean government, we have built a clean government through the reform to "streamline administration and delegate power, improve regulation, and upgrade services", strengthened anti-corruption and clean culture construction, built thrifty institutions, promoted government transparency vigorously, and continuously improved the political climate.

From the practical requirements of promoting and expanding Chinese path to modernization in the new era and new journey, China's modernization construction still faces many institutional obstacles. The current administrative system still has shortcomingsand weaknesses. And with the development of the situations and with the deepening of the modernization process, some institutional mechanisms will inevitably be difficult to adapt. For example, the current transformation of government functions is not yet in place, and the level of business environment still needs to be further improved; The construction of a digital government and a rule of law government still faces many institutional, technological, and conceptual obstacles, and the construction of a clean government also faces many risks and challenges; The way and efficiency of the governance are not fully adapted to better meet the high level demand of Chinese path to modernization for democracy, rule of law, fairness, justice, security, environment and other public goods and services. Only by constantly deepening the reform of the administrative system can we mend shortcomings, strengthen weaknesses, remove obstacles, and break barriers, providing the institutional foundation and strong impetus for the continued promotion and expansion of Chinese path to modernization.

Keywords: Government Functions; Business Environment; Digital Government; Legal Government; Standardization of Government Services

Contents

I   General Report

Abstract: 2022 is an extremely important year in the history of the CPC and China. The 20th National Congress of the CPC was successfully held, which outlined a grand blueprint for building a socialist modern country in an all-round way. China's administrative system reform has made significant progress in multiple aspects: In terms of transforming government functions, we have continuously promoted the reform of streamlining administration and delegating power, modernized market supervision, and continuously optimized government services. In terms of optimizing the business environment, we have accelerated the construction of a unified national market, replicated and promoted the pilot experience of innovation in the business environment, and promoted the facilitation, legalization, and internationalization of the business environment. In terms of digital government construction, guiding documents have been issued to promote the exchange and mutual recognition of electronic certificates. A national integrated government service platform has been established with the national government service platform as the overall hub, promoting the construction of a national integrated government big data system and the open sharing of government data. We have actively promoted the digital reform of administrative law enforcement and the construction of an integrated platform for administrative approval and supervision, and accelerated the construction of a data based institutional system. In terms of building a government under the rule of law, various regions have conscientiously implemented the "Implementation Outline for the Construction of a Government under the Rule of Law (2021-2025)", abolished, revised, and formulated a number of administrative laws and regulations, conducted inspections of rule of law government building activities and model rule of law government creation activities, comprehensively strengthened administrative power constraints and supervision, and promoted the reform of the administrative law enforcement system. In terms of building a clean government, we have implemented the reform to "streamline administration and delegate power, improve regulation, and upgrade services" to build a clean government, strengthened the construction of anti-corruption and clean culture, built thrifty institutions, and vigorously promoted the transparency of government affairs.

Keywords: Government Functions; Business Environment; Digital Government; A Government Ruled by Law

Ⅱ　To Transform Government Functions

B.2　Deepening the Reform to "Streamline Administration and Delegate Power, Improve Regulation, and Upgrade Services" Continuously and Promoting the Profound Transformation of Government Functions　　　　*Fan Jida, Wang Yitong* / 036

Abstract: In 2022, we continue to deepen reform to "streamline administration and delegate power, improve regulation, and upgrade services", optimize approval throughout the entire chain, regulate fairly throughout the entire process, optimize services throughout the entire cycle, create a fair competitive market environment, continuously release market vitality, gradually standardize the operation of administrative power, enhance government efficiency, and enhance the satisfaction and sense of gain of enterprises and the public. At present, the transformation of government functions is not yet in place, mainly due to the coexistence of decentralization and inadequate decentralization; Regulatory efforts need to be strengthened; The collaborative mechanism of approval, supervision, and law enforcement is not yet smooth; The government data barrier has not been cleared yet. The reform to "streamline administration and delegate power, improve regulation, and upgrade services" for Chinese path to modernization needs to pay attention to the standardization and scientificity of the decentralized power operation, and strengthen the systemic and synergistic nature of reform. We focus on addressing long-standing bottlenecks and difficulties, and accelerate the creation of a fair, transparent, stable, and predictable business environment.

Keywords: Government Functions; Simplify Administration and Delegate Power; Market Regulation; Government Services; Business Environment

B.3   Create a New Model of Government Services to Enhance the Sense of Gain for Market Entities and Citizens

Case Study Group on Administrative Reform and

Government Construction in Shanghai / 056

Abstract: Shanghai takes the perception of market entities and the public as the benchmark, the transformation of government functions as the core, and the "One Network Connection" as the starting point. Shanghai comprehensively deepens the reform to "streamline administration and delegate power, improve regulation, and upgrade services", continues to create a warmer, more convenient, and more efficient new model of government services, and strives to create a stable, fair, transparent, and predictable development environment for various market entities to invest and engage in business, and provide high-quality, convenient, and efficient public services for the safe work and life of the citizens. Since 2022, Shanghai has continued to practice the service concept of "responding to requests and not disturbing anything", focusing on reform measures that market entities and the public feel directly, such as "enjoying without application", "efficiently completing one thing", and "no administrative punishment for minor illegal acts in accordance with the law". This has accelerated process reengineering and reduced service costs, effectively boosting the development confidence of market entities and the public.

Keywords: Shanghai City; New Mode of Government Service; Market Vitality; Citizen's Sense of Gain

B. 4   Reform and Practice of Facilitating Government Services in Jiangsu Province

Jiangsu Provincial Government Service Management Office / 071

Abstract: Jiangsu Province has actively explored ways to effectively promote the reform to "streamline administration and delegate power, improve regulation, and upgrade services" and continue to promote the convenience of government services. It has accelerated institutional construction and initially formed a system to promote the convenience of government services; it has strengthened reform exploration and continuously accumulated experience in promoting the facilitation of government services. It has accelerated replication and promotion, creating more achievements in facilitating government services. At the same time, there are still many difficulties, obstacles, and pain points that constrain the convenience of government services, such as the need to improve the capacity of grassroots government services, insufficient comprehensive measures for supporting government services, and shortcomings in the accuracy and effectiveness of supervision. In the future, we will continue to deepen the reform to "streamline administration and delegate power, improve regulation, and upgrade services", strengthen the efficiency of supervision during and after the event, improve the quality of convenient and beneficial services, accelerate the promotion of data sharing applications, and continuously adjust, enrich, and improve the Jiangsu model of government services in the deepening of the reform.

Keywords: Government Services; Facilitation; Business Environment

Ⅲ To Improve the Business Environment

B.5 The Main Progress and Significant Achievements in Optimizing the Business Environment in 2022

Ma Baocheng, Wang Xinpeng / 089

Abstract: The report of the 20th National Congress of the Communist Party of China proposed the important goal of creating a market-oriented, legalized, and internationalized first-class business environment. In 2022, under the guidance of Xi Jinping's Thought on Socialism with Chinese Characteristics in the New Era, in line with the expectations of society and the people, we have deeply implemented the spirit of the 20th National Congress of the Communist Party of China, continuously deepened the reform to "streamline administration and delegate power, improve regulation, and upgrade services", comprehensively implemented policies, and made every effort to promote the construction of a first-class business environment, continuously unleashing market vitality. By fully leveraging the public functions of government assistance to enterprises and promoting consumption, we have effectively created a market environment that is close to, helps, and reassures businesses. By continuously deepening the core essence of the reform of reducing complexity and rigor, we have actively shaped an efficient and convenient government service environment; By fully leveraging the fundamental role of the rule of law, we have further created a fair and transparent legal business environment. At a critical moment of striving to achieve the second centenary goal, a careful summary of the achievements and experiences of the past year's "streamline administration and delegate power, improve regulation, and upgrade services" reform and optimizing the business environment will help the

Chinese government better, deeper, and faster promote the construction of a modern economic system, thereby empowering and safeguarding the country's high-quality development.

Keywords: The Reform to "Streamline Administration and Delegate Power, Improve Regulation, and Upgrade Services"; Business Environment; Market Environment; Government Environment; Legal Environment

B.6   The Practical Process of Optimizing the Business Environment

Nationwide, Major Measures in 2022, and Future Prospects

Zhang Hongfeng, Huang Lu / 108

Abstract: Optimizing the business environment is an inevitable requirement for China to stimulate the vitality of the market economy and achieve high-quality economic development in the new development stage. It is also an important part of accelerating the construction of a new development pattern. In recent years, China has strengthened top-level design, improved local practices, continuously deepened the government's reform to "streamline administration and delegate power, improve regulation, and upgrade services", and the reform of the market economy system, continuously optimized the business environment, and achieved significant results. In 2022, China has taken a large number of measures in the construction of a unified large market, digital government, institutional construction, and the promotion of innovative pilot experience, achieving a milestone development in optimizing the national business environment. However, there are still issues with the business environment in China, such as weak collaboration between government departments, incomplete legal system, weak theoretical research, and significant regional differences. In the future, efforts should be made in marketization, legalization, and internationalization, while improving policy guidance and theoretical research to achieve continuous improvement of the business environment.

Keywords: Business Environment; The Reform to "Streamline Administration and Delegate Power, Improve Regulation, and Upgrade Services"; Market Economy System Reform

B.7 Exploring the Establishment of an Industrial Business Environment Indicator System to Effectively Empower Industrial Development through Business Environment

Xu Fei, Sun Qijun, Ning Wei and Yang Nan / 121

Abstract: This article starts with the reform path of optimizing the business environment in Tianjin Economic and Technological Development Zone, and elaborates on the process of optimizing the business environment in recent years, the problems faced, and corresponding considerations. By creatively proposing the concept of industrial business environment through research, we can identify "small incisions" and put in "great effort" on top of "small incisions". We have taken the lead in establishing and applying an industrial business environment indicator system in China for the three major industries of biopharmaceuticals, petrochemical new materials, and platform economy in the region. Actively exploring new management models that are suitable for industrial development, focusing on the pain points and obstacles in the business environment of various leading industries, targeted treatment has been achieved, and good results have been achieved. It is a good practice to actively implement the "Regulations on Optimizing the Business Environment" and explore innovative and differentiated specific measures to optimize the business environment within the framework of the rule of law. It provides a certain reference for attracting investment and upgrading the service industry in similar parks.

Keywords: Tianjin Economic Development Zone; Industrial Business Environment; Indicator System

B.8   Focusingon "Doing Business in Qingdao · Win－Win Path",

Striving to Create a Business Environment "Qingdao Model"

Qingdao Administrative Approval Service Bureau,

General Office of the Qingdao Municipal People's Government / 136

Abstract： In recent years, Qingdao has deeply implemented general secretary Xi Jinping's important instructions and requirements for Shandong and Qingdao's work, carefully studied Xi Jinping's important discourses on optimizing the business environment, and focused on the four basic requirements of "convenient handling, fair rule of law, strong cost competitiveness, and livability and business suitability". Qingdao has accelerated the construction of a business environment system that is in line with internationally accepted rules, strived to create the "Doing Business in Qingdao · Win-win Road" urban business brand, created a strong atmosphere of "everyone is a business environment, everyone is the image of Qingdao", and formed a batch of replicable and promotable Qingdao experience. In 2023, Qingdao placed optimization and improvement of the business environment in a more prominent position. The special action of "Deepening Style and Ability to Optimize the Business Environment" was carried out throughout the city, focusing on optimizing the six environments of "policy environment, service environment, factor environment, market environment, rule of law environment, and humanistic environment", and promoting the realization of "three major improvements" in the business environment, style and ability, and development quality, and help Qingdao continue to advance and compete for the top spot in the national business environment competitiveness.

Keywords： Qingdao City; Business Environment; Qingdao Mode

B. 9 Optimizing and Enhancing a Market-Oriented, Legal, and International Business Environment

Chengdu Municipal Government Service Management and Network Administration Office / 148

Abstract: Chengdu City regards optimizing the business environment as an important lever to promote high-quality urban development and improve urban competitiveness, focusing on high-quality development, high-quality living, and efficient governance, striving to create a market-oriented, legal, and international first-class business environment, and accelerating the construction of park city demonstration areas that practice new development concepts, striving to build a socialist modern international metropolis with global influence and reputation in western China. Chengdu City has been approved to create the first batch of "private economy demonstration cities" in China, ranked first in the "2022 Most Attractive City for Investment in China" and innovative city for business environment in 2022. In 2022, 580 thousand new registered market entities were registered, ranking first in sub provincial cities, and the total number of market entities reached 3. 64 million, ranking second in sub provincial cities.

Keywords: Business Environment; Government Services; Chengdu City

Ⅳ Legal Government Construction

B. 10 Comprehensive Law Enforcement Reform at the Grassroots Level in Beijing: Review, Practice, and Prospects

Xing Yanjie, Bi Xiaojia and Pan Yin / 160

Abstract: Building a comprehensive administrative law enforcement governance system at the grassroots level in the capital is an important part of strengthening the modernization of the capital's grassroots governance system and governance capacity. In accordance with the requirements of the national comprehensive administrative law enforcement reform at the grassroots level, Beijing actively promotes the shift of law enforcement focus, the sinking of power, and the decentralization of power, laying the foundation for building a comprehensive law enforcement system at the grassroots level in the capital. In response to issues such as weak ability of law enforcement personnel to perform their duties, insufficient guidance from urban areas to streets and towns, insufficient grassroots law enforcement forces, incomplete law enforcement guarantees, and failure to fully play the role of functional departments, in 2022, Beijing continued to strengthen the construction of a cohesive team and achieve long-term results, deepened the construction of a team, strictly implemented the "three systems", improved various supporting systems for team law enforcement, and enhanced the standardization and professionalism of law enforcement; Beijing promoted prudent and inclusive law enforcement comprehensively, making law enforcement more effective and warm. In the future, we need to further build a "smart law enforcement" brand, build an "integrated" law enforcement and supervision model, and improve the level of "fine law enforcement".

Keywords: Grassroots Comprehensive Law Enforcement; Standardize Law Enforcement; Fine Law Enforcement; Beijing

B.11 Explorationand Reflection on the Promotion and Application of "Guangdong Law Enforcement" to Help Grassroots Governance in Jiangmen City, Guangdong Province

Judicial Bureau of Jiangmen City, Guangdong Province / 176

Abstract: "Guangdong Law Enforcement" is an administrative law enforcement information platform and administrative law enforcement supervision network platform in Guangdong Province, which is of great significance in effectively solving problems such as non-standard law enforcement, difficulty in

real-time supervision, and high arbitrariness in handling cases. Jiangmen City relies on the "Guangdong Law Enforcement" to build a comprehensive application platform for administrative law enforcement informatization, focusing on the reform of township (street) systems, innovatively promotes the full coverage of standardized construction of comprehensive administrative law enforcement in 73 townships (streets) under its jurisdiction, and ensures that administrative law enforcement powers are "relegated, accessible, well managed, and supervised".
In order to further optimize the function of "Guangdong law enforcement" and enhance data empowerment of grassroots governance capabilities, it is necessary to clarify cognition and gather consensus on the concept of "Guangdong law enforcement"; Continuously deepening and improving the practical level of "Guangdong law enforcement"; Emphasizing collaboration and aggregating the governance function of "Guangdong law enforcement"; Strengthening protection and forcing the efficient application of "Guangdong law enforcement".

Keywords: Guangdong Law Enforcement; Comprehensive Administrative Law Enforcement in Townships (Streets); Grassroots Governance; Jiangmen City

B.12 Report on the Construction of Chongqing's Legal
Government in 2022　　　　　　　　　*Chen Xiaobo* / 188

Abstract: In 2022, the entire city of Chongqing diligently studied Xi jinping's law-ruling thoughts, and although the construction of a rule of law government in the city has achieved significant results: grasping the correct political direction, focusing on promoting the implementation of the central government's comprehensive rule of law decision-making and deployment; Centering around the central work, providing more effective services to ensure the construction of a new era and new journey in Chongqing; Deepening the reform to "streamline administration and delegate power, improve regulation, and upgrade services", and continuously optimizing the legal business environment. We have adhered to good law and governance, and the legal administrative system is becoming more perfect; We have improved the institutional system and deepened the standardization of administrative law enforcement. We have strengthened supervision and restraint, and regulate the operation of administrative power in accordance with the law; we have consolidated the grassroots foundation and significantly enhance the ability of grassroots governance in accordance with the law. There are still some problems and shortcomings in the construction of Legal government, and there is still a certain gap between it and the expectations of the people. In the future, we will focus on serving the construction of the dual city economic circle in the Chengdu Chongqing region, optimizing the legal business environment, reforming comprehensive law enforcement in townships (streets), and strengthening grassroots social governance. We will deepen the transformation of digital intelligence and create landmark achievements in the construction of a rule of law government with Chongqing's recognition and influence.

Keywords: Legal Government Construction; Administer in Accordance with the Law; Administrative Enforcement Laws; Chongqing City

V Digital Government Construction

B.13 Multi Perspectives on Public Data Governance

Wang Yukai / 200

Abstract: Data governance refers to the actions taken by an organization towards data transactions, with the core being the allocation of decision-making power and related responsibilities related to data transactions within the organization. In data governance, the development and utilization of public data are of great significance for promoting modernization of government governance. In concrete practices, public data governance faces many difficulties and challenges: the conflict between the rapid development of artificial intelligence and personal data protection; The conflict between government data openness and public data security; The conflict between the reality of data governance legislation and the development of the data industry. To revitalize the massive data assets of the government, it is necessary to reform the system and mechanisms, and eliminate the institutional and institutional obstacles to revitalize the massive assets of the government; Enhancing government data governance capabilities; and creating a super APP that benefits people's livelihoods.

Keywords: Public Data; Data Assets; Data Governance

B.14 Review of Digital Government Construction in China in 2022 and the Prospects

Guan Xin, Liu Yun and Xu Zhiyan / 214

Abstract: In 2022, the Party and the State strengthened the top-level design and macro guidance of digital government construction, and improved the design of systems in the construction of integrated government big data system, standardization of government service system, cross provincial communication, construction of government data resource system, and leveraging the role of data elements. The construction of digital government in 2022 has achieved significant results: the scale and popularity of online government services have further increased, and the scope of services has further expanded; China's ranking in global e-government has improved; The ability to provide integrated government services has been further enhanced. The future construction of digital government should start from the dimensions of demand orientation, technology driven, and talent empowerment, further achieving demand driven and improving "integrated government services", and providing strong support in the construction of human and data resources.

Keywords: Digital Government; Integrated Government Services; Data Governance

B . 15   Development Report on China's Digital Government in 2022

Deng Pan / 229

Abstract: In recent years, the pace of digital transformation of China's government has accelerated, and the concept of promoting reform, facilitating decision-making and improving service through digitalization has become increasingly popular. With the proposal of the digital China concept, the status of China's digital government in the national development strategy has been continuously improved. This article combs through the current situation and development achievements of digital government reform from five aspects: policy planning, digital infrastructure, service applications, data elements and technological innovation, as well as the model innovation and practice innovation in various places. It points out that the construction of digital government is developing in depth, driven by technology and based on scenarios, to achieve efficiency, fairness, transparency and innovation in government governance. Through discussing the development trend, main practices and practical cases of digital government, this article provides reference and inspiration for the theoretical research and practical exploration of digital government.

Keywords: Digital Government; Data Elements; Technological Innovation; Policy Analysis

B . 16   The Achievements, Difficulties, and Approaches of

Digital Government Construction in China

Zhang Xuefen, *Liu Haijun* / 246

Abstract: Digital government is an important component and leading force in the construction of digital China, and plays a pivotal role in the new journey of Chinese path to modernization. After years of efforts, China's digital government construction has achieved significant results, with a continuously sound institutional system and typical cases emerging, effectively promoting the transformation of government functions. However, shortcomings such as insufficient application of technological innovation and weak data governance capabilities cannot be ignored, which have hindered the overall improvement of digital government across the country. Countries around the world are actively promoting the construction of digital governments, and some experiences and practices can serve as a reference for us. Working together from multiple dimensions such as strategic planning, institutional mechanisms, technological applications, and data governance is a realistic path to build a trustworthy and satisfactory service-oriented digital government for the people.

Keywords: Digital Government; Chinese Modernization; Institutional Advantages; Data Governance

B.17　The Characteristics, Dilemmas, and Adaptive Strategies of Cultural Industry Governance in the Digital Era

Qi Shuyu, Yan Shuo / 263

Abstract: In the digital era, China's cultural industry has become more complex, presenting new characteristics such as ambiguity in governance objects, dynamic governance processes, and embedded governance contents. The issue of inadequate concepts, mechanisms, and methods in the management of traditional cultural industries is becoming increasingly prominent. To promote the high-quality development of the cultural industry in the digital age, it is urgent to adopt adaptive governance strategies. In terms of governance philosophy, the principle of agility and inclusiveness should be followed. In terms of governance entities, it is necessary to promote collaborative governance among multiple entities. In terms of governance measures, a combination of hardness and softness should be adopted. In terms of governance processes, emphasis should be shifted from pre-approval to post event governance. In terms of governance system and mechanism, separate management should shift towards comprehensive governance.

Keywords: Digital Age; Cultural Industry; Modernization of Governance

B.18 Hangzhou Launched the "Smart Space Governance"
Application, Empowering Modernization of Space
Governance

Hangzhou Municipal Bureau of Planning and Natural Resources / 277

Abstract: Improving the governance capacity of urban land space is an inevitable requirement for handling the relationship between natural resource protection and socio-economic development, and for leading the development of urban connotation under multiple constraints. Hangzhou aims to address issues such as inadequate coordination in spatial planning, inefficient spatial utilization, inadequate spatial supervision, and unreliable geological safety. It focuses on "one piece of land, one thing" and aims to "maintain bottom line, ensure safety, improve efficiency, reduce burden, and reduce risk" as its reform goal. It adheres to cross disciplinary collaboration, data sharing, and process reshaping, enhancing the "spatial brain" capability. To comprehensively enhance the modernization level of urban spatial governance in the new era, it is necessary to focus on consolidating the "one bottom map", forming a closed-loop governance system of spatial planning, resource protection, collaborative approval, property registration, spatial utilization, and geological safety, and constructing an overall intelligent and efficient collaborative digital application of "spatial intelligent governance".

Keywords: Territorial Spatial Governance; Smart Space Governance; Data Sharing

Ⅵ Standardization of Government Services

B . 19 Practice Exploration and Effectiveness of Promoting
Government Service Standardization in China

Wang Manchuan, *Sun Wenying* / 293

Abstract: The standardization of government services is an important measure to promote the modernization of government governance and build a service-oriented government that people are satisfied with. The Party Central Committee and The State Council attach great importance to the standardization of government services, and the relevant competent departments and local governments have vigorously promoted the standardization of government services from many aspects. We continued to promote local exploration, pilot projects, and demonstrations of the standardization of government services. We improved the top-level design of government service standardization; The organization, leadership and expert guidance on the standardization of government services have been strengthened. We promoted the development and implementation of standards for government service halls (government service centers); The standardization of " Internet plus government services " has been carried out. Important progress and results have been achieved in the standardization of government services in China, which has played an important role in improving the level of government services, optimizing the business environment, enhancing the sense of gain of enterprises and the public, and promoting economic and social development.

Keywords: Government Service Standardization; Internet plus Government Services; Service-oriented Government

B.20 Path Selection for Promoting Standardization of

Government Services *Yang Hongshan , Hu Yifan* / 314

Abstract: Strengthening the standardization construction of government services and optimizing the quality of government services directly affect the public's satisfaction and sense of gain. In the process of continuous reform of the administrative system, the responsibilities of the government have been clarified. The supply of government services is optimized from multiple dimensions of content and process. With e-government and "Internet + government service" and government service center as the main content, and with recommended national standards, local standards and standardization working documents as the main carrier, the government service standard system has taken initial shape. The CPC Central Committee and The State Council issued documents to further promote the standardization and facilitation of government services, and many local practices have also provided new directions and ideas for the standardization of government services. This paper systematically reviews the history and latest practice of the standardization construction of government affairs services in China, summarizes the problems existing in the standardization construction of government affairs services, and proposes to take the construction of digital platforms as the starting point, build cross departmental information platforms, and rely on technological empowerment to improve the level of government services.

Keywords: Government Service; Service Standardization; Overall Governance; Digital Platform

B.21　Building a Standardized Service System for Smart Approval
　　　　and Developing a Collaborative and Efficient Service
　　　　Ecosystem for Digital Government

Wang Hejin / 331

Abstract: Administrative examination and approval is an important part of
the government environment, and deepening the reform is the eternal proposition
of administrative examination and approval. This paper expounds the necessity of
standardization, standardization and facilitation reform of government services from
the aspects of establishing reform ideas, standardizing examination and approval
behavior, breaking power barriers, strengthening service awareness, understanding
the needs of enterprises, and creating a good environment. Focusing on the whole
life cycle of market entities, this paper summarizes the main measures and
remarkable achievements of Shenfu Reform and Innovation Demonstration Zone in
the reform of examination and approval services, and summarizes the experiences
from five aspects: respecting demand, sorting out business, innovative ideas,
technological innovation, and splitting and streamlining matters. At the same time,
this paper plans the next reform ideas from the construction of intelligent approval
standardized service system.

Keywords: Intelligent Approval; Government Services; Standardization

Ⅶ Grassroots Administrative Reform and Management Innovation

Abstract: In September 2022, the Central Committee for Comprehensive Deepening Reform reviewed and approved the "Construction Plan for High Quality Development Demonstration Points in Jiashan County, Zhejiang Province in the New Development Stage", requiring Jiashan to strive to provide a demonstration for the high-quality development of counties nationwide. Jiashan County firmly adheres to the direction guided by general secretary Xi Jinping, deeply implements the new development concept, fully assumes the major mission, and actively explores new paths and methods for high-quality development in the county area: adhering to the linkage of science and innovation industries and improving the quality of the economy; Adhering to coordinated development and enhance urban-rural integration; Adhering to the transformation of ecological advantages and enhance environmental friendliness; Persisting in deepening regional cooperation and enhancing county level openness; Adhering to social co construction and sharing, and enhance the happiness of the masses; Adhering to the comprehensive leadership of the Party and enhance political execution. In 2022, Jiashan County achieved new progress and results in promoting modernization of the county with high-quality development, ranking 39th among China's top 100 industrial counties and cities, and among the top 50 comprehensive strength counties and cities in China.

Keywords: Zhejiang Jiashan; High Quality Development; County Modernization

B . 23 A Beneficial Exploration of Building a New System of
Intensive and Efficient Urban Governance

—*Evaluation of the Administrative System Reform for the Third*
Anniversary of the Demolition of Towns and the Establishment
of Cities in Longgang, Zhejiang Province

Research Group of China Society of Administrative Reform / 359

Abstract: Since Longgang was abolished as a town and established as a city, we have adhered to Xi Jinping's Thought on Socialism with Chinese Characteristics in the New Era as the guidance, Party building as the principle, and digital reform as the path. We have vertically promoted flattening, horizontally promoted large department system, comprehensively promoted the close combination of effective government, effective market, and organic society, and actively explored the construction of a new system of urban administrative management and a new model of grassroots governance. With a simple and lean organizational structure, it has completed the institutional reconstruction of the new cities, made pioneering explorations for the reform of large towns, made valuable attempts to promote the development of new urbanization and the modernization of governance in small and medium-sized cities, and provided new ideas for promoting the modernization of governance at the grass-roots level in urban and rural areas. On the basis of summarizing the experiences of Longgang reform, the country should focus on promoting the strategic layout of modernization of national governance and the development of new urbanization, and steadily promote the reform of establishing super large towns as cities.

Keywords: Longgang City; Flattening; Large Department System; New Urbanization

The Appendix: The Chronicle of Administrative System Reform
in 2022 *Wang Rong* / 373

社会科学文献出版社

皮 书

智库成果出版与传播平台

❖ 皮书定义 ❖

皮书是对中国与世界发展状况和热点问题进行年度监测，以专业的角度、专家的视野和实证研究方法，针对某一领域或区域现状与发展态势展开分析和预测，具备前沿性、原创性、实证性、连续性、时效性等特点的公开出版物，由一系列权威研究报告组成。

❖ 皮书作者 ❖

皮书系列报告作者以国内外一流研究机构、知名高校等重点智库的研究人员为主，多为相关领域一流专家学者，他们的观点代表了当下学界对中国与世界的现实和未来最高水平的解读与分析。截至2022年底，皮书研创机构逾千家，报告作者累计超过10万人。

❖ 皮书荣誉 ❖

皮书作为中国社会科学院基础理论研究与应用对策研究融合发展的代表性成果，不仅是哲学社会科学工作者服务中国特色社会主义现代化建设的重要成果，更是助力中国特色新型智库建设、构建中国特色哲学社会科学"三大体系"的重要平台。皮书系列先后被列入"十二五""十三五""十四五"时期国家重点出版物出版专项规划项目；2013~2023年，重点皮书列入中国社会科学院国家哲学社会科学创新工程项目。

皮书网

（网址：www.pishu.cn）

发布皮书研创资讯，传播皮书精彩内容
引领皮书出版潮流，打造皮书服务平台

栏目设置

◆ **关于皮书**

何谓皮书、皮书分类、皮书大事记、
皮书荣誉、皮书出版第一人、皮书编辑部

◆ **最新资讯**

通知公告、新闻动态、媒体聚焦、
网站专题、视频直播、下载专区

◆ **皮书研创**

皮书规范、皮书选题、皮书出版、
皮书研究、研创团队

◆ **皮书评奖评价**

指标体系、皮书评价、皮书评奖

◆ **皮书研究院理事会**

理事会章程、理事单位、个人理事、高级
研究员、理事会秘书处、入会指南

所获荣誉

◆ 2008 年、2011 年、2014 年，皮书网均
在全国新闻出版业网站荣誉评选中获得
"最具商业价值网站"称号；

◆ 2012 年,获得"出版业网站百强"称号。

网库合一

2014年，皮书网与皮书数据库端口合
一，实现资源共享，搭建智库成果融合创
新平台。

皮书网　　"皮书说"　　皮书微博
　　　　　微信公众号

权威报告·连续出版·独家资源

皮书数据库
ANNUAL REPORT(YEARBOOK)
DATABASE

分析解读当下中国发展变迁的高端智库平台

所获荣誉

● 2020年，入选全国新闻出版深度融合发展创新案例

● 2019年，入选国家新闻出版署数字出版精品遴选推荐计划

● 2016年，入选"十三五"国家重点电子出版物出版规划骨干工程

● 2013年，荣获"中国出版政府奖·网络出版物奖"提名奖

● 连续多年荣获中国数字出版博览会"数字出版·优秀品牌"奖

皮书数据库

"社科数托邦"
微信公众号

成为用户

登录网址www.pishu.com.cn访问皮书数据库网站或下载皮书数据库APP，通过手机号码验证或邮箱验证即可成为皮书数据库用户。

用户福利

● 已注册用户购书后可免费获赠100元皮书数据库充值卡。刮开充值卡涂层获取充值密码，登录并进入"会员中心"—"在线充值"—"充值卡充值"，充值成功即可购买和查看数据库内容。

● 用户福利最终解释权归社会科学文献出版社所有。

数据库服务热线：400-008-6695
数据库服务QQ：2475522410
数据库服务邮箱：database@ssap.cn
图书销售热线：010-59367070/7028
图书服务QQ：1265056568
图书服务邮箱：duzhe@ssap.cn

社会科学文献出版社 皮书系列
SOCIAL SCIENCES ACADEMIC PRESS (CHINA)

卡号：425615359914
密码：

基本子库
SUB DATABASE

中国社会发展数据库（下设 12 个专题子库）

紧扣人口、政治、外交、法律、教育、医疗卫生、资源环境等 12 个社会发展领域的前沿和热点，全面整合专业著作、智库报告、学术资讯、调研数据等类型资源，帮助用户追踪中国社会发展动态、研究社会发展战略与政策、了解社会热点问题、分析社会发展趋势。

中国经济发展数据库（下设 12 专题子库）

内容涵盖宏观经济、产业经济、二业经济、农业经济、财政金融、房地产经济、城市经济、商业贸易等 12 个重点经济领域，为把握经济运行态势、洞察经济发展规律、研判经济发展趋势、进行经济调控决策提供参考和依据。

中国行业发展数据库（下设 17 个专题子库）

以中国国民经济行业分类为依据，覆盖金融业、旅游业、交通运输业、能源矿产业、制造业等 100 多个行业，跟踪分析国民经济相关行业市场运行状况和政策导向，汇集行业发展前沿资讯，为投资、从业及各种经济决策提供理论支撑和实践指导。

中国区域发展数据库（下设 4 个专题子库）

对中国特定区域内的经济、社会、文化等领域现状与发展情况进行深度分析和预测，涉及省级行政区、城市群、城市、农村等不同维度，研究层级至县及县以下行政区，为学者研究地方经济社会宏观态势、经验模式、发展案例提供支撑，为地方政府决策提供参考。

中国文化传媒数据库（下设 18 个专题子库）

内容覆盖文化产业、新闻传播、电影娱乐、文学艺术、群众文化、图书情报等 18 个重点研究领域，聚焦文化传媒领域发展前沿、热点话题、行业实践，服务用户的教学科研、文化投资、企业规划等需要。

世界经济与国际关系数据库（下设 6 个专题子库）

整合世界经济、国际政治、世界文化与科技、全球性问题、国际组织与国际法、区域研究 6 大领域研究成果，对世界经济形势、国际形势进行连续性深度分析，对年度热点问题进行专题解读，为研判全球发展趋势提供事实和数据支持。

法律声明

"皮书系列"（含蓝皮书、绿皮书、黄皮书）之品牌由社会科学文献出版社最早使用并持续至今，现已被中国图书行业所熟知。"皮书系列"的相关商标已在国家商标管理部门商标局注册，包括但不限于LOGO（　）、皮书、Pishu、经济蓝皮书、社会蓝皮书等。"皮书系列"图书的注册商标专用权及封面设计、版式设计的著作权均为社会科学文献出版社所有。未经社会科学文献出版社书面授权许可，任何使用与"皮书系列"图书注册商标、封面设计、版式设计相同或者近似的文字、图形或其组合的行为均系侵权行为。

经作者授权，本书的专有出版权及信息网络传播权等为社会科学文献出版社享有。未经社会科学文献出版社书面授权许可，任何就本书内容的复制、发行或以数字形式进行网络传播的行为均系侵权行为。

社会科学文献出版社将通过法律途径追究上述侵权行为的法律责任，维护自身合法权益。

欢迎社会各界人士对侵犯社会科学文献出版社上述权利的侵权行为进行举报。电话：010-59367121，电子邮箱：fawubu@ssap.cn。

社会科学文献出版社

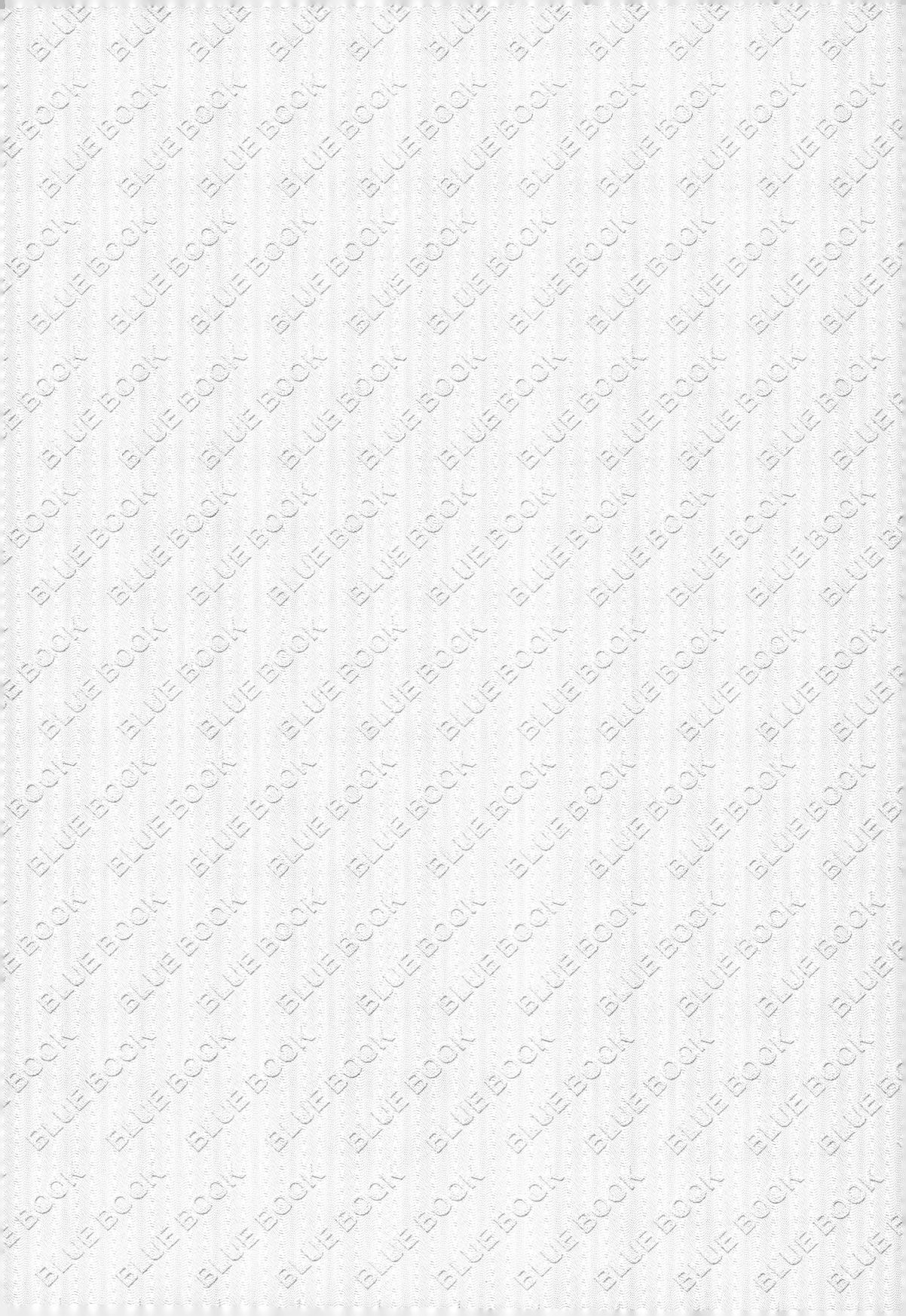